JN416304

평강의 주님께서
때마다 일마다
평강을 주시길 기도하며

특별히 ________________ 님께
이 소중한 책을 드립니다.

"너의 길을 여호와께 맡기라
저를 의지하면 저가 이루시고"

– 시편 37편 5절 –

김장환 목사와 함께
경건생활 365일

여호와께 맡기라!

COMMIT THY WAY UNTO THE LORD!

나침반

여호와께 맡기라!

Commit thy way unto the LORD!

자연의 아름다움을 노래한 영국의 서정 시인 윌리엄 워즈워스(William Wordsworth)가 숲속을 거닐다 거센 폭풍우를 만났는데, 손바닥보다 작은 새 한 마리가 폭풍에 맞서 어딘가로 날아가려고 사력을 다하다가, 체념한 듯이 바람이 부는 방향을 따라 날아가는 것을 보았습니다.
그런데 작은 새가 날아간 곳은 활짝 핀 꽃과 나무가 무성하고 잔잔한 바람이 부는 아름다운 들판이었습니다. 그 광경을 지켜보던 워즈워스에게 한 편의 시상이 떠올랐습니다.

「계곡과 언덕 위로 높이 떠다니는 구름처럼 외롭게 방황하다가
나는 한 무리의 황금빛 수선화를 보았네.
…젖은 심상 속의 공허함을 느낄 때도,
그 수선화를 떠올릴 때도, 내 마음은 기쁨으로 가득차고
어느새 그 수선화와 같이 춤을 추고 있네.」

워즈워스가 본 이 작은 새의 모습이 오늘날을 살아가는 우리 크리스천의 모습이어야 합니다. 셀 수도 없이 찾아오는 온갖 고난들과 유혹들 때문에 때로는 이해할 수 없고, 믿음까지 흔들린다 해도 우리는 주 하나님의 선하심과 완전하심과 성실하심을 믿고 폭풍에 몸을 싣는 작은 새처럼 주님만을 의지하며 인도하시는 데로 우리 삶을 맡겨야 합니다.

지금 우리가 걷고 있는 길이 어디인지가 중요한 것이 아닙니다.
그 길이 어디인지 보다 주님과 함께인지가 중요합니다.
언제나 주님을 의지하고 신뢰했던 다윗처럼, 우리의 모든 행사를 주님께 맡기며 주님의 역사하심을 체험하는 삶이 되기를 기도합니다.

"너의 길을 여호와께 맡기라 저를 의지하면 저가 이루시고"(시편 37:5)

김장환

김장환(목사/극동방송 이사장)

1월

"너는 마음을 다하여 여호와를 의뢰하고
네 명철을 의지하지 말라
너는 범사에 그를 인정하라
그리하면 네 길을 지도하시리라"
– 잠언 3:5,6 –

1월 1일

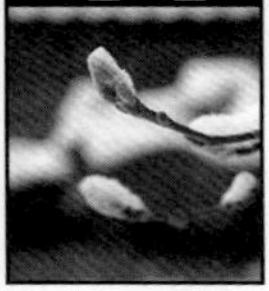

네가 복되고 형통하리로다

읽을 말씀 : 시편 128:1-6

● 시 128:1,2 여호와를 경외하며 그 도에 행하는 자마다 복이 있도다 네가 네 손이 수고한대로 먹을 것이라 네가 복되고 형통하리로다

『금년에는 주님을 더 잘 섬길 수 있기를 바라며 주님께 기도합니다.
「에녹과 같이 어느 때든지 하나님과 동행하며
아브라함과 같이 하나님의 명령을 믿음으로 순종하며
요셉과 같이 죄와 사탄의 유혹을 이겨내며
여호수아와 갈렙처럼 세상을 향해 담대하게 외치며
욥과 같이 고난 중에도 하나님을 신뢰하며
다윗과 같이 하나님의 말씀과 능력을 주야로 묵상하며
다니엘과 같이 어떤 위협에도 하나님을 선포하며
베드로와 같이 부족한 중에도 하나님의 사랑을 의지하며
바울과 같이 전도를 위해서 세계 어디라도 찾아가며…
금년에도 하나님의 은혜와 인도하심을 따라 승리하게 하소서.」
우리를 향한 하나님의 생각은 이미 성경에 기록돼 있습니다.
"…너희를 향한 나의 생각은 내가 아나니 재앙이 아니라 곧 평안이요 너희 장래에 소망을 주려하는 생각이라"(예레미야 29:11)

예수님을 믿음으로 거듭난 사람은 누구나 날마다 주님의 은혜로 복된 삶을 살 수 있습니다. 금년에는 주 하나님께서 우리의 삶을 더욱 복되고 형통하게 인도하시길 기도하며 새해를 시작합니다.』

-「김장환 목사의 인생 메모」 중에서

주님께서 나에게 가장 좋은 것으로 베풀어주실 놀라운 은혜를 기대하며 새해를 믿음으로 담대하게 주님과 함께 시작하십시오.
복되고 형통합니다. 아멘!!!

주님, 주님의 은혜와 능력으로 복되고 형통하며 번성한 삶을 주소서.
새해에 주님께서 나에게 이뤄주시길 원하는 삶을 기도하며 적읍시다.

주님이 주시는 행복

1월 2일

읽을 말씀 : 시편 73:20-28

● 시 73:28 하나님께 가까이 함이 내게 복이라 내가 주 여호와를 나의 피난처로 삼아 주의 모든 행사를 전파하리이다

미국복음주의출판협회(*ECPA*)가 수여하는 골드 메달을 수상한 작가 데니스 레이니(*Dennis Rainey*)는 "하나님이 주시는 행복을 누리기 위해서는 겸손의 미덕이 가장 필요하다"라고 말했습니다.

예를 들어 인간이 돈을 많이 벌려고 노력하는 이유는 행복하기 위해서는 돈이 필요하다고 생각하기 때문입니다. 사람들이 추구하는 삶의 우선순위에 돈이 가장 먼저 손꼽히는 것도 같은 이유일 것입니다.

어느 누구도 불행하기 위해 노력하는 사람은 없습니다.

열심히 노력해서 목표를 성취했다면 기대한 만큼 행복해야 하지만 현실은 그렇지 않습니다. 목표를 이룬 후에도 많은 사람들은 불행하게 살아갑니다.

그래서 영국의 저명한 성경 번역가인 필립 브룩스(*Phillips Brooks*)는 "매일 자신을 더 작아지게 만드는 사람이 겸손한 사람이며, 행복한 사람은 하나님께 항복하는 사람이다"라고 말했습니다.

우리가 스스로 행복해질 능력이 없다고 순순히 인정하는 사람은 하나님 앞에 겸손하게 됩니다. 금년에는 더욱 겸손히 자신의 바람과 욕구를 내려놓고 하나님이 인도하시는 길을 불평 없이 걸어갑시다.

그 길은 때로는 좁고, 험해 세상이 말하는 행복과는 동떨어져 있지만, 놀랍게도 그 길을 걸어가는 순간 진정한 행복을 누리게 됩니다.

참된 행복은 세상에 있지 않고, 부귀영화를 누리는 데 있지 않습니다. 오직 주님만을 따라가며 주님이 주시는 참된 행복을 누리십시오.

복되고 형통합니다. 아멘!!!

♡ 주님, 헛된 유혹을 좇지 않고 주님 안에 있는 참된 행복을 좇게 하소서.

주님과 동행하는 삶이 우리가 누릴 수 있는 최고의 행복임을 기억합시다.

1월 3일

작은 것의 소중함

읽을 말씀 : 마태복음 18:4-14

● 마 18:14 이와 같이 이 소자 중에 하나라도 잃어지는 것은 하늘에 계신 너희 아버지의 뜻이 아니니라

프랑스의 나폴레옹(*Napoléon Bonaparte*)이 이탈리아와 중요한 전투를 벌이고 있었습니다. 이탈리아의 군대는 나폴레옹의 예상대로 움직였습니다.

나폴레옹은 이에 맞는 전술을 이미 준비했으나 전투에서 패배하고 말았습니다. 한 기병대가 나폴레옹의 예상보다 훨씬 더 늦게 움직였기 때문입니다.

조사를 해보니 기병대가 늦은 이유는 한 소대가 집합을 늦게 했기 때문이었습니다. 다시 그 소대가 늦은 이유를 조사해 보니 병사 한 명이 늦게 도착했기 때문이었습니다. 그 병사 한 명이 늦은 이유는 바로 말발굽의 편자가 빠져서 말이 달리기를 거부했기 때문이었습니다.

역사에 만약은 없기 때문에 이 병사가 제때 왔다면 승부의 향방이 달라졌을지는 아무도 알 수 없습니다. 그러나 말편자 하나 때문에 나폴레옹의 전술에 차질이 생겨 패배한 것은 분명한 사실입니다.

예수님은 양과 드라크마의 비유를 통해 작은 것이 얼마나 소중한지 사람들에게 가르치셨습니다.

이 비유의 작은 것들은 예수님이 소중하게 여기신 것으로, 생명을 주시면서까지 구원하고자 한 한 영혼입니다.

작은 한 영혼인 나를 위해 모든 것을 주신 예수님의 사랑을 기억하며 이제 예수님이 그토록 구원하기를 바라시는 주변의 한 영혼을 찾아가 소중한 복음을 전하십시오. 복되고 형통합니다. 아멘!!!

주님, 주님이 저를 소중히 여기셨듯 다른 사람을 소중히 여기게 하소서.

죄를 조심하고 선행을 실천하며 작지만 소중한 사람들을 찾아갑시다.

겸손의 관점

1월 4일

읽을 말씀 : 잠언 3:27-35

● 잠 3:34 진실로 그는 거만한 자를 비웃으시며 겸손한 자에게 은혜를 베푸시나니

큐티(Q.T.)로 신명기의 십계명이 나오는 말씀을 묵상한 두 성도가 있었습니다.

십계명을 묵상한 한 성도는 다음과 같이 생각했습니다.

'나는 간통도 안 했고, 교회도 잘 다니고, 다른 사람의 물건을 훔친 적도 없으니 신앙생활을 충분히 잘하고 있군.'

다른 성도는 다음과 같이 생각했습니다.

'주님, 저는 이웃을 사랑하지도 못하고, 부모님을 공경하지도 못하고, 하나님 외의 다른 우상들도 많이 섬기고 있습니다. 부족한 저를 도와주세요.'

교만한 사람은 눈앞에 있는 자신의 모습을 바라보고, 겸손한 사람은 고개를 들어 하나님을 바라봅니다.

예수님은 사람들 앞에 나와 당당하게 신앙을 고백하는 바리새인보다, 죄를 지어 아무 말 없이 구석에서 눈물을 흘리는 세리의 기도가 우리가 드려야 할 기도라고 말씀하셨습니다.

신앙생활은 우리의 의를 드러내고 자랑하기 위해 하는 것이 아닙니다. 우리를 대속함으로 구원해 주신 주 예수님께 더욱 의지하기 위해 평생 겸손히 무릎으로 나아가야 합니다.

지금 우리의 기준은 어디에 있습니까?

세상을 수평으로 바라보지 말고 하나님을 수직으로 바라보며 더욱 겸손히 스스로를 낮추십시오. 복되고 형통합니다. 아멘!!!

주님, 죄를 용서하시고, 주님 앞에 늘 무릎 꿇는 겸손한 마음을 주소서.

스스로를 높이는 교만한 사람이 되지 않도록 매일 자신을 돌아봅시다.

1월 5일

입체적으로 바라보라

읽을 말씀 : 마태복음 7:1–6

● 마 7:2 너희의 비판하는 그 비판으로 너희가 비판을 받을 것이요 너희의 헤아리는 그 헤아림으로 너희가 헤아림을 받을 것이니라

세계 3대 폭포 중 하나인 이구아수 폭포(*Iguazu Falls*)는 아르헨티나와 브라질 국경에 자리 잡고 있습니다. 그렇다면 어느 나라에서 바라봐야 이구아수 폭포를 제대로 감상할 수 있을까요?

대부분은 브라질 쪽에서의 관광을 선호합니다.

브라질에서 이구아수 폭포를 바라보면 2, 3층 높이의 거대한 폭포가 한눈에 들어오기 때문입니다. 게다가 보트를 타고 폭포 가까이로 다가가 바라볼 수 있는 지형의 유리함까지 있습니다.

그러나 이구아수 폭포를 자주 보러 가는 사람들은 오히려 아르헨티나에서 봐야 더 세밀하게 볼 수 있다고 주장합니다. 이는 이구아수 폭포의 물줄기 하나하나를 집중해서 볼 수 있으며 폭포가 떨어지며 만들어내는 웅장하고 황홀한 물안개도 바로 앞에 있는 것처럼 생생하게 느낄 수 있기 때문입니다.

같은 폭포도 어디에서 바라보느냐에 따라 다른 매력이 느껴지듯이 모든 사람은 누구나 개인마다의 다양한 매력이 있습니다.

예수님은 제자임을 부인하던 베드로의 모습에서 책임감을 보셨고, 우레의 아들이라고 불리던 성격 급한 요한에게서 사랑의 가능성을 보셨습니다.

언젠가 천국에서 영원히 함께 주님을 예배할 귀한 형제자매들을 우리는 어떤 시선으로 바라보고 있습니까? 언제나 가능성을 바라보며 끝까지 격려하셨던 예수님과 같이 사랑의 마음과 손길로 주변 사람들을 대하십시오. 복되고 형통합니다. 아멘!!!

주님, 타인의 단점도 용납하고 격려할 수 있도록 사랑을 부어주소서.

형제자매의 단점도 용납하며 사랑으로 덮고자 노력합시다.

그릇만큼 받는다

1월 6일

읽을 말씀 : 시편 81:8–16

● 시 81:10 나는 너를 애굽 땅에서 인도하여 낸 여호와 네 하나님이니 네 입을 넓게 열라 내가 채우리라 하였으나

한 군종 목사님이 어쩌다 양봉에 관심이 생겨 취미로 꿀을 따기 시작했습니다. 그러던 어느 날, 꿀통이 넘칠 정도로 많은 양의 꿀이 모였습니다. 채밀하는 날 목사님은 평소 돕는 사람들에게 통을 들고 교회로 오라고 연락했습니다. 그러자 돕는 사람들은 각각 저마다 크기가 다른 통을 들고 왔습니다.

어떤 사람은 반찬 통, 어떤 사람은 양동이, 어떤 사람은 국그릇, 어떤 사람은 다 마신 음료수병을 씻어서 가져왔습니다. 목사님이 나눠주시는 것이 귀한 꿀이라는 사실을 알고는 작은 통을 가져온 몇몇 사람들이 다음과 같이 불평했습니다.

"목사님, 저희만 꿀을 조금 받아서 매우 아쉽습니다. 귀한 꿀을 나눠주신다고 미리 말씀해 주셨으면 더 큰 통을 가져왔을 텐데요."

이 말을 들은 목사님이 대답했습니다.

『나는 여러분에게 큰 통을 가져오라, 작은 통을 가져오라 말한 적이 없습니다. 어떤 통을 가져올지는 여러분이 결정했고, 나는 그 그릇에 맞춰 꿀을 나눠줬을 뿐입니다.』

주 하나님이 부어주시는 은혜와 큰 복을 우리는 종종 「끝이 없다」라고 표현합니다. 그런데 정말로 그런 고백처럼 놀라운 은혜와 큰 복을 받고자 믿음의 큰 그릇을 준비하고 계십니까? 매주 드리는 예배와 매일 드리는 경건생활 가운데 주님이 부어주시는 큰 복과 은혜를 누구보다 더 많이 받고 누릴 수 있는 믿음의 큰 그릇을 준비하십시오.

복되고 형통합니다. 아멘!!!

주님, 주님을 신뢰하며 누구보다 큰 믿음의 그릇을 준비하게 하소서.

항상 최고의 것으로 우리를 만족시키시는 주님이심을 고백합시다.

1월 7일

죽어야 산다

읽을 말씀 : 요한복음 11:25–30

● 요 11:25 예수께서 가라사대 나는 부활이요 생명이니 나를 믿는 자는 죽어도 살겠고

한 목동이 시장에서 새로 산 노새 한 마리를 끌고 가고 있었습니다.

한밤중에 산길을 걷다 갑자기 '쿵'하는 소리가 들려 뒤를 돌아보니 잠시 옆길로 샌 노새가 깊은 구덩이에 떨어져 있었습니다. 당황한 목동은 어떻게든 노새를 구덩이에서 꺼내 보려고 노력했지만 어떤 방법도 소용이 없었습니다.

울부짖는 노새가 불쌍했던 목동은 '이렇게 된 거 여기 묻어라도 주자'라고 생각해 열심히 땀을 흘리며 흙을 파서 덮어줬습니다. 그런데 몇 시간이 지나자 어느새인가 구덩이에서 노새가 불쑥 올라왔습니다.

노새는 목동이 묻어주려고 판 흙을 다져서 구덩이에서 올라올 둔덕으로 만든 것입니다.

사도 바울은 이전의 자신은 예수님과 함께 십자가에서 죽었다고 고백했습니다. 그러나 그 죽음은 죄에서 벗어나 거룩한 삶을 살아가며 영생을 누리는 데 필요한 죽음이었습니다. 나를 구원하기 위해 돌아가신 예수님을 온전히 믿는 사람만이 역설적으로 죽음을 극복하고 하나님의 심판을 받지 않고 영생, 즉 영원한 생명을 얻습니다.

세상의 그 어떤 시련도, 고난도, 어려움도, 심지어 죽음까지도 우리는 두려워할 필요가 없습니다. 시련은 연단으로, 고난은 영광으로, 죽음은 부활로, 우리의 모든 고통과 아픔을 바꿔주실 주님이 우리의 구주가 되시기 때문입니다. 모든 좋은 것으로 악한 것을 이기는 주님의 능력을 믿으십시오. 복되고 형통합니다. 아멘!!!

주님, 저를 위해 돌아가시고 부활하신 주님을 더욱 굳게 믿게 하소서.

우리를 가장 좋은 길로 인도하시는 주님이심을 믿고 끝까지 순종합시다.

질투를 느끼는 대상

1월 8일

읽을 말씀 : 빌립보서 2:1–11

● 빌 2:3 아무 일에든지 다툼이나 허영으로 하지 말고 오직 겸손한 마음으로 각각 자기보다 남을 낫게 여기고

독일에는 '남의 불행을 보고 기뻐한다'는 뜻의 「샤덴프로이데(*Schadenfreude*)」라는 단어가 있습니다.

한국어와 영어에는 아직 이 뜻에 해당하는 적절한 단어가 없다고 합니다.

심리학자들에 따르면 샤덴프로이데는 '질투'와 매우 비슷한 감정이며, 사람들이 질투를 가장 많이 느끼는 대상은 자기와 비슷한 처지의 사람, 즉 '라이벌' 이라고 부를 수 있는 사람이라고 합니다.

대부분의 사람은 자기보다 낮은 처지인 사람은 딱하게 여기며 칭찬을 합니다. 반대로 자기보다 높은 처지의 사람은 부러워하며 때로는 숭배합니다. 그러나 비슷한 처지의 사람에게는 오히려 시기와 질투의 마음을 품습니다.

우리 주변에서도 얼마든지 일어나는, 눈으로 확인할 수 있는 일반적인 사회 현상입니다. 바로 주 예수님의 제자들 사이에서도 이런 일들이 일어났습니다. 그물과 배를 버리고, 안정된 직장을 버리고 진리를 좇아 예수님을 따라온 제자들도 자기들끼리 모여 있자 누가 더 예수님의 사랑을 받는지를 놓고 서로 시기하며 질투했습니다. 제자들의 질문에 대한 예수님의 대답은 "사탄아 물러가라"였습니다.

시기와 질투의 마음은 누구를 향한 것이든 악한 사탄(마귀)이 주는 마음이기 때문입니다. 주님의 사랑이 우리 안에 없을 때 우리는 다른 사람을 미워하고, 시기하고, 질투하게 됩니다. 우리 마음을 주님이 주시는 성령님의 열매들로 가득 채우십시오. 복되고 형통합니다. 아멘!!!

주님, 다른 사람의 성공을 진심으로 기뻐하는 사랑의 마음을 주소서.

시기와 질투의 마음을 버리고 오직 사랑과 용서의 마음을 품읍시다.

1월 9일

실패라는 관점

읽을 말씀 : 요한복음 21:15-19

● 요 21:17 … 주께서 세번째 네가 나를 사랑하느냐 하시므로 베드로가 근심하여 가로되 주여 모든 것을 아시오매 내가 주를 사랑하는 줄을 주께서 아시나이다 예수께서 가라사대 내 양을 먹이라

프랑스 사람들은 실패를 차갑게 바라본다고 합니다.

많은 사람들이 한 번만 실패해도 끝이라고 생각해 모험을 감수하기보다는 안정적인 삶을 선택한다고 합니다.

반면 영국 사람들은 실패를 뜨겁게 바라본다고 합니다.

한 번의 실수는 얼마든지 괜찮다고 생각합니다. 그래서 많은 사람이 일생일대의 도전을 하지만, 한 번 실패를 한 후에는 안정적인 일을 선택한다고 합니다.

한편 미국에서는 실패를 따스하게 바라본다고 합니다.

성공을 이룰 수 있다면 몇 번을 실패해도 한 과정일 뿐이라고 생각한다고 합니다. 이는 혁신적인 기업들이 미국에서 끊임없이 생겨나는 이유 중 하나일 것입니다.

우리 크리스천은 실패를 어떻게 바라봐야 할까요?

예수님은 실수로 죄를 지은 사람들을 용납해 주시고,

예수님을 부인한 제자들에게도 다시 기회를 주셨습니다.

「우연한 성공은 있어도, 우연한 실패는 없다」는 말이 있습니다.

실패하고 싶어서 실패하는 사람은 단 한 명도 없기 때문입니다.

우리는 계속해서 실패하고 넘어지더라도 주님이 가르쳐 주신 말씀을 따라 살아가야 합니다. 연약하고 부족한 우리 믿음까지도 주님께 맡기며 거룩한 삶에 다시 도전하십시오. 복되고 형통합니다. 아멘!!!

주님, 실패하지 않는 주님께서 또한 저를 부르셨음에 감사하게 하소서.

어떤 상황에서도 우리와 함께 계시는 주님의 손을 놓지 맙시다.

크리스천의 우울증

1월 10일

읽을 말씀 : 시편 119:49–56

● 시 119:50 이 말씀은 나의 곤란 중에 위로라 주의 말씀이 나를 살리셨음이니이다

최근 보건복지부에서 조사한 바에 따르면 지난 5년간 우울증과 불안장애로 병원에서 치료를 받은 환자가 900만 명이나 된다고 합니다.

우리나라의 크리스천들도 예외는 아닙니다.

위대한 신앙인들도 우울증으로 많은 고생을 했습니다.

마틴 루터(*Martin Luther*) 도 자신의 우울한 마음에 대해 다수의 글을 썼습니다.

크리스천은 우울증에 걸리지 않는다고 생각하면 안 되고, 말씀으로 지혜롭게 극복할 수 있다고 우리의 생각을 바꿔야 합니다.

다음은 먼 타지에서 16년 동안 홀로 사역을 한 인도 선교사 데이비드 시맨즈(*David A. Seamands*)가 말한 「우울증에 걸린 크리스천을 위한 조언」 입니다.

❶ 의지적으로라도 혼자 있지 말라.

❷ 찬양하고, 찬양을 들으라.

❸ 말씀의 능력을 믿고 의지하라.

❹ 일상에서 감사할 제목을 찾으라.

❺ 성령님의 임재하심을 느끼며 확실한 휴식을 취하라.

우리의 감정 상태와 상관없이 주님은 우리와 함께하시며, 변함없이 우리를 사랑하십니다.

상한 마음과 지친 심령까지도 주님 앞에 내어놓고 영혼의 안식을 구하십시오. 복되고 형통합니다. 아멘!!!

주님, 세상의 모든 어려움을 믿음으로 이겨낼 수 있도록 능력을 주소서.

주변에 마음이 힘든 이가 있다면 주님께로 인도합시다.

1월 11일

마음을 닦아주는 서비스

읽을 말씀 : 누가복음 10:25-37

● 눅 10:37 가로되 자비를 베푼 자니이다 예수께서 이르시되 가서 너도 이와 같이 하라 하시니라

한 청년이 집에 필요한 가전제품을 사려고 알아보고 있었습니다.

그런데 평소 가전제품에는 조금도 관심이 없는 어머니가 특정 회사의 제품을 사라고 권유했습니다.

아들이 이유를 묻자 어머니가 대답했습니다.

"몇 주 전 친구네 집에 놀러 갔는데, 마침 그 회사 에어컨을 설치하러 왔더라. 그런데 에어컨을 설치한 후 그 자리를 천으로 깨끗이 닦아 놓고 가더라.

그런 회사 제품은 뭘 사도 믿을 수 있어."

어머니의 말을 들은 청년은 다음과 같이 생각했습니다.

'서비스와 가전제품의 성능은 아무런 상관이 없다.

하지만 고객을 행복하게 하는 서비스는 좋은 제품을 팔 수 있는 토대가 되는구나.

그 회사 직원이 닦은 것은 바닥이 아니라 고객의 마음이었어.'

"제품을 팔기 위해선 고객의 마음을 사로잡는 것이 가장 중요하다" 라고 말한 중국 알리바바의 창업자 마윈(*Jack Ma*) 회장의 청년 시절 이야기입니다.

하나님 나라는 말이 아닌 능력에 있듯이, 복음을 전하는 데 가장 중요한 것은 논리와 사실보다 섬김과 사랑입니다. 제자들의 발을 닦아주신 주님의 겸손과 사랑을 본받아 우리의 손과 사랑이 필요한 곳을 찾아가 섬김으로 복음을 전하십시오. 복되고 형통합니다. 아멘!!!

주님, 섬김을 수고로 여기지 않고 기꺼이 솔선수범하게 하소서.

복음을 전하기 위한 수고와 섬김을 마다하지 맙시다.

마지막에 승리하라

읽을 말씀 : 골로새서 2:12-19

●골 2:15 정사와 권세를 벗어버려 밝히 드러내시고 십자가로 승리하셨느니라

초나라를 세운 패왕 항우가 진나라를 무너트린 뒤 고향으로 돌아갈 때의 이야기입니다.

한 고을의 제후로 군사를 일으켜 통일된 나라를 무너트린 항우의 기세는 엄청났습니다. 항우 역시 스스로의 모습이 얼마나 자랑스러웠는지 자신이 고향으로 돌아가는 모습을 '비단옷을 입고 고향으로 돌아간다'라는 뜻의 「금의환향(錦衣還鄕)」이라고 표현했습니다.

항우와 비슷한 시기에 거병한 유방은 맞붙는 전투마다 번번이 패했습니다.

어찌나 자주 패했던지 나중에는 항우를 피해 서쪽 첩첩산중에 쌓여 있는 한중(중국 산시성 남부에 있는 도시)으로 도망을 갔습니다.

중앙의 패권을 차지하지 못하고 왼쪽으로 도망간 유방의 모습에서 '낮은 자리로 쫓겨난다'라는 뜻의 「좌천(左遷)」이라는 말이 생겼습니다. 그러나 유방은 한중에서도 포기하지 않았고, 결국 가장 중요한 전투에서 항우를 사면초가 신세로 만들어 새로운 통일 중국의 황제가 되었습니다. 수많은 전투에서 패배해도 결국 마지막에 승리하는 사람이 전쟁에서 이기는 진정한 승자입니다.

세상에서의 수많은 고락이 있을지라도 우리가 언제나 주님을 찬양하며 감사를 드릴 수 있는 이유는, 주님을 믿음으로 우리가 이미 승리했기 때문입니다. 끝까지 주님을 믿음으로 마지막까지 승리하십시오.

복되고 형통합니다. 아멘!!!

주님, 이미 승리하신 주님과 함께라는 사실을 늘 기억하게 하소서.

어떤 상황에서도 주님을 떠나지 않는 승리하는 성도가 됩시다.

1월 13일

가능성의 제한

읽을 말씀 : 빌립보서 4:10–20

● 빌 4:13 내게 능력 주시는 자 안에서 내가 모든 것을 할 수 있느니라

발명왕 토머스 에디슨(*Thomas A. Edison*)은 생전에 사람의 뇌에 대해 "저는 사람의 뇌를 근육과 같은 방식으로 발달시킬 수 있다고 생각합니다.

운동을 통해 근육을 강화할 수 있듯이 뇌도 평생 발달이 가능합니다.

더 자주 생각하고 다양한 일에 뇌를 사용하는 사람은 뇌에 더 많은 내용을 저장할 수 있고, 새로운 능력을 개발할 수 있다고 생각합니다.

뇌가 점점 늙는다고 생각하는 사람은 잠재력을 충분히 개발할 수 없습니다"라는 말을 남겼습니다.

최근 뇌 과학 연구에 따르면 에디슨의 주장은 100% 사실이라고 합니다. 뇌는 평생 발달이 멈추지 않으며 오히려 특정 영역은 나이가 들수록 더 뛰어나진다고 합니다. 그러나 에디슨이 이 말을 했던 200여 년 전에는 에디슨의 주장은 과학적으로 말이 안 된다고 여겨졌습니다.

하지만 말년까지 왕성한 발명 활동을 한 에디슨은 자신이 확실히 경험한 일이었기에 누가 뭐라 하든 뇌가 계속 발달한다는 주장을 할 수 있었습니다.

사람은 자신이 그리는 꿈의 크기만큼 자란다는 말이 있습니다.

꿈이 큰 사람은 변화에 적응하고 길을 개척하여 크게 성장하는 반면, 꿈이 작은 사람은 일상에 안주하기를 바란다는 뜻입니다.

말씀으로 우리에게 약속된 놀라운 능력을 우리의 얄팍한 지식과 지혜로 제한하지 마십시오. 하나님의 일을 위해 우리를 들어 놀랍게 사용하실 하나님의 계획을 믿으십시오. 복되고 형통합니다. 아멘!!!

주님, 부족한 저를 들어 높이 사용하실 주님을 의지하게 하소서.

전지전능하신 주님을 믿음으로 모든 것을 할 수 있음을 고백합시다.

소명으로 살아가라

1월 14일

읽을 말씀 : 로마서 12:1-13

● 롬 12:3 내게 주신 은혜로 말미암아 너희 중 각 사람에게 말하노니 마땅히 생각할 그 이상의 생각을 품지 말고 오직 하나님께서 각 사람에게 나눠주신 믿음의 분량대로 지혜롭게 생각하라

세계적인 기독교 변증가이자 베스트셀러 작가인 오스 기니스(*Os Guiness*)의 「소명」이라는 책에 나오는 내용입니다.

「부엌 바닥을 청소하는 사람은 기도하는 사람 못지않게
하나님의 뜻을 행하고 있는 것입니다.
청소를 하며 찬송가를 불러서가 아닙니다.
하나님이 바닥을 깨끗하게 하는
그 사람의 일을 좋아하시기 때문입니다.
구두를 만드는 사람은 가죽에 남몰래 작은 십자가를 새긴다고 해서
자신의 의무를 행하고 있는 것이 아닙니다.
누구에게나 튼튼하고 좋은 구두를 만들어 줄 때
자신의 의무를 다하고 있는 것입니다.
왜냐하면 하나님은 장인의 숙련된 기능에
관심을 보이시기 때문입니다.」

하나님을 만난 모든 사람이 사역자가 되고, 선교사가 되어야 하는 것은 아닙니다. 바울이 선교를 위해 천막을 만들었던 것처럼, 때로는 세속적인 일이, 때로는 하기 싫은 일이 소명이 될 때가 있습니다.

오늘날의 크리스천들은 소명은 반드시 기독교적이어야 하고, 거룩한 일이어야 하며, 특별한 일이어야 한다는 생각을 가지고 있습니다. 그러나 하나님이 주신 재능을 통해, 자신의 본분을 세상 어디서나 마음껏 발휘하는 사람이 바로 소명을 다하는 충성된 일꾼이라는 사실을 기억하십시오. 복되고 형통합니다. 아멘!!!

주님, 주님이 저에게 주신 소명이 무엇인지 매일 분별할 지혜를 주소서.

내가 속한 자리에서 주님의 일꾼으로 살아가는 방법을 찾아봅시다.

1월 15일

아버지의 손

읽을 말씀 : 요한복음 16:25–33

● 요 16:33 이것을 너희에게 이름은 너희로 내 안에서 평안을 누리게 하려함이라 세상에서는 너희가 환난을 당하나 담대하라 내가 세상을 이기었노라 하시니라

미국의 한 작은 도시의 병원에서 있었던 일입니다.
하루는 아버지가 딸을 안고 급하게 병원을 찾았습니다.
소녀는 어디에 부딪혔는지 눈꺼풀이 크게 찢어져 있었습니다.
상태를 살핀 의사는 아버지에게 말했습니다.
“상처를 잘 꿰매기만 하면 큰 문제는 없을 것 같습니다.
다만 상처 부위를 감안했을 때 마취를 할 수 없을 것 같습니다.”
의사는 소녀에게 고통을 참을 수 있겠냐고 다정히 물었습니다.
그러자 소녀가 눈물을 멈추고 대답했습니다.
『제가 상처를 치료받는 동안 아빠가 옆에서 손을 잡아주세요.
그러면 참을 수 있을 것 같아요.』
소녀는 말대로 아버지의 손을 잡고 모든 과정을 잘 참아냈습니다.
이 모습을 본 의사는 다음과 같이 생각했습니다.
‘아버지가 손을 잡아준다고 해서 수술이 아프지 않은 건 아니다.
하지만 아버지의 손을 통해 아픔을 이겨낸 것은 아닐까?’
이 장면을 직접 목격한 크리스천 의사가 「스마트 박사」라는 필명으로 한 게시판에 글을 써서 알려지게 된 이야기입니다.

주 하나님을 믿는 사람도 세상에서 고난을 당합니다. 그러나 어떤 상황에서도 우리와 함께하시며 우리의 손을 놓지 않으시는 하나님 아버지가 계시기에 담대하게 이겨낼 수 있습니다. 언제나 우리를 떠나지 않으시는 주 하나님의 손을 기쁠 때나 슬플 때나 꼭 붙드십시오.
복되고 형통합니다. 아멘!!!

주님, 전지전능하신 주님의 손을 꼭 붙잡고 살아가게 하소서.

나를 떠나지 않는 아버지 하나님이심을 믿고 모든 것을 이겨냅시다.

내가 받은 사명

1월 16일

읽을 말씀 : 이사야 55:6–9

● 사 55:8 여호와의 말씀에 내 생각은 너희 생각과 다르며 내 길은 너희 길과 달라서

『제가 미국에서 목사 안수를 받고 1959년, 아내와 함께 한국으로 돌아왔습니다. 처음에는 패기 있게 자비량 선교를 하려고 병아리 200마리를 사서 양계를 시작했습니다. 미국에 있을 때 양계 회사에서 일을 했었기에 조금 안다고 생각했습니다. 어느덧 약병아리로 성장했고, 곧 알을 낳을 수 있을 것이라는 꿈에 부풀어 있던 어느 날, 도둑이 들어 약병아리 2/3를 훔쳐 달아났습니다. '하나님이 왜 허락하셨을까?' 의아했습니다.

이번에는 밭을 3,000평 사서 전문가의 조언에 따라 프랑스 포도 묘목을 심었는데 포도알이 제대로 맺히지 않아 비료를 뿌려봤지만 효과가 없었습니다. '하나님이 왜 허락하셨을까?'라는 마음이 들었습니다. 그때 하나님께서 "내가 언제 자비량 선교하라고 했느냐? 열심히 전도하면 내가 너와 가족들을 책임져 주지 않겠느냐?"라고 말씀하셨습니다. 동시에 이사야 55장 8절 "여호와의 말씀에 내 생각은 너희 생각과 다르며 내 길은 너희 길과 달라서" 말씀이 떠올랐습니다.

생각해 보니 제가 하나님께 받은 사명은 가족 전도, 이웃 전도, 젊은이들 전도였습니다. 그런데 저는 양계와 포도 농사에 마음을 빼앗긴 것입니다. 결국 저는 자비량 선교를 포기하고, 그때부터 만나는 사람들에게 열심히 복음을 전하기 시작했습니다. 하나님께서는 약속대로 저와 우리 가족 모두를 책임져주셨습니다.』 – 「김장환 목사의 인생 메모」 중에서

주님이 주신 내 사명을 잊고 혹시 다른 일에 마음을 빼앗기고 있지는 않습니까? 다시금 사명의 자리로 나아가십시오.

복되고 형통합니다. 아멘!!!

주님, 내가 주님께 받은 사명은 무엇인지 확인하게 하소서.

아직 믿지 않는 사람들에게 복음을 전합시다.

1월 17일

손이 있으십니까

읽을 말씀 : 마태복음 13:18-23

● 마 13:22 가시떨기에 뿌리웠다는 것은 말씀을 들으나 세상의 염려와 재리의 유혹에 말씀이 막혀 결실치 못하는 자요

한 목사님이 몇몇 집사님들과 함께 노방전도를 하고 있었습니다.

열심히 전도지를 나눠주던 중 한 아주머니에게 전도지를 내밀자 갑자기 아주머니가 "지금 손이 없잖아요!"라며 크게 화를 냈습니다.

아주머니는 한 손에는 가방, 한 손에는 장을 본 쇼핑백을 들고 있었습니다. 받을 손이 없는데 전도지를 내밀면 어떡하냐는 뜻이었습니다.

목사님은 바로 사과를 했지만, 한편으로는 이런 생각이 들었습니다.

'저 아주머니 말이 맞다. 양손이 차있으면 복음을 받을 수가 없다.

어쩌면 예수님을 믿는 우리도 손이 없는 삶을 살고 있는 것은 아닐까? 손이 비어 있는 사람만이 주 하나님이 주시는 구원의 선물을 받을 수 있다.'

목사님은 이때의 깨달음을 주일 설교에서 간증으로 함께 전했고, 성도들은 큰 은혜를 받았습니다.

우리의 손에는 무엇이 들려 있습니까?

하나님이 주신 복음, 이웃에게 전할 사랑이 들려 있습니까?

놀라운 은혜를 누리면서도 손이 차있지는 않은지, 혹은 나의 욕심으로 인해 잘못된 것들을 들고 있지는 않은지 손을 돌아보십시오. 또 주님이 주시는 놀라운 은혜를 받을 손, 놀라운 복음을 전할 손을 비워두십시오. 복되고 형통합니다. 아멘!!!

주님, 제 마음이 주님을 향한 사랑으로만 가득 차있게 하소서.

세상 것에 욕심을 내지 말고 주님이 주신 선한 것으로 손을 채웁시다.

나를 대신 보내셨다

읽을 말씀 : 요한복음 17:15–21

● 요 17:18 아버지께서 나를 세상에 보내신 것 같이 나도 저희를 세상에 보내었고

아프리카 원주민들을 위해 헌신하던 '밀림의 성자' 알버트 슈바이처(*Albert Schweitzer*) 박사를 돕기 위해 한 성도가 찾아갔습니다.

성도는 현지에서 고생하는 슈바이처 박사를 보고 참으로 안타까워하며 말했습니다.

"박사님처럼 훌륭하신 분이 이곳에서 왜 이렇게 고생을 하십니까?

유럽 본토에서도 귀하게 쓰임 받으실 일이 참으로 많을 텐데요."

슈바이처 박사는 철학, 음악, 의학, 신학의 박사학위를 가지고 있었고, 각 분야마다 이름을 떨칠 정도의 팔방미인인 유명인사였습니다.

성도는 이런 슈바이처 박사의 재능과 은사를 두고 한 말이었습니다.

이 말을 들은 슈바이처 박사는 다음과 같이 대답했습니다.

『저를 그런 시선으로 바라보지 말아주십시오.

주님의 손이 되어 일하는 것이 얼마나 큰 기쁨인지 모르십니까?』

우리를 구원하기 위해 하나님이 예수님을 보내신 것처럼 세상의 어려운 사람들을 돕고, 주님을 전하라고 주님이 바로 우리를 보내셨습니다. 그 일을 위해 들이는 어떤 수고와 재물도 아까워해선 안 됩니다. 그 일이 바로 우리의 본분이기 때문입니다.

주님의 시선이 향하는 곳으로 가서, 주님이 원하시는 일을 돕는 손의 역할을 감당하십시오. 복되고 형통합니다. 아멘!!!

주님, 주님을 위해 수고하는 헌신의 기쁨을 깨닫게 하소서.

복음과 섬김이 필요한 곳을 찾아가는 사명자가 됩시다.

1월 19일

세상과 반대로

읽을 말씀 : 마태복음 7:7-14

● 마 7:13 좁은 문으로 들어가라 멸망으로 인도하는 문은 크고 그 길이 넓어 그리로 들어가는 자가 많고

미국 금융계에 엄청난 호황의 바람이 불던 때였습니다.

여러 은행이 지점 늘리기에 혈안이 되어 있을 때 한 은행 회장은 이렇게 생각했습니다.

'다들 저렇게 몸집을 늘리면 경쟁으로 은행들 수익이 낮아질 텐데⋯.

우리는 오히려 확장보다는 내실을 다져야겠어.'

시간이 흘러 불경기가 찾아와서 모든 은행이 규모를 축소했을 때도 회장은 반대로 '움츠러든 경기가 더 빨리 회복되려면 오히려 지금 확장을 해야 한다'라고 생각했습니다.

이사회와 주주들의 반대에도 불구하고 회장은 꿋꿋이 자기 의견을 관철했습니다.

시장의 흐름과 반대로 가야 위험을 막을 수 있다는 주장이었습니다.

다른 은행들이 실적을 올리려고 마구잡이로 대출을 해줄 때도 이 은행은 오히려 철저히 대출을 규제했습니다. 그 결과 미국 경제를 뒤흔든 서브프라임 모 기지 사태 때도 무사할 수 있었고, 세계적인 금융위기 후에 오히려 미국 1위의 은행 기업으로 발돋움할 수 있었습니다.

「웰스 파고(*Wells Fargo*)」를 미국 1위의 은행 그룹으로 키워낸 존 스텀프(*John Stumpf*) 회장의 이야기입니다.

넓은 문이 아닌 좁은 문에, 세상과 반대의 길에 진리가 있습니다.

성경을 통해 예수님이 가르쳐 주신 유일한 생명의 길에서 벗어나지 마십시오. 복되고 형통합니다. 아멘!!!

주님, 모든 일을 기도로 결정하고 진리의 말씀만을 따라가게 하소서.

점점 혼란해지는 세상 속에서 당당히 진리를 선포하는 사람이 됩시다.

위의 것을 추구하라

1월 20일

읽을 말씀 : 마태복음 6:25-34

● 마 6:33 너희는 먼저 그의 나라와 그의 의를 구하라
그리하면 이 모든 것을 너희에게 더하시리라

세계 최고의 리더십 전문가이자, 대기업 관리 컨설턴트이며, 팀 빌딩 워크숍 전문가인 마샤 피니(*Martha I. Finney*)는 리더가 직원들에게 해줄 수 있는 가장 강력한 동기 부여는 「비전을 제시하는 것」이라고 말합니다.

대부분의 사람은 돈을 더 주면 더 열심히 일할 것이라고 생각합니다. 혹은 승진을 위해 더 열심히 일할 것이라고 생각합니다.

그러나 그렇게 해서 더 많은 돈을 벌고, 높은 지위에 올라간 사람들도 결국 「비전 없이는 버틸 수 없다」라는 것이 피니의 연구 결과입니다.

"자신의 업무가 기업의 사명에 기여하고 있고, 기업의 사명이 세상을 더 나은 곳으로 만들고 있다는 자부심이 가장 중요합니다.

사람은 누구나 이상적인 목적을 갈망하기 때문입니다."

인간의 욕구를 5단계로 정리한 미국의 심리학자인 에이브러햄 매슬로(*Abraham H. Maslow*) 역시 "인간이 가장 높게 추구하는 다섯 번째 욕구는 자아실현 욕구(*Self-actualization needs*)다"라고 말했습니다. 그리고 자아실현을 위해서는 나보다 더 위대한 목표, 즉 사명, 혹은 비전이 필요합니다.

하나님은 우리를 「잘 먹고 잘 사는 것」만 추구하도록 창조하지 않으셨는데, 믿지 않는 사람들조차도 하나님이 창조하신 이 원리를 벗어나서 살 수 없습니다. 이 놀라운 사실을 오늘날의 심리학과 사회과학이 오히려 밝혀내고 있습니다. 「땅의 것보다 주님의 것을 추구하며 살라」는 주님의 말씀을 따라 먼저 그 나라와 의를 구하며 살아가는 성도가 되십시오. 복되고 형통합니다. 아멘!!!

주님, 선한 마음으로 참된 능력을 계발하며 살아가게 하소서.

물질적 가치를 넘어서는, 주님이 주신 선한 목적을 따라 살아갑시다.

1월 21일

가장 아름다운 모습

읽을 말씀 : 창세기 1:24-31

● 창 1:31 하나님이 그 지으신 모든 것을 보시니 보시기에 심히 좋았더라 저녁이 되며 아침이 되니 이는 여섯째 날이니라

그리스 신화에 나오는 미다스(*Midas*) 왕은 누구와도 비교할 수 없을 정도로 부유한 왕이었습니다. 이미 세상 누구보다 부자였음에도 미다스는 더 많은 재물을 갖기를 원했습니다.

미다스는 그리스의 신을 찾아가 자신이 만지는 것마다 황금으로 변하게 해달라고 간청했습니다.

그리스의 신은 좋은 생각이 아니라며 거절했지만 미다스의 끈질긴 요구에 결국 소원을 들어줬습니다.

미다스는 신이 나서 왕궁의 모든 것을 황금으로 바꿨습니다.

정원의 나무와 잔디까지도 번쩍이는 황금으로 바꾸었습니다.

그러나 손에 닿는 모든 것이 황금으로 변했기에 미다스는 밥을 먹을 수도, 물을 마실 수도, 심지어 세상에서 가장 사랑하는 딸을 만질 수도 없었습니다.

서양에서는 「미다스의 손」을 「돈을 버는 재주」라는 뜻으로 부르며, 왕의 이름인 「미다스」는 「탐욕」이라는 뜻으로 사용하고 있습니다.

하나님이 창조하신 모든 만물은 있는 본연의 모습 그대로일 때 가장 아름답습니다. 마음이 아픈 사람들, 몸이 아픈 사람들에게 닿았던 예수님의 손은 이들을 더 나은 모습이 아니라 하나님이 창조하신 본래 모습으로 회복시켰습니다.

하나님의 형상을 따라 가장 아름다운 모습으로 우리가, 그리고 모든 형제와 자매가 창조되었음을 믿으며 외면보다 내면에 집중하십시오. 복되고 형통합니다. 아멘!!!

♡ 주님, 이미 주신 것에 감사하는 은혜의 삶을 살아가게 하소서.

지금 나의 모습 그대로 주님이 사랑하신다는 사실을 의심하지 맙시다.

경험해야 변한다

1월 22일

읽을 말씀 : 데살로니가후서 3:6–15

● 살후 3:9 우리에게 권리가 없는 것이 아니요 오직 스스로 너희에게 본을 주어 우리를 본받게 하려 함이니라

미국의 한 초콜릿 회사의 회장이 공장을 시찰하고 있었습니다.
당시 공장 안은 한여름의 열기로 숨을 쉬기 힘들 정도였습니다.
회장은 공장장을 불러 에어컨을 설치하지 않는 이유를 물었습니다.
"가만히 서있기도 힘든데 왜 에어컨을 설치하지 않습니까?"
『예산이 부족해서 저도 어쩔 수가 없습니다.
그리고 직원들은 충분히 버틸 수 있습니다.』

회장은 자신의 지위를 이용해서 얼마든지 강제로 에어컨을 설치할 수 있었지만, 공장장이 스스로 깨닫는 사람이 되었으면 하는 바람이 있었습니다.

회장은 다음날부터 공장장의 책상을 사무실이 아닌 작업장 한구석에 놓으라고 지시했습니다. 그러자 공장장은 작업장의 뜨거운 열기를 하루도 버티지 못하고 바로 에어컨을 설치했습니다.

공장장의 자리는 시원한 사무실이었기 때문에 하루 중 잠깐 들르는 작업장이 얼마나 더운지 직원들의 사정을 헤아리지 못했던 것입니다.

세계적으로 유명한 초코바 「스니커즈」를 만든 프랭크 마즈(*Frank C. Mars*) 회장의 초창기 시절 이야기입니다.

사람이 진정으로 변화하기 위해서는 경험해야 합니다. 세상 사람들이 하나님의 사랑을 경험하려면 이미 그 사랑을 경험한 우리가 먼저 다가가 섬겨야 합니다. 하나님을 알기 전 나의 모습을 떠올리며 아직 복음을 알지 못하는 사람의 눈높이에 맞춰 선한 손과 마음으로 사랑을 전하십시오. 복되고 형통합니다. 아멘!!!

주님, 대상과 때에 맞는 적절한 권유를 할 수 있는 지혜를 주소서.

감정에 따라 상대방을 대하지 말고 주님이 주시는 지혜로 응대합시다.

1월 23일

사랑하면 보인다

읽을 말씀 : 잠언 10:11–16

● 잠 10:12 미움은 다툼을 일으켜도 사랑은 모든 허물을 가리우느니라

미국 캘리포니아에 매주 주말마다 반려견을 산책시키는 부부가 있었습니다. 부부는 집 근처 강아지 공원에서 주로 원반을 던지며 산책을 시켰는데, 어느 날부터 반려견이 원반을 제대로 물어오지 못했습니다. 그러나 집으로 돌아온 뒤 일상생활에는 아무런 문제가 없었습니다.

반려견에게 무슨 문제가 있나 싶어 유심히 관찰하던 부부는 어느 날 원인을 발견했습니다. 반려견의 눈이 자외선에 민감하게 반응해 햇볕이 있는 야외에서는 사물을 제대로 바라볼 수 없었던 것입니다.

부부는 반려견을 위해서 특수 선글라스를 제작해 줬는데 선글라스를 쓴 반려견은 다시 예전처럼 완벽하게 원반을 잡았습니다.

문득 다른 반려견들도 자외선 문제를 겪을 수 있다는 생각이 든 부부는 강아지를 위한 고글을 연구하기 시작했습니다. 강아지들은 생김새가 천차만별이기에 사람처럼 획일적인 제품을 만들 수 없었지만, 부부는 끝까지 포기하지 않았습니다. 자신들이 만든 제품이 반려견을 키우는 다른 사람들에게 큰 도움이 될 수 있다고 생각했기 때문입니다. 그렇게 처음으로 강아지 고글을 만든 로니 디 룰로(*Roni Di Lullo*)는 「도글(*Doggles*)」이라는 회사를 만들었고, 지금은 연 매출이 300만 달러가 넘는 기업이 되었습니다.

사랑의 눈으로 바라볼 때 작은 차이가 구분되고, 문제를 해결할 방법이 떠오릅니다. 사랑의 눈길로 우리의 도움이 필요한 사람이 누구인지 살펴보십시오. 복되고 형통합니다. 아멘!!!

주님, 이웃의 상처와 아픔을 보듬고 위로하는 사랑의 시선을 주소서.

사랑으로 덕을 세우며 주님께 기쁨이 되는 삶을 살아갑시다.

한 농부의 배려심

1월 24일

읽을 말씀 : 디도서 2:1–10

● 딛 2:10 떼어 먹지 말고 오직 선한 충성을 다하게 하라 이는 범사에 우리 구주 하나님의 교훈을 빛나게 하려 함이라

소설 「대지」를 쓴 펄 벅(*Pearl S. Buck*) 여사가 한국의 경주를 방문했을 때 길에서 이상한 농부를 만났습니다.

농부는 달구지를 끄는 소를 몰고 가고 있었는데 달구지 위에 짐을 놓지 않고 자기 지게에 짐을 지고 함께 걸어가고 있었습니다.

호기심이 생긴 펄 벅 여사가 농부에게 물었습니다.

“왜 지게의 짐을 달구지에 싣고 가지 않나요? 그럼 몸이 더 편할 텐데요.”

이 말을 들은 농부는 너털웃음을 지었습니다.

『허허, 그럴 수 없습니다. 소가 나를 위해 하루 종일 일을 했는데 집에 갈 때까지 일을 시킬 수는 없지요. 내 짐은 내가 지고 가야 합니다.』

이 말을 들은 펄 벅 여사는 크게 감동하여 “한국 사람이 얼마나 마음이 따뜻하고 배려심이 깊은지 경주에서 만난 한 농부를 통해 알게 되었다”라고 말했습니다.

한 농부의 배려심이 펄 벅 여사에게 모든 한국인에 대해 좋은 인상을 남긴 것처럼, 크리스천인 우리가 살아가는 하루를 통해 세상 사람들에게 좋은 인상을 남겨야 합니다.

주님의 말씀대로 살아가며 사랑을 실천하는 크리스천이 세상을 변화시킬 힘이 있는 진정한 크리스천입니다. 주님이 주신 말씀을 세상 가운데 실천하며 참된 사랑이 무엇인지, 진리가 무엇인지 세상에 전하는 진실한 크리스천이 되십시오. 복되고 형통합니다. 아멘!!!

주님, 주님의 영광을 가리는 교만한 크리스천이 되지 않게 하소서.

세상에서의 우리의 말과 행동이 곧 전도의 도구임을 기억합시다.

1월 25일

승리의 원칙

읽을 말씀 : 고린도후서 2:12-17

● 고후 2:14 항상 우리를 그리스도 안에서 이기게 하시고 우리로 말미암아 각처에서 그리스도를 아는 냄새를 나타내시는 하나님께 감사하노라

베트남의 보응우옌잡(*Võ Nguyên Giáp*) 장군은 '붉은 나폴레옹'이라고 불리는 20세기 최고의 명장 중 한 명입니다.

보응우옌잡 장군은 군사 훈련을 한 번도 받은 적이 없는 평범한 고등학교 교사 출신의 언론인이었습니다. 그러나 세계 최강대국인 미국, 중국, 프랑스 군대를 상대로 모두 승리를 거뒀습니다.

보응우옌잡 장군은 승리의 비결로 「3가지를 하지 않는 것」을 꼽았습니다.

- 첫째, 적이 원하는 시간에 싸우지 않을 것
- 둘째, 적이 싸우고 싶어 하는 장소를 피할 것
- 셋째, 적이 생각하지 못한 방법으로 싸울 것

'시간과 장소와 방법'을 상대가 아닌 자신에 맞추면 승리는 따라온다는, 어찌보면 매우 단순한 비결입니다.

하지만 세상의 모든 이치가 그렇습니다.

다른 사람이 놀 때 일하는 사람이 성공하고, 편하게 누워 있는 사람보다 땀 흘리며 운동하는 사람이 더 건강합니다. 우리의 지난 하루를 냉철히 돌아보면 우리가 성공을 향해 가고 있는지, 실패를 향해 가고 있는지 확인할 수 있습니다. 믿음 생활도 마찬가지입니다.

우리 삶의 시간과 장소와 방법이 주님이 원하시는 쪽으로 사용되고 있는지, 아니면 그 반대인지 성찰한 후 주님을 기쁘시게 하는 일만을 위해 살아가도록 노력하십시오. 복되고 형통합니다. 아멘!!!

♡ 주님, 저의 삶을 온전히 주님께 맡기며 의의 병기로 드리게 하소서.

믿음으로 죄를 이기며 매일 승리하는 삶을 삽시다.

친구의 조건

1월 26일

읽을 말씀 : 잠언 22:9-14

● 잠 22:11 마음의 정결을 사모하는 자의 입술에는 덕이 있으므로 임금이 그의 친구가 되느니라

'아시아의 워런 버핏'으로 불리는 홍콩의 청쿵그룹 리자청(*Ka-shing Li*) 회장은 동아시아의 손꼽히는 거부이자 기부자입니다.

리 회장은 동아시아에서 가장 돈이 많은 사람이지만 지금도 5만여 원짜리 구두에 10만 여 원짜리 양복을 입는 것으로 알려졌습니다. 무일푼으로 사업을 시작한 리자청 회장은 수많은 사람을 만나며 인간관계의 법칙을 깨달았습니다.

다음은 리자청 회장이 말한 「절대 사귀지 말아야 할 친구」입니다.

❶ 불효자와 사귀지 마라.

❷ 남에게 야박한 사람과 사귀지 마라.

❸ 시시콜콜 따지는 사람과 사귀지 마라.

❹ 존경할 줄 모르는 사람과 사귀지 마라.

❺ 아부를 잘하는 사람과 사귀지 마라.

❻ 원칙 없이 권력 앞에 서는 사람과 사귀지 마라.

❼ 동정심이 없는 사람과 사귀지 마라.

나쁜 친구를 멀리하는 것도 중요하지만, 우리 스스로가 좋은 친구가 되어주는 것이 더욱 중요합니다.

우리는 주변 사람들이 환영할 만할 선한 이웃으로 세상 가운데 살아가고 있습니까? 그렇지 않다면 더욱 노력해야 합니다. 주님이 비유로 가르치신 선한 사마리아인 같은 이웃이 되어주십시오.

복되고 형통합니다. 아멘!!!

주님, 잘못된 사람을 의의 길로 인도하는 신실한 친구가 되게 하소서.

사랑과 선행으로 이웃과 주변을 돌아보는 신실한 친구가 됩시다.

1월 27일

대접에 떠놓은 물

읽을 말씀 : 갈라디아서 6:1-10

● 갈 6:9 우리가 선을 행하되 낙심하지 말지니 피곤하지 아니하면 때가 이르매 거두리라

유학을 준비하느라 영어 공부를 열심히 해야 하는 학생이 있었습니다. 그런데 마음이 조급해서인지 아무리 공부를 해도 영어 실력이 제자리걸음이었습니다. 유명하다는 강의를 다 찾아 적용해 봤지만 가장 중요한 영어 실력은 늘지 않았습니다. 답답했던 학생은 미국에서 학위까지 받은 한 선배를 찾아가 사정을 설명하며 도움을 구했습니다.

선배는 집에서 가장 큰 대접 3개에 물을 떠놓고 그 앞에서 영어로 된 신문과 책을 쌓아놓고 큰 소리로 읽으라고 조언했습니다.

"그게 전부인가요? 근데 대접에 물은 왜 떠놓는 거죠?"

『아무 생각 말고 1년만 해봐. 물은 목마를 때 마시라고 떠놓는 거야.』

학생은 선배의 말을 따라 1년 동안 외출했다 집에 오면 물을 떠놓고 대접을 다 비울 때까지 영어를 반복해서 읽었습니다. 그런데 그렇게 1년이 지나자 거짓말처럼 영어가 들리기 시작했습니다.

선배에게 달려가 감사를 표하며 "그런데 만약 1년이 지나도 영어가 들리지 않으면 뭐라고 했을 거예요?"라고 묻자 선배가 대답했습니다.

『그럼 1년 더 하라고 했겠지. 언어는 지름길이 없어.』

잘못된 방법이라 해도 지금 당장 시작하는 것이 안 하는 것보다 낫습니다. 잘못된 방법을 통해 옳은 방법을 찾을 수 있기 때문입니다.

경건한 삶을 위해 필요하다고 생각되는 경건의 습관들을 바로 오늘, 지금 당장 시작하십시오. 복되고 형통합니다. 아멘!!!

주님, 주님을 향한 사랑과 열망이 저의 삶을 이끌어가게 하소서.

주님을 사모하는 마음으로 매일 말씀과 기도, 찬양을 멈추지 맙시다.

죄의 신호, 경건의 신호

1월 28일

읽을 말씀 : 히브리서 3:12-19

● 히 3:13 오직 오늘이라 일컫는 동안에 매일 피차 권면하여 너희 중에 누구든지 죄의 유혹으로 강퍅케 됨을 면하라

"발사되지 않는 총은 무대에 등장해서는 안 된다."

세계적으로 유명한 수많은 단편과 희곡을 남긴 안톤 체호프(*Anton P. Chekhov*)가 한 말입니다. 예를 들어 연극의 1막 탁자 위에 총이 등장했다면, 이 총은 어떤 식으로든지 연극이 끝나기 전에 발사되어야 합니다. 연극 내내 총에 대해 이야기만 하다가 발사되지 않고 연극이 끝난다면 관객들은 허망함을 느낄 것입니다. 즉 어떤 사물이나 상황이 강조되었다면 그 장치는 반드시 사용되어야 한다는 뜻입니다.

이 이론은 「체호프의 총」이라고 불리며 문학작품에서 매우 중요하게 여겨지고 있습니다. 연극 초반에 등장한 중요한 장치는 연극이 끝나기 전까지는 반드시 어떤 식으로든 사용되어야 합니다.

보험에도 이와 비슷한 「하인리히의 법칙(*Heinrich's law*)」이라는 것이 있습니다. 300번의 사소한 실수는 29번의 중대한 실수를 야기하고, 29번의 중대한 실수는 1번의 대참사를 만들어낸다는 것인데….

여러 번의 실수가 사실은 이미 대참사를 예견하고 있는 것입니다.

우리의 사소한 생활 습관은 어떤 신호를 나타내고 있습니까?

죄를 짓기 전 나도 모르게 행하고 있는 생활 습관이 있다면 과감히 뿌리 뽑아 버리고, 매일 주님과 더 가까워질 수 있는 사소한 것이라도 경건의 습관을 들이십시오. 복되고 형통합니다. 아멘!!!

주님, 잘못된 행동을 반복하는 죄를 짓지 않게 하소서.

세상의 유혹에 빠지지 말고 주님이 주시는 참된 기쁨만을 구합시다.

1월 29일

30년의 기다림

읽을 말씀 : 누가복음 8:9-15

●눅 8:15 좋은 땅에 있다는 것은 착하고 좋은 마음으로 말씀을 듣고 지키어 인내로 결실하는 자니라

2015년 중국 베이징에서 열린 패션위크에서 백발이 성성한 남자가 상의를 탈의한 채로 런웨이에 나타났습니다.

이날은 79세의 모델 왕 데슌(*Wang Deshum*)의 데뷔 무대였습니다. 첫 무대답지 않게 당당하게 런웨이를 활보한 왕 데슌은 사람들의 이목을 집중시켰습니다. 무엇보다 놀라운 것은 20대라고 해도 믿을 만큼 훌륭한 몸매였습니다. 패션쇼가 끝난 후 왕 데슌은 첫 무대에 선 소감을 취재하러 몰린 기자들에게 다음과 같이 말했습니다.

"오늘의 30초를 위해 저는 30년간 하루도 운동을 쉬지 않았습니다."

왕 데슌은 스무살 때부터 연극배우로 살며 다양한 활동을 했지만 일이 잘 풀리지 않아 마흔 살에 무직이 되었습니다. 그런데 갑자기 패션모델이 되어야겠다는 생각이 들어 그날부터 운동을 시작했습니다. 이미 늦은 나이였지만 언젠가는 반드시 무대에 설 수 있다는 생각으로 매일 운동을 했습니다. 그리고 훗날 배우가 될 것을 대비해 영어와 승마도 배웠습니다. 그렇게 30년간 매일 흘린 땀이 마침내 결실을 맺었고, 왕 데슌은 매일 최고령 모델의 나이를 갱신하며 더 다양한 분야에서 왕성한 활동을 하고 있습니다.

시작하기에 너무 늦었다는 이유로 기회를 놓친 적이 있습니까?

비전을 품고 사는 사람에게 늦은 때란 없습니다.

사탄이 주는 두려움 때문에 주님이 주시는 새로운 기회들을 놓치지 말고, 모든 장애물을 극복하게 해주실 주님을 믿고 비전을 위한 도전을 시작하십시오. 복되고 형통합니다. 아멘!!!

주님, 주님의 명령이라면 망설이지 않고 아멘으로 응답하게 하소서.

어떤 일이든지 내가 아닌 주님의 능력을 믿음으로 담대히 도전합시다.

스쳐가는 인생

1월 30일

읽을 말씀 : 전도서 5:10–20

● 전 5:10 은을 사랑하는 자는 은으로 만족함이 없고 풍부를 사랑하는 자는 소득으로 만족함이 없나니 이것도 헛되도다

옛날 중국 당나라에 살던 노생이라는 사람은 일도 제대로 하지 않으면서 부귀영화를 누리기를 꿈꿨습니다.

어느 날 집 근처 주막에 도술을 부리는 '여'라는 노인이 왔다는 소식을 듣고 노생은 제발 자신의 소원을 들어달라고 생떼를 썼습니다.

"저에게는 큰 소원이 세 개 있습니다. 첫째 큰 부자가 되는 것, 둘째 출세하여 명성을 얻는 것, 셋째 아름다운 아내를 맞는 것입니다. 선생님의 도술로 제발 제 소원을 들어주십시오."

노생의 말을 들은 여 노인은 짐에서 목침을 꺼내 노생에게 주었습니다. 목침이 소원을 들어줄 줄 알고 신이 난 노생은 받자마자 머리를 대고 누웠는데 금세 잠이 들었습니다. 꿈에서 노생은 바라던 모든 것을 이루었습니다. 장원 급제해 벼슬을 얻었고, 많은 부를 거머쥐었습니다. 아름다운 미인을 아내로 맞아 많은 자손을 낳아 천수를 누리고 숨을 거두었습니다. 꿈에서 숨을 거두는 순간 잠에서 깬 노생은 눈물을 흘렸습니다. 이 모습을 본 여 노인이 말했습니다.

『이제 알겠나? 인생이란 그런 것이라네.』

가진 것에 만족하는 삶이 가장 행복한 것이라는 교훈을 주기 위해 당나라 문인 심기제가 쓴 「침중기」라는 소설에 나오는 내용입니다.

죄의 문제를 해결하지 못한 인간은 세상에서 어떤 삶을 살든 결국 죽음으로 끝을 맺고 심판을 받습니다. 누구도 피할 수 없는 세상의 문제를 바로 예수님이 해결해 주셨다는 사실을 믿고, 영생을 선물로 누리십시오. 복되고 형통합니다. 아멘!!!

주님, 결국 사라질 세상의 것이 아닌 하늘의 일에 집중하게 하소서.

세상의 헛된 유혹에 빠져 가장 귀한 구원의 선물을 놓치지 맙시다.

1월 31일

따뜻한 손을 위해

읽을 말씀 : 로마서 13:1–10

● 롬 13:10 사랑은 이웃에게 악을 행치 아니하나니 그러므로 사랑은 율법의 완성이니라

일본이 낳은 세계적인 암 전문의 쿠로카와 토시오(*Kurokawa Toshio*) 박사는 항상 손을 주머니에 넣고 무언가를 만지면서 다녔습니다.

이 모습을 보고 병원의 한 직원이 "종일 무엇을 만지고 계세요?"라고 묻자 박사는 다음과 같이 대답했습니다.

『핫팩이나 따뜻한 물주머니입니다.

회진하면서 환자에게 손을 대야 할 때가 많은데…

저는 차가운 손보다 따뜻한 손이 환자에게 용기를 준다고 믿습니다.』

최근 연구에 따르면 사람의 손 온도에 따라 스트레스 상태를 알 수 있다고 합니다. 중요한 시험을 앞둔 수험생은 스트레스 때문에 손 온도가 내려갑니다.

사람은 본능적으로 이 사실을 알고 있기에 차가운 손보다 따뜻한 손과 접촉을 할 때 심리적으로 더 안정을 느낍니다.

쿠로카와 박사는 오랜 경험을 통해 이 사실을 깨닫고 손을 따뜻하게 하려고 노력했던 것입니다.

환자에게 용기를 주기 위해 종일 손을 따뜻하게 했던 박사처럼 우리도 주님의 사랑을 전하기 위해서는 사소한 노력이라도 꾸준히 실천해야 합니다.

주님을 만나 새 생명을 얻은 우리의 손은 24시간 따뜻해야 합니다.

주님이 허락하신 따뜻한 손으로 사랑이 필요한 이웃을 찾아가십시오. 복되고 형통합니다. 아멘!!!

주님, 복음을 전하기 위한 작은 배려와 작은 노력을 이어가게 하소서.

다양한 방법으로 아직 믿지 않는 사람들에게 복음과 사랑을 전합시다.

2월

"… 원컨대 주께서 내게 복에 복을 더하사
나의 지경을 넓히시고 주의 손으로 나를 도우사
나로 환난을 벗어나 근심이 없게 하옵소서 하였더니
하나님이 그 구하는 것을 허락하셨더라"
– 역대상 4:10 –

2월 1일

함께 즐거워하고 함께 울라

읽을 말씀 : 로마서 12:6–17

● 롬 12:15 즐거워하는 자들로 함께 즐거워하고 우는 자들로 함께 울라

『지난 2023년 8월 8일, 전국 13개 극동방송에서는 전쟁으로 고통받고 있는 우크라이나의 어린이들을 돕기 위한 모금 생방송을 실시했습니다.

2시간의 짧은 방송시간이었지만 전국 각지에서 방송 청취자와 목회자, 유명 연예인, 정재계 인사 등 많은 분들이 모금에 동참해 32억 3천여만 원의 성금이 모였습니다.

모인 성금은 「사단법인 선한청지기」와 「사마리안 퍼스(*Samaritan's Purse*)」, 그리고 여러 국제 어린이 단체를 통해 우크라이나 현지에 전달했습니다. 또 일부는 드미트로 포노마렌코(*Dmytro Ponomarenko*) 주한 우크라이나 대사를 통해 올레나 젤렌스카(*Олена В. Зеленська*) 여사가 설립한 재단에 전달했습니다.

75년 전 대한민국은 한국전쟁의 참혹함을 겪었고, 그 시기에 미군부대에서 하우스 보이로 살았던 저는 우크라이나 전쟁에서 부모 잃은 고아에 대해 더 큰 동병상련의 아픔을 느낍니다.

이 작은 정성을 통해 우크라이나 어린이들이 희망을 가지고 고통의 시간을 잘 이겨나가길 소망하며 기도합니다.』

–「김장환 목사의 인생 메모」 중에서

하나님의 사랑을 실은 복음은 기쁜 일뿐만 아니라 아픔과 슬픔을 같이할 때 더 큰 역사가 일어납니다. 우리에게 도울 힘이 있을 때 믿음으로 복음의 사명을 감당하십시오. 복되고 형통합니다. 아멘!!!

주님, 함께 웃고 함께 울 수 있는 믿음의 삶을 살아가게 하소서.

나와 내 가족만을 생각했던 이기심에서 벗어나 돌보는 삶을 삽시다.

절제의 미덕

2월 2일

읽을 말씀 : 갈라디아서 5:16–26

● 갈 5:24 그리스도 예수의 사람들은 육체와 함께 그 정과 욕심을 십자가에 못 박았느니라

어느 날 돼지들이 하나님을 찾아와 인간을 고발했다는 우화입니다.

무슨 이유로 인간을 고발하냐고 묻자 돼지 대표가 억울한 듯이 말했습니다.

“사람들은 음식을 많이 먹는 사람에게 「돼지처럼 먹는다」라고 말합니다. 뚱뚱한 사람도 우리의 이름으로 부릅니다.

하지만 저희는 인간처럼 그렇게 무절제하게 먹지 않습니다.

배가 부른데도 더 먹는 돼지는 없습니다.”

실제로 식용을 위해 억지로 사료를 먹여 키우는 돼지가 아닌 일반 돼지들은 체지방률이 13%정도라고 합니다.

평범한 사람 체지방률의 절반밖에 되지 않습니다.

돼지의 우화가 아니더라도 동물들은 과식하거나 욕심내는 법이 없습니다. 배부른 사자는 손쉬운 사냥감이 눈앞을 지나가도 일어서지 않습니다. 절제하지 못하고 더 말하고, 더 먹고, 더 마시고, 더 일하는 존재는 세상에서 오직 사람밖에 없다고 합니다. 그래서 중국의 철학자 노자는 세상에서 가장 큰 불행이 「만족을 모르는 것」이라고 말했습니다.

하나님이 우리에게 주신 은혜는 이미 부족함이 없는 충분히 차고 넘치는 은혜입니다. 모든 것을 누렸지만 하나님께서 금지하신 선악과를 참지 못하고 먹고 쫓겨난 아담과 하와처럼 살아가고 있지는 않은지 우리의 삶을 돌아보아야 합니다. 사도 바울과 같이 매일 주시는 은혜에 만족하며 주님께 감사하는 삶을 살아가십시오.

복되고 형통합니다. 아멘!!!

주님, 베푸신 은혜에 만족하며 기쁨을 누리며 살아가게 하소서.

특별히 욕심을 내는 분야가 있다면 인내하며 절제하는 연습을 합시다.

2월 3일

별이 된 상처

읽을 말씀 : 고린도후서 12:1–10

● 고후 12:10 그러므로 내가 그리스도를 위하여 약한 것들과 능욕과 궁핍과 핍박과 곤란을 기뻐하노니 이는 내가 약할 그 때에 곧 강함이니라

5살 때부터 결핵성 무릎 관절염을 앓아 학교도 못 가고 온종일 침대에 누워만 있어야 하는 아이가 있었습니다. 친구들과 마음껏 놀지도 못하고, 학교에서 공부도 할 수 없었던 아이는 하루 종일 실의에 빠져 있었습니다. 혼자 힘으로는 집안 계단조차 오르내릴 수 없었습니다. 아버지는 이런 자녀에게 다음과 같은 위로의 말을 전해주었습니다.

"하나님이 왜 이런 상처를 주셨는지 우리는 알 수 없단다.

그러나 하나님이 주신 상처를 너는 별로 만들 수 있단다.

(*Turn your scar into a star*)"

이 말을 들은 아이는 큰 감동을 받았습니다.

다음 날부터 학교에 못 가면 침대에서라도 책을 읽고 공부를 시작했습니다. 하나님이 자신에게 이런 시련을 주신 이유가 분명히 있을 것이라 믿었습니다. 아이는 자라서 영국 최고의 의대에 들어가 세계적인 정형외과 전문의가 되어 자신과 같은 병으로 고통받는 수많은 사람들을 치료해 주었습니다.

국제 외과 학회 회장을 역임하며 기사 작위를 수여받았던 해리 플래트(*Sir Harry Platt*) 박사의 어린 시절 이야기입니다. 플래트 박사의 이야기는 지금도 영국에서 「*Scar into star*(별이 된 상처)」라는 격언으로 사용되고 있습니다.

이해할 수 없는 고난이, 극복할 수 없는 시련이 때로는 우리의 삶을 더 빛나게 만듭니다. 실수하지 않으시는 주 하나님을 믿고, 나에게 주신 사명을 이루기 위해 최선을 다하십시오. 복되고 형통합니다. 아멘!!!

주님, 연약함까지도 빛나게 사용하실 주님께 모든 것을 맡기게 하소서.

불가능이 없으신 주님께서 부족한 나도 사용하여 주실 줄 믿읍시다.

우주인 가가린의 진정한 고백

2월 4일

읽을 말씀 : 고린도전서 15:19–28

● 고전 15:27 만물을 저의 발아래 두셨다 하셨으니 만물을 아래 둔다 말씀하실 때에 만물을 저의 아래 두신 이가 그 중에 들지 아니한 것이 분명하도다

세계 최초의 우주인인 소련의 유리 가가린(*Yuri A. Gagarin*)은 「나는 우주에서 하나님을 보지 못했다」라는 말을 남긴 것으로 알려졌습니다. 그러나 최근 밝혀진 사실에 따르면 가가린은 오히려 정반대의 고백을 했다고 합니다.

가가린의 무사 귀환을 축하하는 정부 공식행사에서 소련의 수상인 니키타 흐루쇼프(*Nikita S. Khrushchev*)는 따로 가가린을 찾아와 물었습니다.

"우주에서 하나님을 봤는지 나에게 말해줄 수 있겠나?
(*So tell me, Yuri, did you see God up there?*)"

이 질문에 가가린은 다음과 같이 대답했습니다.

『네, 저는 하나님을 봤습니다. 수상 각하.』

공산당은 신을 인정할 수 없었기에 흐루쇼프는 얼굴을 찡그리며 아무에게도 이 말을 하지 말라고 일렀고, 이어진 공식 연설에서 "제가 가가린에게 물어봤지만 우주에서 하나님을 못 봤다고 하더군요"라고 말한 것이 지금까지 오해를 부른 것입니다.

가가린의 가족, 그리고 가장 가까운 친구인 알렉세이 레오노프(*Aleksey A. Leonov*)에 따르면 가가린은 예수님을 믿는 크리스천으로 죽을 때까지 그 믿음이 독실했다고 합니다.

하나님이 창조하신 세상을 있는 그대로 바라보는 사람은 결코 하나님의 창조를 부정할 수 없습니다. 우리를 위해 온 세상을, 온 우주를 창조하신 하나님의 위대하심을 찬양하십시오. 복되고 형통합니다. 아멘!!!

주님, 주님이 창조하신 세상을 살아가며 믿음이 더욱 굳건하게 하소서.

하루에 한 가지씩이라도 주 하나님의 위대하심을 선포하며 삽시다.

2월 5일

감정을 만드는 행동

읽을 말씀 : 잠언 3:26–35

● 잠 3:27 네 손이 선을 베풀 힘이 있거든 마땅히 받을 자에게 베풀기를 아끼지 말며

「사람은 감정과 행동 중 무엇이 더 우선일까?」

이 사실이 궁금했던 미국과 독일의 가장 유명한 심리학자 두 명은 오랜 기간 공동으로 연구했습니다. 그 결과는 다음과 같았습니다.

「사람의 감정은 행동을 따라간다.」

이 이론은 두 심리학자의 이름을 따서 「제임스랑케 효과(James–Ranke Effect)」라고 불립니다.

슬픈 마음이 들어서 우는 것이 아니라, 울어서 슬퍼진다는 설명입니다. 반대로 얘기하면 슬픈 감정을 극복하기 위해선 오히려 기쁜 감정이 느껴지는 행동을 해서 행복감을 느끼면 됩니다. 많은 사람이 이 내용을 인정하지 않겠지만 두 심리학자의 연구 결과에 예외는 없었습니다.

이후 이 실험을 반박하는 연구들도 많이 나왔지만, 감정과 행동이 동시에 영향을 미친다는 연구는 있었어도 감정이 선행한다는 연구는 없었습니다.

지금 우리 마음에 드는 부정적인 감정을 부인할 필요는 없습니다. 예수님도 나사로가 죽었을 때 슬퍼하셨고, 바울도 매를 맞고 옥에 갇혔을 때는 누구보다 큰 고통을 느꼈을 것입니다.

그러나 우리에게는 주님이 주신 지상 명령이 있기에, 나쁜 감정에 사로잡혀서는 안 됩니다. 주님이 그러셨던 것처럼, 제자들이 그랬던 것처럼, 믿음의 선배들이 그랬던 것처럼, 다시 일어나 주님이 주신 사명을 감당할 때 주님이 주시는 신령한 기쁨과 은혜가 충만할 것입니다. 넘어져도 다시 일어나 주님의 손을 잡으십시오. 복되고 형통합니다. 아멘!!!

주님, 다시 일어서 거룩한 주님의 일을 할 수 있는 선한 마음을 주소서.

성령님의 인도하심을 따라 매일 경건한 삶을 살아가도록 노력합시다.

확실한 승리에만

2월 6일

읽을 말씀 : 빌립보서 3:1-9

● 빌 3:8 또한 모든 것을 해로 여김은 내 주 그리스도 예수를 아는 지식이 가장 고상함을 인함이라 내가 그를 위하여 모든 것을 잃어버리고 배설물로 여김은 그리스도를 얻고

세계적인 투자자 워런 버핏(*Warren E. Buffett*)이 유명 기업인과 골프 약속을 했는데 라운드 시작 전 기업인이 버핏에게 제안을 했습니다.

"저랑 내기 한 번 하지 않으시겠습니까? 홀인원을 하신다면 제가 1만 달러를 드리겠습니다. 반대로 실패할 땐 저에게 2달러만 주십시오."

성공 확률은 낮지만, 실패해도 2달러만 잃으면 그만인 흥미로운 내기였습니다. 그러나 버핏은 생각도 하지 않고 바로 거절했습니다. 버핏 같은 부자에게 2달러는 그다지 큰 가치가 있는 돈이 아닐 텐데 왜 거절했을까요?

버핏은 『나는 확실한 승리에만 베팅합니다』라고 대답했습니다.

버핏을 세계 최고의 투자자로 만들어준 것은 푼돈이라도 사소한 일에 사용하지 않는 근검절약한 정신이었습니다. 설령 그것이 아무리 적은 금액이고, 재미있어 보이는 일이더라도 말입니다.

크리스천인 우리에게 확실한 승리란 무엇일까요?

사도 바울에게는 예수 그리스도였습니다. 바울은 회심한 뒤 세상의 모든 유익이 자신에게는 배설물과 같다고 고백했습니다(빌 3:8).

예수님을 만난 우리가 '승리'로 여기고 있는 것은 무엇입니까?

하나님의 자녀답게 하나님의 뜻을 위해 살아가고 있습니까?

아니면 썩어 사라질 세상의 유익을 승리로 여기며 살아가고 있습니까? 세상의 사소한 유혹을 이겨내고 주님이 주신 확실한 승리를 위해 우리 삶을 사용하십시오. 복되고 형통합니다. 아멘!!!

주님, 세상의 시간과 물질을 주님의 영광을 위해서만 사용하게 하소서.

인생의 목표와 방향을 세상이 아닌, 주님이 주신 사명을 향하게 합시다.

2월 7일

생각이 문제다

읽을 말씀 : 고린도전서 10:10–13

● 고전 10:13 … 오직 하나님은 미쁘사 너희가 감당치 못할 시험 당함을 허락지 아니하시고 시험 당할 즈음에 또한 피할 길을 내사 너희로 능히 감당하게 하시느니라

독일의 철혈 재상 비스마르크(*Otto V. Bismarck*)가 청년 시절 친한 친구와 사냥을 나갔습니다. 친구와 떨어져 사냥감을 쫓는 사이 멀리서 친구의 비명 소리가 들렸습니다. 비스마르크가 급하게 비명 소리가 나는 곳을 찾아가 보니 친구가 늪에 빠져 있었습니다. 비스마르크는 이런저런 방법으로 친구를 구해내려 했지만 도저히 방법이 보이지 않았습니다.

늪에 빠져 조금씩 가라앉던 친구도 모든 걸 포기하는 듯했습니다.

그런데 이때 갑자기 비스마르크가 친구에게 엽총을 겨눴습니다.

"자네가 천천히 죽어가는 모습을 보고만 있을 순 없네.

편안하게 죽을 수 있게 내가 도와주겠네."

비스마르크가 총알을 장전하자 깜짝 놀란 친구는 온 힘을 다해 늪에서 발버둥을 쳤습니다. 그리고 거짓말처럼 조금씩 늪에서 빠져나왔습니다.

스스로 늪을 빠져나온 친구에게 비스마르크가 말했습니다.

"이미 포기한 자네의 생각을 부수기 위해서는 총을 겨누는 수 밖에 없었네."

사람의 능력을 가장 크게 제한하는 것은 바로 생각입니다.

성경 속에서 예수님을 만난 사람들은 삶에 대한 생각이 변했고, 하나님이 주시는 능력으로 살아갔습니다.

하나님은 결코 우리가 감당 못할 시험을 주시지 않으십니다.

왜 고난을 주시느냐고 묻지 말고, 고난을 이겨낼 능력과 지혜를 달라고, 다른 생각으로 구하십시오. 복되고 형통합니다. 아멘!!!

주님, 주님이 주시는 믿음으로 생각의 가능성을 넓게 하소서.

감당할 수 없는 시험이 없으며, 불가능한 일도 없음을 믿읍시다.

먼저 뛰어들 용기

2월 8일

읽을 말씀 : 마가복음 1:16-20

● 막 1:17,18 예수께서 가라사대 나를 따라 오너라 내가 너희로 사람을 낚는 어부가 되게 하리라 하시니 곧 그물을 버려 두고 좇으니라

남극과 같은 극지방에서 무리 지어 사는 펭귄들은 거대한 빙판을 옮겨 다니며 살아갑니다. 그런데 때때로 빙판이 쪼개지거나, 무리가 늘어나 지금 머무는 곳을 떠나야 할 순간이 찾아옵니다. 그러면 펭귄들은 새로운 터전을 찾아 빙판 끝으로 몰려듭니다. 그러나 바로 바다 건너에 충분히 넓은 빙판이 존재함에도 누구도 바다를 건너지 않고 뒤뚱뒤뚱 맴돌기만 합니다. 겁이 많기 때문입니다.

바다 안에는 어떤 천적이 도사리고 있을지 모르고 연약한 펭귄은 모든 육식동물의 먹이가 됩니다.

그러다 어느 순간, 한 마리의 펭귄이 바다에 뛰어들면 마치 약속이라도 한 듯이 모든 무리의 펭귄이 물속으로 뛰어듭니다.

바닷속에 어떤 천적이 있을지 모르지만, 그런데도 뛰어들지 않으면 결국 모두 죽고 만다는 사실을 한 펭귄이 깨달았기 때문입니다. 먼저 뛰어든 펭귄을 보고 다른 펭귄들도 용기를 얻어 뛰어들게 됩니다.

동물학자들은 무리를 위해 용기를 내 가장 먼저 뛰어든 펭귄을 '퍼스트 펭귄(*First Penguin*)'이라고 부릅니다.

두려움을 극복하고 바닷속으로 뛰어든 한 마리의 펭귄이 많은 펭귄을 살리듯이, 먼저 주님을 만나고 먼저 이웃을 찾아가 복음을 전하는 용기를 가진 사람이 수많은 영혼을 구원받게 만듭니다. 신앙생활에는 결단이 필요합니다. 모든 걸 버리고 주님을 따랐던 제자들처럼 주님께 나의 삶을 맡기고, 주님의 인도하심을 따라 살아갈 용기를 달라고 기도하십시오. 복되고 형통합니다. 아멘!!!

주님, 바다보다 넓은 주님의 은혜에 삶을 온전히 맡기게 하소서.

조금 더 용기를 내어 주님을 의지하며, 이웃에게 복음을 전합시다.

2월 9일

두려움 길들이기

읽을 말씀 : 베드로전서 3:13-22

● 벧전 3:14 그러나 의를 위하여 고난을 받으면 복 있는 자니 저희의 두려워함을 두려워 말며 소동치 말고

심리학은 학문적으로 두려움을 다음의 4가지로 분류합니다.

Fight, Flight, Freeze and Fawn

❶ 공격성을 나타내는 두려움(*Fight*)

❷ 도망치게 만드는 두려움(*Flight*)

❸ 아무것도 못 하게 만드는 두려움(*Freeze*)

❹ 원인을 제거하려는 용기를 내게 만드는 두려움(*Fawn*)

두려움이 아예 없는 사람은 위험을 피할 수 없고, 반대로 너무 두려움이 많은 사람은 자신을, 혹은 상대방을 다치게 할 확률이 높습니다. 그러나 두려움을 극복하기 위해서는 결국 용기가 필요합니다. 용기는 두려움이 없는 사람이 아니라 두려움을 인정하고 극복한 사람만이 낼 수 있습니다.

독일의 대문호 괴테(*Johann Wolfgang von Goethe*)는 "용기는 두려움이 없는 상태가 아니다. 진정한 용기란 두려움에도 불구하고 행동하는 상태다"라고 말했습니다. 옳은 일에는 항상 용기가 필요합니다.

니느웨로 향하던 요나도 두려움을 느꼈고, 바알을 섬기는 선지자를 무찌르던 엘리야도 두려움을 느꼈습니다. 우리 주님조차 십자가 고난을 앞에 두고는 두려움에 간절히 기도했습니다.

두려운 일이 생기지 않게 해달라고 기도하지 말고, 더 큰 두려움을 감당할 용기를 달라고 주님께 기도하십시오.

복되고 형통합니다. 아멘!!!

주님, 주님이 주시는 용기로 맡은 사명을 감당하는 성도가 되게 하소서.

우리의 두려워하는 마음까지 아시는 주님께 기도로 용기를 구합시다.

심장까지 내어준 사랑

2월 10일

읽을 말씀 : 사도행전 20:32-38

● 행 20:35 범사에 너희에게 모본을 보였노니 곧 이같이 수고하여 약한 사람들을 돕고 또 주 예수의 친히 말씀하신바 주는 것이 받는 것보다 복이 있다 하심을 기억하여야 할지니라

갑자기 큰 병이 생겨 심장이식을 받아야 하는 사업가가 있었습니다.

무려 다섯 달 동안 미국 전역의 병원에 수소문했지만, 조건이 맞는 심장을 찾을 수가 없었습니다. 사업가는 병상에 누워있는 동안 종일 성경을 읽었습니다. 그런 마음이 응답을 받았는지, 기적처럼 조건에 맞는 심장이 나타났습니다. 그런데 옆 병실의 환자도 똑같은 조건의 심장을 찾고 있다는 소식이 들려왔습니다. 자신보다 위중한 환자였습니다.

이번 기회를 놓치면 언제 다시 차례가 돌아올지 알 수 없었습니다.

사업가는 큰 결단을 내려 담당의에게 말했습니다.

"제가 받을 심장을 옆 병실 환자에게 주십시오. 성경을 읽는 동안 깨달은 것은 이웃을 내 몸과 같이 사랑하는 것이었습니다. 그리고 지금 주님이 제가 받을 심장을 양보하라는 감동을 주셨습니다."

이 놀라운 고백을 듣고 온 병원의 직원들이 충격을 받았습니다.

직원들은 온 힘을 다해 이 사업가를 살리기 위해 노력했고, 그 결과 사업가는 극적으로 심장이식을 받아 목숨을 건질 수 있었습니다.

「페이버」라는 책을 쓴 하형록 회장의 이야기입니다.

하나님은 우리를 살리려 가장 귀한 독생자를 주셨습니다.

그 사랑을 받은 우리는 이웃을 위해 무엇을 베풀고 있습니까? 하나님은 베푸는 사람에게 더욱더 복을 주십니다. 성령님의 감동하심을 따라 우리가 베풀 수 있는 최대의 것으로 이웃을 섬기십시오.

복되고 형통합니다. 아멘!!!

주님, 말이 아닌 행동으로 이웃 사랑을 실천하며 살아가게 하소서.

조금씩이라도 주님의 말씀을 따라 이웃과 나누는 삶을 실천합시다.

2월 11일

섬김과 면류관

읽을 말씀 : 사도행전 6:1–7

● 행 6:5,6 온 무리가 이 말을 기뻐하여 믿음과 성령이 충만한 사람 스데반과 또 빌립과 브로고로와 니가노르와 디몬과 바메나와 유대교에 입교한 안디옥 사람 니골라를 택하여 사도들 앞에 세우니 …

스데반(*Saint Stephen*)은 초대 교회 최초의 순교자입니다.

헬라파 과부의 구제를 위해 특별히 세워진 일곱 사람 중 한 사람으로 사도행전 6장에서 가장 먼저 언급되었기 때문에, 일곱 집사 중 대표격으로 당시 가장 성령이 충만했을 것이라고 많은 학자가 예상합니다. 스데반은 누구보다 주님을 열심히 사랑하며 예배했고, 누구보다 이웃을 열심히 섬겼고, 어디에서나 담대히 복음을 전하는 사람이었을 것입니다.

스데반 이름의 원어인 「스테파노스」는 「왕관, 월계관」이라는 뜻입니다. 아마도 스데반의 부모님은 세상에서의 성공을 바라며 이런 이름을 지어주셨을 것입니다. 당시 스테파노스라는 단어는 「승자에게 주어지는 면류관, 보석으로 치장된 화려한 왕관」이라는 뜻으로 쓰였습니다. 그러나 스데반이 쓰게 된 것은 세상의 왕관이 아닌 순교자의 면류관이었습니다. 세상에서는 비록 복음을 전하다가 돌에 맞아 죽었으나 하늘에서는 누구보다 대접받는 큰일을 했기 때문입니다.

세상 사람들이 보기에 스데반의 죽음은 세상의 왕관과 어울리지 않는 초라한 죽음이었지만, 크리스천인 우리가 보기에는 누구보다 빛나는 면류관을 쓴 가장 영광스러운 죽음입니다.

누구보다 주님을 사랑하고, 이웃을 섬기는 사람이 주님이 세우시는 사람이 며, 면류관을 쓸 자격이 있는 사람입니다. 우리가 천국에 들어가는 날 주님이 직접 씌워주실 빛나는 면류관을 위해 오직 주님의 말씀을 따라 주님을 사랑하며, 이웃을 섬기십시오. 복되고 형통합니다. 아멘!!!

주님, 낮은 곳에서 낮은 마음으로 섬기는 이가 높아짐을 깨닫게 하소서.

높은 직분을 받을수록 더 낮은 곳에서 섬기는 겸손한 신앙생활을 합시다.

동이 트고 나면

2월 12일

읽을 말씀 : 갈라디아서 6:1-10

● 갈 6:9 우리가 선을 행하되 낙심하지 말지니 피곤하지 아니하면 때가 이르매 거두리라

깊은 밤, 사막을 지나고 있는 세 사람이 있었습니다.

세 사람 앞에 갑자기 노인이 나타나 물을 달라고 말했습니다.

세 사람은 기꺼이 물과 음식을 내어주었습니다.

노인은 떠나며 다음과 같이 말했습니다.

"저 앞을 조금만 지나면 시내가 나오네. 시내를 건너면 낙타에서 내려 돌들을 주머니 가득 채우게. 반드시 좋은 일이 있을 걸세."

노인의 말처럼 조금 더 길을 가자 시내가 나왔습니다. 시내를 건넌 세 사람은 낙타에서 내려 돌을 살펴보고는 대충 몇 개만 집어 주머니에 넣었습니다.

갈 길도 멀고 짐도 많은데 쓸데없는 돌덩이를 굳이 채워가고 싶지 않았기 때문입니다.

그렇게 한참을 지나 동이 트자 일행 중 한 사람이 주머니의 돌을 꺼내 보고 놀라서 크게 외쳤습니다.

"우리가 주워온 돌이 반짝이는 보석이 되었네.

노인의 말이 사실이었어!"

세 사람은 더 많은 돌을 주워오지 않은 것을 크게 후회했습니다.

아라비아 지역에서 내려오는 이야기입니다.

세상 사람이 돌과 같이 쓸데없다고 여기는 우리의 헌금, 헌신, 신앙이 진리의 동이 트는 순간, 주님이 기뻐 받으실 아름다운 보석들로 변할 것입니다. 어두운 세상 가운데 주님이 기뻐하시는 일을 위해 더욱 노력하십시오. 복되고 형통합니다. 아멘!!!

주님, 말씀대로 선을 행하며 상급을 받는 지혜로운 일꾼이 되게 하소서.

매일 아침 경건의 시간을 통해 묵상한 말씀을 하루 중에 실천합시다.

2월 13일

월석보다 더 귀한 것

읽을 말씀 : 사도행전 2:33–42

● 행 2:38 베드로가 가로되 너희가 회개하여 각각 예수 그리스도의 이름으로 세례를 받고 죄 사함을 얻으라 그리하면 성령을 선물로 받으리니

1971년 발사된 아폴로 15호의 목표는 달의 돌을 지구로 가지고 오는 것이었습니다. 달의 생성 시기와 지표면의 성분을 분석하기 위해 아폴로 15호는 무려 70kg이 넘는 샘플을 싣고 지구로 돌아왔습니다.

과학자들은 이 돌들을 조사해 달의 나이가 최소 40억 년이 넘었다고 발표했습니다. 영국의 과학자 패트릭 무어(*Patrick A. C. Moore*)는 이 돌을 「창세기의 돌」이라고 부를 정도로 중요하게 여겼습니다.

하지만 아폴로 15호에 탑승했던 우주비행사 제임스 어윈(*James B. Irwin*)은 지구로 돌아온 뒤 다음과 같은 간증을 남겼습니다.

"우리가 월석을 무사히 싣고 올 수 있었던 것은 분명한 기도의 응답이었습니다. 그러나 저는 그 돌보다 훨씬 귀한 「진짜 돌」을 여러분이 찾으셔야 한다고 생각합니다. 저는 사람들에게 제가 가져온 달의 돌 모형을 보여드릴 때마다 성경 말씀에 나오는 「밭에 감추인 보화」 이야기를 함께 하곤 합니다.

「창세기의 돌」은 달의 비밀을 알려주었기에 가치가 있었습니다. 마찬가지로 예수 그리스도라는 보화를 우리가 가져야 우리 삶의 진정한 가치와 의미를 깨달을 수 있습니다."

하나님이 우리를 창조하시고, 구원하기 위해 그 아들 예수 그리스도를 보내주셨다는 것, 이 사실보다 더 놀랍고 우리가 알아야 할 진리는 세상에 없습니다. 믿기만 하면 누구나 구원을 받는 인생의 참된 보석인 예수 그리스도를 붙잡으십시오. 복되고 형통합니다. 아멘!!!

주님, 이 땅에서 추구해야 할 것이 무엇인지 깨닫는 지혜를 주소서.

예수님으로 인해 얻게 된 구원을 가장 귀한 보물로 여깁시다.

복잡한 문제 해결법

2월 14일

읽을 말씀 : 베드로전서 5:1-11

● 벧전 5:7 너희 염려를 다 주께 맡겨 버리라 이는 저가 너희를 권고 하심이니라

「포브스(*Forbes*)」가 선정한 미국 최고의 여성 경영자인 앤 멀케이(*Anne M. Mulcahy*)가 말한 「어떤 복잡한 문제도 간단하게 해결하는 3가지 방법」입니다.

예를 들어 도저히 일어날 수 없는 엄청난 사고로 젖소가 도랑에 빠졌다고 가정해 봅시다.

이 문제는 다음의 3가지 방식으로 처리하면 됩니다.

❶ 도랑에 빠진 젖소를 끌어낼 방법을 찾는다.

❷ 젖소를 모두 구했다면, 왜 젖소가 도랑에 빠졌는지 원인을 찾는다.

❸ 원인을 찾았다면 다시 젖소가 도랑에 빠지지 않게 조치한다.
아무리 복잡해 보이는 문제도 '원인을 파악하고', '후속 조치를 하면' 해결할 수 있다는 말입니다.

우리의 삶에도, 우리의 신앙에도 이 원칙을 똑같이 적용할 수 있습니다. 하나님이 해결하지 못하시는 문제는 없습니다.

하나님이 용서하실 수 없는 죄도 없습니다.

우리는 지은 죄를 즉시 회개 또는 자백하고, 죄를 짓게 된 원인을 찾아내고, 다시는 그 죄를 짓지 않게 필요한 조치를 해야 합니다.

더 큰 죄로 이어지는 길들을 끊어내면 하나님과 더욱 가까워질 것입니다. 주님의 변치 않는 사랑을 믿고 다시 시작하십시오.
복되고 형통합니다. 아멘!!!

주님, 주님과 동행하는 삶, 죄에서 벗어난 삶을 살게 하소서.

전능하신 주님의 능력을 믿고 우리의 모든 문제를 기도로 말씀드립시다.

2월 15일

이럴 줄 알았다

읽을 말씀 : 갈라디아서 6:1–10

● 갈 6:7 스스로 속이지 말라 하나님은 만홀히 여김을 받지 아니하시나니 사람이 무엇으로 심든지 그대로 거두리라

평소 신앙이 좋다고 자부하는 남자가 있었습니다.

약간의 돈 문제가 생긴 남자는 기도로 문제를 해결하고자 기도원에 들어갔습니다. 한참을 기도하던 남자는 무슨 응답을 받았는지 갑자기 기도원 주변의 큰 돌을 가지고 왔습니다.

홀로 기도실에 들어간 남자는 돌덩이에 손을 얹고 간절히 기도했습니다.

"주님, 이 돌이 금으로 변하는 기적을 보여주소서!
이 돌을 금으로만 변하게 해주신다면 제가 필요한 돈만 딱 쓰고
나머지는 전부 교회에 헌금하겠습니다!
주님, 기도를 들어주시옵소서!"

목이 쉴 때까지 하루 종일 기도하던 남자는 결국 변하지 않는 돌덩이를 들고 나와 밖에다 던지며 한마디를 했습니다.

"쳇, 내가 이럴 줄 알았다니까."

이 남자의 믿음이 진짜인지, 가짜인지 주님은 모르셨을까요?

아마도 이 남자의 모습을 본 주님도 한마디 하셨을 겁니다.

『그래, 나도 네가 그럴 줄 알았다.』

진정한 믿음은 우리가 바라는 대로 모든 것이 이루어지는 것이 아니라 주님의 뜻대로 우리의 삶을 내어드리는 것입니다. 주님은 우리의 모든 의중을 알고 계십니다. 나를 위해 주님을 이용하지 말고, 주님을 위해 나의 삶을 드리십시오. 복되고 형통합니다. 아멘!!!

주님, 모든 것을 아시는 주님께 순전한 마음의 예배를 드리게 하소서.

얄팍한 서원으로 주님을 속이지 말고, 주님께 서원한 것은 꼭 지킵시다.

기적이 일어난다

2월 16일

읽을 말씀 : 히브리서 4:1-13

● 히 4:12 하나님의 말씀은 살았고 운동력이 있어 좌우에 날선 어떤 검보다도 예리하여 혼과 영과 및 관절과 골수를 찔러 쪼개기까지 하며 또 마음의 생각과 뜻을 감찰하나니

『서울 극동방송에서는 매주 금요일 저녁 6시에 「성경의 무림고수를 찾아서」가 라디오와 유튜브로 동시에 방송되고 있습니다. 하나님의 말씀인 성경을 사랑하고 가까이하는 분들을 초청해 간증을 듣는 프로그램인데, 암송을 잘하는 초등학교 어린이부터 성경을 1,000독 이상하고 목회가 완전히 달라졌다고 고백하는 목회자까지 다양한 출연자들이 많은 방송 가족들에게 큰 도전과 감동을 주고 있습니다.

선한침례교회를 섬기는 류은영 집사님은 틈만 나면 극동방송을 듣는 열혈 애청자인데 어느 날 우연히 「성경의 무림고수를 찾아서」 코너를 듣게 됐습니다. 마침 할아버지 장로님께서 성경 암송과 관련된 간증을 했는데, 바울서신 전체를 암송한다는 그 장로님의 이야기에 큰 도전을 받고, 곧 섬기고 있는 선한침례교회 여전도회를 중심으로 성경 암송 모임을 결성했습니다. 방송에서 도전받은 대로 여전도회원들은 매일매일 단톡방에 암송한 성경 음원을 올리기 시작했고, 나중에는 단체로 성경 암송 프로그램에 등록하여 본격적인 암송을 시작했습니다.

그리고 1년이 지나지 않아 그 소모임에 소속된 대부분의 젊은 여집사님들이 500구절 이상의 성경을 암송하게 되었고, 놀랍게도 그중 3명은 1,000구절을 암송하게 됐습니다. 성경을 암송하는 가운데 각자가 겪고 있었던 어려움들이 해결되고 풀리는 은혜를 경험한 것은 말할 것도 없습니다.』 – 「김장환 목사의 인생 메모」 중에서

그 무엇보다도 하나님의 말씀을 더욱더 가까이하십시오.
복되고 형통합니다. 아멘!!!

주님, 우리의 마음을 열어 주님 말씀의 깊은 은혜를 깨닫게 하소서.

오늘 바로 이 시간, 성경을 가까이하겠다고 결단합시다.

2월 17일

듣는 귀가 있는가

읽을 말씀 : 마가복음 8:14-21

● 막 8:18 너희가 눈이 있어도 보지 못하며 귀가 있어도 듣지 못하느냐 또 기억지 못하느냐

미국 상원의회의 담당 목회자였던 로이드 존 오길비(*Lloyd John Ogilvie*) 목사님이 귀가 이상한 것 같아 병원을 찾았습니다.

귀를 살펴보던 의사가 말했습니다.

"귀지가 많이 쌓여 있어서 그렇습니다.

바로 제거하면 아무 문제 없습니다."

의사는 카메라로 귓속을 살피면서 조심스럽게 귀지들을 제거했습니다. 귓속에 잔뜩 끼어 있는 귀지를 본 오길비 목사님이 놀라서 물었습니다.

『귀안에 저렇게 귀지가 많은데 소리는 어떻게 잘 들리는 거죠?』

"지금은 들릴지 모릅니다. 그런데 귀지가 계속 끼어서 돌처럼 단단해지면 그때는 소리가 들리지 않고 제거도 더 힘들어집니다."

이 말을 들은 오길비 목사님은 큰 깨달음을 얻었습니다.

'크리스천의 양심도 이와 같다.

처음에 작은 죄를 하나씩 지을 때는 여전히 하나님과의 관계가 이어져 있지만, 양심이 무뎌지는 어떤 순간이 오면 그때부터는 하나님과의 관계가 끊어진다.'

깨끗한 마음, 선한 양심이 없는 사람은 복된 말씀을 들어도 복인 줄 모르고, 진리의 말씀을 들어도 회개하지 못합니다. 매일 성경을 통해 주시는 하나님의 말씀이 우리의 양약이 되도록 마음과 영혼을 깨끗이 정리하십시오. 복되고 형통합니다. 아멘!!!

주님, 성령님의 인도하심을 따라 살도록 제 삶을 주장하여 주소서.

영적인 소경과 귀머거리가 되지 않도록 마음과 영혼을 돌봅시다.

적을 수 있는 목표

2월 18일

읽을 말씀 : 디모데후서 3:9-17

● 딤후 3:14 그러나 너는 배우고 확신한 일에 거하라 네가 뉘게서 배운 것을 알며

미국의 명문 예일대학교(*Yale University*) 연구팀에서 전체 졸업생을 대상으로 한 가지 질문으로 실험을 했습니다.

그것은 다름 아닌 "여러분의 꿈을 적으십시오"라는 것이었습니다.

대수롭지 않은 설문조사라고 생각한 97%는 대충 적거나, 공란으로 설문지를 제출했습니다.

단지 3%의 졸업생만이 구체적으로 자신의 꿈을 적었습니다.

그로부터 22년이 지나서 연구팀에서 이들의 삶을 추적했더니 다음과 같은 결과가 나왔습니다.

- 꿈을 적은 3%가 97%보다 평균적으로 연봉이 10배 높았음
- 꿈을 적은 3%가 97%보다 인간관계가 원만했고 사회적 평판도 좋았음

아무리 빠른 배가 있어도 목적지를 모른다면 도착할 수 없습니다.

목표를 적은 졸업생들은 바라는 것이 무엇인지 알았고, 목표를 세울 수 있었기에 필요한 행동이 무엇인지도 알 수 있었습니다.

20여 년 뒤의 놀라운 삶의 차이를 만들어 낸 것은 자신의 꿈을 구체적으로 적어낸 단 하나의 작은 행동이었습니다.

지금 우리의 삶을 이끌어가고 있는 목표는 무엇입니까?

구원받은 새로운 우리의 삶을 주님이 주신 비전이 이끌어가도록 삶의 방향을 조절하십시오. 복되고 형통합니다. 아멘!!!

주님, 주님이 인도하시는 길을 따라 삶의 목표를 세워가게 하소서.

분명한 믿음의 목표가 있는지 생각해 보고 종이에 적읍시다.

2월 19일

예배의 효율

읽을 말씀 : 요한복음 4:19–26

● 요 4:24 하나님은 영이시니 예배하는 자가 신령과 진정으로 예배할지니라

매주 예배 시간에 늦게 오는 성도가 있었습니다. 이 성도는 매주 설교가 시작될 시간에 들어왔는데 헌금을 내지 않기 위해서였습니다.

'예배는 설교만 들으면 되잖아.

늦게 왔으니 헌금 때문에 눈치 볼 일도 없고,

나는 참으로 효율적인 성도야.'

그리고 설교가 끝나고 축도가 시작되자마자 슬그머니 자리에서 일어나 교회를 빠져나가면서 '예배는 드렸으니까 천국은 갈 수 있는 거잖아? 교제니, 성경공부니 시간을 뺏기지 않아서 참 다행이야. 나머지 시간은 내가 하고 싶은 걸 하면서 보낼 수 있잖아?'라고 생각했습니다.

어느 날 이 성도가 알 수 없는 병에 걸려 입원을 했습니다. 성도는 그제야 무릎을 꿇고 열심히 기도했지만, 병에는 아무런 차도가 없었습니다. 매일 같이 주님을 원망하는 가운데 하루는 꿈에 주님이 오셔서 "네가 매주 예배당에 얼굴만 비추고 가길래 나도 병실에 살짝 들러 얼굴만 비추고 나왔단다. 네가 바빠서 제대로 예배를 드릴 수 없듯이 나도 바빠서 너를 고칠 시간이 없구나"라고 말씀하셨다고 합니다.

이 이야기는 그 성도의 행동을 통해 우리에게 교훈을 주기 위해서 소개한 것입니다. 주님은 그런 분이 아니시고, 우리를 끝까지 사랑하시는 분입니다.

주님은 우리를 구원하기 위해서 효율을 따지지 않으셨습니다. 언제나 가장 최고의 것을 베푸시는 주님께 최고의 열정과 노력으로 주님을 예배하십시오. 복되고 형통합니다. 아멘!!!

주님, 습관처럼 반복하는 신앙생활이 되지 않도록 마음을 지켜주소서.

매주 드리는 예배를 최대한의 신령과 진정으로 주님께 올려드립시다.

지옥의 섬을 변화시킨 믿음

2월 20일

읽을 말씀 : 고린도후서 13:5–13

● 고후 13:11 마지막으로 말하노니 형제들아 기뻐하라 온전케 되며 위로를 받으며 마음을 같이 하며 평안할지어다 또 사랑과 평강의 하나님이 너희와 함께 계시리라 거룩하게 입맞춤으로 서로 문안하라

영화 「쥬라기 공원(*Jurassic Park*)」의 촬영지인 하와이 카우아이(*Kauai*)섬은 한때 지옥의 섬이라고 불렸습니다. 주민 대부분이 범죄자, 알코올 중독자, 정신질환자였고, 이들 가정에서 자라는 자녀들도 똑같은 삶을 반복하며 살아갔습니다.

이 섬의 소식을 들은 사회학자 에미 워너(*Emmy E. Werner*) 교수는 「카우아이 섬 종단연구」를 실시했습니다. 1955년에 태어난 신생아 833명이 30세가 될 때까지 성장 과정을 추적하는 대규모 연구였습니다.

워너 교수가 세운 가설은 다음과 같았습니다.

「불우한 환경을 물려받은 아이들은 대부분 부모와 똑같이 비행 청소년이 되어 범죄자나 심각한 정신질환을 앓을 것이다.」

833명 중 누구보다 열악한 환경에서 태어났던 201명의 아이는 따로 관리되고 있었는데, 이들 중 무려 72명이 우등생이 되어 명문대에 입학하는 기적과도 같은 일이 일어났습니다. 이들을 심층 인터뷰하던 워너 교수는 한 가지 공통점을 발견했습니다.

이들에게는 자신의 어려움을 이해해 주고 공감해 주는 최소한 한 명의 어른 지지자가 있었다고 합니다.

아무리 어려운 환경에서도 믿어주는 한 사람만 있으면 사람은 변화됩니다. 하물며 가장 친한 친구가 되어 주시고, 상담자가 되어 주시는 주님을 만난 우리의 삶은 어떻겠습니까? 나를 절대 떠나지 않으시고, 나를 온전히 믿어주시는 주님을 통해 날마다 변화되는 경건한 삶을 살아가십시오. 복되고 형통합니다. 아멘!!!

주님, 제가 누군가를 변화시킬 수 있는 신뢰의 한 사람이 되게 하소서.

믿음의 공동체 가운데 서로를 믿어주며 함께 기도로 신뢰를 세웁시다.

2월 21일

소금으로 살아간다는 것

읽을 말씀 : 누가복음 14:25-35

● 눅 14:34 소금이 좋은 것이나 소금도 만일 그 맛을 잃었으면 무엇으로 짜게 하리요

소금은 바닷물에는 별로 많지 않은 성분입니다.

바닷물에서 소금이 차지하는 비중은 3% 정도이기 때문입니다.

이 소금을 얻기 위해선 97%의 물을 증발시켜야 합니다.

이렇게까지 고생해서 소금을 얻는 이유는 무엇일까요?

음식의 맛을 내고, 건강에 꼭 필요하기 때문입니다.

97%의 바닷물을 날리고 긁어내는 수고를 들여서라도 소금은 인류에게 꼭 필요한 성분입니다.

그런데 이렇게 얻은 소금은 사용될 때도 자신을 드러내지 않습니다.

음식에 소금이 들어가는 양은 매우 적습니다.

바닷물에 들어 있는 3%보다도 대부분 적게 들어갑니다.

그러나 이 소금이 음식에 녹아들어 가지 않으면 간이 맞지 않습니다. 간이 맞지 않은 음식을 우리는 「맛이 없다」라고 말합니다.

예수님은 우리에게 세상에서 소금과 같이 살아가라고 말씀하셨습니다.

티를 내지 않아도 잔잔히 세상에 「그리스도의 맛」을 내는 필수적인 존재가 바로 우리입니다.

맛을 잃고 세상에서 밟히는 힘 없는 그리스도인이 아니라, 주님이 주시는 능력으로 세상을 더 이롭게 변화시키고 복음의 맛을 내는, 세상 가운데 소금과 같은 크리스천으로 살아가십시오.

복되고 형통합니다. 아멘!!!

주님, 복음의 힘으로 세상을 변화시키는 소금 같은 성도가 되게 하소서.

복음을 전해야 할 목적지가 바로 세상임을 잊지 맙시다.

한 번만 더, 1분만 더

2월 22일

읽을 말씀 : 데살로니가후서 3:6–15

● 살후 3:13 형제들아 너희는 선을 행하다가 낙심치 말라

1915년 3월 15일, 무적의 영국 해군이 터키군과 다르다넬스(*Dardanelles*) 해협에서 전투를 벌이고 있었습니다.

터키군은 집채만한 크기의 청동 대포를 사용해 영국군과 치열한 접전을 벌이고 있었습니다. 영국 해군은 터키군의 집중포화에 군함이 3척이나 가라앉고 말았습니다. 육군이 상륙할 거점 확보라는 중요한 임무를 수행 중이던 영국 해군은 죽음을 불사할 각오로 전투를 벌였으나 생각보다 완강한 터키군의 반격과 천둥 같은 소리를 내는 청동 대포에 기가 꺾여 패배를 인정하고 철수했습니다.

무적의 영국 해군이 패배를 기록한 흔치 않은 전투였습니다.

그런데 훗날 밝혀진 사실에 따르면 영국군의 패전은 「1분을 참지 못한 것」이 원인이었습니다.

당시 방어하던 터키군 전군에는 '탄약이 얼마 남지 않았다. 탄약이 떨어지는 즉시 항복하도록'이라는 지령이 내려져 있었습니다.

영국 해군이 철수하던 그 순간 터키군에 남아 있는 탄약은 약 1분 정도만 사용할 수 있는 극히 적은 양이었다고 합니다.

우리 삶에 가장 좋은 것을 좋은 때에 주시는 분이 우리 구주 예수님이심을 믿는 사람은 지금 우리 앞에 놓인 상황이 좋든지, 나쁘든지 오직 순종하며 때를 기다려야 합니다. 우리 삶에 임할 주님이 예비하신 가장 좋은 때가 반드시 올 것으로 믿고 한 번만 더, 1분만 더 포기하지 말고 계속해서 순종하십시오. 복되고 형통합니다. 아멘!!!

주님, 선한 마음이 꺾이지 않도록 지치고 힘든 심령을 위로하소서.

내 힘으로 불가능한 일도 주님을 의지함으로 할 수 있다고 고백합시다.

2월 23일

원수의 거짓말

읽을 말씀 : 요한복음 8:42-47

● 요 8:47 하나님께 속한 자는 하나님의 말씀을 듣나니 너희가 듣지아니함은 하나님께 속하지 아니하였음이로다

성경은 사탄(마귀)을 「속이는 자」라고 말씀하고 있습니다(요 8:44).

예수님을 온갖 시험으로 유혹했던 사탄은 지금도 우리의 믿음을 지키지 못하게 하려고 미혹시키고 있습니다.

미국 애틀랜타에 있는 패션시티교회(*Passion City Church*)의 담임 루이 기글리오(*Louie Giglio*) 목사님이 말한 「원수(사탄)의 5가지 거짓말」입니다.

❶ 남의 것이 더 좋다는 거짓말

❷ 내 삶에 가망이 없다는 거짓말

❸ 내가 무가치하다는 거짓말

❹ 세상이 나를 미워한다는 거짓말

❺ 인생에 탈출구가 없다는 거짓말

사탄의 거짓말은 성도를 넘어트리고, 공동체를 와해시키고, 교회가 시험에 들게 만듭니다.

혹시 나의 마음에 이런 거짓말이 싹터 있지 않습니까?

주님의 말씀을 통해 주님이 주신 신실한 약속을 온전히 붙들고 살아갈 때, 그 어떤 원수(사탄)의 유혹에도 빠지지 않고 주님의 보호하심 안에 거하게 됩니다.

우리의 삶을 피폐하게 만들고, 진리를 의심하게 만드는 5가지 거짓말 중 하나라도 내 안에 있다면 기도로 주님의 은혜를 구하며 말씀을 더욱 붙드십시오. 복되고 형통합니다. 아멘!!!

주님, 원수(사탄)의 속삭임이 아닌 주님의 음성에만 귀 기울이게 하소서.

주 하나님의 자녀라는 우리의 정체성을 언제 어디서나 잊지 맙시다.

물고기와 지렁이

2월 24일

읽을 말씀 : 마가복음 16:1–11

● 막 16:10,11 마리아가 가서 예수와 함께하던 사람들의 슬퍼하며 울고 있는 중에 이 일을 고하매 그들은 예수의 살으셨다는 것과 마리아에게 보이셨다는 것을 듣고도 믿지 아니하니라

두 마리의 물고기가 함께 바다를 헤엄치다가 싱싱한 지렁이를 발견했습니다. 미련한 물고기가 지렁이를 뺏기기 싫어 서둘러 물려고 하자 현명한 물고기가 "이런 물속에 지렁이가 있다는 건 좀 이상하지 않아? 분명히 낚시꾼이 던진 미끼일 거야"라며 말렸습니다.

미련한 물고기가 말했습니다.

『그걸 넌 어떻게 아는데? 전에 미끼를 물어본 적 있어?
내 눈에는 낚싯줄도 안 보이는걸?』

현명한 물고기는 자기가 물어본 적은 없지만 전에 미끼를 문 물고기를 본 적이 있다고 말했습니다. 그러나 미련한 물고기는 그 말을 믿지 않았습니다.

『나 대신 지렁이를 먹으려는 속셈이잖아. 내가 속을 줄 알고?』

미련한 물고기는 말을 마치자마자 지렁이를 덥석 물었고, 낚시꾼에게 잡혀 다시는 바다에서 볼 수 없게 되었습니다.

나사로를 외면한 부자는 지옥에 가서야 천국의 존재를 믿었지만 이미 때가 늦고 말았습니다. 하나님의 말씀인 성경이 진리로 믿어지는 것은 정말로 큰 은혜입니다. 이토록 큰 은혜를 경험한 우리는 예화의 물고기처럼 진리가 무엇인지를 사람들에게 끊임없이 전해야 합니다.

상대가 믿지 않더라도 포기하지 않고 진리를 꾸준히 전하며 말씀대로 사는 크리스천이 되십시오. 복되고 형통합니다. 아멘!!!

주님, 세상의 유혹에 빠지지 않도록 거룩한 지혜를 주소서.

주님이 없는 삶의 끝은 결국 멸망임을 다른 사람에게 알립시다.

2월 25일

행복의 조건, 사랑

읽을 말씀 : 요한복음 4:7–14

● 요 4:14 내가 주는 물을 먹는 자는 영원히 목마르지 아니하리니 나의 주는 물은 그 속에서 영생하도록 솟아나는 샘물이 되리라

저명한 신학자이자 영성가인 헨리 나우웬(*Henri J. M. Nouwen*)에게 노부인이 상담을 받으러 찾아왔습니다.

고급 리무진을 타고 온 노부인은 누가 봐도 기품이 느껴질 정도로 우아했습니다. 격식을 갖춘 복장은 하나같이 명품이었습니다.

노부인은 심각한 우울증에 걸렸다며 다음과 같이 고백했습니다.

"제 주변에는 유명한 사람이 참 많습니다.
어떤 사람은 대통령이 주최하는 백악관 연찬에도 초대를 받습니다.
그런 소식을 들을 때마다 저는 깊은 우울감에 빠집니다.
왜 저는 초대받지 못했을까요?
때로는 저보다 가진 것이 없는데 행복한 삶을 사는 사람을 봐도
우울감이 생깁니다.
저 사람은 내 재산의 십분의 일도 없는데
왜 그렇게 삶이 행복한 걸까요?
반대로 제 인생에 부족한 건 뭘까요?"

나우웬은 훗날 자신의 에세이에 이 일화에 대해 이렇게 적었습니다.

「모든 사람이 꿈꾸는 가치들 즉 돈, 명예, 권력을 소유해도 사랑이 없다면 어떤 삶을 살게 되는지 이 노부인을 보면 알 수 있다.」

주님의 사랑이 마음 안에 있는 사람은 어떤 환경에서도 감사하며 행복을 누립니다. 참된 기쁨이 무엇인지 세상 가운데 저절로 드러나도록 주님과 동행하는 삶을 사십시오. 복되고 형통합니다. 아멘!!!

주님, 주님의 사랑으로 행복을 누리는 지혜로운 사람이 되게 하소서.

진정한 행복의 조건이 무엇인지 깨닫고, 주님의 사랑만으로 만족합시다.

죄의 기준

2월 26일

읽을 말씀 : 야고보서 4:11–17

● 약 4:17 이러므로 사람이 선을 행할 줄 알고도 행치 아니하면 죄니라

두 형제가 어머니를 찾아와 죄에 대해 질문했습니다.
"성경에 나오는 죄가 잘 이해되지 않아요.
죄가 무엇인지 가르쳐 주실 수 있어요?"
어머니는 두 자녀에게 다음과 같이 말했습니다.
『선한 생각의 길을 막고, 양심에 거리낌이 생기고,
하나님을 잘 느끼지 못하게 하는 일이 있다면,
그게 설령 아무런 나쁜 일이 아니라도 우리에겐 죄란다.』
두 자녀는 어머니의 이 말을 평생 가슴에 품고 살았습니다.

어머니가 말씀하신 대로 죄로 느껴지는 일들을 최대한 멀리한 두 형제는 훌륭한 신앙인이 되었습니다. 평생 4만 번이 넘는 설교를 하며 감리교 운동을 시작한 존 웨슬리(*John Wesley*) 와 4천 곡이 넘는 찬송가를 작사, 작곡한 찰스 웨슬리(*Charles Wesley*)를 키운 것은 어머니 수잔나 웨슬리(*Susanna Wesley*)의 지혜로운 가르침이었습니다.

주 하나님보다 더 갈구하는 모든 것은 죄이며, 경건생활에 방해가 되는 모든 것은 죄의 씨앗입니다. 우리 마음속에 말씀의 씨앗이 많이 심겨 있다면 의의 열매가 맺히고, 죄의 씨앗이 많이 심겨 있다면 탐욕의 열매만 맺힐 것입니다.

주님의 말씀 씨앗을 마음에 심기 위해서는 먼저 죄의 씨앗이 자라지 못하도록 뿌리를 뽑아야 합니다. 편한 신앙생활이 아니라 경건한 신앙생활을 위한 더 높은 기준으로 죄를 걸러내십시오.
복되고 형통합니다. 아멘!!!

주님, 죄는 그 모양이라도 피하고 멀리하게 하소서.

죄가 아니라고 생각했지만 죄였던 것들을 살펴보고 멀리합시다.

2월 27일

탁월한 공동체의 특징

읽을 말씀 : 사도행전 2:37-42

● 행 2:42 저희가 사도의 가르침을 받아 서로 교제하며 떡을 떼며 기도하기를 전혀 힘쓰니라

현대 리더십 연구의 선구자인 워렌 베니스(*Warren G. Bennis*) 교수는 훌륭한 공동체는 존재만으로 「꿈의 공유」와 「동기 유발」의 효과를 일으킨다고 주장했습니다.

다시 말하면 현대의 리더십은 한 명의 리더에 의해서 발휘되는 것이 아니라 탁월한 조직과 공동체를 통해 발휘되어야 한다는 말입니다.

베니스 교수가 말한 「탁월한 공동체를 만드는 리더의 4가지 특징」입니다.

❶ 탁월한 공동체를 이끄는 지도자는 방향과 의미를 제공한다.
❷ 탁월한 공동체를 이끄는 지도자는 신뢰감을 형성하고 유지한다.
❸ 탁월한 공동체를 이끄는 지도자는 행동 지향적이고,
위기를 두려워하지 않으며, 호기심이 많다.
❹ 탁월한 공동체를 이끄는 지도자는 희망을 꾸준히 공급한다.

교회 내의 크고 작은 모임이 탁월한 공동체로 성장할 때 더 많은 사람이 복음을 들으며 믿게 되고, 더 많은 성도가 진정한 주님의 제자로 성장할 것입니다. 이런 역사가 일어나려면 모든 구성원이 사랑으로 똘똘 뭉쳐 변화되어야 합니다.

지금 내가 속한 공동체가 주님이 우리를 보내신 곳이라고 믿으며, 믿음으로 함께 성장할 수 있는 탁월한 공동체가 되도록 노력하십시오. 또한 우리의 리더가 그런 공동체로 이끌 수 있도록 힘이 되어 주십시오. 복되고 형통합니다. 아멘!!!

주님, 세상에서 빛을 발하는 참된 제자, 바른 지도자가 되게 하소서.

교회 내의 모임을 탁월한 공동체로 성장시키기 위해 노력을 아끼지 맙시다.

귀 기울일 대상

2월 28일

읽을 말씀 : 요한복음 10:1-6

● 요 10:3 문지기는 그를 위하여 문을 열고 양은 그의 음성을 듣나니 그가 자기 양의 이름을 각각 불러 인도하여 내느니라

많은 사람에게 바보라고 놀림을 받는 남자가 있었습니다.

남자는 자신이 바보가 맞는지 궁금해 마을에서 가장 현명한 랍비를 찾아가 "랍비님, 저도 제가 어리석은 사람이라는 걸 압니다. 그래서 사람들이 저를 보고 바보라고 놀립니다. 저는 정말 바보가 맞습니까?"라고 물었습니다. 랍비가 대답했습니다.

『자신의 어리석음을 알고 있는 사람은 바보가 아니네.

걱정하지 말게.』

"그 말씀이 진짜라면….

그런데 왜 사람들이 저를 바보라고 놀릴까요?"

랍비는 남자의 얼굴을 한참 바라보다가 『내가 다시 생각해 보니 자네는 바보가 맞는 거 같네. 자기가 어리석다는 걸 아는 사람은 바보가 아니지만, 다른 사람의 말을 듣고 자기가 바보라고 생각하는 사람은 바보가 맞네』라는 말을 남기고 자리를 떠났습니다.

우리가 귀를 기울여야 할 대상은 오직 주 하나님입니다.

나를 향한 세상 사람들의 이런저런 평가에 조금도 신경 쓰지 마십시오. 성령님의 인도하심을 따라 주님의 말씀을 실천하는 삶이 우리가 평생 추구해야 할 삶입니다. 세상에서 가장 귀한 하나님의 자녀라는 우리의 신분을 잊지 말고, 그 신분에 걸맞은 삶을 살아가십시오.

복되고 형통합니다. 아멘!!!

주님, 전능하신 주님이 창조하신 귀한 존재가 나임을 잊지 않게 하소서.

우리가 창조된 이유와 우리가 해야 할 일이 무엇인지 기억합시다.

3월

"여호와는 나의 빛이요
나의 구원이시니
내가 누구를 두려워하리요
여호와는 내 생명의 능력이시니
내가 누구를 무서워하리요"
- 시편 27:1 -

3월 1일

기억하라 하나님의 은혜를

읽을 말씀 : 신명기 32:1-14

● 신 32:7 옛날을 기억하라 역대의 연대를 생각하라 네 아비에게 물으라 그가 네게 설명할 것이요 네 어른들에게 물으라 그들이 네게 이르리로다

『"기미년 3월 1일 정오…"로 시작하는 3.1절 노래의 작곡자는 춘호 박태현 선생님입니다. 1907년 평양의 독실한 기독교 가정에서 태어난 그는 「산바람 강바람」, 「누가 누가 잠자나」, 「태극기」 등 수많은 동요를 작곡했으며, 우리나라 음악발전에 크게 기여한 분입니다. 또한, 극동방송 부사장을 지낸 송용필 목사의 장인이며, 제가 담임하던 수원중앙교회에서 찬양대 지휘자로 수고를 하셨습니다.

3.1절 노래는 해방의 감격이 채 가시지 않았던 1946년 초, 당시 문교부에서 정인보 선생님 등이 작사한 5대 국경일 노래에 곡을 붙이는 작업을 몇몇 작곡가들에게 부탁했는데, 숙명여대 강사였던 박태현 선생님도 이 일에 참여하게 되면서 3.1절 노래가 탄생했고, 80여 년이 흐른 지금까지도 3.1절 행사 때마다 불리고 있습니다.

올해 106주년을 맞는 3.1절을 맞아 우리가 기억해야 할 것은 우리나라가 일본으로부터 나라를 되찾을 수 있었던 것이 수많은 순국선열들의 희생이 있었기 때문이라는 사실입니다. 그리고 무엇보다 하나님의 은혜가 없었다면 불가능했을 것이고, 오늘날 대한민국의 눈부신 성장 또한 없었을 것입니다. 그러나 어느덧 이 시대는 하나님이 주신 복과 은혜를 망각하며 감사를 잃어버린 시대가 되었습니다. 더 늦기 전에 우리는 하나님의 은혜를 기억하며 감사와 사랑을 회복하고 하나님께로 돌아가야 합니다.』 - 「김장환 목사의 인생 메모」 중에서

오늘 받은 은혜에 대한 감사가 미래의 소망을 누리게 하는 통로가 됨을 기억하십시오. 복되고 형통합니다. 아멘!!!

주님, 베푸신 은혜를 잊지 않고 믿음의 유산으로 남기게 하소서.

3.1절 노래를 부르며 하나님께 감사한 시간을 가집시다.

거룩한 습관의 때

읽을 말씀 : 누가복음 22:39–46

● 눅 22:39 예수께서 나가사 습관을 좇아 감람산에 가시매 제자들도 좇았더니

신경학자들의 최신 연구에 따르면 사람의 뇌는 굉장히 이른 시기에 발달한다고 합니다.

벤저민 불룸(*Benjam S. Bloon*) 교수, 에릭 에릭슨(*Erik H. Erkson*) 박사와 같은 세계적인 뇌과학자들이 밝혀낸 뇌의 발달 시기에 대한 연구 내용입니다.

❶ 뇌세포 연결망의 90%는 3세 전에 형성된다.

❷ 0–3세 사이의 경험은 무의식에 쌓여 장차 삶의 기반이 된다.

❸ 6세가 되면 성격의 85%가 결정된다.

❹ 그러나 뇌는 늙어 죽을 때까지 계속해서 발달한다.

나이가 들어서도 사람은 변할 수 있지만, 나이가 어릴수록 능력을 계발하고, 성품을 가꾸기가 더 쉽습니다.

어린이를 위한 경건 서적을 쓰는 작가 길버트 비어스(*Gilbert Beers*)는 이런 이유로 말을 못 하는 자녀에게도 성경을 읽어주고, 함께 기도하는 경건의 시간을 가져야 한다고 주장했습니다.

이 말은 바로 오늘이 우리가 조금이라도 거룩한 습관을 들이기 좋은 날이며, 주님이 주신 비전을 이루기 위한 능력을 계발하기 좋은 날이라는 뜻입니다.

우리 아이들을 위해 성경을 읽어주고 함께 기도하며, 주님께서 이루신 놀라운 일들을 이야기해 주십시오.

내일이 아닌 오늘, 거룩한 삶을 위한 좋은 습관들을 위해 결단하십시오. 복되고 형통합니다. 아멘!!!

주님, 풍성한 경건의 열매를 맺는 아름드리나무 같은 삶이 되게 하소서.

주님과 가까워지기 위해 필요한 일이 있다면 바로 오늘 시작합시다.

3월 3일

시간이 없는 이유

읽을 말씀 : 마태복음 6:25-34

● 마 6:33 너희는 먼저 그의 나라와 그의 의를 구하라 그리하면 이 모든 것을 너희에게 더하시리라

스위스의 저명한 사상가이자 고전 「행복론」의 저자인 카를 힐티(*Carl Hilty*)에게 어떤 사람이 자신은 너무 바빠서 항상 시간이 부족하다고 불평하자 힐티는 "시간이 없다는 말은 무조건 핑계입니다. 정말로 시간이 부족하다면 시간을 유용한 일에 제대로 사용하지 못한 탓입니다. 역사상 놀라운 업적을 이룬 사람들 모두 우리와 같은 24시간을 사용했습니다"라고 말했습니다.

훗날 힐티는 자신의 저서에서 「시간을 올바로 활용하는 법」에 대해 다음과 같이 조언했습니다.

❶ 일정한 시간에 가장 필요한 일을 할 것
❷ 위의 사항을 꾸준히 반복할 것
❸ 일이 많다고 밤낮을 바꾸거나 잠을 줄이지 말 것
❹ 시간을 만들기 위해 특별한 방법이 필요하다고 생각하지 말 것
❺ 일만 하는 날, 쉬기만 하는 날을 따로 정하지 말 것

가장 중요한 일이 무엇인지 알고 그것에 먼저 시간을 할애하는 사람은 절대로 시간이 부족하지 않습니다.

우리 인생의 가장 중요한 우선순위를 무엇에 두고 있습니까?

주님입니까? 세상입니까? 가장 중요한 그 일을 위해 매일 가장 중요한 때를 사용하십시오. 복되고 형통합니다. 아멘!!!

주님, 주님과의 만남을 하루의 가장 중요한 일로 여기게 하소서.

하루 중 가장 귀한 시간을 주님을 위해 사용합시다.

내 집은 어디인가

3월 4일

읽을 말씀 : 히브리서 11:13-16

● 히 11:16 저희가 이제는 더 나은 본향을 사모하니 곧 하늘에 있는 것이라 그러므로 하나님이 저희 하나님이라 일컬음 받으심을 부끄러워 아니하시고 저희를 위하여 한 성을 예비하셨느니라

나이가 굉장히 많아 보이는 어르신이 공원 벤치에 앉아 있었습니다.
누가 봐도 걱정거리가 많아 보였습니다.
마음 착한 한 청년이 이 모습을 보고 다가가 물었습니다.
"요즘 힘든 일이 많으신가요?"
어르신은 아무 문제가 없다고 말했습니다.
『이 나이에 나만큼 행복한 사람도 없을 겁니다.
나는 최근에 한참 어린 아내와 재혼을 했습니다.
우리 집에는 방이 열 개도 넘고, 차도 여러 대가 있어요.
죽을 때까지 써도 다 못 쓸 충분한 재산도 있습니다.』
청년이 그러면 도대체 왜 여기서 이러고 있느냐고 묻자 어르신이 어렵게 대답했습니다.
『우리 집이 어딘지 도무지 기억이 나지 않아요.』

귀한 금은보화가 집 안에 있어도 그 집이 어딘지를 잊으면 아무 소용이 없는 것처럼 결국은 죽어 떠날 이 세상을 집으로 여기는 사람은 아무리 성공한 사람이라 해도 헛된 삶을 살아가고 있는 것입니다.

우리의 진정한 본향인 천국을 잊지 않고, 영원한 삶을 위해 준비하며 살아가는 현명한 크리스천이 되십시오. 복되고 형통합니다. 아멘!!!

주님, 우리의 본향은 세상이 아닌 천국임을 기억하며 살아가게 하소서.

땅에서의 성공이 아닌 주님 안에서의 성공을 추구합시다.

3월 5일

다른 희망은 없다

읽을 말씀 : 야고보서 5:7–20

● 약 5:13 너희 중에 고난 당하는 자가 있느냐 저는 기도할 것이요 즐거워하는 자가 있느냐 저는 찬송할지니라

「천로역정」을 쓴 존 번연(*John Bunyan*)에게 어떤 사람이 "인생이 계속해서 끝이 없는 고난뿐이라면 당신이 쓴 책처럼 순례를 떠나는 것이 의미가 있을까요?"라고 질문했습니다. 번연은 이 질문에 다음과 같이 대답했습니다.

『나의 순례가 끝날 때, 주님이 내 생각과는 달리 손에 칼을 들고 나를 해치려고 하시더라도 나는 주님의 발아래 몸을 엎드릴 것입니다. 왜냐하면, 주님만이 나의 최후의 희망이기 때문입니다. 주님이 우리의 희망이 아니라면 세상에는 희망이 존재하지 않습니다.』

기독교 변증가인 *C.S.* 루이스(*C.S. Lewis*)는 고난에 대해서 이렇게 말했습니다.

"고난이란 하나님이 사용하시는 확성기이다."

때로는 고난을 통해 주님을 더욱 의지할 수 있고, 주님만이 참된 소망이라는 사실을 깨달을 수 있습니다. 그렇지 않다면 우리의 유일한 소망이신 예수님이 그토록 극심한 고난을 겪지도 않으셨을 것이고, 숱한 시험을 당하지도 않으셨을 것입니다. 다른 방법이 없었기에 주님은 그 길을 걸어가셨고, 십자가 위에서 구원을 이루셨습니다.

우리를 위해서 십자가 위에서 모든 물과 피를 쏟으신 주님 한 분 외에는 다른 희망도, 다른 소망도, 다른 구원도 없습니다. 나를 위해 온갖 고초를 당하신 주님의 크신 사랑을 기억하십시오.

복되고 형통합니다. 아멘!!!

주님, 기쁠 때도 주님을 찬양하고, 슬플 때도 주님을 사랑하게 하소서.

주님의 사랑과 고난을 묵상하며 사순절 기간을 시작합시다.

성도의 체크리스트

3월 6일

읽을 말씀 : 고린도후서 13:1–11

● 고후 13:5 너희가 믿음에 있는가 너희 자신을 시험하고 너희 자신을 확증하라 예수 그리스도께서 너희 안에 계신 줄을 너희가 스스로 알지 못하느냐 그렇지 않으면 너희가 버리운 자니라

미국의 보잉사(*The Boeing Company*)는 새로 개발한 장거리 폭격기 *B*–17을 「하늘의 요새」라고 불렀습니다. 그 어떤 나라도 기술력으로는 따라올 수 없는 최고의 폭격기인 *B*–17은 2차 대전 당시에도 맹활약을 했습니다.

보잉사는 *B*–17을 선보이기 위해 국방부 고위 관료들 앞에서 시운전을 했습니다. 그러나 결과는 최악이었습니다. *B*–17이 이륙한지 얼마 안 되어 갑자기 추락했기 때문입니다.

조사 결과 기체에는 어떤 결함도 없었습니다.

알고 보니 원인은 「발달된 기술」이었습니다.

이전에 비해 많은 조작을 해야하는 신식 폭격기였기 때문에 조종사가 중요한 몇몇 장치를 제대로 작동시키는 걸 잊었기 때문이었습니다. 이 어려운 문제는 '체크리스트'라는 단순한 방법으로 해결되었습니다.

비행기 이착륙 시 반드시 확인해야 할 체크리스트를 조종사들에게 전달하자 이후로는 조종 미숙으로 추락하는 폭격기가 단 한 대도 없었습니다.

바쁜 하루 가운데 올바른 우선순위를 세우려면 체크리스트가 필요합니다.

세상에서 살아가는 크리스천의 정체성을 잃지 않기 위해, 더 나은 믿음 생활을 위해 필요한 항목들로 믿음의 체크리스트를 만드십시오. 복되고 형통합니다. 아멘!!!

주님, 아무리 바빠도 주님과 믿음을 최우선으로 놓고 살아가게 하소서.

인생의 체크리스트, 신앙의 체크리스트를 작성해 매일 확인합시다.

3월 7일

모든 것을 주신 분

읽을 말씀 : 요한1서 4:7-13

● 요일 4:9 하나님의 사랑이 우리에게 이렇게 나타난 바 되었으니 하나님이 자기의 독생자를 세상에 보내심은 저로 말미암아 우리를 살리려 하심이니라

영국을 구성하는 국가 중 하나인 웨일스(*Wales*) 지역의 양봉장에는 특이한 전통이 있습니다. 양봉업자들은 3년마다 한 번씩 온 동네 주민들을 찾아가 무료로 꿀을 나누어 줍니다. 벌이 온 마을을 돌아다니며 꿀을 모을 수 있었던 것은 마을과 자연을 잘 가꾼 주민들의 협조 덕분이라고 생각하기 때문입니다.

이런 전통으로 양봉업자들은 주민들의 협조를 더 잘 구할 수 있게 되고, 또 지역 주민들도 자신들의 협조로 얼마나 맛있는 꿀이 모이는지 알게 되며 상부상조하고 있습니다.

무일푼으로 미국으로 건너와 보디빌더로, 영화배우로, 심지어 정치인으로도 성공한 자수성가의 아이콘 아놀드 슈왈제네거(*Arnold Schwarzenegger*)는 한 졸업식 축사에서 "자수성가라는 말은 존재하지 않는다"라고 말해 화제가 되었습니다.

"저는 제가 잘나서 성공했다고 생각했습니다. 그러나 다른 사람의 도움 없이는 어떤 성공도 이룰 수 없음을 깨달았습니다. 저는 누구보다 노력했지만, 그런 저를 위해 먹을 것을 주고, 살 곳을 구해준 수많은 동료가 있었습니다. 혼자서 성공할 수 있는 사람은 아무도 없습니다. 남을 돕는 사람, 도움을 받을 수 있는 사람이 성공의 자격이 있습니다.

다른 사람의 도움 없이는 누구도 성공할 수 없는 것처럼, 모든 사람이 하나님의 허락 없이는 단 한순간도 살 수 없습니다. 우리가 누리는 모든 것이 주님이 허락하신 놀라운 복임을 기억하고 모든 영광을 주님께만 돌리십시오. 복되고 형통합니다. 아멘!!!

주님, 삶의 모든 순간이 주님이 허락하신 귀한 선물임을 알게 하소서.

매일 넘치도록 부어주시는 감사의 제목을 잊지 말고 표현합시다.

복이 된 부족함

3월 8일

읽을 말씀 : 빌립보서 4:10–20

● 빌 4:11 내가 궁핍하므로 말하는 것이 아니라 어떠한 형편에든지 내가 자족하기를 배웠노니

세계적인 소프트웨어 기업 「37*signals*」의 창업자인 제이슨 프라이드(*Jason Fried*) 회장은 사업을 시작하면서 무언가가 부족할 때마다 오히려 복이라고 생각했습니다.

"시간, 돈, 인력, 경험…. 사람들은 이런 것들이 부족하다며 도전을 멈춥니다. 그러나 제 경험상 이런 것들은 오히려 부족할수록 좋습니다.

자원이 적을수록 현재 가진 것을 최대한 활용하게 되고, 어려움을 극복할 창의적인 아이디어들이 나오기 때문입니다."

미국의 재즈 아티스트 키스 자렛(*Keith Jarrett*)이 상태가 엉망인 피아노로 연주를 하게 되었습니다. 공연은 1시간 밖에 남지 않았고, 몇몇 건반은 아예 소리가 나지 않았습니다. 표는 이미 매진되어 공연을 미룰 수도 없었기에 자렛은 어쩔 수 없이 망가진 건반을 피해 가며 최대한 즉흥적으로 연주를 했습니다. 1975년 뉴욕에서 열린 이 공연은 자렛 인생의 최고의 연주로 인정받았고, 이날 녹음된 음반은 400만장이 넘게 팔리며 재즈 역사상 가장 많이 팔린 베스트셀러 앨범에 올랐습니다.

복음을 전하며 누구보다도 고난을 겪은 사도 바울은 어떤 상황에서도 자족하길 배웠다고 고백했습니다. 지금 그 어떤 시대의 사람보다 더 풍성함을 누리는 우리의 삶에는 감사가 얼마나 자리 잡고 있습니까? 주님은 우리 인생에 필요한 모든 것을 이미 풍족하게 베풀어주셨습니다. 부족한 것을 바라보며 불평하지 말고, 이미 주신 것에 감사하며 가진 것을 주 하나님 나라와 복음을 위해 기꺼이 내어드리십시오.
복되고 형통합니다. 아멘!!!

주님, 제 인생에서 바람과 파도를 잘 활용하는 항해사가 되게 하소서.

환경을 탓하지 말고 주님이 주시는 지혜와 힘으로 이겨 나갑시다.

3월 9일

작은 차이, 큰 결과

읽을 말씀 : 마태복음 13:18–30

● 마 13:23 좋은 땅에 뿌리웠다는 것은 말씀을 듣고 깨닫는 자니 결실하여 혹 백배, 혹 육십배, 혹 삼십배가 되느니라 하시더라

'성공학'이라는 학문을 창시한 나폴레온 힐(*Napoleon Hill*)은 성공의 가장 중요한 비결은 '적극성'이라고 말했습니다.

성공을 이루는 요인은 너무나 다양해서 공식처럼 정의할 수는 없었습니다. 그러나 성공한 모든 사람에게는 실패를 하더라도 다시 도전하는 적극성이 있었습니다.

나폴레온 힐은 이 적극성이 성공에 어떤 영향을 미치는지를 다음과 같이 말했습니다.

"마음가짐이 적극적인가, 소극적인가는 아주 작은 차이입니다.

한 사람, 하루로 따졌을 때 이 차이는 아주 작습니다.

그러나 이 작은 차이가 미래에 엄청난 격차를 만들어냅니다.

그 결과는 성공하느냐, 실패하느냐입니다."

이 글에 우리는 두 가지 질문을 더해야 합니다.

❶ 무엇을 성공이라고 정의할 것인가?

❷ 그 성공을 위해 어떤 적극적인 일을 할 것인가?

세상의 성공보다 더 중요한 믿음의 성공을 위해서 우리는 더 적극적으로 도전해야 합니다.

한 번의 기도, 한 번의 묵상….

오늘 당장 할 수 있는 일을 적극적으로 실행하십시오.

복되고 형통합니다. 아멘!!!

주님, 세상에서의 성공보다 믿음 생활의 성공을 좇게 하소서.

매일 믿음이 성장하는 적극적인 경건생활, 신앙생활을 해나갑시다.

한 걸음의 용기

3월 10일

읽을 말씀 : 누가복음 5:1–11

● 눅 5:10,11 세베대의 아들로서 시몬의 동업자인 야고보와 요한도 놀랐음이라 예수께서 시몬에게 일러 가라사대 무서워 말라 이제 후로는 네가 사람을 취하리라 하시니 저희가 배들을 육지에 대고 모든 것을 버려두고 예수를 좇으니라

일본의 탐험가 구리키 노부카즈(*Kuriki Nobukazu*)는 "한 걸음의 용기만 있다면 누구나 세계 최고봉인 에베레스트산에 오를 수 있다"라고 말합니다.

등산가들은 높은 산을 오르기 전 훨씬 낮은 산을 오르며 훈련을 시작합니다. 8,000*m* 봉우리를 오르기 위해 2,000*m* 산을 오르는 것이 별 도움이 안 되는 것 같지만, 구리키는 일단 집 뒷산이라도 오르는 사람은 에베레스트산에도 오를 수 있다고 자신이 쓴 책에서 말했습니다.

『어느 누구도 한 번에 에베레스트산을 오를 순 없다. 그 전에 조금씩 높은 산에 도전을 하며 산소가 모자랄 때 내 몸이 어떤 반응을 일으키는지, 고산병이 일어나는지, 혹은 몸이 멀쩡함에도 정신이 버티지 못하는지를 체크해야 한다. 자신의 부족함을 알고 계속해서 적응해 나가려는 사람은 언젠가 반드시 정상에 설 수 있다.』

「천리길도 한 걸음부터」라는 옛말처럼 산을 향해 한 걸음을 내딛을 수 있는 용기를 가진 사람이 언젠가 큰 산도 정복할 수 있습니다.

그러나 세상에서 가장 용기가 필요한 일은 믿음입니다. 한 번에 성경의 모든 말씀이 진리로 믿어지지는 않겠지만 믿어지는 은혜를 베풀어주신 주님을 믿고 한 걸음씩 믿음의 걸음을 내디디면 우리의 신앙은 어느새 반석 위에 세워진 집처럼 굳건해질 것입니다. 우리 마음에 성령님이 주시는 감동을 따라, 오늘 또 한 걸음 주님을 향해 걸어가십시오. 복되고 형통합니다. 아멘!!!

♡ 주님, 성령님의 인도하심을 따라 오늘도 옳은 길로 행하게 하소서.

주님의 살아계심을 경험하며 믿음을 성장시켜 달라고 기도합시다.

3월 11일

지혜로운 사람의 특징

읽을 말씀 : 잠언 9:10–18

● 잠 9:10 여호와를 경외하는 것이 지혜의 근본이요 거룩하신 자를 아는 것이 명철이니라

미국 코넬대학교(*Cornell University*)의 인적 개발 교수이자 저명한 뇌신경과학자인 로버트 스턴버그(*Robert J. Sternberg*)는 지식과 지혜의 특징에 대해 다음과 같이 말했습니다.

"지적인 사람은 어떤 내용을 잘 기억하고, 분석하고, 사용할 줄 아는 사람입니다. 지혜로운 사람은 지식의 의미와 한계를 이해합니다. 지식의 한계를 이해할 때 창의성이 생기고, 알 수 없는 지식이 어떤 의미인지를 깨닫게 됩니다. 이것이 바로 지혜입니다."

다음은 스턴버그 교수가 말한 「지혜로운 사람의 4가지 특징」입니다.

❶ 자기가 알고 있는 것이 무엇인지를 안다.

❷ 자기가 모르는 게 무엇인지를 안다.

❸ 자기가 아는 것과 모르는 것으로 무슨 일을 할 수 있는지를 안다.

❹ 위의 내용을 기반으로 자신이 할 수 없는 일이 무엇인지를 안다.

성경은 지혜의 근원이 주님을 경외하는 것이라고 말씀하고 있습니다(잠 9:10).

지혜로운 사람은 결코 교만하지 않고, 창조주 하나님을 인정하며 겸손히 순종합니다.

세상에 만연한 잘못된 인본주의 사상을 받아들이지 말고 창조주 하나님을 인정하며 모든 일에 의지하는 지혜로운 사람이 되십시오.

복되고 형통합니다. 아멘!!!

주님, 저의 힘이 아닌, 하나님의 전능하심을 힘입어 살아가게 하소서.

오직 주님만을 의지함으로, 주님의 도우심을 구하며 살아갑시다.

목표에 집중하라

3월 12일

읽을 말씀 : 빌립보서 3:10–16

● 빌 3:14 푯대를 향하여 그리스도 예수 안에서 하나님이 위에서 부르신 부름의 상을 위하여 좇아가노라

낚시의 대부분은 앉아서 기다리는 쉬운 일이지만, 또한 종일 집중해야 하는 어려운 일이기도 합니다. 잠시라도 찌에서 눈을 떼선 안 되기 때문입니다. 지루하다고 다른 곳을 보고 있으면 찌가 흔들리는 걸 알아채지 못합니다.

다양한 분야에서 두각을 나타내며 다방면의 책을 100권이나 저술한 변호사 윌리엄 워커 앳킨슨(*William Walker Atkinson*)은 성공하기 위해서는 낚시꾼처럼 목표에 집중해야 한다고 말했습니다.

"목표에서 눈을 떼지 마십시오.
목표에서 눈을 떼는 순간 주변이 눈에 들어옵니다.
내가 처한 현실, 조건, 불확실한 환경, 이런 것들이 눈에 들어오면
믿음이 약해집니다.
좌절했던 바로 그 지점에서 한 걸음만 앞으로 내디뎌보십시오.
목표가 더 가까워지고, 주변이 더 멀어질 것입니다.
당신의 시선이 머무는 곳, 대부분의 성공은 바로 그곳에 있습니다."

우리의 시선이 주님이 주신 비전을 향해 있다면, 그 일을 가로막고 있는 수많은 장애물들은 들어오지 않을 것입니다.

사람이 할 수 없다고 생각되는 일, 우리의 힘으로는 도저히 이룰 수 없다고 생각되는 일, 바로 그 일을 주님은 믿음의 사람을 통해 이루십니다. 주님이 나에게 주신 그 비전을 매일 가슴에 품고 바라보십시오.
복되고 형통합니다. 아멘!!!

주님, 주변에 시선을 빼앗기지 않고 푯대만을 바라보며 전진하게 하소서.

주님이 나에게 주신 말씀, 비전을 매일 아침저녁으로 묵상합시다.

3월 13일

생각의 길

읽을 말씀 : 잠언 4:18–27

● 잠 4:23 무릇 지킬만한 것보다 더욱 네 마음을 지키라 생명의 근원이 이에서 남이니라

처음 걸음마를 배우는 아기는 보통 3천 번을 넘어진다고 합니다.

아직 뇌에 시냅스라는 조직이 연결되지 않았기 때문입니다.

3천 번을 시도하는 동안 걷기에 도움을 주는 영역의 시냅스가 점점 연결이 되고 한 번 연결된 시냅스는 평생 동안 끊어지지 않습니다.

우리가 어린 시절 그토록 힘들게 배웠던 걸음마가 거의 평생 동안 유지되는 것이 바로 이 원리 때문입니다.

하버드대학교 심리학 교수였던 윌리엄 제임스(*William James*)가 활동하던 18세기에는 뇌와 시냅스에 대한 아무런 정보가 없었습니다.

그럼에도 통찰력이 뛰어났던 제임스는 자신의 경험을 통해 사소한 행동 하나하나가 반복되면 뇌 구조에 영향을 미친다고 다음과 같이 주장했습니다.

"좋은 생각이든 나쁜 생각이든 분명히 우리 뇌에 영향을 미칩니다.
마치 배선을 까는 것과 같습니다. 같은 생각을 여러 번 하면 그 생각이 습관으로 굳어집니다. 성격도 생각을 따라 변합니다.
만약 여러분이 원하는 성격과 생각이 있다면
그 방향으로 흘러가도록 뇌를 단련해야 합니다.
새로운 생각, 새로운 습관을 들이면 뇌가 거기에 맞게 변할 것입니다."

우리가 매일 반복하는 생각과 말, 행동에 따라 뇌가 변하고 습관이 형성됩니다. 사랑과 덕을 끼치고 주님을 기쁘시게 하는 거룩한 말과 행동, 경건의 습관을 들이십시오. 복되고 형통합니다. 아멘!!!

주님, 주님이 주시는 좋은 것들을 담을 깨끗한 그릇이 되게 하소서.

불평과 불만을 생각에서 몰아내고 감사와 찬양으로 채웁시다.

고통이 복인 이유

3월 14일

읽을 말씀 : 고린도후서 1:1-11

● 고후 1:10 그가 이같이 큰 사망에서 우리를 건지셨고 또 건지시리라 또한 이후에라도 건지시기를 그를 의지하여 바라노라

초등학교 4학년 때 소아마비에 걸린 소년이 있었습니다.

다리를 저는 삶에 겨우 익숙해졌을 때 갑자기 뇌성마비가 찾아왔고 소년은 누워서 손가락 하나 제대로 움직일 수 없게 되었습니다. 아무것도 할 수 없는 무기력한 나날을 보내던 소년은 어린 나이였음에도 세상을 떠나고 싶었습니다.

그러나 그마저도 자신의 힘으로는 불가능했습니다. 이런 소년의 마음을 눈치챈 어머니는 매일 말씀으로 복음을 전하며 삶의 용기를 불어넣어 주었습니다. 14살 때 마침내 주 하나님을 만난 소년은 이제 자신이 할 수 있는 유일한 일인 글쓰기로 하나님을 전해야겠다고 결심했습니다.

「감사는 밥이다」의 저자이자 시인인 미즈노 겐조(*Mizuno Genzo*)의 고백입니다.

「만일 내 삶에 고통이 없었다면,
하나님의 사랑을 받아들이지 않았을 것입니다.
함께 믿는 형제, 자매의 삶에도 고통이 없었다면,
하나님의 사랑이 전해지지 않았을 것입니다.
주님이 고통을 당하지 않으셨다면,
하나님의 사랑이 나타날 수 없었던 것처럼 말입니다.」

고통이 우리에게 복인 이유는 그로 인해 더욱 주 하나님만 의지할 수 있게 되기 때문입니다. 그럼에도 믿어지는 은혜가 우리 안에 있기 때문입니다. 환란 중에도, 고난 중에도, 주님이 우리의 임금과 구주되심을 담대히 선포하십시오. 복되고 형통합니다. 아멘!!!

주님, 고난 가운데 주님의 위로와 사랑을 더욱 깊이 느끼게 하소서.

실수하지 않으시는 주님께 우리의 고난과 어려움까지도 맡깁시다.

3월 15일

3가지 안부

읽을 말씀 : 데살로니가전서 5:19–28

● 살전 5:26 거룩하게 입맞춤으로 모든 형제에게 문안하라

워싱턴 카네기 연구소(*Carnegie Institution of Washington*)에서 노벨상 수상자를 20명 넘게 배출한 명문「카네기 멜런 대학교(*Carnegie Mellon University*)」의 졸업생을 다년간 추적 조사했습니다.

졸업생 중 사회적으로 성공한 사람의 학창 시절을 면밀히 연구한 결과는 다음과 같았습니다.

"뛰어난 성적, 해박한 지식, 좋은 기술은 성공에 15% 정도밖에 영향을 미치지 못했다. 나머지 85%는 좋은 인간관계였다."

인간관계를 잘 맺는 사람은 가벼운 관계의 사람에게도 자주 안부를 물었는데 크게「3가지 방법」을 사용했습니다.

❶ 직접 찾아가는 발의 안부

❷ 전화로 하는 입의 안부

❸ 글로 쓰는 손의 안부

사람은 언제 어떻게 될지 알 수 없기에 최대한 많은 사람과 관계를 맺으며 서로 도와야 합니다.

교회 내의 공동체도 마찬가지입니다.

좋은 인간관계를 위해서 지금 무슨 일을 하고 있습니까?

최대한 자주 안부를 물으며 서로의 어려움을 돌아보고 서로를 위해 함께 기도해 주는 관계가 되어야 합니다.

전도와 양육을 위해 지혜롭게 발의 안부, 입의 안부, 손의 안부를 물으십시오. 복되고 형통합니다. 아멘!!!

주님, 기도와 복음이 필요한 대상이 누구인지 깨닫는 지혜를 주소서.

날짜와 시간, 대상을 정해놓고 복된 말씀과 글들을 꾸준히 보냅시다.

하나님의 공급하심

3월 16일

읽을 말씀 : 열왕기상 17:1–16

● 왕상 17:16 여호와께서 엘리야로 하신 말씀같이 통의 가루가 다하지 아니하고 병의 기름이 없어지지 아니하니라

『극동방송 전파선교사 모집 생방송을 한 지 얼마 되지 않아, 한 권사님으로부터 다음과 같은 사연이 도착했습니다.

"이번 달 말로 남편이 갑자기 퇴직을 하게 됐습니다.

눈앞이 캄캄해지고 집안일이 손에 잡히지 않았습니다.

두 자녀도 있는데 감사보다는 절망의 벽이 크게 다가왔습니다. 그러던 중 극동방송의 「전파선교사 모집 특별 생방송」을 듣게 됐습니다.

「하나님의 사람 엘리야를 통해 사르밧 과부에게 베푸신 은혜를 경험하라」라는 아나운서의 멘트는 지푸라기라도 잡고 싶은 저에게 하나님을 먼저 찾게 만드는 전환점이 됐습니다. 사르밧 과부에게 큰 기근과 환난이 닥쳤지만 엘리야 선지자를 통해 「통의 가루와 병의 기름」이 떨어지지 않는 복을 주셨던 것처럼, 우리 가정에도 그러한 복이 흐르길 기도하는 마음으로 네 식구가 「전파선교사」로 가입하게 됐습니다. 하나님께서 우리 가족을 보호하시고 공급해 주실 거라는 확신이 들었습니다.

전파선교사를 가입한지 몇 시간 후, 정말 기적과도 같은 일이 일어났습니다. 남편이 퇴직과 함께 이력서를 몇 군데 제출했는데, 그중 한 곳에서 채용할 테니 빠른 시일 내로 출근해 달라는 연락이 왔습니다. 하나님께 순종함으로 심었더니, 하나님께서는 우리 가족에게 소망의 꽃을 피우게 하시고 인도하셨습니다." 공급하시는 주님을 찬양합니다. 할렐루야!』 –「김장환 목사의 인생 메모」 중에서

주님께서 반드시 선한 길로 이끄실 것을 믿으며 먼저 믿음으로 복음의 씨앗을 심으십시오. 복되고 형통합니다. 아멘!!!

주님, 내 사정과 형편을 뛰어넘어 주님을 더 온전히 사랑하게 하소서.

주님의 공급하심과 채우심을 믿고 나아가는 온전한 하루가 됩시다.

3월 17일

게으름의 늪

읽을 말씀 : 잠언 6:6–11

● 잠언 6:9 게으른 자여 네가 어느 때까지 눕겠느냐 네가 어느 때에 잠이 깨어 일어나겠느냐

최근 중국 청년들 사이에서는 「탕핑족」이 늘고 있다고 합니다.

「탕핑(躺平)」은 '일을 해도 잘 살 희망이 없으니 일도 하지 말고, 결혼도 하지 말고, 그냥 가만히 누워서 죽기를 기다리는 청년들'을 가리키는 신조어라고 합니다, 예전에 한국의 「N포 세대」와 비슷한 맥락입니다.

중국의 직장인을 위한 심리전문가인 왕후이룽이 이런 청년들을 위해 조언한 「나태함을 극복하는 7가지 방법」입니다.

❶ 나를 나태하게 만드는 원인을 정확하게 파악한다.

❷ 반드시 해야 할 일과 피해도 되는 일을 구분한다.

❸ 다른 사람의 감독, 감시를 자진해서 받는다.

❹ 오늘 할 일이라면 반드시 오늘 해결한다.

❺ 도움이 필요한 일이라면 전문가를 찾아간다.

❻ 미래를 내다보고 오늘 할 일을 결정한다.

❼ 해야 할 일을 미루지 않기 위한 습관들을 스위치처럼 만든다.

힘든 상황 속에서도 포기하지 않고 땀을 흘리는 사람만이 누구보다 큰 성공을 이룰 수 있습니다.

복음도 마찬가지입니다. 복음이 가장 찬란하게 꽃피운 시기는 그 어느 때보다 박해가 가장 심했던 시기입니다. 세상에 어두움이 드리울수록, 복음을 전하기가 점점 힘들어질수록 깨어있는 우리가 더 부지런히 복음을 전하고 사랑을 실천합시다. 복되고 형통합니다. 아멘!!!

주님, 묵묵히 복음의 씨를 뿌리는 자의 사명을 잘 감당하게 하소서.

주님이 주시는 활력과 생기로 무력감을 이겨냅시다.

대화의 노력

3월 18일

읽을 말씀 : 야고보서 1:19–27

● 약 1:19 내 사랑하는 형제들아 너희가 알거니와 사람마다 듣기는 속히 하고 말하기는 더디 하며 성내기도 더디 하라

최근 서점에서는 대화법에 관한 책들이 많이 팔리고 있다고 합니다.

직장 상사들이 새로 들어오는 신입사원들과 소통에 큰 어려움을 겪고 있기 때문입니다. 신세대일수록 오프라인보다 온라인 활동의 비중이 더 높은 시대를 살아가고 있어서 당연하다고 느껴지는 짧은 대화조차 자연스럽게 이어지지 않는 경우도 많다고 합니다.

특별히 다음 세대에게 살아있는 복음을 전해야 할 우리 세대도 좋은 대화법에 관심을 가져야 합니다.

다음은 심리학 전공 도서 「인간관계의 심리」에 나오는 「피해야 할 7가지 대화법」입니다.

❶ 일방적인 주입식 대화
❷ 들으면서 말하는 사람을 평가하는 대화
❸ 주의를 집중하지 않는 자세의 대화
❹ 말로는 대답하면서 딴청을 피우는 대화
❺ 불신의 자세로 상대방을 대하는 대화
❻ 위협을 가하거나 비판하는 대화
❼ 침묵으로 적대감을 표현하는 대화

말을 잘하지는 못하더라도 최소한 대화를 통해 상대가 부정적인 감정을 느끼게 해서는 안 됩니다. 주님이 주시는 지혜로 혀를 지혜롭게 다스리는 대화의 달인이 되십시오. 복되고 형통합니다. 아멘!!!

주님, 하고 싶은 말이 아닌 해야 하는 말이 무엇인지 깨닫게 하소서.

나도 모르는 대화의 나쁜 습관이 있다면 하나씩 고쳐갑시다.

3월 19일

신앙의 ABC

읽을 말씀 : 베드로전서 1:13-25

● 벧전 1:21 너희는 저를 죽은 자 가운데서 살리시고 영광을 주신 하나님을 그리스도로 말미암아 믿는 자니 너희 믿음과 소망이 하나님께 있게 하셨느니라

어떤 일의 기본이 되는 일을 표현할 때 '*ABC*'라는 말을 씁니다.

다음은 세계적인 복음의 거장 조용기 목사님이 설교 중 말씀하신 「신앙의 *ABC*를 확인하는 질문」입니다.

- *Affirmation*/ 긍정적으로 살고 있습니까?
- *Believe*/ 오늘도 하나님을 믿으며 살았습니까?
- *Commitment*/ 우리의 길을 하나님께 맡겼습니까?
- *Delight*/ 내 삶에 하나님이 주신 기쁨이 있습니까?
- *Expectation*/ 하나님의 역사하심이 일어날 것을 기대하고 있습니까?
- *Faint not*/ 어떤 시련이 와도 낙심하지 않을 수 있습니까?
- *Glorify*/ 하나님이 주신 복에 대해 하나님께 영광 돌리고 있습니까?

이 7가지 질문에 망설임 없이 「예」라고 대답할 수 있는 사람이 신앙에 성공한 진정한 그리스도인입니다.

나의 신앙의 문제는 무엇입니까?

내가 답하기 어려운 질문은 몇 번째입니까?

그 연약함조차도 주님 앞에 내어놓고 기도해야 합니다.

나를 하나님께 맞추는 것에서부터 바른 신앙생활이 시작됩니다.

우리의 믿음이 엇나가지 않도록 날마다 경건생활을 통해 하나님의 마음을 깨닫고, 성령님의 인도하심을 따라 생활하십시오.

복되고 형통합니다. 아멘!!!

주님, 주 하나님이 주신 푯대를 향하여 걸어가는 삶이 되게 하소서.

위 예화의 질문으로 날마다 지금 우리 신앙의 위치를 점검합시다.

성공을 결정짓는 습관

3월 20일

읽을 말씀 : 골로새서 4:7–18

● 골 4:17 아킵보에게 이르기를 주 안에서 받은 직분을 삼가 이루라고 하라

기원전 2000여 년 전에 존재했던 고대 도시 바빌론(*Babylon*) 유적에서 발견된 한 석판에는 「돈을 많이 버는 법, 성공하는 법」이 적혀있었습니다.

성공에 대한 사람의 열망은 인류의 역사와 더불어 내려오고 있다고 해도 과언이 아닙니다. 그럼에도 극히 일부의 사람들만 성공을 맛보는 이유는 무엇일까요? 성공이 무엇인지도 모르고, 어떻게 이룰 수 있는지도 모른 채 막연히 추구만 하기 때문입니다.

다음은 미국 최고의 동기부여 강사이자 교육학자인 배리 파버(*Barry Farber*)가 말한 「성공을 결정짓는 7가지 습관」입니다.

❶ 배워라/ 아는 것이 없으면 하고 싶은 일도 없다.

❷ 계획을 세워라/ 무계획한 행동은 어리석은 행동이다.

❸ 치밀하게 노력해라/ 노력을 쏟을수록 성공은 가까워진다.

❹ 영향력을 끼쳐라/ 만나는 한 사람, 한 사람에게 최선을 다해라.

❺ 삶을 관리하라/ 에너지를 쏟는 것만큼 충전 시간도 필요하다.

❻ 자신을 소개하라/ 내가 가진 능력과 특별한 가치를 자신 있게 공개해라.

❼ 장애물을 만나면 기뻐하라/ 큰 성공을 이룬 사람들은 하나같이 큰 장애물을 만났다.

크리스천인 우리의 성공은 무엇입니까? 주님이 나에게 주신 사명을 위해 모든 노력을 쏟는, 믿음의 성공을 꿈꾸는, 주님을 기쁘시게 하는 제자가 되십시오. 복되고 형통합니다. 아멘!!!

주님, 우리가 이루어야 할 진정한 성공이 무엇인지 깨닫게 하소서.

우리가 지금 꿈꾸는 성공이 주님이 주신 마음인지 되돌아 봅시다.

3월 21일

웃음이 주는 유익

읽을 말씀 : 잠언 17:22–28

● 잠 17:22 마음의 즐거움은 양약이라도 심령의 근심은 뼈로 마르게 하느니라

의사도 아닌 사람이 뜬금없이 "환자들에게 웃음과 희망을 주면 빠르게 회복된다"라는 주장을 했습니다. 당시 이 사람이 발표한 「희망과 웃음 치료」라는 제목의 보고서 요약입니다.

- 부정적 정서는 질병을 악화시키고
  긍정적 정서는 질병을 호전시킨다.
- 가족, 친구, 사회 봉사 단체들이
  정서가 황폐해지고 있는 환자들에게 도움을 줄 수 있다.
- 환자의 이야기를 경청할 수 있는 의사의 능력은
  뛰어난 의학적 진단 기법보다 중요하다.
- 희망, 웃음, 신념, 결의 등은 생화학적으로 치료에 영향을 미친다.

이 사람은 완치율 0.1%의 병에 걸렸다가 웃음으로 치료한 「웃음학의 아버지」 노먼 커즌스(*Norman Cousins*)입니다. 당시 커즌스의 보고서를 본 의사들은 하나같이 코웃음을 쳤습니다. 하지만 커즌스는 자신의 투병기를 낱낱이 공개했고, 기적적으로 완치되었습니다.

커즌스의 투병기를 담은 책은 40주간 뉴욕 타임스 베스트셀러가 되었고, 자문을 구하려고 3천 명이 넘는 의사가 연락을 했다고 합니다.

주님은 우리가 삶을 온갖 좋은 것들로 채우기를 원하십니다.

세상의 향락을 멀리하고 진정한 기쁨과 즐거움인 깊은 교제와 관계에서 오는 웃음과 긍정적인 활력, 좋은 성령의 열매들로 우리의 삶을 가득 채우십시오. 복되고 형통합니다. 아멘!!!

주님, 우리의 삶을 더 풍성하게 하는 선하고 좋은 것들로 채워주소서.

삶에 부정적인 영향을 주는 것들을 멀리하고 좋은 것들로 채웁시다.

오직 찬양만을 드리라

3월 22일

읽을 말씀 : 시편 7:10–17

● 시 7:17 내가 여호와의 의를 따라 감사함이여 지극히 높으신 여호와의 이름을 찬양하리로다

1025년경 이탈리아의 목회자이자 음악이론가인 귀도 다레초(*Guido d' Arezzo*)가 저녁 기도를 마치고 찬송을 부르다가 찬송의 각 첫 구절을 본 따 점차 높아지는「음계」를 만들었습니다.

이후 수백 년에 걸쳐 조금씩 다듬어지고 변형되어서 오늘날 세계적으로 널리 쓰이는「8음계」가 완성되었습니다. 목회자가 만들고, 찬양의 첫 소절을 따서 이름 지어진 만큼 8음계인「도, 레, 미, 파, 솔, 라, 시, 도」에는 다음과 같은 복음적인 뜻이 들어있다고 합니다.

❶ 도(*Do*)는 하나님(*Domine*)

❷ 레(*Re*)는 하나님의 음성(*Reasonare*)

❸ 미(*Mi*)는 기적(*Miracle*)

❹ 파(*Fa*)는 제자(*Famuti*)

❺ 솔(*Sol*)은 덮어줌(*Solve*)

❻ 라(*La*)는 가르치는 사람(*Labii*)

❼ 시(*Si*)는 거룩한 성령님(*Sancte Ioannes*)

❽ 그리고 마지막 도는 다시 하나님으로 끝을 맺습니다.

모든 노래를 이루는 음계의 시작은 하나님을 향한 목회자의 찬양으로부터 나왔습니다. 다시 말하면 우리가 부르는 모든 찬송은 오직 하나님만을 향해 있어야 합니다. 나를 만드시고 구원하신, 찬양받기 합당하신, 거룩하신 하나님께 매일 감사의 찬송을 올려드리십시오.
복되고 형통합니다. 아멘!!!

주님, 찬양받으실 유일한 이름이 바로 주 하나님이심을 고백하게 하소서.

매일 말씀 묵상과 기도의 목소리로 주 하나님을 높여 드립시다.

3월 23일

긍정적인 언어의 힘

읽을 말씀 : 마태복음 9:27–34

● 마 9:28,29 … 예수께서 이르시되 내가 능히 이 일 할 줄을 믿느냐 대답하되 주여 그러하오이다 하니 이에 예수께서 저희 눈을 만지시며 가라사대 너희 믿음대로 되라 하신대

폐암에 걸린 여인이 있었습니다. 매일 독한 약을 먹고 방사선 치료를 받느라 진이 빠졌지만, 이 여인은 한 번도 힘들다는 말을 하지 않고 나을 수 있다는 희망을 품었습니다.

매일 아침 눈을 뜨면 병상에 앉아 "나는 매일 낫고 있다"라는 말을 10분씩 반복하자 놀랍게도 치료의 효과가 극적으로 나타나 얼마 뒤 그녀의 말처럼 폐의 모든 암세포가 흔적도 없이 사라졌습니다.

이 여인의 담당의였던 하버드 의대의 디팩 초프라(*Deepak Chopra*) 박사는 "인간의 마음에는 정말로 무한한 힘이 있다"라고 말했습니다.

초프라 박사는 기적적으로 치유된 수많은 환자를 만났는데, 현대의학으로 설명할 수 없는 기적을 경험한 환자는 하나같이 하나님을 향한 긍정적인 믿음의 환자였습니다.

최근 신경의학자들이 밝혀낸 연구에 따르면 인간의 중추신경은 말의 지배를 받는다고 합니다. 부정적인 말을 자주 하면 신경계는 부정적인 단어에 지배됩니다. 부정적인 말을 하면 안 좋은 감정들이 생겨납니다. 결국 부정적인 말이 습관이 된 사람은 안 좋은 감정의 지배를 받으며 살아가게 됩니다.

주님은 우리가 긍정적인 생각을 하며, 삶 가운데 선하고 좋은 일들로 채우기를 원하십니다. 창조의 원리를 따라갈 때 우리 삶은 더 풍족해지고 건강해지고 행복해집니다.

전능하신 주님을 믿으며 뭐든지 할 수 있다는 긍정의 믿음으로 하루하루를 살아가십시오. 복되고 형통합니다. 아멘!!!

주님, 삶을 좀 먹는 부정적인 언어생활을 끊어내게 하소서.

믿음의 말, 긍정의 말, 격려의 말로 하루를 채워가십시오.

경영학자가 바라본 교회

3월 24일

읽을 말씀 : 마태복음 16:13-20

● 마 16:18 또 내가 네게 이르노니 너는 베드로라 내가 이 반석 위에 내 교회를 세우리니 음부의 권세가 이기지 못하리라

현대 경영학의 대부 피터 드러커(*Peter F. Drucke*)는 소위 「메가 처치」로 불리는 미국의 대형 교회들의 출현을 「오늘날 미국 사회에서 일어나고 있는 가장 중요한 사건」이라고 말했습니다.

드러커가 교회에 관심을 갖게 된 이유는 다음과 같습니다.

❶ 지역 주민의 필요에 의해 교회가 세워졌다.

❷ 예배가 아닌 다양한 방법으로 믿지 않는 사람들이 참여한다.

❸ 사람들의 상태에 따라 배우고 참여할 수 있는 수많은 유기적인 관계가 존재한다.

❹ 담임목사님과 리더들은 '리더십'이 필요하다는 사실을 알고 있다.

❺ 목회자들은 단순히 배우고 마는 것이 아니라 적용할 수 있는 설교를 하고 있다.

❻ 외부의 도움을 받지 않고 자체적으로 개발한 리더십으로 사람들을 훈련시키고 있다.

❼ 교회의 기본 사역 외에도 많은 분야의 전문 사역들이 존재한다.

드러커는 이런 교회의 특징을 들어 「21세기형 교회」라고 칭했습니다. 경영학의 대부가 관심을 가질 정도로 교회는 이제 사회에서 중요한 역할을 담당할 수 있는 위치에 올랐습니다.

이런 좋은 기회를 맞이해 우리는 더욱 지역 사회를 섬겨야 하고, 순수히 복음을 전해야 하고, 더욱 신실한 제자가 되고자 노력해야 합니다. 교회의 위상이 올라갈수록 허리를 숙이며 겸손히 사랑을 전하십시오. 복되고 형통합니다. 아멘!!!

주님, 교회가 커질수록 낮은 곳을 찾아가는 겸손한 마음을 주소서.

교회가 시대의 의무를 감당하도록 매일 주님 앞에 무릎을 꿇읍시다.

3월 25일

안전한 그물, 주님

읽을 말씀 : 신명기 32:3–14

● 신 32:10 여호와께서 그를 황무지에서, 짐승의 부르짖는 광야에서 만나시고 호위하시며 보호하시며 자기 눈동자 같이 지키셨도다

미국 샌프란시스코의 「금문교(*Golden Gate Bridge*)」는 세계에서 가장 유명한 현수교입니다. 지금은 깨졌지만 기둥 간 거리가 세계에서 가장 긴 현수교이기도 했고, 금문교라는 이름처럼 「해가 질 때 금빛으로 물드는 다리」의 풍경은 매우 아름다워 세계적인 관광명소가 됐습니다.

그러나 금문교가 착공되던 당시인 1937년에는 많은 어려움이 있었습니다.

높이만 227*m*인 주탑에서 작업하다가 첫해에만 11명의 인부가 떨어져 죽었습니다. 당시에는 초고층 빌딩을 세울 때도 아무런 안전장치 없이 공사하던 시기였습니다. 게다가 시시때때로 일어나는 안개와 강풍으로 일을 하겠다는 인부들이 점점 줄어갔습니다.

당국은 고심 끝에 떨어져도 안전할 수 있도록 공사 현장에 거대한 그물망을 설치했습니다.

그런데 놀라운 현상이 일어났습니다.

바닥에 그물망을 설치했을 뿐인데 이전과는 달리 떨어지는 인부가 한 명도 없었고, 작업 속도도 20%나 빨라졌습니다. '떨어지면 끝이다'라는 불안함이 사람을 정말로 떨어트리고, 작업 속도를 더디게 만들었던 것이었습니다.

주님은 우리의 일거수일투족을 함께하시며 보호해 주시는 분이십니다. 눈동자처럼 우리를 보호해 주시는 주님을 믿고 기도하며 하고자 하는 일을 놀라거나 두려워 말고 담대히 도전하십시오.
복되고 형통합니다. 아멘!!!

주님, 전능하신 주님의 손이 항상 우리와 함께하심을 기억하게 하소서.

만왕의 왕이신 주님이 나를 위하신다는 사실을 믿고 살아갑시다.

경청하는 공동체

3월 26일

읽을 말씀 : 히브리서 10:19-25

● 히 10:25 모이기를 폐하는 어떤 사람들의 습관과 같이 하지 말고 오직 권하여 그날이 가까움을 볼수록 더욱 그리하자

신앙생활의 중심은 당연히 예배지만, 실제적으로 영적인 훈련을 받고 양육되는 곳은 각 소모임입니다.

예배를 통해 받은 은혜가 우리 삶으로까지 이어지기 위해서는 서로 나누며 기도해 주는 소그룹의 역할이 매우 중요합니다.

미국 윌로우크릭교회(*Willow Creek Community Church*)의 소그룹 사역 디렉터인 빌 도나휴(*Bill Donahue*)가 말한 「교회 소그룹을 위한 7가지 기본 원칙」입니다.

❶ 모든 사람에게 동등하게 말할 기회가 주어지게 하십시오.
❷ 누군가 말을 하는 중에는 아무도 말을 끊지 못하게 하십시오.
❸ 내향적이거나 처음 온 사람이 말할 수 있도록 신경 쓰십시오.
❹ 말이 많은 사람에게 적절히 주의를 주고,
따로 시간을 내어 개인사를 들어주십시오.
❺ 모임의 주제를 먼저 다루고, 다른 주제로 자유롭게 토론하게
우선순위를 정하십시오.
❻ 말할 순서를 정하는 다채로운 방식을 적용해 보십시오.
❼ 되도록 개인적인 만남을 통해 칭찬은 다정하게,
주의는 단호하게 하십시오.

서로 다른 사람들이 모이는 곳이 공동체이기에 질서가 필요합니다. 주님이 주시는 지혜로 질서를 세우고 서로가 서로를 진심으로 위하며 기도해 주는, 영을 살리는 공동체가 되도록 힘써 노력하십시오.

복되고 형통합니다. 아멘!!!

주님, 서로를 위하는 사랑의 공동체가 되도록 인도해 주소서.

교회 내의 모임 중에도 나보다 다른 형제자매에게 초점을 맞춥시다.

3월 27일

반석 위의 믿음

읽을 말씀 : 마태복음 7:15–27

● 마 7:24 그러므로 누구든지 나의 이 말을 듣고 행하는 자는 그 집을 반석 위에 지은 지혜로운 사람 같으리니

세계 최고 명문 대학교의 신학과 교수가 어느 날 충격적인 발견을 했다며 한 문서를 들고 기자회견을 열었습니다. 교수가 들고나온 것은 고대 콥트어로 쓰인 낡은 파피루스였습니다. 교수는 이 문서에 성경에 나온 예수님이 결혼을 했다고 적혀 있으며 예수님이 마리아에게 「나의 아내」라는 호칭을 사용했다고 주장했습니다.

다른 사람도 아닌 하버드대학교 신학과 카렌 킹(*Karen L. King*) 교수의 주장이었기 때문에 이 주장은 큰 파장을 일으켰고, 이 주장을 토대로 다양한 문학 작품까지 생겨났습니다. 교수는 골동품에 관심이 많은 기업가에게 받은 유물이기 때문에 적힌 내용도 틀림없는 사실일 것이라고 주장했습니다.

여기까지는 크리스천이라면 대부분 한 번쯤 들어본 내용일 것입니다. 그러나 10년 뒤 이 교수가 자신의 주장이 잘못되었다고 실토한 사실은 잘 모를 것입니다.

"제가 10년 전 주장한 내용은 전부 조작된 허구입니다.

현대에 와서 조작된 위조문서일 가능성이 큽니다."

유일한 진리인 예수님이 전파하신 복음을 흔드는 사탄의 간교는 세상 끝 날까지 멈추지 않을 것입니다.

그 어떤 간교에도 흔들리지 않고 성경에 기록된 주님만을 믿고 의지하는 반석 위의 믿음을 세우는 크리스천이 되십시오.

복되고 형통합니다. 아멘!!!

주님, 세상의 잘못된 정보들로 인해 믿음이 흔들리지 않게 하소서.

세상의 유일한 진리는 성경뿐임을 인정합시다.

계속하십시오

3월 28일

읽을 말씀 : 잠언 28:1–9

● 잠 28:6 성실히 행하는 가난한 자는 사곡히 행하는 부자보다 나으니라

믿음이 신실한 화가가 있었습니다.

많은 제자를 가르치는 실력 있는 화가였는데, 어느 날부터 자신의 그림에 부족한 부분이 보여 그림을 다시 그리며 열심히 연습했습니다.

그런데 매일 구슬땀을 흘리며 그림을 그려도 도저히 부족한 부분이 채워지지 않았습니다.

마음이 답답했던 화가는 어느 날 다음과 같이 기도했습니다.

"주님, 이렇게 매일 연습을 하는데도 왜 그림이 늘지 않습니까?"

그랬더니 주님이 다음과 같은 감동을 주셨다고 합니다.

『만약 네 제자들이 너와 똑같이 묻는다면
너는 뭐라고 대답하겠느냐?』

"더 열심히 계속 그리라고 해야지요."

『그럼 너도 그렇게 해라.』

부족함이 느껴질수록 더 열심히 그림을 그리며 노력하는 것이 실력 향상의 유일한 방법입니다.

우리의 믿음 생활도 이와 마찬가지입니다.

지금 당장 부족한 부분이 많아 보여도 조급해하지 말고 한 걸음씩 나아가야 합니다. 때로는 넘어지고 실수해도 거룩한 삶을 포기하지 말고 우리를 구원하신 주님의 사랑으로 감화되어 변화되도록 노력하십시오. 복되고 형통합니다. 아멘!!!

주님, 믿음의 여정을 걸어나가며 더 나은 삶을 위해 힘쓰게 해주소서.

매일 조금씩 더 주님과 가까워지도록 어제보다 조금만 더 노력합시다.

3월 29일

최선을 향한 마음

읽을 말씀 : 골로새서 3:22–25

● 골 3:23 무슨 일을 하든지 마음을 다하여 주께 하듯 하고 사람에게 하듯하지 말라

미국 시카고의 수제 샌드위치 전문점 「비니스 서브 숍(*Vinnie's Sub Shop*)」은 오전 9시부터 오후 5시까지만 문을 엽니다.

시카고에서 가장 신선하고 맛있는 이탈리안 샌드위치를 파는 곳이기에 문을 열기도 전에 많은 사람이 줄을 서있습니다. 점심시간이 되면 샌드위치 하나를 사려고 40분에서 한 시간을 줄을 서야 합니다.

폐점 시간은 오후 5시지만 대부분 점심시간이 지나면 샌드위치에 쓸 빵이 떨어지기 때문에 문을 닫습니다. 「비니스 서브 숍」을 한 번이라도 방문한 사람은 이런 방침을 이해하지 못합니다. 주변에 널린 곳이 빵집이기 때문입니다.

「비니스 서브 숍」이 이른 새벽 빵을 사 오는 곳도 그리 멀지 않은 곳에 있습니다. 그런데도 「비니스 서브 숍」은 매일 새벽에 사 온 빵이 떨어지면 가게 문을 바로 닫습니다. 그 이유는 그 시간에 만들어진 빵이 가장 신선하기 때문입니다.

"오후에 가져오는 빵은 새벽에 가져온 빵만큼 신선하지 않습니다.

돈을 좀 더 벌자고 떳떳하지 못한 제품을 내놓을 수는 없습니다."

「비니스 서브 숍」에 오는 손님들은 조금이라도 더 신선한 빵을 먹기 위해서가 아니라, 최고의 것을 주고자 하는 사랑과 정성을 경험하려고 이 가게에 줄을 서는 것입니다.

우리의 모든 것을 감찰하시는 주님께 우리는 얼마나 정성을 다한 최선의 예배를 드리고 있습니까? 나만이 드릴 수 있는 최선을 다해 주님을 예배하고 이웃을 섬기십시오. 복되고 형통합니다. 아멘!!!

주님, 누구도 속이지 않는 정직한 마음으로 이웃을 대하게 하소서.

하나님과 이웃을 만날 때마다 최선을 다합시다.

아는 바를 행하라

3월 30일

읽을 말씀 : 야고보서 2:14-26

● 약 2:14 내 형제들아 만일 사람이 믿음이 있노라 하고 행함이 없으면 무슨 이익이 있으리요 그 믿음이 능히 자기를 구원하겠느냐

20세기 최고의 포크송 그룹으로 불리는 「사이먼 & 가펑클(*Simon & Garfunkel*)」은 1960년대 가장 많은 앨범을 판매한 최고의 그룹이기도 합니다.

사이먼 & 가펑클의 멤버인 폴 사이먼이 한 번은 완전히 새로운 음반을 내어 세간의 주목을 받은 적이 있었습니다. 이 음반은 아프리카 전통 음악을 접목한 새로운 앨범으로 대중과 평론가들의 관심을 한꺼번에 사로잡은 성공적인 앨범이었습니다.

그런데 한 유명 토크쇼에서 평소 사이먼 & 가펑클을 좋게 평가하지 않던 평론가가 다음과 같이 비꼬는 투로 질문했습니다.

"당신의 음악은 아프리카 전통 음악을 가져다가 응용한 것뿐입니다.
새로운 것을 창조한 게 아니잖아요?
누구나 할 수 있는 쉬운 일이라고 생각합니다."

사이먼은 이 질문에 다음과 같이 받아쳤습니다.

『저도 당연히 누구나 할 수 있는 일이라고 생각합니다.
하지만 중요한 건 실행에 옮긴 사람이 저 하나라는 사실입니다.』

정말 성공의 방법을 알고 있는 사람은 실천을 주저하지 않습니다.

예수님을 만나 참된 복음을 들은 제자들은 목숨을 버리면서까지 배운 말씀을 실천하며 살았습니다. 매주 말씀을 듣고, 매일 주님의 음성에 귀를 기울이며 깨달은 것이 있다면, 감동이 임하는 그 즉시 깨달은 바를 실천하십시오. 복되고 형통합니다. 아멘!!!

주님, 말씀을 듣고 깨닫는 즉시 믿음으로 실천하는 성도가 되게 하소서.

말씀을 더 많이 알고자 하는 것보다, 아는 것을 실천하고자 노력합시다.

3월 31일

더 좋은 것으로 채우라

읽을 말씀 : 고린도후서 5:11-21

● 고후 5:17 그런즉 누구든지 그리스도 안에 있으면 새로운 피조물이라 이전 것은 지나갔으니 보라 새것이 되었도다

최근 각종 *SNS*를 통해 1,000만이 넘는 조회수를 기록한 영상의 내용입니다.

흙탕물이 담긴 컵을 들고 온 사람이 「안 좋은 기억을 빨리 잊는 법」을 알려주겠다고 말했습니다.

"여러분은 이 더러운 물을 어떻게 맑게 만드시겠습니까?

당연히 흙을 건져내려고 하시겠죠?"

말을 마친 사람은 열심히 흙을 건져냈지만 물은 여전히 더러웠습니다. 오히려 맑은 물만 흘러내려 물은 더욱 더러워졌습니다.

"이제 이 더러운 물을 맑게 하는 법을 가르쳐 드릴게요."

맑은 물을 계속해서 붓자 흙탕물이 차고 넘치기를 반복하면서 물이 점점 맑아졌습니다. 그 사람은 맑아진 물컵을 들고 다음과 같이 말했습니다.

"이 컵이 우리의 마음이라고 생각해 보세요. 기분 나쁜 일은 지우려고 노력해도 계속해서 떠오를 뿐입니다. 계속해서 우리의 기억을 좋은 생각과 경험으로 채우는 것이 나쁜 일을 잊는 가장 좋은 방법입니다."

우리의 신앙 역시 마찬가지입니다. 우리 마음 안에 들어 있는 쓴 뿌리와 약점, 모든 연약한 것들을 아무리 빼내려고 해도 우리의 힘으로는 한계가 있습니다. 주님의 사랑과 성령님의 풍성한 열매로 우리의 삶을 가득 채우는 것이 진정으로 거듭난 삶을 살아갈 수 있는 방법입니다. 주님이 우리에게 베풀어 주시는 풍성한 좋은 것들로 우리의 삶을 가득 채우십시오. 복되고 형통합니다. 아멘!!!

주님, 주님이 주시는 좋은 것에 시선을 고정하게 하소서.

주님이 주시는 긍정적인 생각과 말씀으로 매일 마음을 채웁시다.

4월

"네 재물과 네 소산물의 처음 익은 열매로
여호와를 공경하라
그리하면 네 창고가 가득히 차고
네 즙틀에 새 포도즙이 넘치리라"
– 잠언 3:9,10 –

4월 1일

영원을 사모하는 마음

읽을 말씀 : 전도서 3:11–18

● 전 3:11 하나님이 모든 것을 지으시되 때를 따라 아름답게 하셨고 또 사람에게 영원을 사모하는 마음을 주셨느니라 그러나 하나님의 하시는 일의 시종을 사람으로 측량할 수 없게 하셨도다

『「만나고 싶은 사람 듣고 싶은 이야기」라는 프로그램을 진행한지 어느덧 1,000회가 넘었고, 햇수로도 20여 년이 되었습니다. 대통령을 지낸 사람부터 유명 연예인, 택시 기사와 이발사, 환경미화원까지 프로그램에 초청해 다양한 사람들을 두루 1,000명 넘게 만났습니다.

이렇게 수많은 사람들을 만나면서 「모든 사람의 삶에는 어려움이 있고, 아무리 지위가 높고 부유한 사람이라도 외로움이 있다」라는 사실을 깨달았고, 복음을 위해 빈부귀천을 가리지 않고 뛰어온 제 삶이 하나님 앞에서 확증 받는 것 같았습니다.

제 전도의 대상은 국내외 정치계와 경제계 인사뿐 아니라 탈북민, 골프장 캐디, 미화원 등 사회적 지위의 높고 낮음을 가리지 않습니다.

세계침례교연맹 총회장으로 있을 때는 쿠바의 피델 카스트로(*Fidel A. Castro*) 국가평의회 의장에게 성경을 전달하며 복음을 전한 일도 있습니다. 권력의 정점에 있는 카스트로 의장이지만 그도 복음이 필요한 죄인이기 때문입니다.

돌아보면, 「첫째도 복음, 둘째도 복음, 오직 복음만을 위해!」 달려온 삶이었습니다. 하나님께서 부르시는 날까지 복음전도자로서 부끄러움 없이 사명을 감당할 것을 다시 한번 다짐해 봅니다.』

–「김장환 목사의 인생 메모」 중에서

복음에 빚진 자로서 때를 얻든지 못 얻든지 하나님께서 가장 기뻐하시는 영혼 구원에 힘쓰십시오. 복되고 형통합니다. 아멘!!!

주님, 외모로 사람을 판단하지 말고, 기도하며 복음을 전하게 하소서.

마음에 떠오르는 전도 대상자에게 용기내어 복음을 전합시다.

타임 푸어를 벗어나라

4월 2일

읽을 말씀 : 시편 19:7–14

● 시 19:14 나의 반석이시요 나의 구속자이신 여호와여 내 입의 말과 마음의 묵상이 주의 앞에 열납되기를 원하나이다

언론인의 노벨상으로 불리는 퓰리처상(*Pulitzer Prize*)을 수상한 브리짓 슐트(*Brigid Schulte*)는 누구보다 성공한 언론인이었습니다.

바쁜 업무 중에도 사랑하는 자녀들을 키우며 가정에도 충실했습니다. 겉보기에는 모든 일을 완벽하게 해나가고 있는 슐트였지만, 어느 날 갑자기 일도 육아도 모두 포기하고 그냥 사라져 버리고만 싶었습니다.

갑자기 찾아온 문제를 해결하기 위해 여러 전문가를 찾아가 상담을 받았는데 그중 한 뇌과학 전문의가 슐트의 문제를 명확하게 진단해 주었습니다.

"시간을 남김없이 사용하지 말고 조금 남겨두세요.
모든 일에 완벽할 필요는 없습니다.
당신은 지금 여유의 빈곤 상태에 빠져 있습니다."

모든 일을 완벽하게 처리하기 위해 24시간을 쪼개서 사용하기 때문에 정작 자신을 돌아볼 시간이 없었던 것입니다.

우리 삶에는 「여유」가 필요합니다. 슐트는 자신과 같이 여러 일에 쫓겨 남는 시간이 없는 사람을 「타임 푸어(*Time Poor*)」라고 이름 짓고 경험을 토대로 이들을 위한 조언을 담은 책까지 썼습니다.

크리스천은 영의 일과 육의 일을 위한 시간을 균형 있게 배분해야 합니다. 세상의 일에만 신경 쓰느라 영혼 돌보기를 놓치는 「소울 푸어(*Soul Poor*)」가 되지 말고 매일 충분한 경건의 시간을 내어 주님과 교제하십시오. 복되고 형통합니다. 아멘!!!

주님, 가장 중요한 시간인 영성을 위한 시간을 매일 잊지 않게 하소서.

일과 가정, 쉼과 신앙을 위한 시간을 지혜롭게 배분합시다.

4월 3일

구원받을 자격

읽을 말씀 : 로마서 10:9–15

●롬 10:13 누구든지 주의 이름을 부르는 자는 구원을 얻으리라

예수님이 세상에 오셨을 때, 당시의 유대인들은 「천국에 들어가기 위한 5가지 조건」이 아래와 같다고 생각했습니다.

❶ 유대인만이 구원받을 수 있고,
이방인들은 구원받을 수 없다.

❷ 남자만이 구원받을 수 있고,
여자는 율법을 배워서도 안 되고, 누군가를 가르쳐서도 안 된다.

❸ 율법을 철저히 지키는 사람만이 구원받을 수 있다.

❹ 장애인은 구원받을 수 없다.
(장애는 죄를 저질러 받은 징계로 여겼기 때문입니다.)

❺ 부자만 구원받을 수 있고, 가난한 사람은 구원받을 수 없다.

당시 종교인, 유대인들이 예수님을 싫어했던 이유는 그들이 진리라고 믿고 있던 말도 안 되는 가르침을 예수님이 무너뜨렸기 때문입니다.

예수님은 참된 진리가 무엇인지 가르치려고 이방인을 찾아가 말씀을 전하셨고, 가난한 사람, 죄 지은 사람을 찾아가 만나고, 여인들에게도 말씀을 전해주셨고, 병든 사람들을 고쳐주셨습니다. 그리고 가장 귀한 자신의 생명을 모든 사람을 위해 내어주셨습니다.

주님이 우리를 위해 이 모든 놀라운 일들을 이루셨기에 우리가 해야 할 일은 아무것도 없습니다. 누구든지 믿기만 하면 구원받아 영생을 얻는다는 이 놀라운 소식을 속히 믿고, 또 전하십시오.

복되고 형통합니다. 아멘!!!

주님, 이 놀라운 복음이 나를 위한, 모두를 위한 것임을 알게 하소서.

누구든 구원받을 수 있는 참 진리, 참 복음을 온 세상에 전합시다.

믿음의 무게

4월 4일

읽을 말씀 : 빌립보서 3:7-16

● 빌 3:12 내가 이미 얻었다 함도 아니요 온전히 이루었다 함도 아니라 오직 내가 그리스도 예수께 잡힌 바 된 그것을 잡으려고 좇아가노라

멀리 떨어진 산에 100kg짜리 돌멩이가 들어 있는 바구니가 있다고 생각해 보십시오. 그 돌멩이를 들고 오려는 사람은 한 명도 없을 것입니다. 심지어 누군가에게 그 일을 시키면 "왜 그런 미친 짓을 해야 하냐?" 라며 화를 내고 따질 것입니다.

하루 일당을 쳐준다고 해도 기꺼이 들고 오려는 사람은 아마도 많지 않을 것입니다. 한낱 돌 때문에 힘을 쏟고 싶지 않기 때문입니다. 그런데 그 바구니에 들어 있는 것이 돌이 아닌 금이라고 생각해 보십시오.

산 어딘가에 있다고만 알려줘도 샅샅이 뒤질 것입니다.

아무리 힘이 들어도 절대 포기하지 않고 집까지 들고 올 것입니다.

누군가 도와준다고 해도 도움을 거절하고 혼자서 짊어질 것입니다.

혹여 누군가 볼까 봐 천으로 꽁꽁 싸매 들고 오지 않겠습니까?

돌이 지닌 가치와 금이 지닌 가치가 다르기 때문입니다.

사람은 다른 사람을 위해 100원짜리 동전 하나도 아까워합니다.

그러나 부모는 자녀를 위해 목숨도 아끼지 않습니다.

그만큼 자녀가 소중하기 때문입니다.

같은 이유로 하나님은 우리를 구원하기 위해 독생자 예수님도 아끼지 않으셨습니다. 그런 주님을 만나고 믿음으로 구원받은 우리는 주님을 어떻게 섬기고 있습니까?

신앙생활을 돌의 가치로 여기지 말고 금의 가치로 여기며 온 힘을 다해 정성을 쏟는 예배자가 되십시오. 복되고 형통합니다. 아멘!!!

주님, 주님과의 동행, 복음 전파와 예배를 최우선으로 여기게 하소서.

주님을 향한 믿음을 금으로 여기고 있는지 스스로를 돌아봅시다.

4월 5일

크리스천의 역할

읽을 말씀 : 데살로니가전서 5:12–18

● 살전 5:14 또 형제들아 너희를 권면하노니 규모 없는 자들을 권계하며 마음이 약한 자들을 안위하고 힘이 없는 자들을 붙들어 주며 모든 사람을 대하여 오래 참으라

중국 상하이에는 건강 서비스 숍이 모여 있는 유명한 거리가 있는데 유독 한 곳만 문전성시를 이룬다고 합니다.

사람들은 이 매장이 만실이 된 뒤에야 다른 곳을 찾는다고 합니다.

하루는 이 거리에서 가장 장사가 안 되는 곳의 사장이 문전성시를 이루는 가게에 무언가 특별한 비결이 있나 싶어 몰래 손님으로 가장해 방문했습니다.

그런데 본인의 가게와 비교해 하나부터 열까지 딱히 더 나은 점을 찾지 못했습니다. 가장 중요한 기술도 비슷했습니다.

결국, 절박해진 사장은 솔직하게 정체를 밝히고 도움을 요청했습니다. 그러자 장사가 잘 되는 가게의 사장은 다음과 같이 조언했습니다.

"우리는 단순히 기술을 제공하는 곳이 아니라, 지친 사람들에게 활력을 제공하는 곳입니다. 저는 우리 가게를 방문한 사람들이 활력을 얻을 수 있도록 신경을 많이 쓰고, 직원들도 단순한 기술자가 아니라 사람들에게 에너지를 불어넣는 사람이라고 가르칩니다. 목적의식에서 오는 작은 차이를 손님들이 느끼고 더 많이 찾아주시는 게 아닐까요?"

세상 속에서 살아가는 우리 크리스천의 목적은 무엇입니까?

복음을 더욱 효과적으로 전하기 위해서는 크리스천인 우리가 있는 곳에서 다툼이 그치고, 웃음이 피어나고, 사랑이 넘쳐나는 곳으로 변화되어야 한다고 생각합니다. 주님이 가르쳐 주신 지혜의 말씀으로 세상에서의 막중한 사명들을 감당하는 능력 있는 성도가 되십시오.

복되고 형통합니다. 아멘!!!

주님, 말씀이 가르치는 지혜를 세상 가운데 실천하며 살아가게 하소서.

주님이 주신 사랑의 마음으로 세상에서 만나는 사람들을 응대합시다.

진주를 향한 열정

4월 6일

읽을 말씀 : 마태복음 13:44-50

● 마 13:44 천국은 마치 밭에 감추인 보화와 같으니 사람이 이를 발견한 후 숨겨 두고 기뻐하여 돌아가서 자기의 소유를 다 팔아 그 밭을 샀느니라

일확천금의 꿈을 안고 쉬는 날마다 바다에 나가 진주를 채취하는 남자가 있었습니다. 하루 종일 허리를 굽혀가며 진주조개를 찾아도 정작 값나가는 진주를 찾기는 하늘의 별 따기였습니다. 가끔 운이 좋아 진주를 품고 있는 조개를 찾아도, 너무 작거나 볼품없어서 상품성이 떨어졌습니다.

진주조개에 왜 진주가 없을까 궁금했던 남자는 이 분야의 전문가인 동경제국대학교의 한 교수를 찾아갔습니다.

교수는 좋은 진주를 얻기 위해서는 양식이 정답이지만, 지금까지 아무도 성공한 적이 없다고 말했습니다.

대부분의 사람은 이 말을 듣고 포기했지만, 이 남자는 오히려 다음과 같은 꿈을 품었습니다.

'그렇다면 내가 진주를 양식하는 세계 최초의 사람이 되어야겠다.'

성공할 확률이 1%도 안 된다며 모두가 만류했지만 남자는 자신의 모든 재산을 털어 가족과 함께 작은 섬으로 이사를 가 오로지 진주 양식에만 매진했습니다. 4년 뒤 남자는 세계 최초로 진주 양식에 성공해 세계적인 보석상이 되었고, 이사를 했던 작은 섬은 남자의 이름을 따서 「미키모토(*MIKIMOTO*) 진주섬」으로 불리며 유명한 관광지가 되었습니다.

진주를 위해 모든 것을 바쳤던 남자처럼 천국을 위해, 복음을 위해 우리의 삶을 주님께 바쳐야 합니다. 세상 누구보다 뜨거운 열정을 가지고 나에게 주신 주님의 비전을 이루어가십시오.

복되고 형통합니다. 아멘!!!

주님, 주님이 베푸신 모든 큰 복을 가치 있는 일에 투자하게 하소서.

나에게 주신 주님의 사명을 위해 쏟는 재원을 아까워하지 맙시다.

4월 7일

일하심을 기다리라

읽을 말씀 : 시편 62:1-7

● 시 62:5 나의 영혼아 잠잠히 하나님만 바라라 대저 나의 소망이 저로 좇아 나는도다

영국의 한 교회에 새로 부임한 목사님이 있었습니다.

적법한 절차로 부임한 목사님이었지만, 몇몇 직분자들이 목사님의 부임을 격하게 반대했습니다. 다른 성도들이 자신들의 뜻을 따르지 않자 이들은 교회의 모든 문에 자물쇠를 채웠습니다.

주일이 되어도 아무도 예배당에 들어갈 수 없었습니다.

결국 목사님을 따르는 성도들이 문을 부수고라도 본당에 들어가자고 주장하자 목사님은 다음과 같이 조용히 자기 생각을 밝혔습니다.

"하나님이 이 자물쇠를 열어주실 것을 믿고 기도합시다.

우리의 힘으로 이 문을 열려고 하지 맙시다."

그날부터 목사님과 성도들은 교회 문 앞에 서서 매주 예배를 드렸습니다. 닫힌 자물쇠가 열리기까지는 매우 오랜 시간이 걸렸지만, 교회에는 더 많은 성도가 모여서 예배를 드렸고 반대파에 섰던 많은 성도가 회개하고 돌아오는 역사가 일어났습니다.

한국에서도 활동하고 있는 기독교단체 「국제복음주의학생회(*Inter-Varsity Christian Fellowship*)」의 초창기 멤버인 찰스 시므온(*Charles Simeon*) 목사님의 이야기입니다.

하염없이 새 우물을 파던 이삭은 미련한 사람이 아니라 하나님의 때를 기다릴 줄 아는 지혜로운 사람이었습니다. 하나님의 일하심을 순종함으로, 온유함으로 기대하며 기다리십시오.

복되고 형통합니다. 아멘!!!

주님, 주님의 뜻을 믿음으로 주님의 때까지 기다리게 하소서.

말씀을 믿고 인내함으로 주님의 일하심을 기다립시다.

궁궐보다 넓은 마음

4월 8일

읽을 말씀 : 로마서 11:25-36

● 롬 11:33 깊도다 하나님의 지혜와 지식의 부요함이여, 그의 판단은 측량치 못할 것이며 그의 길은 찾지 못할 것이로다

조선 시대에는 아무리 부자여도 방을 99칸까지만 지을 수 있었습니다. 100칸이 넘어가는 집은 오직 궁궐뿐이었기 때문에 방이 100칸이 넘는 집을 지으면 반역죄로 간주했습니다. 그래서 사람들이 말하는 100칸짜리 집을 가진 부자는 사실 99칸짜리 방을 가진 사람이었습니다.

그런데 연산군이 왕인 시절 사람들은 '홍귀달'이라는 관리를 만 칸짜리 집에 사는 사람이라고 불렀습니다.

100칸 집도 못 짓는데 어떻게 만 칸짜리 집을 짓고 살았을까요?

정작 홍귀달의 집은 남산 어귀에 10평도 되지 않는 작은 초가집이었는데 홍귀달은 폭군 연산군에게 굴하지 않고 언제나 입바른 소리를 했습니다.

스스로 농사를 지어 먹고살았고, 자녀를 세자빈으로 삼겠다는 제안도 거절 했습니다. 폭군에게도 굴하지 않고 끝까지 바른 소리를 한 홍귀달을 많은 사람이 존경했기 때문에, 큰 뜻을 품은 청렴한 사람이 사는 집이라는 뜻으로 자그마 한 초가집을 당시 사람들은 「만 칸 집」이라고 불렀습니다.

초대교회 시절의 크리스천은 항상 세상 사람들이 궁금해하는 선망과 존경의 대상이었습니다. 좋은 집과 멋진 마차를 가지고 있었기 때문이 아니라, 그들의 삶에서 하나님의 사랑이 녹아 나왔기 때문입니다.

하나님의 나라는 말이 아닌 능력에 있다는 말씀처럼, 권능의 말씀을 삶 속에서 실천하는 진정한 힘이 있는 크리스천이 되십시오.

복되고 형통합니다. 아멘!!!

주님, 삶을 통해 귀한 복음이 전해지도록 바른길로 살아가게 해주소서.

필요 이상의 물질에 집착하는 마음을 버립시다.

4월 9일

이른 비와 늦은 비

읽을 말씀 : 신명기 11:8–15

● 신 11:14 여호와께서 너희 땅에 이른 비, 늦은 비를 적당한 때에 내리시리니 너희가 곡식과 포도주와 기름을 얻을 것이요

구약에는 '이른 비'와 '늦은 비'가 축복의 요소로 자주 나옵니다.
때에 맞게 한 번만 비가 오면 될 텐데…
왜 이른 비와 늦은 비, 두 번이나 필요할까요?
이스라엘 땅의 토질을 살펴보면 이 말씀을 이해할 수 있습니다.
이스라엘 땅은 석회질 성분이 매우 높습니다.
그래서 오랜 기간 비가 오지 않으면 땅이 시멘트처럼 딱딱해집니다.

농사를 짓기에 앞서 이른 비가 오지 않으면 땅이 단단해서 씨앗을 뿌릴 수가 없습니다. 그래서 먼저 이른 비가 촉촉하게 내려야 땅을 기경하고 농사를 지을 수 있습니다.

이렇게 힘들게 지은 농사가 결실로 이어지려면 늦은 비가 내려야 합니다. 땅은 촉촉해졌지만 씨앗을 키울 양분이 없기 때문입니다.

구약 시절의 이스라엘 땅은 이른 비와 늦은 비가 적절하게 내리지 않으면 도저히 수확을 할 수 없는 매우 척박한 환경이었습니다. 이른 비가 내리지 않으면 농사를 지을 수가 없고, 늦은 비가 내리지 않으면 수확을 할 수가 없었습니다.

구약 말씀에 나오는 이른 비와 늦은 비는 우리의 모든 필요를 완벽한 타이밍에 주님이 채우실 것이라는 고백입니다. 우리의 인생을 뒤돌아보면 언제나 우리의 계획보다 하나님의 계획이 정답이었다는 사실을 깨닫게 됩니다. 하나님의 응답이 때로는 조금 빠르고, 때로는 조금 늦더라도 모든 것이 주님 손에 달려 있음을 믿음으로 고백하십시오.
복되고 형통합니다. 아멘!!!

주님, 가장 좋은 것으로 우리의 삶을 채워주실 주님을 믿게 하소서.

이루어지지 않은 응답도 포기하지 말고 계속 기다리고 기도합시다.

길이 나는 이유

4월 10일

읽을 말씀 : 요한복음 12:20–26

● 요 12:26 사람이 나를 섬기려면 나를 따르라 나 있는 곳에 나를 섬기는 자도 거기 있으리니 사람이 나를 섬기면 내 아버지께서 저를 귀히 여기시리라

산에는 원래 나있는 길이란 없습니다.

다만 사람들이 같은 곳을 계속 왕래하다 보니 풀이 꺾이고, 나무가 뽑혀서 길처럼 보일 뿐입니다. 길이 나있는 곳이라면 그곳이 어디든지 사람이 자주 다닌다는 뜻입니다.

산과 숲을 거니는 사람은 저마다의 목적이 있었을 것입니다.

산 정상을 목표로 하는 사람, 다른 마을을 방문하려는 사람, 집을 짓고 살려는 사람, 귀한 약초를 찾으려는 사람 등….

그런 사람들의 발걸음이 쌓이고 쌓여 생긴 것이 바로 길입니다.

서양 사람들은 이 길을 '갈망이 만든 길'이라는 뜻으로 「디자이어 패스(*Desire Path*)」라고 부릅니다. 사전적 의미로는 「사람이나 동물이 자주 다녀 생긴 길」이지만 다시 말하면 「욕망이 만든 길」이라는 뜻입니다.

처음 누군가 그 길을 가지 않았다면, 혹은 그 사람 외에는 아무도 그 길을 가지 않았다면, 길은 생겨나지 않거나 생겨도 금방 사라졌을 것입니다.

마찬가지로 우리의 마음, 우리의 습관에도 수많은 길이 나있습니다.

건강해지고 싶은 사람은 운동의 습관으로 길을 내고, 돈을 많이 벌고 싶은 사람은 더 많은 일로 길을 냅니다.

지금 우리의 마음과 삶 가운데 주님을 향한 길은 얼마나 나있습니까? 가장 자주 찾고, 즐겁게 거니는, 주님을 예배하는 경건의 길이 우리 삶 속에 가장 중요한 길이 되도록 자주 거니십시오.

복되고 형통합니다. 아멘!!!

주님, 제 마음과 삶에 주님을 향한 길만 나도록 인도하여 주소서.

요즘 내가 가장 많이 밟고 있는 길이 무엇인지 돌아봅시다.

4월 11일

워런 버핏의 인생 조언

읽을 말씀 : 잠언 15:23-33

● 잠 15:33 여호와를 경외하는 것은 지혜의 훈계라 겸손은 존귀의 앞잡이니라

세계 최고의 부자 중 한 사람인 워런 버핏(*Warren E. Buffett*)이 한 잡지와의 인터뷰에서 말한 「더 나은 삶을 위한 5가지 인생 조언」입니다.

❶ 기대(*Expectations*)

정직을 비롯한 좋은 성품은 매우 값비싼 선물입니다.
질이 안 좋은 사람에게서 이런 성품을 기대하지 마십시오.

❷ 소비(*Spending*)

필요하지 않은 것을 사는 사람은 곧 필요한 것을 팔게 됩니다.

❸ 저축(*Saving*)

소비 후 남은 돈으로 저축하지 말고,
저축 후 남은 돈으로 소비하십시오.

❹ 리스크 관리(*Taking risk*)

깊은 강을 재보겠다고 걸어들어가는
어리석은 사람이 되지 마십시오.

❺ 투자(*Investment*)

한 바구니에 모든 달걀을 담지 마십시오.

버핏의 인생 조언을 얻기 위해 많은 사람이 엄청난 돈을 지급하고 한 끼 식사를 함께 하려고 합니다.

인생의 모든 지혜와 영생을 얻을 진리가 담긴 성경을 우리는 얼마나 가까이 하고, 이를 통해 주님을 만나고자 노력하고 있습니까? 주님이 주시는 참된 지혜를 얻고자 항상 주님의 말씀을 가까이하십시오.
복되고 형통합니다. 아멘!!!

주님, 주님의 말씀이 깨달아지는 놀라운 은혜를 허락하소서.

진리인 성경 말씀을 통해 인생에서 필요한 최고의 지혜를 배웁시다.

신앙의 솔트 라인

4월 12일

읽을 말씀 : 요한1서 2:7–17

● 요일 2:17 이 세상도, 그 정욕도 지나가되 오직 하나님의 뜻을 행하는 이는 영원히 거하느니라

자유의 여신상이 서 있는 뉴욕의 허드슨강을 따라 바다로 나가다 보면 바다와 강의 경계가 뚜렷하게 나뉘는 부분이 있습니다.

민물과 바닷물이 만나는 경계인데 누구나 육안으로도 구분할 수 있을 정도로 바다와 강의 물 색깔이 다릅니다. 이 구분되는 선을 「솔트 라인(salt line)」이라고 부릅니다. 솔트 라인은 정해진 것이 아니라서 가물어 담수가 부족하면 바닷물이 더 위로 올라오고, 강수량이 풍부해 담수가 많아지면 바닷물이 아래로 내려갑니다.

그런데 솔트 라인이 강 쪽으로 올라올수록 위험한 상태가 됩니다.

마실 수 없는 바닷물이 강으로 밀려와 내륙지역에서 담수를 마실 수 없게 되기 때문입니다. 이 영역을 넘어서면 강물도 마실 수 없게 되기 때문에 「데드존(Dead zone)」이라고 불립니다.

바다도 바다의 쓰임이 있고, 강물도 강물의 쓰임이 있습니다.

그러나 두 지점이 만나는 곳이 바른 곳에 위치해 있지 않으면 강물은 식수로 쓸 수 없게 되고, 민물고기와 바닷물고기 모두 죽고 맙니다.

세상에서 주님을 바라보며 살아가는 우리 크리스천도 인생의 선을 잘 정해야 합니다. 세상에서의 할 일과, 주님의 자녀로서 해야 할 일을 지혜롭게 구분해야 정체성을 잃지 않으면서 세상에서의 본분을 잘 수행할 수 있습니다.

비둘기처럼 순결하게, 뱀처럼 지혜롭게 세상에서 본분을 다하는 크리스천으로 살아가십시오. 복되고 형통합니다. 아멘!!!

♡ 주님, 바른 우선순위를 세워서 균형 잡힌 삶을 살아가게 하소서.

믿음을 잃지 않고 세상을 살아가게 해달라고 주님께 간구합시다.

4월 13일

길이 나있는 곳

읽을 말씀 : 사도행전 20:17-24

● 행 20:24 나의 달려갈 길과 주 예수께 받은 사명 곧 하나님의 은혜의 복음 증거하는 일을 마치려 함에는 나의 생명을 조금도 귀한 것으로 여기지 아니하노라

인간은 가치 있는 곳에는 반드시 길을 냅니다.

중국과 티베트의 교역로인 차마고도는 지금 시대에도 제대로 길을 내기 힘든 험로입니다. 5,000*m*가 넘는 설산을 넘어 한 명이 지나가기도 힘든 가파른 절벽을 지나야 합니다. 그러나 사람들은 이 길을 걸어서 중국과 티베트를 왕래했습니다. 중국의 좋은 차와 티베트의 우수한 말과 소금을 교환하기 위해서였습니다.

차마고도가 생긴 지 200년이 지나고 실크로드가 생겼는데 타클라마칸 사막을 지나고, 파미르 고원을 지나, 이란을 지나, 지중해를 건너야 했지만, 사람들은 비단을 얻기 위해 이 길을 걸었습니다.

고생길 중에서도 고생길이었지만 사람들은 이 길에 실크로드라는 아름다운 이름을 붙였고, 천년이 넘게 왕래했습니다. 이 길을 넘어야만 얻을 수 있는 가치 있는 물품이 있었기 때문입니다.

인생은 때때로 길과 비유됩니다.

한 분야의 정통한 사람을 한 길만 걷는 사람이라고도 표현합니다.

크리스천은 주님을 만난 즉시 하나님이 인도하시는 길로만 걸어가야 하는 사람입니다. 길이요, 진리요, 생명이 되시는 주 예수님을 따르는 크리스천만이 진정한 성공을 할 수 있습니다. 태산이 앞을 막고 험로가 가로막는다 하더라도 주님이 보내시면 "아멘"으로 응답하십시오. 복되고 형통합니다. 아멘!!!

주님, 주님의 일을 위한 수고를 고난으로 여기지 않게 하소서.

길을 잃지 말고 주님이 인도하시는 영원한 생명의 길로 걸어갑시다.

남편의 사랑

4월 14일

읽을 말씀 : 요한1서 4:7–12

● 요일 4:9 하나님의 사랑이 우리에게 이렇게 나타난 바 되었으니 하나님이 자기의 독생자를 세상에 보내심은 저로 말미암아 우리를 살리려 하심이니라

중년이 돼서야 운전면허를 딴 여인이 있었습니다.

충분히 연수를 받고 운전을 할 자격이 생기자 남편은 사랑하는 아내를 위해 멋진 차를 선물했습니다.

부푼 마음을 안고 처음으로 운전대를 잡고 시내를 나간 날, 긴장한 마음탓에 그만 다른 차를 긁고 말았습니다. 큰 사고는 아니었지만, 아내는 얼굴이 사색이 되어 차에서 내렸습니다.

보험회사를 부르면 간단히 처리될 일이었지만 첫날부터 사고를 냈다는 사실이 너무도 슬퍼 눈물까지 흘렸습니다.

그런데 그날 아침 남편이 해준 말이 떠올랐습니다.

"혹시라도 사고가 나면 콘솔 박스의 봉투를 열어봐요."

봉투를 열어 본 아내는 아예 울음을 터뜨렸습니다.

봉투에는 다음과 같은 남편의 편지가 들어있었습니다.

"내가 가장 아끼고 사랑하는 것은 자동차가 아닌 당신이에요.

어떤 사고가 나더라도 이 사실을 꼭 기억해요."

한 라디오 방송에 소개된 사연입니다.

비싼 자동차보다 사랑하는 아내가 더 소중하듯이 주님은 천하보다도 우리를 귀하게 여기십니다. 세상에서 가장 귀한 사랑을 매일 넘치도록 부어주시는 주님의 곁을 떠나지 말고, 우리의 힘이 닿는 만큼 최선을 다해 주님을 사랑하십시오. 복되고 형통합니다. 아멘!!!

주님, 크고 놀라우신 주님의 사랑을 잊지 않고 매순간 감사하게 하소서.

가장 귀한 것을 이미 우리에게 주신 주님께 최고의 것을 드립시다.

4월 15일

한국 최초의 성경

읽을 말씀 : 요한복음 7:37–44

● 요 7:38 나를 믿는 자는 성경에 이름과 같이 그 배에서 생수의 강이 흘러나리리라 하시니

1816년 9월 4일 영국의 라이라(*Lyra*)호가 마량진 앞 갈곶에 나타났습니다. 서해의 해도를 만들어 오라는 임무를 수행 중이었습니다.

난데없이 배 두 척이 나타나자 연유를 알기 위해 마량진의 관리인 조대복과 이승렬이 라이라호를 찾아왔습니다. 두 관리는 배를 샅샅이 조사하며 라이라호가 단순히 해도를 그리기 위해 찾아왔다는 사실을 확인했습니다.

조사를 마친 두 관리는 부채를 비롯한 작은 선물을 건네주었습니다.

함장인 바실 홀(*Basil Hall*)은 이에 대한 답례로 선물을 주려고 했는데 관리들은 "마음은 고맙지만 외인에게는 단추 하나라도 받을 수 없는 것이 현재 우리나라의 국법입니다"라며 손사래를 쳤습니다.

홀 선장은 잠시 고민하다 방에 들어가 책 한 권을 들고나왔습니다. 책은 괜찮다고 생각한 두 관리는 그대로 받아 마을로 돌아왔는데 이 책이 바로 우리나라에 최초로 전해진 성경입니다.

한국어도 아닌 영어로 된 성경을 홀 선장이 어떤 의도로 건네주었는지 알 수 없습니다. 그러나 최초의 성경이 한국에 들어온 지 50년이 지나고 부활주일에 한국에 들어온 선교사들에 의해 마침내 복음이 전파됐습니다. 충남 서천군에 있는 성경 전래지 기념관에는 지금도 이 성경이 전시되어 있습니다.

진리의 말씀은 한 사람을 살리고, 한 나라를 살리고, 한 민족을 살립니다. 영원한 생명과 참된 행복을 가져다주는 진리의 말씀을 한 명이라도 더 많은 사람에게 전하십시오. 복되고 형통합니다. 아멘!!!

주님, 주님의 말씀이 모든 민족에게 전달되어 구원을 얻게 하소서.

성경을 보내는 선교에도 관심을 가지고 힘써 도웁시다.

하나님 일, 내 일

4월 16일

읽을 말씀 : 마태복음 6:31-33

● 마 6:33 너희는 먼저 그의 나라와 그의 의를 구하라 그리하면 이 모든 것을 너희에게 더하시리라

『제가 진행하는 「만나고 싶은 사람 듣고 싶은 이야기」에 출연한 「(주) 영광판유리」의 대표이사 천춘애 권사님의 간증입니다. 권사님은 유리 업계에서는 보기 드문 여성 *CEO*로서 창업 10여 년 만에 큰 회사로 성장 시켰습니다.

권사님은 선교를 위한 일이라면 어린이 전도든 선교사 지원 사역이든 물불을 가리지 않습니다. 극동방송 사역에도 마찬가지입니다. 전파 선교사 모집이나 특정 모금을 위한 목표가 설정되면, 언제 어디서 누구를 만나든 극동방송을 알리고 동참을 독려합니다.

회사 일보다 극동방송 일을 더 많이 하는 것 같은 모습에 주위 사람들은 "그렇게 극동방송 일만 하면 사업은 어떻게 하려고 해요?"라고 질문을 하기도 한다고 합니다.

그러나 권사님에게는 확실한 대답이 있습니다.

『내가 하나님 나라의 일을 열심히 하면, 하나님께서 영광판유리를 대신 팔아주십니다!』

실제로 이런 경험과 간증이 너무나도 많기 때문에 권사님은 자신 있게 이야기합니다. 권사님과 같은 마음으로 전파선교 사역에 함께하고 계신 모든 분들을 하나님께서 복 주시고 모든 필요를 채워주시기를 기도합니다.』 – 「김장환 목사의 인생 메모」 중에서

주님이 주신 사명에 먼저 최선을 다하면 하나님께서 복을 더해 주십니다. 주님께서 내려주실 그 은혜를 기대하며 오늘도 복음 전파에 최선을 다하십시오. 복되고 형통합니다. 아멘!!!

♡ 주님, 복음 전파와 이웃사랑에 삶의 초점을 맞추게 하소서.

오늘은 누구에게 복음을 전해야 할지 생각해 봅시다.

4월 17일

길들여진 크리스천

읽을 말씀 : 로마서 8:1-8

● 롬 8:2 이는 그리스도 예수 안에 있는 생명의 성령의 법이 죄와 사망의 법에서 너를 해방하였음이라

동물원에 오래 갇혀 있던 동물을 다시 야생으로 돌려보내기 위해서 가르쳐야 할 가장 중요하고 힘든 일은 바로 사냥입니다.

야생성을 잃은 동물은 이미 사냥하는 방법을 잊어 강력한 이빨과 발톱이 있음에도 굶어 죽기 때문입니다. 그래서 처음에는 살아있는 동물을 먹이로 주고, 그다음부터 조금씩 자연환경에 노출시켜 잃었던 야생성을 회복시켜야 합니다.

그러면 반대로 야생동물을 우리에 가두기 위해서 가장 중요한 것은 무엇일까요? 바로 먹이를 받아먹게 하는 일입니다.

수족관에 돌고래를 가두고 죽은 생선을 주면 처음에는 입도 대지 않습니다. 며칠을 굶어야 겨우 조금씩 먹기 시작하고, 차츰 습관이 되면 죽은 생선을 주는 대로 받아먹게 됩니다. 인간에게 길들여진 것입니다.

사람들은 16세기 종교개혁 이후 분리된 기독교인을 「프로테스탄트(Protestant)」라고 불렀습니다. 「저항하는 사람들」이라는 뜻입니다.

당시 크리스천은 잘못된 진리에 대항하고, 길들이려는 세상에 저항하는, 오직 본질을 쫓는 사람들이었습니다.

하지만 그 시대에 비해 편하게 살아갈 수 있는 지금의 크리스천은 어떤 모습일까요?

혹시 세상에 길들여진 동물처럼 편하게 신앙생활을 하고 있지 않습니까? 세상에 길들여지지 않고 주님의 말씀에만 순종하는 살아있는 크리스천이 되십시오. 복되고 형통합니다. 아멘!!!

주님, 진리 안에서 성령님의 인도로 주님을 따라 살게 하소서.

몸이 힘들고 마음이 불편해도 해야 할 복음의 일을 지금 당장 합시다.

주님의 열정, 주님의 고난

4월 18일

읽을 말씀 : 요한복음 13:1–11

● 요 13:1 유월절 전에 예수께서 자기가 세상을 떠나 아버지께로 돌아가실 때가 이른줄 아시고 세상에 있는 자기 사람들을 사랑하시되 끝까지 사랑하시니라

찬송가 「오 거룩하신 주님(새 찬송가 145장, 통합 145장)」은 고난주간에 성도들이 많이 부르는 찬송입니다.

「오 거룩하신 주님 그 상하신 머리/조롱과 욕에 싸여 가시관 쓰셨네.
아침 해처럼 밝던 주님의 얼굴이/고통과 치욕으로 창백해지셨네.」

이 찬양은 음악의 아버지 바흐(*J.S. Bach*)가 작곡한 「마태수난곡(*Matthäuspassion*)」의 일부를 따서 찬송가로 만든 것입니다. 바로크 시대에는 바흐를 비롯한 많은 작곡가들이 주님의 고난을 묵상하는 수난곡을 만들었는데, 이런 노래들로 인해 지금처럼 경건하게 고난주간을 보내는 문화가 시작되었습니다.

수난곡은 「*Passion Music*」이라고 불리는데 지금은 「*Passion*」을 「열정」으로 알고 있지만 애초에 「예수님의 고난」 더 정확히는 「십자가 위에서 당하신 예수님의 고난」을 나타내는 단어였습니다. 열정이란 의미는 나중에 추가된 뜻입니다.

「*Passion*」의 어원은 「고난과 인내」입니다.

열정이 있는 사람은 어떤 고난에도 인내하며 포기하지 않기 때문에 아마도 훗날 열정이라는 뜻을 담게 된 것 같습니다.

예수님이 우리를 위해서 당하신 고난은 우리를 향한 예수님의 열정, 뜨거운 사랑입니다. 나를 위해 모든 것을 내어주신 주님의 고귀한 사랑이 얼마나 크고 위대한지 이 한 주간 더욱 깊이 묵상하십시오.

복되고 형통합니다. 아멘!!!

주님, 사랑의 십자가를 머리가 아닌 마음과 영혼으로 깨닫게 하소서.

말씀으로, 찬양으로, 주님의 거룩한 희생을 깊이 묵상합시다.

4월 19일

유일한 진리의 가치

읽을 말씀 : 요한복음 14:1–6

● 요 14:6 예수께서 가라사대 내가 곧 길이요 진리요 생명이니 나로 말미암지 않고는 아버지께로 올 자가 없느니라

세계에서 가장 비싼 다이아몬드가 있다고 생각해 보십시오.

그 다이아몬드와 완벽히 똑같은 모조품이 있습니다. 사람의 눈으로는 구분할 수 없는 완벽한 인조 다이아몬드입니다. 만약 우리가 두 다이아몬드 중 하나를 가질 기회가 생겼다면 어떤 다이아몬드를 고르시겠습니까? 제아무리 사람의 눈으로 구분을 못한다 해도 누구나 모조품이 아닌 진짜를 고를 것입니다. 완벽에 가깝게 만들었다 해도 진짜는 진짜고, 가짜는 가짜이기 때문입니다.

이탈리아의 화가 조르조 데 키리코(*Giorgio de Chirico*)는 세계에서 위작이 가장 많은 작가입니다. 그런데 이 위작에는 한 가지 특이한 점이 있습니다. 원작을 그린 화가 본인이 위작을 그렸다는 것입니다. 사람들이 자신의 몇몇 작품만을 유독 광적으로 좋아하자 돈을 벌려고 같은 그림을 여러 장 그린 것입니다.

키리코는 작가 본인이 그린 것인데 뭐가 문제냐며 직접 그린 위작들을 「베리팔시(*verifalsi*, 진정한 가짜)」라고 부르기도 했지만, 진짜가 하나밖에 존재할 수 없다는 것은 누구나 알고 있는 보편적 진리이기에, 키리코는 세상에서 위작이 가장 많은 화가로 불리고 있습니다.

유일한 진리가 무엇인지 알고 전하는 것은 독선적인 것도 아니며, 배타적인 것도 아닙니다. 화가의 진짜 작품이 하나밖에 존재할 수 없는 것처럼, 우리가 구원받을 수 있는 세상의 유일한 진리도 예수 그리스도 오직 한 분뿐이심을 믿으십시오. 복되고 형통합니다. 아멘!!!

주님, 분명한 진리를 떠나지 않고 거스르지 않도록 마음을 지켜주소서.

유일한 구원의 길이 예수 그리스도뿐임을 세상에 선포합시다.

부활이 복음이다

4월 20일

읽을 말씀 : 요한복음 11:17-28

● 요 11:25 예수께서 가라사대 나는 부활이요 생명이니 나를 믿는 자는 죽어도 살겠고

1885년 4월 5일, 인천 제물포항에 눈에 띄는 외국인 두 명이 나타났습니다.

거센 풍랑을 헤치고 천신만고 끝에 한국 땅을 밟은 두 외국인은 조국에 다음과 같은 편지를 띄웠습니다.

"부활절에 우리는 마침내 이곳에 도착했다. 사망의 철창을 깨부수고 부활하신 주님이, 조선의 결박도 끊어주시고 이 나라 백성들을 하나님의 자녀로, 빛과 자유의 세계로 인도해 주시기를 우리는 기도했다."

이 두 사람은 당시 국제 사회에서 아무런 소망이 없는 은둔의 땅으로 알려진 조선에 빛의 복음을 전하기 위해 찾아온 선교사였습니다. 선교뿐만이 아니라 한국의 교육, 의료, 문화에도 큰 발자취를 남긴 선교사 언더우드(*Horace G. Underwood*)와 아펜젤러(*Henry G. Appenzeller*)는 부활절에 한국에 도착한 것이 우연이 아닌 하나님의 섭리라고 믿었습니다. 그리고 그 믿음대로 우리나라는 숱한 역경과 고난을 하나님의 은혜로 극복하며 뜨거운 부흥이 일어났습니다. 언더우드와 아펜젤러 두 선교사의 믿음과 헌신에 하나님은 분명히 응답해 주셨습니다.

두 사람이 들고 온 복음이 어두운 땅이었던 조선에 빛이 되었고 소망이 되었습니다. 죽음에서 부활하신 참 소망이신 예수님을 가장 강력한 흑암의 권세조차 이길 수 없었습니다.

살아있는 소망이신 주님을 믿는 순간 우리의 모든 삶이 회복되고 다시 태어나게 될 것임을 믿으십시오. 복되고 형통합니다. 아멘!!!

주님, 예수님의 나심, 죽으심, 부활하심이 믿어지는 은혜를 허락하소서.

죽음에서 부활하신 예수님을 믿음으로 끝까지 소망을 잃지 맙시다.

4월 21일

피할 수 없는 두려움

읽을 말씀 : 호세아 13:9–16

● 호 13:14 내가 저희를 음부의 권세에서 속량하며 사망에서 구속하리니 사망아 네 재앙이 어디 있느냐 음부야 네 멸망이 어디 있느냐 뉘우침이 내 목전에 숨으리라

「임종 연구(*near–death studies*)」의 세계적인 권위자인 엘리자베스 퀴블러–로스(*Elisabeth Kübler–Ross*) 박사는 임종을 앞둔 환자들은 하나같이 5단계의 심리적 계단을 경험한다고 말했습니다.

- 1단계는 "내가 아플 리가 없다"라는 부정의 계단입니다.
- 2단계는 "왜 나한테 이런 일이 일어난 거야"라는 분노의 계단입니다.
- 3단계는 "5년만, 혹은 10년만 더 산다면…"이라고 생각하는 타협의 계단입니다.
- 4단계는 "어차피 아무 소용 없으니 포기하자"라는 우울의 계단입니다.
- 5단계는 묵묵히 죽음을 기다리는 수용의 계단입니다.

각 단계가 순서대로 일어나는 것은 아니며, 동시다발적으로 일어나는 경우도 있습니다. 그러나 중요한 것은 모든 인간이 죽음을 앞두고는 이 5단계를 겪어, 결국은 포기하고 수용하게 된다는 사실입니다.

죽음의 문제를 해결하지 못한 인간은 왜 태어나고, 왜 사는지, 그리고 왜 죽는지, 한 마디로 실존의 문제를 해결할 수 없습니다.

우리의 근원이 되시는 하나님을 만날 때만이 사람이 절대로 극복할 수 없는 죽음의 문제를 해결할 수 있습니다.

나를 창조하신 주님을 만나고, 믿음으로 인생의 진정한 출구를 찾으십시오. 복되고 형통합니다. 아멘!!!

주님, 인생의 문제를 해결해 주시는 주님의 발앞으로 나아가게 하소서.

부활하신 예수 그리스도를 믿음으로 죽음의 공포를 이겨냅시다.

핵심이 무엇인가

4월 22일

읽을 말씀 : 디모데전서 4:12-16

● 딤전 4:13 내가 이를 때까지 읽는 것과 권하는 것과 가르치는 것에 착념하라

세계 3대 컨설팅 업체 중 하나인 「베인 앤 컴퍼니(*Bain & Company*)」의 이사 크리스 주크(*Chris Zook*)는 고대부터 현재까지 성공을 거둔 수많은 나라와 기업을 연구했습니다.

주크의 연구에 따르면 현대의 성공한 기업들은 핵심적인 한두 가지 사업에 집중했습니다. 그런데 이렇게 핵심에 집중해서 성공한 후 사업을 다각화하면서 위기에 빠진 경우가 많았습니다. 기업의 역량이 사업을 성장시킨 것이 아니라 핵심에 집중한 사업이 기업을 성장시킨 것이었습니다.

주크의 이론에 따르면 고대의 왕국들이 멸망한 이유도 핵심을 놓쳐서, 혹은 핵심과 멀어졌기 때문이었습니다.

알렉산더 대왕(*Alexandros the Great*)은 그리스에서 에베레스트까지 7,000*km*에 이르는 지역을 정복했지만, 수도인 마케도니아로부터 너무 멀리 떨어져 있어서 제대로 통치하기가 어려웠습니다.

또한 알렉산더 대왕 대신 핵심이 될 후계자를 정하지 못했습니다.

그래서 알렉산더 대왕이 죽자마자 제국은 4개로 분열되고 곧 멸망했습니다.

핵심을 놓친 사람은 알맹이 없는 쭉정이 같은 삶을 살아갑니다.

복음의 핵심이 무엇인지 놓치지 마십시오. 우리 삶의 중심에 주님이 계신지 확인하십시오. 주님이 주신 사명을 붙들고 내가 해야만 하는 일이 무엇인지 찾으십시오. 복되고 형통합니다. 아멘!!!

주님, 신앙생활의 핵심을 바로 알고 놓치지 않게 하소서.

성경의 가르침을 우리 인생의 핵심으로 삼읍시다.

4월 23일

아무 걱정 없는 곳

읽을 말씀 : 베드로전서 1:3–12

● 벧전 1:6 그러므로 너희가 이제 여러가지 시험을 인하여 잠간 근심하게 되지 않을 수 없었으나 오히려 크게 기뻐하도다

「긍정적 사고방식」의 창시자로 알려진 노먼 빈센트 필(Norman Vincent Peale) 박사가 오랜 친구를 만났습니다. 주름이 깊게 패이고 수척해진 친구는 죽어가는 목소리로 필 박사에게 상담을 부탁했습니다.

"사는 게 왜 이리 힘든지 모르겠네. 걱정거리가 끊이질 않아.

근심 때문에 도저히 살 수가 없네."

필 박사가 무슨 근심이 그리 많냐고 묻자 친구는 한숨을 푹푹 쉬면서 "한두 가지로 설명할 수가 없네. 문제 하나를 해결하면 이어서 또 다른 문제가 두세 개씩 생기네. 누가 해결 방법을 좀 알려주면 좋겠어"라고 말했습니다.

필 박사는 해결 방법을 알고 있다며 다음과 같이 조언했습니다.

『문제없이 살 수 있는 방법이 있다네. 우리 마을 외곽에 공동묘지가 있는데 죽어서 거기 묻히면 아무런 근심이 없지. 근심과 걱정은 살아있다는 증거니 더 이상은 불평하지 말고 오히려 긍정적인 생각으로 이겨내도록 하게.』

전능하신 하나님을 의지하는 사람들은 세상의 문제에 낙망하지 않습니다. 모든 문제를 이겨낼 힘을 주시는 주님을 믿음으로, 우리의 모든 삶의 문제를 주님께 맡김으로, 근심과 걱정을 이겨내십시오.

복되고 형통합니다. 아멘!!!

주님, 믿음을 기반한 긍정적인 태도로 삶을 살아가게 하소서.

항상 우리와 함께하시고 돌보아주시는 주님이 계심을 기억합시다.

바른 중심을 세워라

4월 24일

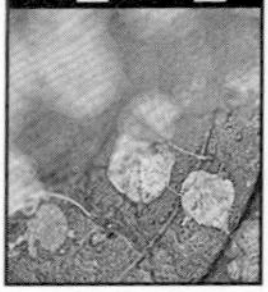

읽을 말씀 : 예레미야 44:20-28

● 렘 44:23 너희가 분향하여 여호와께 범죄하였으며 여호와의 목소리를 청종치 아니하고 여호와의 법과 율례와 증거대로 행치 아니하였으므로 이 재앙이 오늘과 같이 너희에게 미쳤느니라

세계 최초로 비행기를 타고 북극 상공에 도달한 유명한 탐험가 리처드 버드(*Richard E. Byrd*)는 공군 퇴역 후 미국 기관의 후원을 받아 남극 탐험에 열을 올렸습니다.

남극에 베이스캠프를 차린 버드는 탐험 지역을 살펴보기 위해 혼자서 정찰을 나왔습니다. 그런데 갑자기 거센 눈보라가 몰아쳐 방향 감각을 잃었습니다.

나침반을 두고 온 터라 손에는 탐험용 스틱밖에 없었습니다.

버드는 들고 있던 스틱을 그 자리에 꽂은 후 먼저는 위쪽으로 한참을 걸어갔다가 돌아왔습니다. 그리고 다시 스틱을 기준으로 아래쪽으로, 그다음에는 오른쪽으로 걸어갔다가 오는 식으로 길을 찾았습니다.

한치 앞도 분간할 수 없는 눈보라 속에서 버드는 이 방법으로 무사히 기지를 찾아올 수 있었습니다.

잘못된 길이 어디인지, 다시 돌아와야 할 곳이 어디인지 알 수 있게 해준 확실한 기준을 세웠기 때문입니다.

하나님이 우리에게 율법을 주신 것은 정죄하기 위해서가 아니라 회개하고 다시 돌아와야 할 기준을 가르쳐 주시기 위해서입니다.

하나님이 주신 우리의 기준을 잃지 말고, 잠시 실패하고 넘어지더라도 다시 주 하나님의 품으로 돌아오십시오. 복되고 형통합니다. 아멘!!!

♡ 주님, 잠시 세상에서 길을 잃고 헤맬지라도 돌아올 곳을 가르쳐 주소서.

진리의 말씀이 우리 삶의 기준이 되도록 바른 중심을 세웁시다.

4월 25일

내려만 가는 사랑

읽을 말씀 : 누가복음 10:30–37

●눅 10:36,37 네 의견에는 이 세 사람 중에 누가 강도 만난 자의 이웃이 되겠느냐 가로되 자비를 베푼 자니이다 예수께서 이르시되 가서 너도 이와 같이 하라 하시니라

국내의 한 유명한 청소년 세미나 강사는 부모님을 대상으로 세미나를 할 때마다 다음과 같은 말로 서두를 엽니다.

"여러분, 자녀들에게 절대로 부모를 이해해달라고 말하지 마십시오.

여러분은 청소년기를 지내봐서 자녀들이 어떤 심정인지를 알지만,

여러분의 자녀들은 부모의 심정을 알 수가 없습니다.

자녀들에게 이해를 바라지 말고 먼저 이해하려고 노력하십시오."

자녀가 하나님이 주신 선물이 아니라 나의 소유라고 생각할 때 부모 중심적인 사고방식에 갇히게 되어 자녀를 이해하려는 마음이 부족해지는 실수를 지적한 말입니다.

마찬가지로 먼저 믿은 신자들이 태신자들에게 이와 비슷한 실수를 저지르기도 합니다. 신앙생활에 너무 익숙해져서 처음 믿는 사람들이 어떤 마음이고, 어떤 생각인지를 간과하기 때문입니다.

우리 속담에도 「내리 사랑은 있어도 치 사랑은 없다」라는 말이 있듯이 사랑은 내려갈 뿐이고 올라오지 않습니다.

자녀의 때를 지내본 부모가 먼저 이해해야 하듯이, 먼저 주님을 믿고 믿음의 길을 걸어본 우리들이 처음 믿는 사람들을 이해하고 격려해야 합니다.

헤아릴 수 없이 한없는 엄청난 사랑을 우리에게 부어주신 주님의 놀라운 사랑을 이제는 우리가 아래로 계속해서 내려보내야 합니다. 말씀이 가르치는 사랑의 덕을 삶 가운데 온전히 베풀어 가십시오.

복되고 형통합니다. 아멘!!!

주님, 역지사지의 마음으로 상대방의 심정을 헤아리는 여유를 주소서.

주님이 나를 용납하신 것처럼 형제와 자매, 자녀를 용납합시다.

카페에서처럼 나누라

4월 26일

읽을 말씀 : 히브리서 10:19–25

● 히 10:24,25 서로 돌아보아 사랑과 선행을 격려하며 모이기를 폐하는 어떤 사람들의 습관과 같이 하지 말고 오직 권하여 그날이 가까움을 볼수록 더욱 그리하자

기업가인 후아니타 브라운(*Juanaita Brown*)과 데이비드 아이잭스(*David Isaacs*)는 오랜 회사 생활 가운데 한 가지 의문을 품었습니다.

'따로따로 만날 때는 누구보다 창의적인 직원들이
왜 회사 회의 시간만 되면 평범하게 변하는 거지?'

관련된 수많은 자료와 기업들을 연구한 두 사람은 「제도와 시스템」이 문제임을 깨달았습니다. 딱딱한 공간, 직급, 정형화된 분위기가 사람들의 창의성을 방해하는 것이었습니다.

이들은 직원들이 능력을 100% 발휘할 수 있도록 새로운 회사 내 회의 공간 「월드 카페(*World Cafe*)」를 만들었습니다. 오랜 친구와 편안하게 커피 한 잔하는 분위기로 회의를 진행하자 자유분방한 의견들이 나오며 뛰어난 아이디어들이 쏟아졌습니다.

이 소문이 널리 퍼져 창의성을 필요로 하는 많은 글로벌 기업들도 월드 카페의 도움을 받아 환경을 변화시키고 있습니다.

「제5경영(*The Fifth Discipline*)」의 저자인 경영학자 피터 센게(*Peter M. Senge*)는 "사람들이 즐거움과 편안함을 느낄 때 창의적이 되며 본연의 능력을 발휘할 수 있다"라고 말했습니다.

교회 내에서의 교제와 나눔의 시간을 위해서도 이런 지혜가 필요합니다.

서로의 속마음을 털어놓고 진정한 위로와 은혜를 나눌 수 있는 교회 내의 환경을 위해 노력하십시오. 복되고 형통합니다. 아멘!!!

주님, 누구나 부담 없이 함께 나눌 수 있는 모임을 만들게 하소서.

기도하며 편안한 분위기를 만들어 공동체 모임을 진행합시다.

4월 27일

욕심을 다스려라

읽을 말씀 : 야고보서 1:12-18

● 약 1:15 욕심이 잉태한즉 죄를 낳고 죄가 장성한즉 사망을 낳느니라

1800년대 미국 서쪽 캘리포니아(*California*)에서 많은 금광이 발견됐다는 소식이 미국 전역에 퍼져나갔습니다. 상대적으로 가난했던 미국 동부 지역의 많은 사람들이 서부로 금을 캐러 떠났는데, 이런 현상을 「골드러시(*Gold Rush*)」라고 불렀습니다. 조금이라도 일찍 도착해 조금이라도 많은 금을 캐려고 사람들은 잠도 줄여가며 말을 타고 달렸습니다. 시간은 곧 기회이기 때문이었습니다.

그런데 이 행렬에 동참했던 청교도들은 6일간 열심히 달리다가도 주일만 되면 자리에서 멈춰 쉬면서 하나님께 예배를 드렸습니다.

이 모습을 본 믿음 없는 사람들은 "참으로 어리석은 사람들이군! 저렇게 쉬면서 가다가는 남아 있는 금광이 없을 텐데"라며 놀렸습니다.

그런데 놀랍게도 주일에 예배를 드리며 쉬었던 청교도들이 쉬지 않고 달린 사람들보다 일찍 캘리포니아에 도착했습니다. 광활한 미국 사막을 밤낮을 가리지 않고 계속해서 달렸던 사람들은 말과 함께 병이 나서 중간에 드러누웠기 때문입니다. 무리하지 않고 충분히 예배하며 하루씩 휴식을 취한 청교도들은 건강한 모습으로 미국 서부에 도착해 바로 일을 시작할 수 있었습니다.

속도보다 중요한 것은 방향입니다.

욕심이 지나친 사람은 세상의 유혹을 이겨낼 수 없으며, 하나님의 일에 온전히 헌신할 수 없습니다. 거룩한 삶보다 더욱 욕심을 내는 것이 있다면 잠시 숨을 고르고 올바른 방향으로 재설정하십시오.

복되고 형통합니다. 아멘!!!

주님, 천성을 향해 직진하는 경건한 순례자로 살아가게 하소서.

인간적인 욕심과 세상의 유혹을 이겨내도록 진리의 말씀으로 무장합시다.

인내와 사랑과 기쁨

4월 28일

읽을 말씀 : 골로새서 1:9-14

● 골 1:11 그 영광의 힘을 좇아 모든 능력으로 능하게 하시며 기쁨으로 모든 견딤과 오래 참음에 이르게 하시고

한 목회자가 동료와 함께 복음을 전하러 외진 마을로 향했습니다.

한겨울의 매서운 추위를 이겨내며 걸어가고 있었는데 설상가상으로 눈보라가 몰아쳤습니다. 옷깃을 부여잡으며 매서운 추위와 싸우며 걷다가 동료가 목회자에게 “이런 고난에도 굴하지 않고 복음을 전하러 가다니 참으로 제 마음이 기쁩니다”라고 말했습니다.

이 말을 들은 목회자가 이런 일로 기뻐해서는 안 된다고 말하자 동료는 “그럼 무엇이 진정한 기쁨입니까?”라고 물었고 목회자는 다음과 같이 대답했습니다.

『설령 우리가 복음을 전하다 병자가 낫는 기적을 본다 해도 그 일이 우리의 기쁨이 되어서는 안 됩니다. 우리가 전하는 복음을 듣고 많은 믿는 사람이 생겨난다 해도 마찬가지입니다.

추위와 배고픔에 떨며 도착한 마을에서 천대를 받고, 복음을 전하다 매를 맞고 욕을 먹는 것, 그럼에도 상대방을 미워하지 않고 축복할 수 있다면 바로 그때서야 우리는 주님이 주시는 진정한 기쁨의 언저리에 도달한 것입니다.』

「평화의 기도」로 유명한 이탈리아의 사역자 「아시시의 프란시스(*Francis of Assisi*)」의 전기에 나오는 내용입니다.

십자가에서도 죄인들을 용서하신 주님의 인내와 사랑을 우리도 평생 본받아야 합니다. 일어나는 현상에 마음을 빼앗기지 말고 다만 맡기신 사명에 순종함으로 주님이 주시는 기쁨을 누리십시오.

복되고 형통합니다. 아멘!!!

주님, 환경의 영향을 받지 않는 참된 기쁨의 원천을 마음에 허락하소서.

복음 전파의 어려움에도 감사하는 참된 그리스도의 제자가 됩시다.

4월 29일

교회에 버린 담배

읽을 말씀 : 골로새서 3:9–17

● 골 3:13 누가 뉘게 혐의가 있거든 서로 용납하여 피차 용서하되 주께서 너희를 용서하신 것과 같이 너희도 그리하고

한 교회의 목사님이 새벽기도를 마친 후 어쩌다 교회 쓰레기통 안에 담뱃갑이 있는 걸 보게 되어 마음이 좀 불편했지만 반쯤 비어있는 담뱃갑이었습니다.

어제까지 피우던 담배를 버릴 결심을 하기까지 흡연자가 얼마나 고뇌했을지 그 마음이 너무 가상했습니다.

목사님은 이름 모를 그 성도를 위해 매일 기도했습니다.

그리고 며칠 뒤 또 교회의 쓰레기통에 반쯤 비어있는 담뱃갑이 버려져 있었습니다. 담배를 본 목사님은 조금 화가 났지만 잠시 생각해 보니 정말로 은혜가 되는 장면이었습니다.

'그래, 기도하며 다짐했지만 다시 넘어졌구나.

그런데 다시 기도하며 담배를 끊을 힘을 얻었구나.'

그 뒤로도 몇 번이나 교회 쓰레기통에서 담뱃갑이 발견됐지만 목사님의 마음은 더 이상 불편하지 않았습니다. 치열하게 거룩한 삶을 살고자 노력하는 이름 모를 한 성도를 위해 더 뜨겁게 기도했습니다. 시간이 지나고 더 이상 교회 쓰레기통에 버려진 담뱃갑은 보이지 않았습니다.

예수님은 세상 사람이 죄인이라고 손가락질하는 사람들을 정죄하지 않으셨고, 오히려 먼저 찾아가 용납하시고 위로하셨습니다. 율법의 마음으로 다른 이를 판단하지 말고 주님이 나에게 보여주신 사랑과 자비의 마음을 품고 다른 사람들을 바라보십시오.

복되고 형통합니다. 아멘!!!

주님, 형제자매를 사랑할 수 있는 자비와 인내를 마음에 채워주소서.

믿음이 연약한 형제들을 정죄하지 말고 오직 사랑으로 기다립시다.

네트워킹 시대와 전도

4월 30일

읽을 말씀 : 빌립보서 1:3–11

● 빌 1:10 너희로 지극히 선한 것을 분별하며 또 진실하여 허물 없이 그리스도의 날까지 이르고

「작은 사회 현상」은 미국의 사회심리학자 스탠리 밀그램(*Stanley Milgram*)이 연구한 이론입니다.

당시 인구가 60억이 넘는(지금은 80여억 명) 넓은 세상이지만 한 사람이 6단계만 거치면 세계 누구와도 연락이 닿을 수 있다는 이론입니다.

밀그램이 주장한 이 이론은 1960년대 편지를 통해 대부분 사실이라는 것이 증명되었습니다. 그때보다 통신망이 더 발달하고 누구나 스마트폰을 들고 다니는 지금 시대에는 아마 1960년대보다 훨씬 적은 숫자로 모든 사람이 연결되어 있을지도 모릅니다.

그래서인지 이제 세계의 심리학자들은 성공하기 위해서 그 어느 때보다 *N.Q.*(*Network Quotient*)가 중요하다고 입을 모아 말하고 있습니다.

필요한 인재를 쉽게 연결해 줄 수 있는 사람, 여러 사람이 공존할 수 있게 좋은 관계를 조성하는 사람이 새로운 시대에 필요한 사람이기 때문입니다. 그러나 사람들은 이 좋은 기회를 활용하지 못하고 온라인 세상에 갇혀서 살아가고 있는 것처럼 느껴지기도 합니다. 문명의 이기는 사용하는 사람이 지혜롭게 사용할 때 힘을 발휘합니다.

더 다양한 방법으로 사람들을 만날 수 있다면, 더 쉽고 유용하게 전도할 수단이 된다는 말이기도 합니다. 우리가 평생 이루어야 할 사명인 복음을 더욱 효과적으로 전달할 방법을 발전하는 세상과 기술 가운데 찾으십시오. 복되고 형통합니다. 아멘!!!

주님, 좋은 관계를 맺을 수 있는 지혜를 말씀을 통해 가르쳐 주소서.

이웃에게 복음을 흘려보낼 수 있는 좋은 인간관계를 위해 노력합시다.

5월

"두려워 말라
내가 너와 함께 함이니라
놀라지 말라
나는 네 하나님이 됨이니라
내가 너를 굳세게 하리라
참으로 너를 도와 주리라
참으로 나의 의로운 오른손으로 너를 붙들리라"
– 이사야 41:10 –

5월 1일

복음의 능력

읽을 말씀 : 로마서 10:8–11

● 롬 10:9 네가 만일 네 입으로 예수를 주로 시인하며 또 하나님께서 그를 죽은 자 가운데서 살리신 것을 네 마음에 믿으면 구원을 얻으리니

『전국에서 들려오는 전파선교사님들의 간증과 고백은 극동방송의 존재 가치를 더욱 빛나게 합니다. 극동방송은 「살고 싶고, 살아 내야 하는 분들」이 많이 들으십니다. 이분들에게 극동방송은 생명줄과도 같기에 힘든 환경에서도 전파선교사로 동역하는 일을 주저하지 않습니다.

어떤 분은 "극동방송이 나와 하나님의 단단한 연결고리가 되어 준 것처럼, 다른 사람들이 하나님과 연결고리가 될 수 있게 전파선교사로 헌신하는 것은 더욱 큰 은혜입니다"라고 이야기합니다.

10년, 20년 가족 이름으로 전파선교사가 되어서 믿음의 기도를 올려 드리는 분들이 있는데, 바로 그 가족이 예수님을 믿게 되었고 신앙생활을 잘하고 있다는 소식을 들을 때면 무척이나 감동이고 은혜입니다.

2023년에 개최된 빌리 그래함 전도대회 50주년 기념대회 때, 경북 영천에 사시는 김 집사님은 남편 구원을 사모하면서 빌리 그래함 전도대회를 위해 헌신했는데, 전도하는 일에 힘쓰면 하나님께서 응답해 주시리라는 믿음의 간구가 응답되어 30년 만에 남편이 교회에 나가게 됐다는 기쁜 소식을 전해주었습니다.

복음은 능력이 있어 사람을 변화시키고 주님의 제자가 되게 합니다. 방송으로 복음을 전하는 극동방송이 더욱더 큰 역할을 감당할 수 있도록 애청자가 되어 주시고 기도를 모아 주십시오.』

–「김장환 목사의 인생 메모」 중에서

극동방송이 예수님과 방송 가족들을 연결하는 더욱 단단한 은혜의 줄이 되게 해달라고 주님께 기도하십시오. 복되고 형통합니다. 아멘!!!

주님, 주님의 선한 역사를 이루는 데 저를 사용하여 주소서.

복음의 능력을 경험할 수 있도록 용기 있게 복음의 길로 나아갑시다.

빛처럼 드리운 은혜

5월 2일

읽을 말씀 : 고린도전서 15:1-11

● 고전 15:10 그러나 나의 나 된 것은 하나님의 은혜로 된 것이니 내게 주신 그의 은혜가 헛되지 아니하여 내가 모든 사도보다 더 많이 수고하였으나 내가 아니요 오직 나와 함께하신 하나님의 은혜로라

미국 남부에서 태어나 엄격한 크리스천 가정에서 자란 남자가 있었습니다.

다니는 교회도 율법을 매우 강조하는 엄숙한 교회였습니다.

남자는 어려서부터 부모님의 뜻을 거스르지 않고 교회에서도 배운 대로 실천하며 살았습니다. 그러나 아무리 노력해도 마음에 기쁨이 차오르지 않았고, 은혜에 대한 갈망만이 더욱 커져갔습니다.

주님이 주님으로 믿어졌고, 믿음을 포기하고 싶지도 않았습니다. 그러나 진정한 은혜의 기쁨이 무엇인지는 도저히 알 수가 없었습니다.

훗날 세계적인 작가가 된 남자는 모든 사람의 인생에는 피할 수 없는 두 가지 주제가 있다고 말했습니다.

❶ 벗어날 수 없는 고통

❷ 하나님의 은혜

크리스천으로 살아오면서도 지나온 삶이 너무나 고통스러웠지만 그 어둠 가운데 하나님의 빛이 드리운 곳이 있었기에 그 은혜로 살 수 있다는 기독교 문학의 거장 필립 얀시(*Philip Yancey*)의 고백입니다.

죄가 많은 곳에 은혜가 더욱 넘친다는 바울의 고백처럼, 우리 인생의 가장 고통스러운 순간에 또한 하나님의 은혜가 더욱 넘치게 임합니다.

하나님은 나를 절대로 떠나지 않으십니다. 나와 동행하시는 주님이 또한 고난을 견디고 극복하게 하실 넘치는 은혜를 주시는 분이심을 고백하십시오. 복되고 형통합니다. 아멘!!!

♡ 주님, 어두운 그림자가 아닌, 밝은 빛에 집중하게 하소서.

주님의 은혜로 인해 지금까지 살아올 수 있었음을 고백합시다.

5월 3일

헌신의 방향

읽을 말씀 : 고린도전서 9:23-27

● 고전 9:25 이기기를 다투는 자마다 모든 일에 절제하나니 저희는 썩을 면류관을 얻고자 하되 우리는 썩지 아니할 것을 얻고자 하노라

「이스트미아(*Isthmian*) 제전」은 고대 그리스에서 열렸던 4대 제전 중 하나로 오늘날의 올림픽의 모태가 되었으며 2년에 한 번씩 열렸습니다.

이스트미아 제전에서 열리는 다양한 운동경기를 보기 위해 2년마다 전 그리스 사람들은 고린도 지역으로 모여들었습니다.

당시 가장 인기 있는 종목은 달리기와 격투기였다고 합니다.

「이스트미아의 승자여, 불멸의 명성을 얻으리라」라는 말이 있을 정도로 경기의 승자는 엄청난 부와 명예를 거머쥐었습니다.

고린도전서 9장 24절에서 사도 바울이 언급한 "운동장에서 달음질하는 자"에 관한 말씀은 바로 이 이스트미아 제전에 대한 것입니다.

최후의 승자가 월계관을 쓰고 사람들의 환호와 박수갈채를 받는 모습은 사도 바울이 보기에도 그야말로 장관이었을 것입니다. 그러나 하나님의 사명을 붙들며 살아가던 사도 바울에게는 이 또한 결국은 썩어 사라질 헛된 영광이었습니다. 장차 하늘나라에서 우리 머리에 씌울 것은 이스트미아 제전 승리자의 머리에 씌우는 월계관보다, 올림픽의 금메달보다 훨씬 더 귀한 면류관이기 때문입니다.

운동선수들은 자기 분야에서 최고가 되기 위해 그야말로 뼈를 깎는 노력을 날마다 반복합니다. 하물며 주님이 주실 영원한 상을 바라는 사람들의 노력은 얼마나 더 크고 꾸준해야겠습니까? 세상의 영광이 아닌 주님이 주신 사명을 위해 열과 성을 다하십시오.

복되고 형통합니다. 아멘!!!

주님, 승리를 위해 헌신하는 경주자처럼 사명을 감당하게 하소서.

복음 전파의 사명을 위해 더 열심히 노력합시다.

반드시 죽는다

5월 4일

읽을 말씀 : 고린도후서 7:8-16

● 고후 7:10 하나님의 뜻대로 하는 근심은 후회할 것이 없는 구원에 이르게 하는 회개를 이루는 것이요 세상 근심은 사망을 이루는 것이니라

영국 근해 북해에 있는 대형 석유 시추선에서 한밤중에 불이 났습니다. 직원이던 앤디 모칸(*Andy Mochan*)은 불이 났다는 소식에 작업장으로 뛰쳐나왔습니다. 이미 작업장은 불바다였고 어쩔 줄 모르는 사람들은 사방팔방에서 우왕좌왕하고 있었고 시추 중이던 기름 때문에 불은 빠르게 번지고 있었습니다.

모칸은 살 수 있는 모든 경우의 수를 따져봤지만 유일한 방법은 바다로 뛰어내리는 것뿐이었습니다. 그러나 막상 바다 앞에 서자 겁이 났습니다. 작업장은 바다로부터 50*m* 높이에 있었고, 게다가 뿜어 나오는 석유 때문에 불이 붙어 그야말로 불바다 그 자체였습니다.

한참을 망설이던 모칸은 결국 바다로 뛰어 내려 목숨을 건졌습니다.

1988년 북해에서 일어난 화재사건의 유일한 생존자인 앤디 모칸의 이야기입니다. 모칸은 50*m* 아래의 불바다로 뛰어들 용기를 낼 수 있었던 비결에 대해 다음과 같이 말했습니다.

"뛰어내린다고 살 수 있을지는 알 수 없었지만 한 가지 확실한 것은 뛰어내리지 않고 가만히 있으면 반드시 죽는다는 사실이었습니다."

왕으로 살아가는 사람도, 부자로 살아가는 사람도, 거지로 살아가는 사람도 결국엔 죽습니다. 죄의 문제로 누구도 피할 수 없는 이 죽음을 극복하기 위해서는 믿음의 바다에 몸을 던질 결심이 필요합니다.

주님이 마련해 놓으신 누구나 구원받을 수 있는 안전한 은혜의 바다로 더 망설이지 말고 뛰어내리기를 결단하십시오.

복되고 형통합니다. 아멘!!!

주님, 스스로는 사망의 권세를 이길 수 없음을 깨닫게 하소서.

혹여 지금도 주님 믿기를 망설이고 있다면 바로 지금 결심합시다.

5월 5일

하나님이 키우시는 자녀

읽을 말씀 : 고린도전서 3:1-9

● 고전 3:6,7 나는 심었고 아볼로는 물을 주었으되 오직 하나님은 자라나게 하셨나니 그런즉 심는 이나 물주는 이는 아무 것도 아니로되 오직 자라나게 하시는 하나님 뿐이니라

목회데이터연구소에서 조사한 설문에 따르면 부모가 모두 교회에 다닐 경우, 자녀의 80%는 10대 이전부터 교회에 나가기 시작합니다.

그러나 성인이 되기까지 구원의 확신이 있다고 응답한 자녀는 48%였고 청년이 되어서도 계속해서 교회에 나오겠다는 응답은 52%였습니다. 구원의 확신이 없는 자녀는 성인이 되자마자 교회를 떠난다는 결론입니다.

다음은 미국의 청소년 사역자 스티브 잇몬(*Steve Ethmon*) 목사님이 말한 「10대 자녀의 믿음을 위해 부모가 할 수 있는 3가지 노력」입니다.

❶ 부모인 나의 신앙과 역할부터 점검하자.
믿음의 주체는 하나님이시며
부모가 먼저 신앙의 본을 보여야 합니다.

❷ 아이가 스스로 생각하도록 가르치자.
믿음은 강요로 생겨날 수 없기에
자녀가 스스로 생각하고 결정할 기회를 주어야 합니다.

❸ 하나님의 인도하심을 신뢰하자.
시험과 고난으로 사랑하는 자녀가 잠시 방황하더라도
주님을 믿고 기도해야 합니다.

부모가 사랑하는 자녀에게 줄 수 있는 가장 큰 선물이자 큰 복은 바로 주 예수님을 통한 구원의 확신과 주님에 대한 절대적 믿음입니다. 고아같이 우리 자녀를 버려두지 않으실 주님이심을 믿고 우리 자녀의 삶을 온전히 주님께 맡기십시오. 복되고 형통합니다. 아멘!!!

주님, 자녀의 삶의 가장 큰 복이 하나님을 향한 믿음임을 알게 하소서.

힘들고 어렵더라도 자녀의 믿음과 신앙을 포기하지 맙시다.

하나님의 인내

5월 6일

읽을 말씀 : 베드로후서 3:1-9

● 벧후 3:9 주의 약속은 어떤이의 더디다고 생각하는 것 같이 더딘 것이 아니라 오직 너희를 대하여 오래 참으사 아무도 멸망치 않고 다 회개하기에 이르기를 원하시느니라

링컨(*Abraham Lincoln*) 대통령의 「게티스버그 연설(*Gettysburg Address*)」은 미국 역사상 가장 인용이 많이 된 위대한 연설입니다.

그런데 링컨의 이 연설은 미국의 유명한 설교가 테오도르 파커(*Theodore Parker*) 목사님의 설교에서 영향을 받은 것이었습니다.

당시 뉴욕의 유명한 무신론자인 로버트 잉거솔(*Robert G. Ingersoll*)이 대중 앞에서 탁상시계를 꺼내 놓고 다음과 같이 말했습니다.

"내가 지금부터 5분 동안 하나님을 욕하겠습니다. 5분이 지나도록 내가 무사 하다면 하나님은 살아계시지 않는 것이나 다름없습니다."

잉거솔은 5분 동안 하나님을 저주했지만 아무런 이상이 없었습니다. 이 모습을 보고 많은 성도가 시험에 들었는데, 이 소식을 들은 파커 목사님은 다음과 같이 말했습니다.

"하나님이 안 계시는 것이 아닙니다. 하나님의 인내심을 5분으로 끌어내리려 한 잉거솔이 실패한 것입니다."

마틴 루터(*Martin Luther*)는 하나님의 사랑을 다음과 같이 표현했습니다.

"하나님이 저에게 권능을 주셨다면 저는 2시간도 못 참고 세상을 멸망시켜 버렸을 것입니다. 그러나 하나님은 그렇게 하지 않으시고 우리가 모두 구원받기까지 기다리시는 분입니다."

하나님의 사랑은 모든 사람을 구원하고도 남을 만큼 위대하고 전능한 사랑입니다. 나의 모든 죄를 용서해 주시고 구원해 주신 하나님의 사랑이 얼마나 놀랍고 위대한 사랑인지 매일 전파하십시오.

복되고 형통합니다. 아멘!!!

주님, 모든 사람이 구원받기를 원하시는 주님의 마음을 깨닫게 하소서.

믿는 사람은 누구든지 영생을 허락하시는 놀라운 사랑을 전합시다.

5월 7일

올바른 표지판

읽을 말씀 : 신명기 7:1–11

● 신 7:9 그런즉 너는 알라 오직 네 하나님 여호와는 하나님이시요 신실하신 하나님이시라 그를 사랑하고 그 계명을 지키는 자에게는 천대까지 그 언약을 이행하시며 인애를 베푸시되

세계 2차 대전이 벌어지고 있던 1944년 12월에 연합군은 독일군에게 결정적인 피해를 주기 위해 무려 6개월간 비밀리에 작전을 준비하고 있었습니다. 전황이 불리하던 독일군은 회심의 반격을 준비했습니다.

연합군의 작전이 시작되기 전 폭우가 쏟아져 전투기가 뜰 수 없게 되자 독일군은 연합군 군복을 입은 스파이를 몰래 잠입시켰습니다.

잠입한 스파이가 한 일은 연합군 내의 중요 거점의 도로 표지판을 제멋대로 바꿔놓은 것뿐이었습니다.

스파이가 임무를 마치자 독일군은 곧장 대반격을 시작했습니다.

독일군 스파이가 망쳐놓은 도로 표지판 때문에 연합군은 승리할 확률이 매우 컸던 벌지 전투(*The Battle of Bulge*)에서 패배했습니다.

그 이유는 오직 하나, 제대로 된 방향을 알려주는 표지판이 없었기 때문입니다. 잘못된 표지판이 전쟁을 망치듯이 잘못된 기준이 우리의 인생을 망칩니다.

매일 말씀을 묵상하며 기도로 주님을 만나야 하는 이유는 신앙의 길을 잃지 않기 위해서이기도 합니다.

"주의 말씀은 내 발에 등이요 내 길에 빛이니이다"(시 119:105)

정확하고 바른 지도가 없으면 누구도 정확한 목적지에 도달할 수 없습니다. 주님의 말씀이 가르치는 올바른 표지판을 우리 마음 안에 꽂아 놓으십시오. 복되고 형통합니다. 아멘!!!

주님, 욕망에 이끌려 잘못된 판단을 하지 않도록 마음을 지켜주소서.

말씀을 통해 계명을 배우고 실천하며 살아갑시다.

없으면 죽는 것

5월 8일

읽을 말씀 : 로마서 14:1-12

● 롬 14:8 우리가 살아도 주를 위하여 살고 죽어도 주를 위하여 죽나니 그러므로 사나 죽으나 우리가 주의 것이로라

신앙생활을 오래 했지만 믿음이 정확히 무엇인지 이해되지 않던 청년이 있었습니다. 믿음이 무엇인지 모르는 상태로는 계속 신앙생활을 이어가기가 힘들 것 같아 하루는 목사님을 찾아가 믿음이 정확히 무엇인지 가르쳐 달라고 요청 했습니다.

목사님은 다음날 아침 일찍 한 등산로에서 만나자고 말했습니다.

다음 날 청년과 함께 높은 산등성이에 오른 목사님은 가파른 절벽에서서 청년에게 물었습니다.

"저 절벽 중간에 뻗어 나온 나무가 보이십니까?

『네.』

"그럼, 벼랑에서 떨어지다 저 나무를 붙잡았다고 생각해 보십시오.
어떻게 하시겠습니까?"

『죽을힘을 다해 나뭇가지를 붙들고 있겠지요.』

"그게 바로 믿음입니다. 손을 놓으면 떨어져 죽는다는 것을 알고
나무를 꼭 붙잡듯이 인생 가운데 하나님만 붙들고 있어야 합니다."

예수님을 믿으면 살고, 믿음을 잃으면 곧 죽습니다.

이 사실을 믿고 주님만을 의지하는 것이 믿음입니다.

믿으면 더 좋기에 그저 믿는 것이 아니라 잃는 순간 죽는다는 절박함으로 주님을 믿고 의지하십시오. 복되고 형통합니다. 아멘!!!

주님, 믿음을 놓치지 않도록 구주 예수님만 굳건히 붙들게 하소서.

신앙생활을 삶의 장식으로 여기지 말고 중심 기둥으로 여깁시다.

5월 9일

죽음의 의미

읽을 말씀 : 요한복음 12:20–24

● 요 12:24 내가 진실로 진실로 너희에게 이르노니 한 알의 밀이 땅에 떨어져 죽지 아니하면 한 알 그대로 있고 죽으면 많은 열매를 맺느니라

고대 그리스인들은 사람이 살면서 이룰 수 있는 가장 위대한 업적이 「숭고한 죽음(*Noble death*)」이라고 생각했습니다.

예수님이 십자가에서 돌아가신 이야기가 그리스까지 퍼졌을 때 그리스의 철학자들은 예수님의 죽음이 숭고한 죽음인지를 놓고 열띤 토론을 벌였다고 합니다. 그중에서도 유독 기독교를 반대하던 철학자 켈수스(*Celsus*)는 예수님의 죽음은 숭고하지 않다고 주장했습니다. 돌아가시기 전 하늘을 향해 "어찌하여 나를 버리시나이까?"라고 외치며 죽음을 완연하게 받아들이지 못했다고 생각했기 때문입니다.

그리스 철학자들이 말하는 숭고한 죽음의 5가지 조건은 다음과 같습니다.

❶ 대의에 순종 ❷ 타자성 ❸ 자발성 ❹ 고통의 감내 ❺ 희생

그리스인들의 이 5가지 조건을 예수님의 십자가는 만족시키지 못했다는 것입니다.

그러나 예수님의 죽음은 철학자들이 말하는 숭고한 죽음을 넘어선 고귀한 죽음이었습니다. 아무런 죄가 없지만 인류, 즉 우리를 구원하기 위해 모든 운명을 받아들이시고 직접 이 땅에 오셨기 때문입니다.

예수님은 철학자들의 낡은 기준을 충족시키기 위해 오신 분이 아니라, 유일한 구원의 기준을 전해 주시려고 세상에 오셨습니다.

구원을 받기 위해 주 예수님을 「나의 구세주와 주님」으로 믿으십시오. 복되고 형통합니다. 아멘!!!

주님, 우리를 구원하기 위해 고통당하셨음을 기억하게 하소서.

복음의 열매를 더욱 많이 맺는 복된 나무로 우리의 삶을 가꿉시다.

저절로 전도가 되는 삶

5월 10일

읽을 말씀 : 사도행전 2:43-47

● 행 2:47 하나님을 찬미하며 또 온 백성에게 칭송을 받으니 주께서 구원 받는 사람을 날마다 더하게 하시니라

한 사역자가 교인들과 함께 일주일 동안 전도를 나갔습니다.

첫날 사역자는 교인들과 함께 거리의 곳곳을 돌아다니며 쓰레기를 주웠습니다. 다음날은 아이들이 안전하게 학교에 다녀올 수 있게 안내를 하고 간식을 나누어 주었습니다. 그다음 날은 음식을 준비해 거리의 부랑자들을 찾아가 나누어 주고 축복 기도를 해주었습니다. 일주일 내내 동네 곳곳에서 봉사만 하던 성도들은 마지막 날 사역자에게 다음과 같이 물었습니다.

"그런데 도대체 저희들은 언제 전도하는 겁니까?"

이 말을 들은 사역자는 다음과 같이 대답했습니다.

『예수님을 믿으라고 직접 말하는 것도 훌륭한 방법입니다.

그러나 지금처럼 예수님 사랑을 이웃들에게 전하는 것 또한 훌륭한 방법입니다. 일주일 동안 우리는 말이 아닌 삶으로 전도를 했습니다.』

미국의 전도자 드와이트 라이먼 무디(*D. L. Moody*)의 이야기입니다.

프랑스의 작가 프란치스코 살레시오(*Sanctus Franciscus Salesius*)는 매일 실천하는 작은 선행을 소금과 같다고 말했습니다. 모든 음식에 조금씩 들어가지만 반드시 필요한 소금처럼 선행은 세상에 꼭 필요한 행위라고 생각했기 때문입니다.

크리스천의 삶은 소금처럼 세상의 곳곳에서 녹아들어야 합니다.

오늘 우리가 머무는 곳에서 소금처럼 선을 행하는 크리스천이 되십시오. 복되고 형통합니다. 아멘!!!

주님, 어디서나 어떻게든 복음을 전하는 경건한 삶을 살게 하소서.

입에서 그치는 전도가 아니라 삶으로 이어지는 전도를 합시다.

5월 11일

진리의 길, 행복의 길

읽을 말씀 : 시편 60:1–12

● 시 60:4 주를 경외하는 자에게 기를 주시고 진리를 위하여 달게 하셨나이다

세계 최고의 스마트한 병원에 선정된 미국 로체스터(*Rochester*)의 「메이요 클리닉(*Mayo Clinic*)」은 꿈의 직장으로 불립니다.

연봉이 높거나 환경이 특별하기 때문이 아니라 직원들이 가장 적게 퇴사하는 병원이기 때문입니다. 연봉을 따라 쉽게 이동하는 미국의 전문직 환경에도 메이요 클리닉의 이직률은 2.5%밖에 되지 않습니다.

심지어 퇴사자의 대부분은 퇴사 후 10년이 지나기 전에 다시 돌아옵니다. 메이요 클리닉보다 더 나은 조건, 더 나은 환경의 병원은 있어도 더 행복을 느끼는 병원은 없기 때문이라고 합니다.

「직원을 소중하게!」가 사훈인 메이요 병원에는 직책이 두 가지 밖에 없습니다. 원장 한 명과 1,500명의 부원장입니다. 메이요 클리닉이 직원을 이토록 챙기는 것은 직원이 행복해야 환자를 올바로 섬길 수 있기 때문입니다.

행복한 1,500명의 직원들이 있기에 메이요 클리닉은 인구 20여만 명(2020년 기준)의 작은 도시에 있음에도 전 세계 최고의 병원으로 성장했습니다.

초대교회 교인들은 누구보다 힘든 상황에 살고 있었지만 누구보다 행복한 사람들이었습니다. 고난을 당해도, 때로는 순교를 당해도 그보다 더 큰 기쁨이 무엇인지를 찾은 사람들이었습니다.

갈수록 물질만능주의로 변해가는 피폐한 세상에 참된 행복이 무엇인지, 어떻게 찾을 수 있는지 행복한 삶으로 보여주는 기쁨의 크리스천이 되십시오. 복되고 형통합니다. 아멘!!!

주님, 진리를 알고 주님을 섬기는 것이 참된 행복임을 깨닫게 하소서.

주님과 동행함으로 저절로 기쁨이 드러나는 삶을 살아갑시다.

아이스크림과 십일조

5월 12일

읽을 말씀 : 로마서 12:1-3

● 롬 12:2 너희는 이 세대를 본받지 말고 오직 마음을 새롭게 함으로 변화를 받아 하나님의 선하시고 기뻐하시고 온전하신 뜻이 무엇인지 분별하도록 하라

한 성도가 아들과 함께 고속도로를 달리고 있었습니다.

잠시 휴게소에 들러 휴식을 취하는 중에 성도가 아들에게 1,000원을 주며 아이스크림을 사 먹으라고 했습니다.

잠시 뒤 아들이 돌아와 이 돈으로는 아이스크림을 살 수 없다고 말했습니다.

성도가 아들과 함께 매점으로 가보니 분명 아이스크림 가격이 1,000원이었습니다.

"내가 분명히 1,000원을 줬는데 왜 돈이 모자란다고 한 거니?"

『제가 물어봤는데 900원 짜리 아이스크림은 없다고 하는대요?』

성도는 그제야 상황 파악이 되었습니다.

아들은 자신이 준 돈에서 십일조를 뗀 것입니다.

적은 돈이라고, 혹은 아이스크림이 먹고 싶다고 십일조를 소홀히 하지 않은 아들이 너무나 대견했습니다.

마음이 뿌듯해진 성도는 매점에서 가장 비싸고 맛있는 아이스크림과 과자를 아들에게 잔뜩 사주었습니다.

한 기독교 계통 라디오 방송에 소개된 사연입니다.

마음이 순수한 아이들은 말씀을 들은 그대로 믿고, 믿는 그대로 실천합니다. 사람에 따라, 금액에 따라, 주님이 가르쳐 주신 말씀을 다르게 적용하고 있지는 않습니까? 주님이 주신 어떤 말씀이라도 순수한 아이처럼 실천해 주님을 기쁘게 하십시오. 복되고 형통합니다. 아멘!!!

주님, 아이같이 순수한 마음으로 평생 주님을 사모하며 따르게 하소서.

말과 혀와 생각으로만이 아니라, 행함과 진실함으로 주님을 섬깁시다.

5월 13일

의사를 버린 사업가

읽을 말씀 : 고린도전서 10:23–33

● 고전 10:31 그런즉 너희가 먹든지 마시든지 무엇을 하든지 다 하나님의 영광을 위하여 하라

독일에서 명문 신학대학을 다니다가 의대로 진로를 바꿔 의사가 된 남자가 있었습니다. 남자의 삶에는 아무런 문제가 없었습니다.

직장도 안정적이었고, 신앙생활도 열심히 하고 있었습니다.

그런데 어느 날 하나님이 사업을 시작해 번 돈으로 어려운 사람들을 도우라는 마음을 주셨습니다. 남자는 즉시 순종했습니다.

「최대한 벌고, 최대한 절약하고, 최대한 나누자」라는 정신으로 신발 회사를 창업했습니다. 하나님이 주시는 큰 복으로 사업은 나날이 번창했고, 그렇게 번 돈으로 전 세계의 어려운 사람들을 위한 또 다른 사업을 진행했습니다.

선교와 구호 사업으로 사용하는 돈이 너무 많자, 국세청은 탈세를 의심했습니다. 그러나 아무리 조사해도 오히려 이 회사가 얼마나 건실하고 투명한 기업인지만 세상에 밝혀졌습니다.

1년에 2억 켤레의 신발을 팔며 전 세계 3,500개의 지점이 있는 유럽 최고의 신발회사 「하인리히 다이히만 슈헤(*Heinrich Deichmann–Schuhe*)」의 이야기입니다.

이 회사의 창업주 다이히만은 어디서나 자신을 기업가 이전에 크리스천이라고 소개했습니다.

먹든지 마시든지, 무엇을 하든지 우리는 주님을 위해서 해야 합니다. 주님이 우리에게 주신 다양한 은혜들을 통해 세상에 다시 주 하나님의 살아계심을 알리는 참된 그리스도의 제자가 되십시오.
복되고 형통합니다. 아멘!!!

주님, 주님의 음성을 청종하고 오직 순종하는 제자가 되게 하소서.

지금 하는 일을 통해 주님께 영광 돌릴 방법이 무엇인지 기도합시다.

오늘 하루의 법칙

5월 14일

읽을 말씀 : 잠언 11:1–11

● 잠 11:3 정직한 자의 성실은 자기를 인도하거니와 사특한 자의 패역은 자기를 망케 하느니라

미국의 관계 전문가 데일 카네기(*Dale B. Carnegie*)에게 근심 많은 한 청년이 찾아와 상담을 요청했습니다. 청년의 이야기를 모두 들은 카네기는 "당신의 문제는 모두 알겠습니다. 그러나 오늘 하루만 변화를 결심해 보십시오"라는 해결책을 제시했습니다.

카네기가 이 청년에게 말한 「하루에 다짐할 7가지 변화」입니다.

❶ 오늘 하루만은 행복하게 지내자고 다짐하십시오.

❷ 오늘 하루만은 내가 원하는 것을 얻기 위해 노력하십시오.

❸ 오늘 하루만은 책을 읽고, 글을 쓰고,
정신에 필요한 일을 하십시오.

❹ 오늘 하루만은 세 가지 이상의 선행을 베푸십시오.

❺ 오늘 하루만은 먼저 인사하고,
늘 웃는 매력적인 사람이 되십시오.

❻ 오늘 하루만은 인생의 문제 중 한 가지만 해결하고자 하십시오.

❼ 오늘 하루만은 내 삶에 일어날 변화를 두려워하지 마십시오.

오늘 하루를 성공한 사람이 결국 성공한 인생을 사는 사람입니다.

이미 보낸 어제는 어떤 하루였습니까?

오늘 하루가 반복되면 나의 미래는 어떻게 될 것 같습니까?

더 나은 내일이 찾아오려면 바로 오늘 변화가 일어나야 합니다.

오늘 하루만은 주님만을 의지하고, 주님의 음성을 따라 살아가고자 다짐하십시오. 복되고 형통합니다. 아멘!!!

주님, 하루를 성공하는 것이 인생의 성공 비결임을 깨닫게 하소서.

주님이 허락하신 오늘의 소중함을 깨닫고 날마다 최선을 다합시다.

5월 15일

우리의 할 일

읽을 말씀 : 히브리서 5:1–10

● 히 5:8,9 그가 아들이시라도 받으신 고난으로 순종함을 배워서 온전하게 되었은즉 자기를 순종하는 모든 자에게 영원한 구원의 근원이 되시고

십 년이 넘게 한 교회에서 목회하는 목사님의 이야기입니다.

교회는 성도들이 어느 정도 자리를 잡은 다음부터 성장이 멈췄습니다. 아무리 열정적으로 설교를 해도 성도들은 반응이 없었고, 어느 순간부터 양적 성장도 멈춘 상태가 되었습니다.

목사님은 자신의 정성이 부족한가 싶어 더욱더 노력했습니다.

다 같이 변화해서 예수님의 제자로 살아가자고 매주 설교하며 심방도 자주 갔습니다. 그래도 성도들이 요지부동인 것처럼 보이자 목사님은 답답한 마음에 하나님께 기도를 했습니다.

"주님, 주님은 우리 성도들이 안 답답하십니까?

제가 이렇게 노력하는데 왜 변화시켜 주지 않으십니까?"

한참을 기도하다 잠이 든 목사님의 꿈에 주님이 나타나셔서 다음과 같이 말씀 하셨답니다.

『네가 하는 것이 아니다. 내가 하는 것이다.』

꿈에서 깬 목사님은 바로 눈물로 회개 기도를 드렸습니다.

'주님, 그저 순종하겠습니다.

주님께 모든 것을 맡기며 저를 죽이겠습니다.'

오직 순종만이 주 하나님의 능력을 세상에 드러낼 수 있습니다.

세상이 이해할 수 없었던 예수님의 십자가 순종이 복음을 전파하는 가장 완벽한 하나님의 계획이었던 것처럼, 내 생각과 자아와 바람을 내려놓고 오직 주님께 순종하십시오. 복되고 형통합니다. 아멘!!!

주님, 주님의 십자가 앞에 저의 모든 욕심과 고집을 내려놓게 하소서.

일이 내 뜻대로 풀리지 않을수록 더욱더 주님만 의뢰합시다.

헌신의 의미

5월 16일

읽을 말씀 : 요한복음 6:8-14

● 요 6:13 이에 거두니 보리떡 다섯 개로 먹고 남은 조각이 열 두 바구니에 찼더라

『극동방송의 울릉도 중계소는 지난 2023년 11월 10일 정식 개소했습니다. 이에 따라 울릉도에 거주하는 도민 9,000여 명은 물론 울릉도와 독도로 관광 온 사람들도 주파수 96.7MHz를 통해 복음 방송을 들을 수 있게 되었습니다.

울릉도의 1년 관광 인구는 30만 명이 넘는다고 합니다.

그런데 대한민국의 극동지역인 울릉도에 어떻게 중계소가 세워질 수 있었는지를 소개하고 싶습니다.

하루는 이유림 권사라는 분이 저를 찾아와서 천만 원을 내놓으면서 본인의 고향인 울릉도에 극동방송을 세워주길 부탁했습니다. 적지 않은 돈이어서 깜짝 놀랐습니다. 권사님은 "울릉도 주민들도 24시간 찬양과 말씀을 들으면 너무 행복하고 기쁠 것 같습니다"라고 말했습니다.

저는 이유림 권사님의 아름다운 믿음을 보고 감동을 받았습니다.

곧 중계소 설립을 시작했는데 하나님께서는 안테나 설립 장소로 울릉도 전 지역이 들을 수 있는 나리분지 고산지대로 인도하셨고, 울릉도 교계의 협력 속에 모금도, 스튜디오 장소도 순탄하게 진행됐습니다.

한 소년의 오병이어가 큰 기적을 낳았듯이, 한 사람의 헌신이 울릉도 전역과 나아가 인근 국내외 해안 도시에도 복음이 전파되는 큰 역사를 만든 것입니다.』 - 「김장환 목사의 인생 메모」 중에서

혹시 내가 가진 것이 적다고 생각하지는 않습니까? 하나님께 드리면 하나님께서 크게 역사하실 줄 믿으십시오.

복되고 형통합니다. 아멘!!!

주님, 제가 주님께 드릴 수 있는 것이 무엇인지 생각하게 하소서.

적은 물질이라도 믿음으로 주님의 나라 확장을 위해 드립시다.

5월 17일

리더에게 필요한 3가지 용기

읽을 말씀 : 여호수아 1:1–9

● 수 1:9 내가 네게 명한 것이 아니냐 마음을 강하게 하고 담대히 하라 두려워 말며 놀라지 말라 네가 어디로 가든지 네 하나님 여호와가 너와 함께 하느니라 하시니라

리더는 많은 사람을 올바른 곳으로 이끄는 사람입니다.

생각이 다른 여러 사람을 하나의 목표에 집중하게 만들기 위해서는 리더의 뛰어난 역량이 필요합니다. 그러나 목적보다 구성원 개개인에게 초점을 맞추다 보면 방향을 잃고 표류하게 될 때가 있습니다.

한마음으로 뭉쳐야 하는 교회도 마찬가지입니다. 다음은 국제제자훈련원에서 말한「교회 내의 리더들에게 필요한 3가지 용기」입니다.

❶ "아니오"라고 말할 수 있는 용기
거절을 좋아하는 사람은 없습니다. 그러나 구성원들의 잘못된 행동에 대해서, 혹은 공동체의 방향과 다른 일에 대해서는 과감하게 잘못된 것이라고 말하고, 거절할 용기가 있어야 합니다.

❷ 현실을 직시할 수 있는 용기
너무 낙관적일 필요도, 너무 비관적일 필요도 없습니다. 우리 공동체가 어떤 상황이며, 무엇을 필요로 하는지 정확하게 안 뒤에 필요한 일을 하면 됩니다.

❸ 꿈을 꿀 용기
꿈이 없이 이루어진 위대한 업적은 없습니다. 현실에 안주하지 말고 하나님이 우리 공동체에 주신 비전을 함께 꿈꿀 수 있는 용기가 필요합니다.

필요한 모든 능력과 지혜를 주님께 구하며, 합력하여 선을 이루어가는 좋은 리더들이 세워지도록 기도하십시오.

복되고 형통합니다. 아멘!!!

주님, 말씀이 가르치는 바를 지키고 행할 담대함과 용기를 주소서.

교회 모임 가운데 세워진 리더들의 지혜와 믿음을 위해 기도합시다.

서커스를 보러 온 소년

5월 18일

읽을 말씀 : 마가복음 12:18–27

● 막 12:24 예수께서 가라사대 너희가 성경도 하나님의 능력도 알지 못하므로 오해함이 아니냐

작은 시골 마을을 방문한 서커스단이 있었습니다.

마을 사람들은 태어나서 서커스를 한 번도 본 적이 없었고, 정확히 어떤 공연을 하는지도 몰랐습니다. 서커스단이 찾아온다는 소식을 듣고 누구보다 흥분한 것은 아이들이었습니다. 아이들은 서커스가 뭔지를 보려고 하루종일 거리를 쏘다녔는데 마침 서커스단원들이 공연 홍보를 위해 가두 행진을 시작했습니다.

우렁찬 음악에 화려한 의상, 맹수들이 줄을 지어 걷는 모습은 장관이었습니다. 광대들의 재주넘기와 익살에 마음을 빼앗긴 아이들은 한참동안 행진을 쫓아다니다가 집으로 돌아왔습니다.

아이들은 부모에게 그날 있었던 일을 자랑스럽게 말했습니다.

"오늘 길에서 서커스를 봤어요.

정말 그렇게 재밌는 공연은 세상에 없을 거예요."

생전 서커스를 본 적이 없던 아이들은 홍보용 가두 행진이 진짜 서커스 공연인 줄 착각한 것입니다. 다음날 공연장에 가면 훨씬 더 재미있는 진짜 서커스를 볼 수 있었지만 아이들은 가두 행진을 진짜 서커스 공연으로 착각해서 정말 중요한 것을 놓쳤습니다.

길거리 가두 행진만으로 만족하는 아이들처럼 신앙생활을 하고 있지는 않습니까? 제대로 알아야 제대로 믿을 수 있습니다.

주님을 알고, 주님을 믿는 것에서 그치지 말고 주님을 위해 행동하는 참된 제자로 살아가십시오. 복되고 형통합니다. 아멘!!!

주님, 세상이 주지 못하는, 주님이 주시는 참된 기쁨을 누리게 하소서.

나의 기쁨이 주님이 주신 것인지 세상이 준 것인지 분별합시다.

5월 19일

바보처럼 섬기자

읽을 말씀 : 마가복음 12:28-34

● 막 12:31 둘째는 이것이니 네 이웃을 네 몸과 같이 사랑하라 하신 것이라 이에서 더 큰 계명이 없느니라

일본의 빈민가를 돌며 오랜 세월 봉사한 성도가 있었습니다. 이 성도의 친구는 교회는 다니지 않았지만 시간이 될 때마다 함께 봉사를 나섰습니다. 그런데 몇 번을 나가다 보니 세상에 이런 헛일이 없었습니다.

거리의 부랑자들, 도박을 하다 망해서 도망쳐 온 사람들, 몸을 파는 여자들, 깡패들…. 아무리 봐도 갱생이 불가능한 사람들을 모아놓고 예배를 드리며 필요를 채워주고 있었습니다. 옆에서 지켜보자니 너무도 답답했던 친구는 어느 날 성도에게 "이 사람들은 글도 모르는 거 같은데 찬양을 부르고 성경을 건넨다고 무슨 소용이 있겠나? 자네가 그렇게 돈을 빌려줘도 결국 술이나 도박으로 탕진하고 말걸세. 더 이상 의미 없는 행동을 그만두게"라고 조언했습니다.

이 말을 들은 성도는 다음과 같이 대답했습니다.

『나는 그저 예수님이 우리에게 해주신 것처럼 하고 있을 뿐이네.
어린아이가 넘어지면 아무 말 없이 다시 일으켜 세워주듯이,
알면서도 참고 도와줘야 할 사람이 세상에는 반드시 필요하네.』

「일본 빈민촌의 작은 예수」라고 불리는 가가와 도요히코(*Kagawa Toyoniko*) 목사님은 자신에게 이 말을 해준 친구 덕분에 예수님을 만나 믿을 수 있었다고 고백했습니다.

조건 없는 예수님의 사랑을 경험했다면, 조건 없이 그 사랑을 다른 사람에게 베풀어야 합니다. 주님을 먼저 만났다면, 세상이 알지 못하는 사랑과 은혜가 있음을 말과 행동으로 세상에 보여주십시오.
복되고 형통합니다. 아멘!!!

주님, 인내와 이해의 마음으로 주님의 참된 사랑을 전하게 하소서.

밭에 물을 주듯이 필요한 곳에 필요한 도움을 꾸준히 전달합시다.

하나님이 하십니다

5월 20일

읽을 말씀 : 마가복음 9:21-29

● 막 9:23 예수께서 이르시되 할 수 있거든이 무슨 말이냐 믿는 자에게는 능치 못할 일이 없느니라 하시니

영국에서 주님의 부르심을 받고 중국으로 떠나는 선교사가 있었습니다. 당시에는 배를 타고 갈 수밖에 없었는데 오랜 항해 기간 동안 선교사는 배의 여러 선원들과 친분을 쌓았습니다.

하루는 이런저런 이야기를 하던 중에 선장이 질문했습니다.

"그런데 그토록 먼 중국까지 도대체 무엇 때문에 가는 거요?"

『저는 예수 그리스도의 복음을 전하러 갑니다.』

복음을 전하러 그 먼 땅에 혼자서 간다는 사실을 믿을 수가 없었던 선장은 다음과 같이 대꾸했습니다.

"그래요? 당신은 중국 사람들 마음을 변화시키러 가는 거군요?"

이 말을 들은 선교사는 조용히 웃으며 대답했습니다.

『제가 할 일이 아닙니다. 다만 하나님이 하실 일입니다.』

선장은 선교사 혼자서 그 큰 중국을 어떻게 변화시킬 수 있냐며 비웃었지만 하나님은 그 선교사를 통해 놀라운 일을 행하셨습니다.

1807년 중국에 파송된 최초의 선교사이자 세상에서 처음으로 성경을 중국어로 번역한 로버트 모리슨(*Robert Morrison*)의 이야기입니다.

하나님의 능력은 불가능한 일이 없고, 하나님의 부르심에는 후회하심이 없습니다.

나를 부르시고 사용하실 주님의 전능하신 손에 나의 모든 삶을 맡기십시오. 복되고 형통합니다. 아멘!!!

주님, 부르심에 순종하는 거룩한 도구로 쓰임 받게 하소서.

내 삶을 통해 주님이 이루시기를 원하는 것이 무엇인지 묵상합시다.

5월 21일

유혹을 대하는 자세

읽을 말씀 : 시편 4:1–8

● 시 4:7 주께서 내 마음에 두신 기쁨은 저희의 곡식과 새 포도주의 풍성할 때보다 더하니이다

제2차 세계 대전의 영웅 아이젠하워(*Dwight D. Eisenhower*) 장군이 사령관을 은퇴하고 잠시 컬럼비아 대학교(*Columbia University*)의 총장이던 때의 이야기입니다.

당시 아이젠하워는 하루에 담배를 2갑 이상을 피웠는데 혈관 건강이 매우 안좋다는 검진 결과가 나왔습니다.

아이젠하워는 이 기회에 아예 담배를 끊어야겠다고 생각했습니다.

담배를 끊고 한 달도 안 되어 혈관 건강은 매우 좋아졌습니다. 하지만 아이젠하워가 워낙 골초였다는 걸 안 사람들은 아이젠하워 앞에서 담배를 피울 때마다 눈치를 봤습니다. 국군의 사령관이자 대학교 총장인 높은 위치의 사람이었기에 혹시나 심기를 거스를까 싶어서였습니다.

한 번은 아이젠하워의 친한 친구가 바로 앞에서 담배를 피우며 다음과 같이 대놓고 물었습니다.

"담배를 끊은지 얼마 안 됐는데 힘들지 않은가?

내가 바로 앞에서 담배를 피우니 상당히 거슬릴 것 같은데?"

『전혀 그렇지 않네. 나는 담배를 피우는 사람들을 보고 오히려 이제 내가 담배를 끊었다는 우월감의 기쁨을 느낀다네.』

크리스천에게는 유혹을 참아내는 일이 고난이 아닌 기쁨이 되어야 합니다. 유혹을 느낀다는 것은 죄를 짓지 않고 잘 이겨내고 있다는 뜻입니다. 말씀과 기도의 능력으로 하나님을 기쁘시게 하는 경건한 삶을 살아가십시오. 복되고 형통합니다. 아멘!!!

주님, 세상에서 경험할 수 없는 기쁨이 주님 안에 있음을 알게 하소서.

죄가 주는 즐거움보다 경건함의 기쁨을 더욱 즐겁게 여깁시다.

말씀의 능력

5월 22일

읽을 말씀 : 디모데후서 3:10-17

● 딤후 3:15 또 네가 어려서부터 성경을 알았나니 성경은 능히 너로 하여금 그리스도 예수 안에 있는 믿음으로 말미암아 구원에 이르는 지혜가 있게 하느니라

러시아에서 기독교를 조롱하기 위해서 「턱시도를 입은 예수」라는 연극이 만들어진 적이 있었습니다.

이 연극의 주연은 알렉산더 로스톱제브(*Alexander Rostovzev*)라는 비교적 무명 배우가 맡았습니다.

연출을 맡은 감독은 기독교를 조롱하기 위해서는 먼저 기독교를 잘 아는 사람이어야 한다고 생각했는데, 로스톱제브는 어린 시절 외국에서 교회를 다닌 적이 있던 사람이어서 아주 적격이었습니다.

오랜 세월 신앙생활을 하지 않았던 로스톱제브도 출세의 기회를 놓치고 싶지 않아 제안을 받아들였습니다.

그리고 드디어 초연 날이 다가왔습니다.

연극은 순조롭게 진행됐고, 산상수훈을 비꼬는 극의 클라이맥스 장면이 나오는 부분에서 갑자기 로스톱제브가 말을 잇지 못했습니다.

"심령이 가난한 자는 복이 있나니 천국이 저희 것임이요…."

로스톱제브는 갑자기 눈물을 흘리며 무릎을 꿇고 회개의 기도를 드렸습니다. 말씀을 읊조리다 은혜를 받은 주인공 때문에 연극은 급하게 막을 내렸고 이후의 공연 일정도 전부 취소되었습니다.

하나님의 말씀을 귀하게 여기며 항상 묵상하는 사람은 놀라운 힘을 얻게 됩니다. 삶이 지치고 힘이 들수록 주 하나님 앞에 돌아와 주님이 우릴 위해 들려주시는 귀한 말씀에 귀를 기울이십시오.

복되고 형통합니다. 아멘!!!

주님, 말씀을 통해 주님이 이루시는 놀라운 역사를 체험하게 하소서.

우리의 능력이 되는 주님의 말씀을 매일 생명처럼 붙들고 삽시다.

5월 23일

위기가 곧 기회

읽을 말씀 : 시편 34:12-22

● 시 34:19 의인은 고난이 많으나 여호와께서 그 모든 고난에서 건지시는도다

일본의 철강회사 신일본제철은 '일본의 잃어버린 10년'이라고 불리던 경제 불황 시기에 오히려 급성장해 세계 2위의 철강 생산업체가 되었습니다.

비결은 투자였습니다. 불황일 때 기회가 더 많다는 생각으로 수익의 70%를 연구 개발에 투입했고 그 동력을 바탕으로 경제가 회복되자 전례 없는 급성장을 했습니다.

일본의 가전제품 판매회사 케이즈덴키(*K's Denki*)는 창업 이래 67년 연속 매출 증가라는 전대미문의 기록을 세웠습니다.

이 회사는 창업 이래 두 가지 원칙을 고수했습니다.

❶ 호황기에는 투자를 늘리지 말고 하던 대로 충실하게 경영한다.

❷ 불황기에는 투자를 늘리고 확장하며 경영한다.

불황일 때는 임대료가 내려가고 해고당하는 직원이 많기 때문에 오히려 좋은 가격으로 매장을 구하고, 뛰어난 인재를 쉽게 구할 수 있기 때문입니다. '경영의 귀재'로 불리는 마쓰시타 고노스케(*Matsushita Konosuke*)는 이런 이유로 "호황은 좋지만, 불황은 더 좋다"라는 말을 남겼습니다.

어려운 시기에 진짜 기회가 찾아옵니다.

모두가 복음을 전하기 어렵다고 말하는 이 시기가 세상의 크리스천들이 힘을 내야 할 진짜 시기입니다. 위기가 곧 기회라는 믿음으로 세상이 어두워질수록 더 열심히 세상에 나아가 빛을 전하십시오.

복되고 형통합니다. 아멘!!!

주님, 세상이 어두울수록 더욱 무릎으로 주님께 나아가게 하소서.

주님을 바라보며 세상 가운데 당당하게 나아가 우리의 할 일을 합시다.

망설이면 아니다

5월 24일

읽을 말씀 : 시편 16:1–11

● 시 16:11 주께서 생명의 길로 내게 보이시리니 주의 앞에는 기쁨이 충만하고 주의 우편에는 영원한 즐거움이 있나이다

한 청년이 다니고 있는 교회 목사님을 찾아가 고민을 털어놓았습니다.

"목사님, 세상의 즐거움을 포기하는 일이 너무 힘듭니다.

어떻게 하나님이 주신 기쁨을 더 붙들 수 있을까요?"

목사님은 청년에게 하나님이 주신 기쁨이 무엇인지 아느냐고 묻자 청년은 안다고 대답했습니다. 그 말을 들은 목사님이 말했습니다.

『단언컨대 형제님은 하나님이 주신 기쁨을 경험해 본 적이 없습니다. 하나님이 주신 기쁨을 느껴본 사람은 절대로 그런 고민을 하지 않습니다.

혹시 세상의 즐거움으로 마음을 가득 채워서 하나님이 주시는 기쁨을 담을 수가 없는 것이 아닌지 생각해 보십시오.

먼저 마음을 깨끗이 비우면 하나님이 주신 기쁨을 담을 수가 있고,

그 기쁨을 한 번 경험하게 되면 절대로 세상의 즐거움이 그리워지지 않을 것입니다.』

위조지폐를 찾는 가장 좋은 방법은 진짜 지폐를 뚫어져라 쳐다보는 것이라고 합니다.

진짜가 무엇인지 알 때 가짜를 쉽게 발견할 수 있기 때문입니다.

참된 만족이 무엇인지 아는 사람은 세상의 헛된 유혹에 넘어지지 않습니다. 매일 넘치는 은혜를 부어주시는 주님으로 인해 기쁨이 넘치는 삶을 살아가십시오. 복되고 형통합니다. 아멘!!!

주님, 영육을 만족시키는 진정한 기쁨이 무엇인지 구별하게 하소서.

세상의 즐거움을 탐닉하지 말고 주님이 주시는 기쁨만을 누립시다.

5월 25일

돌이킬 기회

읽을 말씀 : 에스겔 16:1–8

● 겔 16:6 내가 네 곁으로 지나갈 때에 네가 피투성이가 되어 발짓하는 것을 보고 네게 이르기를 너는 피투성이라도 살라 다시 이르기를 너는 피투성이라도 살라 하고

일본의 교육가 미즈타니 오사무(*Mizutani Osamu*)는 「죽음과 가장 가까이 있는 교사」라는 별명으로도 불립니다.

학교 수업을 마친 미즈타니는 유흥가의 밤거리를 돌아다니며 청소년들을 만납니다. 약물중독으로 위기에 처한 청소년을 도와주고, 싸움을 말리고, 가출한 청소년을 설득합니다.

어떤 위험한 상황에서도 물러서지 않는 미즈타니는 폭력배 두목을 찾아가서 학생을 놔달라고 부탁할 때도 많습니다.

자신들을 위해 목숨을 걸고 밤거리를 배회하는 미즈타니에게 아이들은 「밤의 선생님」이라는 별명을 붙여주었습니다. 미즈타니는 만나는 모든 학생들에게 다시 돌아갈 기회가 있다며 괜찮다고 말해줍니다. 도둑질한 적이 있어도, 그동안 학교에 안 갔어도, 약물에 중독됐어도, 아직 기회가 있기에 괜찮다며 격려해 주고 적극적으로 도움을 줍니다.

그러나 미즈타니가 절대로 안 된다고 단언하는 것이 있습니다.

바로 스스로 목숨을 끊는 것입니다.

살아만 있다면 얼마든지 죄를 뉘우칠 수 있고 다시 살아갈 수 있지만 죽으면 그 순간 모든 기회를 잃어버리기 때문입니다.

주 하나님은 회개하고 주님을 구주로 영접하는 누구라도 구원해 주십니다. 구원이 필요하지 않은 사람은 세상에 단 한 명도 없습니다.

아직 믿지 않는 사람이 누구든지 생명의 복음을 들고 찾아가 전하십시오. 복되고 형통합니다. 아멘!!!

주님, 우리를 용납하신 주님의 사랑으로 타인을 위로하고 격려하게 하소서.

마음에 두었지만 전도를 못했던 사람에게 다시 연락해 복음을 전합시다.

변화를 이끄는 힘

5월 26일

읽을 말씀 : 로마서 12:6-13

● 롬 12:10 형제를 사랑하여 서로 우애하고 존경하기를 서로 먼저 하며

가르치는 직업을 가진 남자가 가족들과 머리를 식히러 근교의 해상 공원을 방문했습니다. 해상공원의 가장 인기 있는 프로그램은 돌고래 쇼였는데, 남자는 가족들한테 억지로 끌려왔음에도 곧 돌고래의 묘기에 흠뻑 빠져들었습니다. 돌고래가 사육사의 말을 어찌나 잘 따르는지 사람보다 낫다고 느껴질 정도였습니다.

'나는 몇 명 되지도 않는 직원들을 가르치느라 진이 다 빠지는데
저 사육사는 도대체 돌고래를 어떻게 교육한 거지?
심지어 저 돌고래는 매우 즐거워 보이는데?'

남자는 쇼가 끝난 뒤 사육사를 찾아가 비결을 물었습니다.

사육사의 대답은 「칭찬과 격려」였습니다.

사육사의 조언을 실생활에 적용하자 남자는 전보다 훨씬 더 수월하게 사람들을 가르치고 역량을 이끌어 낼 수 있었습니다.

한 작가는 이 남자의 경험을 듣고는 흥미를 느껴 책을 내고자 했는데 그렇게 해서 나온 책이 우리나라에서도 오랜 기간 베스트셀러가 되었던 「칭찬은 고래도 춤추게 한다」입니다.

강한 바람보다 따스한 태양이 행인의 외투를 벗기듯이 조언에는 적절한 지혜가 필요합니다. 잘못된 길을 걸어가는 사람을 옳은 길로 인도하고, 옳은 선택을 하는 사람에게는 확신을 줄 수 있도록 크리스천들은 세상의 지혜로운 조언자가 되어야 합니다. 잘한 일에는 칭찬을 해주고 실수에는 격려를 해주십시오. 복되고 형통합니다. 아멘!!!

주님, 해야 할 말과 하지 말아야 할 말을 구분할 수 있는 지혜를 주소서.

바나바와 같이 격려로 사람을 세워주는 역할을 감당합시다.

5월 27일

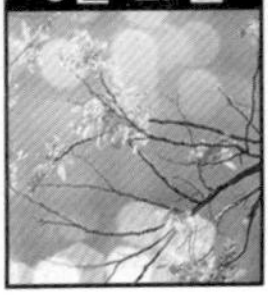

슬픔을 잊는 방법

읽을 말씀 : 로마서 12:14-21

● 롬 12:21 악에게 지지 말고 선으로 악을 이기라

오랜 세월 한 여인을 사랑한 독일의 사업가가 있었습니다.

상사병에 걸릴 정도로 여인을 사랑했던 사업가는 오랜 고민 끝에 자신의 마음을 고백했지만 매몰차게 거절당했습니다. 사업가는 세상에서 남부러울 것이 하나도 없었습니다. 대저택이 있고, 많은 돈이 있고, 결혼하기를 바라는 많은 여인들이 있었습니다. 그러나 자신이 사랑하는 사람에게 거절을 당하자 더 이상 세상을 살고 싶지 않았습니다.

결국 자살을 결심한 사업가는 조용히 방안을 정리하고 있었는데, 우연히 서재에 놓인 수학 논문이 눈에 들어왔습니다.

「페르마의 마지막 정리」에 대한 논문이었는데 그때까지 증명이 되지 않은 수학사의 7대 난제 중 하나였습니다.

자살 직전에 왜 갑자기 수학 논문이 눈에 들어왔는지 알 수는 없었지만, 논문을 읽고 난 뒤 사업가는 다시 살아가기로 마음을 먹었습니다. 사업가는 자신의 목숨을 살린 논문을 증명하는 사람에게 자신의 전 재산을 주겠다고 공언했고, 아주 오랜 세월이 흐른 뒤 영국의 수학자 앤드류 와일즈(*Andrew J. Wiles*)가 이 난제를 증명해 수학사에 큰 족적을 남겼습니다.

슬픔을 이겨내는 가장 좋은 방법은 가치 있는 일에 집중하는 것입니다. 사명을 위해, 복음을 위해 살아가는 사람은 슬프고 힘들 겨를이 없습니다. 우리가 할 수 있는 가장 가치 있는 일인 복음, 주님이 맡겨주신 지상 사명인 전도를 위해 인생을 투자하십시오.

복되고 형통합니다. 아멘!!!

주님, 세상의 일에 얽매이지 않고 귀한 사명을 바라보게 하소서.

힘들고 우울할수록 더 예배하고, 더 전도하고, 더 봉사합시다.

끝까지 견디어라

5월 28일

읽을 말씀 : 마태복음 24:3-14

● 마 24:13 그러나 끝까지 견디는 자는 구원을 얻으리라

프랑스 루이 15세(*Louis XV*) 시절 한 출판사 사장이 영국이 만든 백과사전을 프랑스어로 번역하고자 했습니다. 번역하는 김에 프랑스의 철학과 지식인들의 견해도 함께 넣어 출판하면 좋을 것 같다고 생각한 출판사 사장은 프랑스의 계몽주의 철학자 드니 디드로(*Denis Diderot*)를 찾아가 부탁했습니다.

디드로는 참으로 값진 일이라고 생각해 자신이 아는 각계각층의 지식인들을 집필진으로 참여시켰습니다.

수학자 달랑베르(*d'Alembert*), 「에밀」을 쓴 루소(*Jean-Jacques Rousseau*), 프랑스의 지성이라 불리는 볼테르(*Voltaire*)… 등 수많은 지식인이 새로운 백과사전을 위해 뭉쳤습니다. 그러나 프랑스 최초의 백과사전은 그로부터 20년이 지난 후에야 출판될 수 있었습니다. 그리고 그때까지 남아있던 지식인은 처음 번역을 마음먹었던 디드로 한 명뿐이었습니다.

일이 고되고 힘들다는 이유로, 혹은 흥미가 떨어졌다는 이유로 다른 지식인들은 시작한지 얼마 되지 않아 포기했습니다. 그러나 백과사전이 후대를 위한 중요한 작업이라고 믿었던 디드로만큼은 혼자서, 20년의 세월 동안 포기하지 않고 결국 업적을 이루어냈습니다.

하나님의 일을 이루는 사람은 순종하는 사람입니다.

끝까지 견디는 사람입니다. 하나님의 명령에 순종할 자신만 있다면 누구나 크게 쓰임 받을 수 있습니다. 조금 느리고 더디더라도 하나님이 주신 사명을 품고 한 걸음씩 걸어 나가십시오.

복되고 형통합니다. 아멘!!!

주님, 주님께서 맡기신 사명을 끝까지 충성스럽게 이루게 하소서.

주님이 주신 사명을 다시 확인하고 필요한 계획을 포기하지 맙시다.

5월 29일

날마다 새로워져라

읽을 말씀 : 고린도후서 4:11-18

● 고후 4:16 그러므로 우리가 낙심하지 아니하노니 겉 사람은 후패하나 우리의 속은 날로 새롭도다

유럽의 권위 있는 학술잡지 「씽커스 50(*The Thinkers 50*)」에서는 2년에 한 번씩 세계적인 경영학자를 선정합니다.

이 리스트에 수차례 선정되었던 미국의 프라할라드(*C. K. Prahalad*) 교수는 학생을 가르치기 시작한 이래 단 한 번도 같은 강의 노트를 사용한 적이 없다고 합니다. 매 학기 강의가 끝날 때마다 노트를 버리는 남편을 보고 놀란 아내가 이유를 물었는데 프라할라드 교수는 다음과 같이 대답했습니다.

"내가 가르치는 학생들은 항상 새로운 생각, 신선한 이론을 배울 자격이 있다고 생각하오."

저널리스트 데이비드 쉴링(*David R. Schilling*)의 조사에 따르면 2013년 기준으로 세상에 존재하는 정보의 총량은 1년 6개월마다 2배로 증가하고 있다고 합니다. 인터넷에 올라오는 동영상은 지난 60년 동안 존재했던 것보다 최근 2개월 사이에 올라온 영상이 더 많습니다.

새로운 기술과 정보가 이처럼 빠르게 생겨나고, 전파되기 때문에 이제는 「배운 사람(*Learned*)」이 아닌 「배워가는 사람(*Learner*)」이 세상에서 더 중요한 역할을 감당하게 될 것이라고 합니다.

진리인 성경은 영원토록 변함이 없지만 이 말씀을 접하는 우리의 속사람은 매일 새로워져야 합니다. 또한 이 복음을 다른 이에게 전할 도구인 방법도 시대를 맞춰가야 합니다.

매일 말씀을 묵상하며 그때마다 새롭게 주시는 주님의 은혜를 경험하고, 또 전달하십시오. 복되고 형통합니다. 아멘!!!

주님, 날마다 영육을 소생시키시는 주님의 은혜를 체험하게 하소서.

더 나은 믿음 생활을 위해 세상의 흐름도, 배움도 게을리 하지 맙시다.

투자를 한 이유

5월 30일

읽을 말씀 : 로마서 8:31–39

● 롬 8:32 자기 아들을 아끼지 아니하시고 우리 모든 사람을 위하여 내어주신 이가 어찌 그 아들과 함께 모든 것을 우리에게 은사로 주지 아니하시겠느뇨

자신을 캐롤라인(*Caroline*)이라고 소개한 어느 여성이 영국의 여러 금융기관에 다음과 같은 편지를 보냈습니다.

"저는 명문 음대에 합격할 정도로 장래가 유망한 학생입니다.

그런데 집안 환경 때문에 꿈을 포기할 위기에 처해있습니다.

이런 저에게 투자할 기회를 드리도록 하겠습니다."

편지에는 자신의 음악적 재능을 소개하는 짧은 메모와 자기 이름으로 발행된 주식, 그리고 명문대 합격증이 들어 있었습니다.

호기심이 생긴 몇몇 금융가가 캐롤라인의 재능에 투자했습니다.

캐롤라인은 자신을 소개하는 몇 통의 편지로 4년간의 학비와 생활비를 투자 받을 수 있었습니다. 캐롤라인은 투자자들을 실망시키지 않기 위해 매 학년이 끝날 때마다 설명회를 열어 투자받은 돈을 어떻게 사용하고 있는지, 어떤 성적을 거두었는지를 투명하게 공개했습니다.

캐롤라인이 세계적인 음악가가 되어 성공한다고 해도 어떤 보상이 돌아올지는 알 수 없었지만, 자신의 꿈을 위해 도움을 청하고 최선을 다하는 캐롤라인의 모습에 어떤 투자자도 불만을 제기하지 않았습니다.

꿈을 위한 투자가 세상에서 가장 값진 투자입니다.

모든 인류를 구원하고자 주님은 예수님을 세상에 보내셨고, 복음을 전할 제자들을 세우셨습니다. 주님이 막중한 사명을 감당하라고 크리스천인 우리에게 투자를 하신 것입니다. 주님이 우리에게 베푸신 모든 은혜를 지혜롭게 사용해, 주님의 일을 위해 사용하는 사람이 되십시오. 복되고 형통합니다. 아멘!!!

♡ 주님, 살면서 행하는 모든 일을 통해 주님의 영광을 드러내게 하소서.

내 삶을 통해 주님이 무엇을 이루고자 하시는지 기도로 답을 구합시다.

5월 31일

시너지와 세너지

읽을 말씀 : 로마서 8:18–30

● 롬 8:28 우리가 알거니와 하나님을 사랑하는 자 곧 그 뜻대로 부르심을 입은 자들에게는 모든 것이 합력하여 선을 이루느니라

기러기는 철을 나기 위해 무려 1만 *km* 정도를 이동합니다.

1만 *km*는 기러기의 몸 구조상 혼자서는 날 수가 없는 거리입니다.

다만 기러기들은 *V*자 대형으로 집단 비행을 하는데, 선두에 있는 기러기가 조금만 고생을 하면 뒤에 있는 무리는 무려 70%의 에너지를 아낄 수 있습니다.

수십 마리의 기러기들이 교대로 선두에 서기 때문에 혼자서는 결코 할 수 없는 1만 *km*의 비행이 가능해집니다.

1 더하기 1이 2가 아니라 그 이상의 결과를 가져오는 현상을 바로 「시너지(Synergy) 효과」라고 합니다.

그런데 최근 기업계에서는 이와는 정반대의 「세너지(Senergy) 효과」가 각광받고 있다고 합니다.

시너지 효과를 노리고 분야를 통합하다 보면 조직이 너무 거대해져 위기에 대응하지 못합니다. 오히려 특정 분야를 분리해 각각의 특성을 잘 살리면 합쳤을 때보다 더 뛰어난 성과를 낼 수 있다고 합니다.

크리스천의 신앙생활은 시너지와 세너지의 결합입니다.

함께 모여 은혜를 나누고 서로를 세워주는 시너지 효과를 통해, 세상에서 각자 흩어져 복음을 전하는 세너지 효과를 내야 합니다.

함께하며 힘을 얻고, 따로 각자의 자리에서 빛과 소금의 역할을 감당하십시오. 복되고 형통합니다. 아멘!!!

주님, 합력하여 선을 이룰 수 있는 믿음의 공동체가 되게 하소서.

주님을 위해 모이고, 주님을 위해 세상으로 나아갑시다.

6월

"너의 하나님 여호와가
너의 가운데 계시니
그는 구원을 베푸실 전능자시라
그가 너로 인하여 기쁨을 이기지 못하여 하시며
너를 잠잠히 사랑하시며 너로 인하여
즐거이 부르며 기뻐하시리라 하리라"
– 스바냐 3:17 –

6월 1일

천국은 어떤 곳입니까

읽을 말씀 : 요한계시록 21:1-8

● 계 21:4 모든 눈물을 그 눈에서 씻기시매 다시 사망이 없고 애통하는 것이나 곡하는 것이나 아픈 것이 다시 있지 아니하리니 처음 것들이 다 지나갔음이러라

『저는 매년 3~4차례 극동방송 어린이합창단과 함께 미주 선교여행을 하는데, 한 번은 저의 모교인 밥존스대학교(*Bob Jones University*)에서 공연할 때였습니다.

어린이합창단 공연을 마치고 나오는데 한 할머니가 공연에 너무 큰 은혜를 받았다며, 천국에 가면 이런 공연을 매일 볼 수 있냐고 물어봤습니다.

제가 "천국에서는 이 공연보다 더 좋은 공연을 매일매일 볼 수 있습니다"라고 답했더니 그분은 『그렇다면 예수를 믿어보겠습니다』라고 대답했습니다. 저는 그 기회를 놓치지 않고 바로 그 자리에서 복음을 전하며 영접 기도를 함께 했던 기억이 있습니다.

성도는 예수님의 재림과 천국의 소망을 가지고 사는 이들입니다.

하지만 우리는 매일 삶 속에서 크고 작은 문제에 매여 성도의 궁극적인 목표를 잊어버리는 경우가 많이 있습니다.

목표를 달성하기 위한 방법으로 '이미지화'라는 것이 있습니다.

자신이 그리는 목표를 구체화하고 시각화시켜 마음에 각인시키는 것입니다. 천국의 모습을 꿈꾸고 그리는 연습을 자주 한다면 천국의 소망이 날마다 새롭게 다가오고 커질 것입니다.』

-「김장환 목사의 인생 메모」 중에서

"저 높은 곳을 향하여 날마다 나아갑니다. 내 뜻과 정성 모아서 날마다 기도합니다"라는 찬송가 가사를 떠올리며 천국 소망을 구체화하십시오. 복되고 형통합니다. 아멘!!!

주님, 날마다 천국을 소망하며 다시 오실 주님을 기다리게 하소서.

천국의 기쁨을 전하는 전도자가 되기 위해 오늘도 준비하고 실행합시다.

사랑과 감사의 차이

6월 2일

읽을 말씀 : 데살로니가전서 5:12-22

● 살전 5:18 범사에 감사하라 이는 그리스도 예수 안에서 너희를 향하신 하나님의 뜻이니라

세계적인 내분비학자 한스 셀리에(*Hans Selye*)는 다양한 「스트레스 요인과 극복 방법」을 연구한 스트레스 의학의 대가로 불립니다.

셀리에는 스트레스를 지혜롭게 다룰 수 있는 방법으로 「감사하기」를 꼽았는데, 사랑은 스스로의 힘으로 할 수 없는 일이지만 감사는 누구나 의지적으로 할 수 있기 때문입니다.

누구나 사랑을 쉽게 이야기하지만, 세상에서 제대로 된 사랑의 모습을 찾을 수는 없습니다. 사랑하겠다고 마음을 먹는다고 갑자기 사랑할 수 있는 것도 아니고, 그토록 뜨거웠던 사랑이 어느 순간 식어버리기도 합니다.

사랑이 한순간에 증오로 변하기도 합니다.

그러나 감사는 사랑과 다릅니다. 감사는 받지 않아도 할 수 있고, 누군가의 영향을 받지도 않습니다. 혼자서 감사하는 마음을 품으면 누구나 스트레스를 이겨낼 수 있습니다. 이런 이유로 셀리에는 현대인들에게는 사랑의 철학 대신 감사의 철학이 필요하다고 말했습니다.

주님의 사랑을 경험하지 못한 사람은 진정한 사랑을 알 수 없습니다.

주님이 주신 사랑을 받고도 감사하지 않는 사람은 참된 사랑을 경험하지 못한 것입니다. 주님이 주신 사랑으로 우린 누군가를 사랑할 힘을 얻고, 그 사랑을 통해 범사에 감사하는, 기쁨이 넘치는 삶을 살아갑니다. 사랑의 근원이 주님이심을 기억하며 한시도 감사를 잊지 마십시오. 복되고 형통합니다. 아멘!!!

주님, 넘치도록 부어주신 사랑의 은혜를 잊지 않고 살아가게 하소서.

주님이 베푸신 은혜를 느낄 때마다 감사의 기도를 드립시다.

6월 3일

한 사람의 소중함

읽을 말씀 : 마태복음 18:1-10

● 마 18:6 누구든지 나를 믿는 이 소자 중 하나를 실족케 하면 차라리 연자 맷돌을 그 목에 달리우고 깊은 바다에 빠뜨리우는 것이 나으니라

99명의 고객을 만족시킨 영업사원이 있었습니다.

그런데 조금 까다로운 손님을 상대하다가 감정이 폭발해 큰 실수를 하고 말았습니다. 그동안의 영업사원의 성적은 99명의 만족, 1명의 불만족입니다.

그럼 이 사원의 영업점수는 99점일까요?

마케팅의 관점에서 보면 이 영업사원의 점수는 0점이라고 합니다.

1명의 불만족한 고객 때문에 만족한 99명의 고객도 떠날 수가 있기 때문입니다.

실제로 현장에서 빈번하게 일어나는 일이기에 마케팅 업계에는 이 현상을 다루는 다음과 같은 공식이 있습니다.

「100 x 0 = 0 / 100 - 1 = 0」

수학적으로는 100에서 1을 빼면 99이지만 마케팅의 세계에서는 다릅니다. 0점을 준 고객이 한 명이라도 있으면 100점을 준 고객이 아무리 많아도 총합이 0점이 될 수 있습니다.

이처럼 마케팅계에서 한 사람을 대하는 일은 매우 중요한 일입니다.

매일 수많은 사람을 만나며 그 관계를 통해 복음을 전해야 하는 크리스천들도 이런 삶의 자세를 배워야 합니다.

한 사람에게 저지른 실수가 복음의 길을 막고, 더 나아가 기독교의 이미지를 실추할 수 있다는 점을 기억하고 사랑의 손길로 최선을 다해 이웃을 섬기십시오. 복되고 형통합니다. 아멘!!!

주님, 부족한 저의 삶을 통해 주님의 사랑과 복음이 전해지도록 하소서.

만나는 모든 사람들에게 축복과 사랑을 전하고자 노력합시다.

승패를 결정하는 것

6월 4일

읽을 말씀 : 이사야 52:1–12

● 사 52:11 너희는 떠날지어다 떠날지어다 거기서 나오고 부정한 것을 만지지 말지어다 그 가운데서 나올지어다 여호와의 기구를 메는 자여 스스로 정결케 할지어다

시험을 잘 보기 위해 한 달 전부터 열심히 공부한 학생이 있었습니다.

그런데 시험 전날 밤새워서 공부하느라 컨디션이 매우 나빴습니다. 심지어 늦잠으로 지각까지 했습니다. 이 학생은 당일 시험을 잘 볼 수 있었을까요? 아마도 평범히 공부를 하고 전날 푹 잠을 잔 학생이 더 높은 점수를 받았을 것입니다. 아무리 준비를 잘해도 시험 전날 문제가 생기면 실력을 발휘할 수 없기 때문입니다.

같은 이유로 2차 대전 당시 연합국의 장군들은 "싸움의 승패는 그 전날 결정된다"라는 말을 입에 달고 살았다고 합니다.

시시각각 변하는 전황 가운데 바로 다음 날 맞이할 전투를 전날 준비하지 못하면 아무리 최신 무기에 잘 훈련된 군인들이 있어도 승리하기는 어렵습니다.

그런데 우리 크리스천들도 매주 이와 같은 테스트를 받고 있다는 사실을 알고 계십니까? 바로 예배입니다. 주일 전날 밤을 새우고, 혹은 피곤에 절어있는 채로, 혹은 주님이 기뻐하시지 않는 일을 하다가 예배를 은혜롭게 드릴 수는 없습니다. 하나님이 기뻐 받으시는 예배가 되지 않기 때문입니다.

시험의 성공, 전투의 승리를 전날이 결정하는 것처럼, 예배 역시 마찬가지입니다. 온전히 드려지는 예배를 위해 전날부터 준비하는, 아니 우리의 삶을 주님이 받으시기에 합당한 거룩한 삶으로 준비하는, 예배에 목숨을 거는 성도가 되십시오. 복되고 형통합니다. 아멘!!!

주님, 예배를 습관처럼 드리지 않도록 마음과 정신을 일깨워 주소서.

온전한 예배를 위해 필요한 준비를 체크리스트로 만들고 지킵시다.

6월 5일

믿음의 대를 이어라

읽을 말씀 : 디모데후서 1:1–11

● 딤후 1:5 이는 네 속에 거짓이 없는 믿음을 생각함이라 이 믿음은 먼저 네 외조모 로이스와 네 어머니 유니게 속에 있더니 네 속에도 있는 줄을 확신하노라

일본의 유명한 메밀소바 가게가 화제가 된 적이 있습니다.

명문대를 다니며 변호사를 준비 중이던 장남이 대를 잇기 위해 모든 것을 포기하고 메밀국수를 배우러 본가로 돌아갔기 때문입니다.

이 집은 무려 7대를 이어 내려오는 전통 있는 메밀 국숫집이라고 합니다. 만약 장남이 죽으면 차남이, 차남이 죽으면 그 아들들이 이어받으며 200년이 넘게 유지되고 있었습니다.

그렇다고 이 집에 돈이 없는 것도 아닙니다.

워낙 장사가 잘되는 곳이라 근방에 건물도 몇 채가 있고, 3대는 일을 안 해도 먹고살 수 있는 재력이 있습니다. 당연히 자녀들도 자신의 꿈을 찾아 살아가도 되지만, 그 무엇보다 집안의 전통을 중시하기에 모든 것을 포기하고서라도 가업을 이어받는 것입니다.

중국에도 「의불삼세 불복기약」이라는 이와 비슷한 말이 있습니다.

「3대째 내려오는 의사가 아닌 병원에서는 약을 받지 않는다」는 뜻입니다. 그러나 이런 전통보다도 더욱 목숨을 걸고 지키며 이어야 할 것이 있습니다. 바로 믿음의 전승입니다.

아브라함의 하나님이 이삭의 하나님이 되고, 야곱의 하나님이 된 것처럼, 우리 가문의 구원의 역사가 대대손손 잘 이어져 내려갈 수 있도록 가족을 위해 기도하고, 자녀를 지혜롭게 교육하십시오.

복되고 형통합니다. 아멘!!!

주님, 가족이 함께 주님을 믿고 예배하는 복된 가정이 되게 하소서.

자녀의 믿음 문제에 큰 관심을 가지고 지혜롭게 교육합시다.

잊지 말아야 할 희생

6월 6일

읽을 말씀 : 이사야 46:1-13

● 사 46:9 너희는 옛적 일을 기억하라 나는 하나님이라 나 외에 다른이가 없느니라 나는 하나님이라 나 같은이가 없느니라

전사한 군인 212,554명/ 전사한 경찰 34,000명/ 민간인 사망자 224,000명/ 실종자 215,000명/ 부상자 125,000명!

바로 한국전쟁으로 일어난 인명피해입니다. 이외에도 *UN*에서 보낸 16개국의 연합군 전사자가 10만 명에 가깝습니다.

한국전쟁은 백만 명에 가까운 사상자가 생긴 우리 현대사의 가장 큰 비극입니다. 그러나 더욱 안타까운 것은 다시는 일어나지 않도록 정신을 차리고 대비를 해도 모자랄 판에 벌써 사람들의 기억 속에서 한국전쟁이 잊히고 있다는 사실입니다.

중앙일보가 최근(2020년)에 진행한 설문 조사에 따르면 한국전쟁이 언제 일어났는지를 정확히 알고 있는 비율은 국민의 50%밖에 되지 않았습니다. 연령대가 어릴수록 제대로 아는 비율이 낮았고, 10대의 경우에는 13% 정도만이 정확히 알고 있었습니다. 한국전쟁이 어떻게 일어나고 어떻게 승리했는지 배경을 제대로 아는 비율은 훨씬 더 적었습니다. 목숨을 아끼지 않고 전쟁터로 달려간 분들의 희생이 없었다면 지금의 우리나라는 존재할 수 없었을 것입니다.

신앙도 마찬가지입니다.

자유라는 빛, 복음이라는 광명을 우리에게 전하기 위해 목숨까지도 아끼지 않았던 순교자들의 숭고한 희생들을 기억하십시오.

복되고 형통합니다. 아멘!!!

주님, 더 열심히 복음을 전파하는 복음에 빚진 자로 살아가게 하소서.

올바른 역사를 기억하며 나라의 미래와 평안을 위해 꾸준히 기도합시다.

6월 7일

더 좋은 길

읽을 말씀 : 욥기 23:10–17

● 욥 23:10 나의 가는 길을 오직 그가 아시나니 그가 나를 단련하신 후에는 내가 정금 같이 나오리라

한 가정에 교회를 열심히 다니는 엄마와 딸, 그리고 아무리 전도를 해도 믿지 않는 아빠가 있었습니다.

아빠는 믿음이 없는 것만 빼고는 만점짜리 아빠였습니다.

직장에서도 인정받는 유능한 직원이었고, 아내와 딸에게도 항상 사랑을 베푸는 자상한 사람이었습니다.

그런데 어느 날부터 딸이 불치병에 걸려 서서히 죽어갔습니다. 사랑하는 딸이 죽을병에 걸리자 아빠는 더더욱 마음을 굳게 닫았습니다.

딸의 마지막 소원이 아빠가 주님을 영접하는 것이라고 해도 교회와 관련된 이야기는 들은 척도 하지 않았습니다. 어느 날 자신의 몸이 정말로 안 좋아진 것을 느낀 딸이 밤중에 조용히 아빠를 찾아가 말했습니다.

“아빠, 만약에 내가 죽는다면 천국에서 기다리고 있었으면 좋겠어요? 아니면 아빠가 믿는 것처럼 죽어서 그냥 사라졌으면 좋겠어요? 제가 예수님을 믿는 것이 정말 싫다면 저도 아빠 말대로 이제 교회에 다니지 않을게요.”

딸의 말을 이해한 아빠는 한참동안 눈물을 흘리다 “그럴 필요 없단다. 예수님을 믿자. 우리 꼭 천국에서 다시 만나자”라고 대답했습니다.

한 크리스천이 인터넷에 익명으로 올린 사연입니다.

사는 동안 우리의 머리로는 이해할 수 없는 고난이 때때로 찾아옵니다. 그러나 그럼에도 끝까지 주님을 믿고 따르는 것이 언제나 더 나은 길임을 기억하십시오. 복되고 형통합니다. 아멘!!!

주님, 기쁠 때도, 슬플 때도, 주님만 바라보며 의지하게 하소서.

주님이 언제나 제일 좋은 길로 인도해 주셨음을 고백합시다.

오직 성령으로

6월 8일

읽을 말씀 : 갈라디아서 5:16–26

● 갈 5:16 내가 이르노니 너희는 성령을 좇아 행하라 그리하면 육체의 욕심을 이루지 아니하리라

마이크로소프트의 창업주 빌 게이츠(*William Henry Gates III*)는 30여 년 전 「미래로 가는 길」이라는 책에서 곧 정보화 시대가 찾아올 것이라고 예견했습니다.

정보화 시대는 물질적 재화보다 무형의 정보가 더욱 중요하게 여겨지는 시대입니다. 한 마디로 정보가 돈이 될 수 있는 시대입니다.

그러나 「멋진 신세계」의 작가 올더스 헉슬리(*Aldous L. Huxley*)는 그보다 훨씬 앞선 100년 전에 정보화 시대의 문제점에 대해 "너무도 많은 정보로 무엇이 진실인지 알지 못하는 것"이라고 예측했습니다.

인공지능(*AI*) 시대를 맞은 지금 인류는 헉슬리의 말대로 위기에 봉착해 있습니다. 예를 들어 인공지능한테 '세종대왕과 노트북에 대해서 알려달라'고 하면 '세종대왕이 사용한 노트북이 무엇인지'를 알려줍니다. 명백한 오류입니다.

컴퓨터가 알아서 척척 자료를 찾아주는 시대가 찾아왔지만, 그것이 진짜인지 아닌지 알 수 있는 방법이 더욱 중요한 시대가 온 것입니다.

크리스천의 삶에서 중요한 것은 무엇일까요?

바로 성령 충만입니다.

성령님은 하나님이 기뻐하시는 삶의 방향으로 우리를 인도하십니다. 그래서 예수님은 직접 가르치시고, 수많은 기적을 행하신 제자들에게도 성령님을 기다리라고 말씀하셨습니다. 내 생각의 의지가 아닌 성령님의 인도하심을 따라 살아가는 삶이 되도록 오직 성령의 충만함을 구하십시오. 복되고 형통합니다. 아멘!!!

주님, 성령님의 인도하심을 따라 선을 행하는 주님의 제자 되게 하소서.

오직 성령님으로 우리의 삶이 충만하게 채워지기를 간구합시다.

6월 9일

그저 만나기 위해

읽을 말씀 : 누가복음 19:1–10

● 눅 19:10 인자의 온 것은 잃어버린 자를 찾아 구원하려 함이니라

「세균학의 아버지」로 불리는 루이 파스퇴르(*Louis Pasteur*)가 프랑스와 러시아가 격전을 벌이고 있는 전쟁터로 향했습니다.

이유는 단 하나, 입대한 아들을 보기 위해서였습니다.

장교는 아들이 투입된 전장이 가장 사상자가 많이 나는 위험한 곳이라며 만류했지만, 파스퇴르는 조금도 망설이지 않고 길을 떠났습니다.

전장에 도착하자 상황은 더욱 절망적이었습니다. 전날 전투에서 1,000명이 넘게 전사하고 살아남은 사람은 300명도 되지 않는다는 소식이었습니다. 설상가상으로 아들의 생사도 확인되지 않았습니다.

이 말을 들은 파스퇴르는 전투가 한창인 곳으로 달려가 시체더미를 뒤지며 아들을 찾았습니다. 잠시 후 멀리서 아버지를 알아본 아들이 달려왔습니다. 두 부자는 부둥켜안고 한참 동안 눈물을 흘렸습니다.

파스퇴르가 목숨을 걸고 아들을 찾아간다고 해서 변하는 것은 하나도 없었습니다. 파스퇴르는 집으로 돌아가야 했고, 아들은 다시 전장에 투입되어야 했습니다. 그런데도 아버지는 사랑하는 아들을 한 번 더 보기 위해 목숨을 걸고 찾아간 것입니다.

아들을 한 번 더 보기 위해 죽음도 불사하는 것이 아버지의 사랑입니다. 이런 사랑의 마음으로 하나님은 아들을 이 땅에 보내셨습니다. 우리를 만나기 위해서뿐 아니라 구원하기 위해서 독생자를 세상에 주신 하나님의 놀라운 사랑을 믿고 예수님을 구주로 영접하십시오.
복되고 형통합니다. 아멘!!!

주님, 주님의 사랑을 경험함으로 진정한 사랑을 깨닫게 하소서.

우리를 살리려고 세상에 오신 주님의 크신 사랑에 매일 감사합시다.

거룩한 병, 감사

6월 10일

읽을 말씀 : 고린도후서 12:1-10

● 고후 12:9 내게 이르시기를 내 은혜가 네게 족하도다 이는 내 능력이 약한데서 온전하여짐이라 하신지라 이러므로 도리어 크게 기뻐함으로 나의 여러 약한 것들에 대하여 자랑하리니 이는 그리스도의 능력으로 내게 머물게 하려함이라

「죄와 벌」을 쓴 도스토옙스키(*Fyodor M. Dostoevskii*)는 자신의 간질병을 「거룩한 병」이라고 불렀습니다.

사형장에서 총살 직전에 살아난 뒤 모든 삶이 감사라는 것을 깨달았기 때문입니다. 살아있다는 사실이 얼마나 귀한 감사 제목인지 깨달은 도스토옙스키는 간질이 오히려 하나님을 더 의지하게 만들어 준다고 고백했습니다.

「가장 길었던 날(*The Longest Day*)」이라는 책을 쓴 코넬리어스 라이언(*Cornelius Ryan*)은 5년간 암 투병을 하다가 세상을 떠났는데, 암에 걸린 날부터 세상을 떠나는 날까지 「매일 아침 5가지 감사」를 드렸다고 합니다.

❶ 오늘도 아내 얼굴을 볼 수 있는 것
❷ 하루 더 아이들을 볼 수 있게 된 것
❸ 소설을 완성시킬 시간이 주어진 것
❹ 하루 더 병과 싸울 의지를 주신 것
❺ 예수님이 나를 보고 미소 짓고 계심을 느끼게 해주신 것

예수님의 사랑을 경험한 사람은 정말로 어떤 상황에서도 감사할 수 있어야 합니다.

우리의 삶에 더 큰 지분을 차지하고 있는 것은 무엇입니까?

감사입니까? 불평입니까?

주님이 주신 은혜와 사랑을 느끼며 매일 감사의 고백을 쉬지 않고 드리는 크리스천이 되십시오. 복되고 형통합니다. 아멘!!!

주님, 세상을 떠나는 순간까지 주님을 향한 감사를 올리게 하소서.

모든 일에 감사하는 마음을 품을 수 있도록 말과 생각을 변화시킵시다.

6월 11일

열매를 기다리라

읽을 말씀 : 누가복음 8:9–15

●눅 8:15 좋은 땅에 있다는 것은 착하고 좋은 마음으로 말씀을 듣고 지키어 인내로 결실하는 자니라

만나는 사람 누구에게나 "우리 아들은 참으로 바보 천치야"라고 험담하는 아버지가 있었습니다. 이 말을 들은 사람들은 처음엔 "아버지가 무슨 말을 그렇게 하세요?"라고 나무랐습니다. 그러나 나중에 아들을 만나고 나서는 아버지의 말에 수긍했습니다.

이 아이는 말도 느리고 학교 성적도 신통치 않았습니다. 미술에 대한 꿈이 생겨 열심히 공부했지만 대학교도 세 번이나 떨어졌습니다.

오랜 기간 아이를 지원해 주던 삼촌도 "너를 교육시키는 건 불가능한 것 같구나"라며 결국 두 손 두 발을 다 들었습니다.

만나는 사람마다 험담을 했던 이 아이는 「생각하는 사람」을 조각한 근대의 가장 위대한 조각가 오귀스트 로댕(*François–Auguste–René Rodin*)입니다.

세상 사람들은 자신과 다른 사람을 이해하지 못하고 깎아내리곤 합니다. 로댕을 비롯한 에디슨(*Edison*), 뉴턴(*Newton*), 아인슈타인(*Einstein*) 역시 학교에서는 바보 소리를 듣던 사람들입니다.

열두 제자의 가능성을 보지 못하고 예수님의 안목을 의심했던 사람들처럼 우리도 스스로를, 주변의 형제와 자매를 잘못 평가하고 있지 않습니까?

쌀 한 톨을 수확하기 위해서 일년을 기다려야 하듯이, 주님이 우리 안에 심어 주신 비전의 씨앗이 열매 맺힐 때까지 포기하지 말고, 비슷한 상황에 처한 다른이들도 격려해 주십시오. 복되고 형통합니다. 아멘!!!

주님, 다른 사람의 가능성이 꽃 피기를 기다리며 격려하게 하소서.

주님의 때를 기대하며, 인내하고 또 인내합시다.

믿음으로 오른 암벽

6월 12일

읽을 말씀 : 요한복음 20:24-29

● 요 20:29 예수께서 가라사대 너는 나를 본 고로 믿느냐 보지못하고 믿는 자들은 복되도다 하시니라

캐나다 브리티시 컬럼비아(*British Columbia*)주의 작은 도시 스쿼미시(*Squamish*)에는 「치프봉」이라고 불리는 세계 암벽등반가들의 성지가 있습니다. 150도 경사의 난코스로 조금만 기상이변이 생겨도 등반이 어려워 세계적인 암벽등반가들도 중도에 포기하고 내려오는 경우가 많습니다. 그런데 한 시각장애인이 「치프봉」 등정에 성공했습니다.

눈이 안 보이는데 어떻게 절벽에 가까운 암벽을 오를 수 있었을까요?

동료들이 위와 아래에서 잡고, 딛어야 할 위치를 알려주면 그대로 따라가며 오른 것입니다.

보통 사람보다 몇 배는 더 시간이 걸리는 일이었기에, 암벽을 오르는 도중 허공에 매단 그물 텐트에서 잠을 자며 56시간이나 걸렸습니다.

자칫하면 목숨을 잃을 뻔한 아찔한 순간도 있었습니다.

그러나 동료들의 말을 믿고 손과 발을 뻗었기 때문에 결국 시각장애인 최초로 세계에서 험하기로 이름난 절벽을 정복할 수 있었습니다.

시각장애인 암벽등반가 송경태 씨가 이 기록의 주인공입니다.

한 치 앞을 살필 수 없는 어두운 인생길에서 우리가 의지할 것은 오직 진리의 말씀뿐입니다.

물 위를 걸었음에도 믿지 못했던 베드로처럼 의심하지 말고, 주님의 말씀을 전심으로 믿으며 말씀대로 살아가십시오.
복되고 형통합니다. 아멘!!!

주님, 주님의 명령에 오직 순종하는 믿음의 제자가 되게 하소서.

나를 위해 죽으시고, 다시 살아나신 주님을 향한 믿음을 확증합시다.

6월 13일

원칙을 바로 세우라

읽을 말씀 : 요한복음 15:1–11

● 요 15:10 내가 아버지의 계명을 지켜 그의 사랑 안에 거하는것 같이 너희도 내 계명을 지키면 내 사랑 안에 거하리라

「성공은 20대에 결정된다」의 저자 제프리 메이어(*Jeffrey Mayer*)는 책을 쓰기 위해 수많은 성공한 사람의 인생을 조사했습니다.

그리고 「성공은 결과가 아닌 과정을 즐기는 여행」임을 깨닫게 되었습니다.

다음은 메이어가 말한 「성공하는 인생의 7가지 원칙」입니다.

❶ 성공으로 인도할 꿈이나 비전이 있어야 한다.

❷ 꿈을 추구하며 재미를 느껴야 한다.

❸ 성공을 이루고자 하는 갈망이 있어야 한다.

❹ 자신의 능력에 확신이 있어야 한다.

❺ 행운을 바라지 말고 스스로 만들어야 한다.

❻ 실패를 두려워하지 않고 도전해야 한다.

❼ 절대로 중간에 그만두지 말아야 한다.

성공은 결과가 아닌 과정입니다. 결과가 전부라고 생각하는 사람은 어쩌면 진짜 성공의 보상인 과정을 놓치고 있는 사람입니다.

주님을 믿고 난 뒤 우리의 삶의 여정을 돌아보십시오.

그 모든 과정은 분명한 성공이었을 것입니다.

예수님과 동행하는 삶이라면 우리 삶에 그 어떤 것도 더 바랄 것이 없습니다. 예수님과 동행하며 살아가는 크리스천의 모든 삶과 순간이 바로 성공한 삶임을 믿으십시오. 복되고 형통합니다. 아멘!!!

주님, 크리스천의 성공한 삶이 무엇인지 올바로 알도록 깨우쳐 주소서.

성공을 위한 삶의 원칙이 성경적인지 확인합시다.

그래도 감사할 수 있다

6월 14일

읽을 말씀 : 시편 30:1-12

● 시 30:12 이는 잠잠치 아니하고 내 영광으로 주를 찬송케 하심이니 여호와 나의 하나님이여 내가 주께 영영히 감사하리이다

미국 캘리포니아주의 지역 신문에 아래와 같은 이상한 광고가 실린 적이 있습니다.

"남편 염가에 양도함.

엉성한 사냥 도구와 골프채, 개 한 마리는 덤으로 드림."

주말마다 개를 데리고 사냥과 골프를 다니는 남편 때문에 마음이 답답한 아내가 낸 광고였습니다.

그런데 장난처럼 여겨지는 이 광고를 보고 여기저기에서 무려 60여 통의 전화가 왔다고 합니다.

"이것 보세요. 나는 남편과 사별한 뒤 혼자 지내고 있습니다.

남편이 살아있다는 것만으로도 감사하세요."

"당신 남편은 그래도 바람은 안 피우잖아요."

"혹시 개만 줄 수는 없나요?"

"남편이 매주 간다는 골프장이 어디인지 알고 싶습니다."

이 전화를 받은 뒤 아내가 어떤 선택을 했는지는 알려진 바가 없습니다. 그러나 자신이 문제라고 생각했던 남편의 모습에서 오히려 감사의 제목을 찾을 수 있다는 사실을 깨달았을 것입니다.

때로는 이해할 수 없는 일들이 우리 삶에서 일어난다 해도 욥과 같이 먼저 주님을 의지하며 감사의 제목을 찾으십시오.

복되고 형통합니다. 아멘!!!

주님, 모든 상황 가운데 감사와 찬양을 잊지 않게 하소서.

오늘 하루 어떤 일이 일어나도 주님께 감사와 찬양을 올립시다.

6월 15일

세상에 맞서는 방법

읽을 말씀 : 요한복음 16:25-33

● 요 16:33 이것을 너희에게 이름은 너희로 내 안에서 평안을 누리게 하려함이라 세상에서는 너희가 환난을 당하나 담대하라 내가 세상을 이기었노라 하시니라

출간한 지 10개월 만에 세계적으로 50만부가 팔린 경건서적 「래디컬(*RADICAL*)」은 "세상에 휩쓸리지 말고 성경에 나오는 진짜 제자의 모습대로 살자"라고 당부하는 책입니다.

책의 저자인 데이비드 플랫(*David Platt*) 목사님은 "그리스도인은 세상의 그릇된 가치관을 무분별하게 수용하지 말고 맞서 싸워야 한다"라고 주장했습니다. 그리고 그 힘은 제자로 살아가는 크리스천들이 함께하는 공동체에서 얻을 수 있다고 합니다.

다음은 플랫 목사님이 말한 「세상에 지지 않는 성도를 세우는 공동체의 6가지 실천 사항」입니다.

❶ 개인주의를 버리고 이 땅에서 하늘의 공동체를 재현하라.
❷ 아침과 저녁에 함께 하나님을 찾는 경건생활을 공유하라.
❸ 함께 하나님의 말씀을 암송하라.
❹ 세상 문화의 흐름을 거스르는 본을 보여라.
❺ 사회 취약계층을 찾아가 정의를 실천하라.
❻ 전도와 선교를 위한 구체적 결단과 실천을 나누라.

세상을 이기는 방법은 이미 승리하신 주님을 믿으며 의지하는 것뿐입니다.

이미 승리하신 주님의 공로를 의지하는 것이 우리가 할 수 있는 유일한, 그리고 가장 확실한 방법입니다. 세상을 이기려고 노력하지 말고, 하나님의 말씀을 더욱 실천하려고 노력하십시오.

복되고 형통합니다. 아멘!!!

주님, 말씀을 통해 제자로 살아갈 힘을 얻고 견뎌내게 하소서.

주님 안에서 하나 된 공동체를 교회 안에 세웁시다.

영과 진리의 예배

6월 16일

읽을 말씀 : 요한복음 4:19–24

● 요 4:24 하나님은 영이시니 예배하는 자가 신령과 진정으로 예배할지니라

『극동방송은 방송 가족들의 사랑의 후원을 모아 국내에 있는 탈북민들을 정기적으로 방문해 사랑의 선물을 전달합니다.

사랑의 선물을 전달하면서 만난 탈북민 최은혜(가명) 씨로부터 북한 지하교회 이야기를 들을 수 있었습니다.

지하교회에 제일 처음 발을 들여놓는 사람을 '병아리'라고 하고, 집사님은 '중닭', 전도사는 '암탉', 목사님은 '수탉'이라고 한다는 이야기를 들었습니다.

그러면서 최은혜 씨의 어머니가 은밀히 자기를 부르더니 새벽 2시부터 극동방송이 나온다고 말했다고 합니다. 그래서 하루는 어머니와 함께 방송을 들었는데 진짜 딱 새벽 2시가 되니 "제주극동방송입니다"라는 아나운서의 목소리와 함께 간증과 복음이 흘러나왔는데 그 목소리가 얼마나 잘 들리는지, 그로 인해 지하교회 성도들의 신앙이 성장하고, 극동방송이 있다는 것을 확실히 알게 되었다고 합니다. 특별히 최은혜 씨의 어머니는 지하교회 장로인데 탈북할 기회도 있었지만 지하교회 교인들을 버리고 갈 수 없다며 복음 전파를 위해 그 자리를 지켜야 한다고 말했다고 합니다.

그 어머니의 소망은 진짜 십자가가 있는 교회 예배당에서 예배를 드리는 것이라고 했습니다.』 –「김장환 목사의 인생 메모」 중에서

지금 우리가 드리는 예배는 지하교회 성도가 그토록 바라는 현장임을 다시 한번 생각하며 예배와 섬기는 교회를 더욱 소중히 여기길 기도하십시오. 복되고 형통합니다. 아멘!!!

주님, 북한의 영혼들이 복음화되기를 기도하며 전도하게 하소서.

나의 예배 생활을 돌아보며, 영과 진리로 드리는 귀한 예배자가 됩시다.

6월 17일

시작의 힘

읽을 말씀 : 고린도전서 9:19-27

● 고전 9:23 내가 복음을 위하여 모든 것을 행함은 복음에 참예하고자 함이라

뛰어난 철학자를 스승으로 둔 제자가 하루는 다음과 같이 질문했습니다.

"어떻게 해야 선생님처럼 현명해질 수 있습니까?"

이 말에 스승은 다음과 같이 대답했습니다.

『일단 공부를 시작해라. 모든 일은 시작이 반이다.』

흔히들 한국 속담으로 알고 있는 「시작이 반이다」는 그리스 철학자 아리스토텔레스(*Aristotle*)가 한 말입니다.

로마의 황제 마르쿠스 아우렐리우스(*Marcus Aurelius Antoninus*)는 아리스토텔레스의 말을 인용해 다음과 같은 글을 남겼습니다.

"두 번만 시작하면 모든 일은 완성된다.

아무리 거창한 일이라도 일단 시작하면 반은 이룬 것이다.

나머지 반은 한 번 더 시작하면 된다."

세상을 변화시킨 위대한 사람들은 도저히 이룰 수 없을 것 같은 일도 일단 시작한 사람들입니다.

하나님이 분명한 비전을 마음에 주셨다면, 우리도 망설이지 말고 바로 지금 시작해야 합니다.

시작하기로 마음을 먹을 때 비전은 이미 절반 이루어진 것입니다.

더 나은 신앙생활을 위해 나에게 필요한 일은 무엇입니까?

주님이 주시는 감동이 있다면 그 일을 오늘 시작하십시오.

그리고 한 번 더 시작하십시오. 복되고 형통합니다. 아멘!!!

주님, 거룩하고 위대한 일을 위해 매일 옳은 결단을 내리게 하소서.

부담감으로 계속 미루고 있던 일이 있다면 지금 시작합시다.

절대 포기하지 않으신다

6월 18일

읽을 말씀 : 호세아 11:1–12

● 호 11:8 에브라임이여 내가 어찌 너를 놓겠느냐 이스라엘이여 내가 어찌 너를 버리겠느냐 내가 어찌 너를 아드마 같이 놓겠느냐 어찌 너를 스보임 같이 두겠느냐 내 마음이 내 속에서 돌아서 나의 긍휼이 온전히 불붙듯 하도다

갑자기 일어난 강진으로 쑥대밭이 된 도시가 있었습니다.

지반이 약한 곳에 지어진 몇몇 건물들은 순식간에 무너져 내렸고 그 중에는 수업 중이던 학교도 있었습니다. 지진이 멈추자 한 아버지가 폐허가 되어버린 학교를 찾아와 아들의 이름을 애타게 외쳤습니다.

그러나 아무리 외쳐도 묵묵부답이자, 아버지는 아들이 수업했던 건물 쪽으로 달려가 무너진 건물 더미를 치우기 시작했습니다. 곧 도착한 소방대원과 경찰들은 이 정도로 무너진 현장에서 사람이 살아남을 확률은 없다며 아버지를 말렸습니다.

아들을 포기할 수 없었던 아버지는 이틀이 넘게 돌을 치우며 아들의 이름을 불렀습니다. 그런데 정확히 38시간 만에 폐허 더미 안쪽에서 아들의 목소리가 들렸습니다. 기적적으로 아들과 같은 반 학생 열명 정도가 생존해 있었습니다.

"무슨 일이 있어도 나는 너와 함께란다"라고 말해주었던 아버지의 말을 믿고 아들은 물도 없고 빛도 없는 어둠 속에서 친구들을 안심시키며 아버지를 기다렸습니다.

1989년 아르메니아에서 일어난 실화입니다. 살아남을 확률이 0.1%만 되어도 결코 포기하지 않는 것이 아버지의 사랑입니다.

그런데 우리 하나님 아버지의 사랑은 이보다 더 크고 놀라운 사랑입니다. 나를 절대로 포기하지 않으시고, 끝까지 사랑하시는 하나님으로 인해 어떤 고난 중에도, 환란 중에도, 다시 일어설 힘을 얻으십시오.

복되고 형통합니다. 아멘!!!

주님, 지금까지 함께하셨던 주님이 앞으로도 함께하실 것을 믿게 하소서.

최악의 순간에도 우리를 향한 하나님의 사랑을 떠올리며 이겨냅시다.

6월 19일

변하지 않는 원칙

읽을 말씀 : 잠언 3:16-20

● 잠 3:20 그 지식으로 해양이 갈라지게 하셨으며 공중에서 이슬이 내리게 하셨느니라

뉴욕대학교(*New York University*) 국제경영학과 교수인 조지 데이비드 스미스(*George David Smith*)는 100년 전에 활동했던 위대한 경영인들을 오랜 기간 연구하다가 한 가지 이상한 사실을 발견했습니다.

100년 전 위대한 경영인이 행했던 여러 모습이 오늘날의 선구자들이 행하는 모습과 비슷했습니다.

스미스가 정리한 「변하지 않는 위대한 경영인의 4가지 조언」입니다.

❶ 모험을 선택하라.
위대한 경영인은 스스로 모험을 선택했다.

❷ 경쟁을 두려워하지 마라.
경쟁자보다 먼저 돌진하라.

❸ 제대로 관리하라.
시간, 능력, 직원, 필요한 것들을 관리하라.

❹ 리더십을 발휘하라.
최고의 인재를 모으고 이끌 수 있도록 준비하라.

올바른 원칙을 세운 사람의 삶은 저절로 성공을 향해 나아갑니다.

성경에는 올바른 원칙들을 제시하고 있습니다.

주님이 말씀을 통해 가르쳐주신 삶의 여러 성공 원칙들을 내 삶에 적용하십시오. 복되고 형통합니다. 아멘!!!

주님, 우리에게 주신 오직 하나의 진리인 성경만을 믿게 하소서.

주님이 주신 지혜로 바른 삶의 원칙들을 세웁시다.

말에 달린 성패

6월 20일

읽을 말씀 : 잠언 10:16-23

● 잠 10:21 의인의 입술은 여러 사람을 교육하나 미련 한 자는 지식이 없으므로 죽느니라

일본의 커뮤니케이션 전문가 후쿠다 다케시(*Hukuda Takeshi*)는 「21세기를 살아가는데 가장 필요한 능력」을 두 가지로 꼽았습니다.

- 첫째, 발전하는 테크놀로지에 뒤처지지 않는 능력
- 둘째, 인간 사이의 소통 능력

무려 지금으로부터 30여 년 전에 내다본 통찰이었습니다.

후쿠다는 시간이 지날수록 두 가지 능력이 더욱 필요할 것이라고 예상했고, 그중에서도 소통 능력이 더 중요하다고 생각했습니다.

테크놀로지는 사용하다 보면 자연스럽게 익힐 수 있지만, 소통 능력은 자연스럽게 배우기가 더 힘들기 때문입니다.

후쿠다가 말한 「미래 시대의 소통을 위해 필요한 대화법」입니다.

❶ 상대에게 어울리는 새롭고 신선한 대화 소재를 선정하라.

❷ 상대방의 신체와 정신이 지금 어떤 상태인지를 파악하라.

❸ 수다를 떨지 말고 교감하라.

말이 통하는 사람에게 자연스럽게 마음을 열게 되고, 마음이 열려 있어야만 하나님의 사랑을 받아들일 수 있습니다.

성경을 통해 혀를 사용하는 지혜를 얻고, 그 지혜로 사람들의 마음을 얻어 복음을 흘려보내는 지혜로운 사람이 되십시오.

복되고 형통합니다. 아멘!!!

주님, 모든 대화 가운데 경우에 합당한 말이 무엇인지 깨닫게 하소서.

매일 잠언 말씀을 묵상하며 깨달음을 통해 관계의 지혜를 익힙시다.

6월 21일

가치를 정하는 사람

읽을 말씀 : 베드로전서 2:1–10

● 벧전 2:9 오직 너희는 택하신 족속이요 왕 같은 제사장들이요 거룩한 나라요 그의 소유된 백성이니 이는 너희를 어두운 데서 불러 내어 그의 기이한 빛에 들어가게 하신 자의 아름다운 덕을 선전하게 하려 …

메이저 영화제작사인 유니버설 픽처스(*Universal Pictures*)의 대표가 어느 날 소속 배우 두 명을 불러 동시에 해고했습니다.

대표는 한 배우를 앞에 두고 다음과 같이 혹평했습니다.

"아무리 생각해도 자네에게는 배우가 될 자질이 하나도 없네."

다른 한 배우에게는 더 심한 혹평을 했습니다.

"자네는 말을 너무 천천히 하고, 앞니도 하나 깨져 있어.

목의 울대도 튀어나와 아주 괴상해 보이네.

다른 일을 찾는 게 낫겠어."

첫 번째로 해고된 배우는 1970년대 할리우드를 대표하는 버트 레이놀즈(*Burt Reynolds*)였습니다. 그리고 더 혹평을 당한 두 번째 배우는 세계적으로 유명한 명배우이자 명감독으로 왕성하게 활동했던 클린트 이스트우드(*Clinton Eastwood*)입니다.

두 사람은 배우가 될 자질이 부족했던 것이 아닙니다.

다만 소속사 대표가 자신들의 재능을 알아봐 주지 못한 것입니다.

한 번의 혹평으로 꿈을 포기했다면 세기의 스타는 탄생할 수 없었습니다.

우리의 가치를 규정할 수 있는 분은 오직 우리의 아버지 하나님뿐입니다. 세상의 잘못된 평가에 낙담하지 말고, 독생자도 아끼지 않으실 만큼 하나님이 나를 귀하게 여기신다는 사실을 믿고 용기를 내십시오.

복되고 형통합니다. 아멘!!!

주님, 사람들의 잘못된 평가로 마음에 낙인이 찍히지 않도록 해주소서.

하나님의 자녀라는 사실을 매일 기억하며 자존감을 잃지 맙시다.

생명이 더 귀하다

6월 22일

읽을 말씀 : 마태복음 16:21-28

● 마 16:26 사람이 만일 온 천하를 얻고도 제 목숨을 잃으면 무엇이 유익하리요 사람이 무엇을 주고 제 목숨을 바꾸겠느냐

최근 일본에서는 자살한 사람의 보험금 면책 기간이 1년에서 3년으로 늘었습니다. 보험에 가입한 뒤 13개월 후에 자살한 사람이 너무 많았기 때문입니다.

다른 사람을 위해서 이런 선택을 한 사람도 있었지만, 보험금을 노리고 자살로 위장한 사건도 많았습니다. 돈을 노린 반인륜적인 사건이 많이 일어나다 보니 보험사들도 어쩔 수 없는 선택을 한 것입니다.

국내에서도 이와 비슷한 일들이 언론에 연일 보도되고 있습니다.

어린 아들의 손가락을 자른 부모도 있었고, 두 자녀의 엄마인 친동생을 죽인 오빠도 있었습니다. 이미 죽은 형의 명의를 이용해 조카까지 죽이려다 들통이 난 끔찍한 사건도 있었습니다. 돈의 가치를 자녀보다, 가족보다 더 소중하게 여기는 사람들이 많기에 일어난 일들입니다.

하나님이 우리에게 허락하신 생명은 세상의 그 어떤 물질과도 비교할 수 없는 소중하고 고귀한 것입니다. 그러나 주님의 사랑을 모르고, 자신의 가치를 모르기 때문에, 사람들은 눈에 보이는 물질만을 추구하며 살아가고 있습니다.

삶의 가치가 얼마나 귀한 것인지 창조주 하나님을 이미 만나고 그 사랑을 경험한 우리들이 세상에 나아가 전해야 합니다.

갈수록 물질만능주의가 진리인 것처럼 여겨지고 있는 어두운 세상에서 가장 귀한 생명을 주신 분이 누구인지, 그분을 믿음으로 얼마나 귀한 선물을 받는지 세상으로 나아가 전하십시오.

복되고 형통합니다. 아멘!!!

주님, 생명을 소중히 여기며, 생명을 살리는 일에 헌신하게 하소서.

생명을 주신 분이 누구인지, 영생을 주실 분이 누구인지 전합시다.

6월 23일

믿음의 능력

읽을 말씀 : 로마서 1:8–17

● 롬 1:16 내가 복음을 부끄러워하지 아니하노니 이 복음은 모든 믿는 자에게 구원을 주시는 하나님의 능력이 됨이라 첫째는 유대인에게요 또한 헬라인에게로다

암에 걸려 고생하는 남자가 있었습니다.

여러 가지 치료를 다 해봤지만 도저히 차도가 없었습니다.

그러다 하루는 우연히 새로 개발된 항암제 광고를 보게 되었습니다.

거의 모든 암에 효과가 있다는 기적과도 같은 치료제라는 광고였습니다. 남자는 주치의를 찾아가 자기가 본 항암제를 사용해 달라고 부탁했습니다. 아직 안전성이 확인되지 않았지만 어차피 별 차도가 없던 터라 주치의도 남자의 동의를 받고 투여했습니다.

그런데 놀라운 일이 일어났습니다.

신약을 쓰고 나서 암세포가 눈에 띌 정도로 줄어든 것입니다.

그러던 중 이 항암제를 테스트하던 *FDA*에서 "암세포에 아무런 효과 없음"이라는 임상실험 결과를 발표했습니다. 이 발표를 본 후 남자의 암세포는 다시 늘어났습니다. 아무 효과 없는 약이었지만 그 약을 어떻게 믿느냐에 따라서 암세포가 줄어들었다가 다시 늘어난 것입니다.

이 이야기는 1957년에 일어났던 크레비오젠(*Krebiozen*)이라는 항암제를 사용한 환자의 실화입니다.

믿음의 힘은 이토록 강력합니다. 그러나 얼마나 믿느냐보다 무엇을, 누구를 믿느냐가 더욱 중요합니다. 진리가 아닌 것은 믿을 수도 없고, 믿음을 유지할 수도 없습니다. 가짜 진리가 판을 치는 혼란한 세상 속에서 유일한 진리이신 구세주 예수님만을 믿으십시오.

복되고 형통합니다. 아멘!!!

주님, 매일 주님을 향한 믿음이 더욱 굳건하게 자라나게 하소서.

살면서 믿음의 능력을 경험하게 해달라고 주님께 간구합시다.

위대한 길을 따르라

6월 24일

읽을 말씀 : 베드로전서 2:18–25

● 벧전 2:21 이를 위하여 너희가 부르심을 입었으니 그리스도도 너희를 위하여 고난을 받으사 너희에게 본을 끼쳐 그 자취를 따라 오게 하려 하셨느니라

어린 시절 대통령이 되고 싶었던 한 소년이 있었습니다.

소년의 먼 친척 중에는 전직 대통령이 있었는데, 소년은 그분과 똑같은 삶을 살면 자기도 대통령이 될 수 있을 거라고 믿었습니다.

친척이 하버드대학교(*Harvard University*)에 입학했기에 자신도 하버드대학교에 입학했고, 졸업 후 변호사가 되었기에 자신도 변호사가 되었습니다. 그러나 그렇게 친척의 인생을 한 걸음씩 따라가던 중에 예상치 못한 사건이 일어났습니다.

과로로 병이 생겨 다리가 마비된 것입니다.

동경하던 친척의 삶에는 그런 일이 일어나지 않았습니다.

장애를 극복하기 위해 남자는 이제 '3중고의 천사' 헬렌 켈러(*Helen A. Keller*)의 삶을 살펴보고 따라갔습니다. 헬렌 켈러의 삶을 보고 자신도 절대 포기하지 않겠다고 역경을 만날 때마다 다짐했습니다.

주변의 위대한 사람들을 만날 때마다 장점을 배우려고 노력했던 남자는 자신이 만난 누구보다 더 뛰어난 위인이 됐습니다.

미국의 대공황을 극복하고 제2차 세계대전을 승리로 이끈 프랭클린 루즈벨트(*Franklin D. Roosevelt*)의 이야기입니다.

어떤 사람을 보고 배우느냐가 인생의 길을 정합니다.

가장 위대한 삶의 모습을 우리에게 보여주시고, 진리의 길로 인도해 주시는 주님의 삶을 보고 배우십시오. 복되고 형통합니다. 아멘!!!

주님, 주님이 걸어가신 그 길을 저도 본받아 따라 걷게 하소서.

하루에 한 절이라도 주님의 말씀을 따라 살아갑시다.

6월 25일

해야만 하는 시도

읽을 말씀 : 사도행전 5:29–42

● 행 5:42 저희가 날마다 성전에 있든지 집에 있든지 예수는 그리스도라 가르치기와 전도하기를 쉬지 아니하니라

맥아더(*Douglas MacArthur*) 장군이 인천상륙작전을 계획하던 당시, 역사상 약 500회의 상륙작전이 시도됐었습니다. 그중 성공했다고 평가할 수 있는 상륙작전은 노르망디 상륙작전 단 하나였습니다.

해안에서 육지로 공격해 들어가는 상륙작전은 그만큼 위험부담이 크고, 성공 확률도 희박합니다.

인천상륙작전이 계획되던 시점으로 보면 성공 확률은 500분의 1, 다시 말하면 0.002% 밖에 안 되는 희박한 확률이었습니다.

당연히 맥아더 장군을 제외한 모든 참모들은 인천상륙작전을 반대했습니다. 상륙작전을 하더라도 조건이 좋은 군산에서 해야 한다는 것이 중론이었습니다.

그럼에도 맥아더 장군은 인천이 아니면 안 된다고 주장했습니다.

위험부담이 있다 할지라도 그것이 전쟁에서 승리할 수 있는 유일한 방법이었기 때문입니다.

끝까지 밀어붙인 맥아더의 결단과 북한군의 방심이 맞물려 연합군은 인천에서 큰 승리를 거두고 다시 서울을 수복할 수 있었습니다.

영혼을 살리는 전도야말로 우리 크리스천이 평생을 시도하며, 목숨을 걸어야 할 필요한 결단입니다.

우리의 전도에 주변의 소중한 한 사람, 한 사람의 생명이 걸려 있다는 사실을 기억하며, 열심히 복음이라는 씨를 뿌리십시오.

복되고 형통합니다. 아멘!!!

주님, 가장 중대한 책무인 전도를 하기 위해 애쓰게 하소서.

전도하기가 꺼려졌던 사람들에게도 계획을 세워 전도를 시작합시다.

존귀한 가치의 의미

6월 26일

읽을 말씀 : 시편 2:1–12

● 시 2:7 내가 영을 전하노라 여호와께서 내게 이르시되 너는 내 아들이라 오늘날 내가 너를 낳았도다

아무리 비싼 다이아몬드도, 아무리 값싼 다이아몬드도, 구성하고 있는 물질은 탄소 한 가지로 똑같습니다. 성분은 똑같지만 4C라고 불리는 크기(*Carat*)/ 빛깔(*Color*)/ 모양(*Cut*)/ 순도(*Clarity*) 항목으로 다이아몬드는 구별됩니다.

사람 역시 비슷합니다.

사람의 인체 성분을 분석하면 30% 정도는 칼슘과 인산염, 칼륨과 나트륨, 마그네슘으로 되어있고 70% 정도는 물로 구성되어 있습니다. 인체의 구성 성분을 이루는 원소들을 지금 시세로 구입하면 1억 5천만 원이 든다고 합니다. 그러나 1억이 아닌 100억을 준다해도 주어진 재료로 인간을 만들 수는 없습니다.

전능하신 하나님만이 인간을 창조하실 수 있기 때문입니다.

이런 이유로 같은 사람도 다이아몬드처럼 '키, 외모, 재력, 성품…' 등의 여러 가지 항목으로 구분됩니다.

그러나 그중에서 사람을 가장 가치 있게 만드는 것은 바로 하나님을 향한 믿음입니다. 인간의 가치와 가능성을 가장 잘 알 수 있는 사람은 창조주가 누구인지 알고, 우리가 어떻게 살아야 하는지 성경을 통해 설명서를 알고 있는 사람입니다.

하나님이 불어 넣어주신 생명이 있기에 인간은 고귀한 존재입니다.

나를 지으시고 넘치는 은혜를 베풀어 주신 주 하나님을 우리의 주인으로 믿고 평생 섬기십시오. 복되고 형통합니다. 아멘!!!

주님, 만왕의 왕이신 주님이 바로 우리 아버지이심을 고백하게 하소서.

주님의 자녀다운 모습으로 세상에서 경건하고 당당하게 살아갑시다.

6월 27일

행복이 오는 곳

읽을 말씀 : 시편 133:1-3

● 시 133:1 형제가 연합하여 동거함이 어찌 그리 선하고 아름다운고

서양에는 「진정한 친구를 한 명만 찾아도 진정한 행복이다」라는 말이 있습니다. 이 말대로 행복에 영향을 미치는 것이 과연 친구인지, 아니면 물질인지, 혹은 다른 변수인지를 알아내기 위해 미국의 저명한 심리학자들이 반세기가 넘도록 연구와 조사를 했습니다.

연구 결과 행복한 삶에는 「관계」가 절대적인 영향을 미쳤습니다.

47세까지 형성된 인간관계가 평생의 행복에 지배적인 영향을 미쳤는데, 진실한 친구 한 명보다 훨씬 더 많은 친구와 안정된 관계가 필요했습니다. 정말로 행복한 삶을 살고 싶다면 사람들은 물질이 아닌 관계를 위해 노력해야 한다는 것이 이 연구의 결과였습니다.

「그랜트 연구(*Grant Study*)」라고 불리는 이 연구의 총책임자였던 조지 베일런트(*George E. Vaillant*)는 다음과 같은 말을 남겼습니다.

"행복은 사랑을 통해서만 옵니다. 다른 방법은 없습니다."

인생의 행복은 사랑에서 오고, 사랑은 관계에서 옵니다. 올바른 관계없이 사랑을 느낄 수 있는 방법은 없습니다. 세상의 사랑이 너무나 불완전하기에 우리는 잘못된 사랑을 경험하고 행복이 다른 곳에서 온다고 착각하는 것입니다.

사랑의 주님을 만나게 될 때 이 같은 모순이 사라지며 진정한 사랑을 줄 수도 있게 되고, 받을 수도 있게 됩니다. 주님이 보여주신 사랑으로 주님 안에서 하나된 형제와 자매를 사랑하십시오.

복되고 형통합니다. 아멘!!!

주님, 사랑의 근원이신 주님을 통해 참된 행복을 누리게 하소서.

주님이 보여주신 사랑을 힘입어 이웃에게 먼저 다가가고 사랑합시다.

사막의 낮과 밤

6월 28일

읽을 말씀 : 시편 121:1-8

● 시 121:6 낮의 해가 너를 상치 아니하며 밤의 달도 너를 해치 아니하리로다

사막의 낮은 모든 자리가 무덤이라고 할 정도로 혹독합니다.

운 좋게 오아시스를 만나지 않으면 물은 구경조차 할 수 없고, 내리쬐는 태양을 피할 수풀도 없습니다.

50도가 넘는 더위에 탈수증이 걸리기 일쑤며, 모래바람이라도 만나면 모래 언덕에 묻히지 않으려고 필사적으로 달려야 합니다.

탈진해서 쓰러지거나, 모래 언덕에서 빠져나오지 못하면 그 자리가 곧 무덤이 됩니다.

태양이 저물고 밤이 찾아와도 사막은 여전한 고난의 장소입니다.

건조한 기후 탓에 낮에는 50도가 넘는 더위가, 밤에는 영하로도 떨어집니다. 낮에는 타죽을까 봐 걱정되던 사막이 밤에는 단단히 준비하지 않으면 얼어죽는 죽음의 장소가 됩니다.

이스라엘 백성들이 떠돌던 광야는 바로 이런 장소였습니다.

이스라엘 사람들에게 사막이란 이런 장소였기 때문에 다윗은 하나님의 보호하심을 '낮의 해'와 '밤의 달'도 우리를 해치지 못한다고 고백한 것입니다.

생존하기에 가장 혹독한 장소인 사막에서도 하나님은 이스라엘 백성을 40년이나 보호해 주셨습니다.

밤이나, 낮이나 눈을 감지 않으시고 우리를 지키시는 하나님이심을 믿으십시오. 복되고 형통합니다. 아멘!!!

주님, 눈동자처럼 함께하시는 주님이 시종일관 지켜주심을 믿게 하소서.

모든 위험에서 우리를 지켜주시는 주님이심을 고백하며 감사합시다.

6월 29일

크리스천의 소비 습관

읽을 말씀 : 누가복음 12:22-34

● 눅 12:33 너희 소유를 팔아 구제하여 낡아지지 아니하는 주머니를 만들라 곧 하늘에 둔바 다함이 없는 보물이니 거기는 도적도 가까이 하는 일이 없고 좀도 먹는 일이 없느니라

최근 국내에서 인기를 끌었던 중고거래 앱은 올리기만 하면 어떤 물건이라도 팔린다는 소문이 있을 정도로 매일 많은 물건들이 거래되고, 또 어떤 것들은 무료로도 나누어지고 있습니다. 한편으로 생각하면 그 정도로 현대인들이 풍족한 물건을 가지고 있다는 뜻입니다.

호주의 환경운동가 누누 칼러(*Nunu Kaller*)는 한때 쇼핑 중독이었습니다. 어느덧 빚을 질 정도로 무리하게 물건을 사던 중 그녀는 자신이 왜 이렇게 쇼핑을 하는지 이유를 찾기 시작했습니다. 원인은 도파민이었습니다. 새로운 물건을 살 때 우리 뇌는 도파민을 방출하며 쾌감을 느끼게 만드는데, 행복하지 않은 현실을 쇼핑을 하며 도피하고 있었던 것입니다.

누구보다 쇼핑 중독에 빠져 있었던 칼러는 자신의 경험을 책으로 출판해 현대인들의 무분별한 소비 습관에 경종을 울렸습니다.

칼러가 쇼핑 중독을 끊어내는 가장 중요한 방법으로 꼽은 것은 바로 「아무것도 사지 않는 날 정하기」입니다. 쇼핑으로 얻는 도파민이 현실을 바꾸지 못하고, 내적인 공허를 해결하지 못한다는 사실을 먼저 인지하는 것이 쇼핑 중독을 끊는 첫걸음입니다. 참된 만족이 무엇인지 모르는 현대인들은 다양한 세상의 방법으로 만족을 얻으려 합니다.

잘못된 지도로는 원하는 목적지에 도착할 수 없듯이 주님을 만나지 않고는 세상의 어떤 방법도 백약이 무효입니다. 우리의 영육을 만족시킬 수 있는 유일한 구주이신 주 예수님께 나아오십시오.
복되고 형통합니다. 아멘!!!

주님, 사사로이 중독된 허황된 습관들을 끊게 하소서.

크리스천에게 어울리는 소비 습관이 어떤 모습인지 생각해 봅시다.

올바른 사랑의 대상

6월 30일

읽을 말씀 : 요한복음 15:1-10

● 요 15:9 아버지께서 나를 사랑하신 것 같이 나도 너희를 사랑하였으니 나의 사랑 안에 거하라

미국에서 결혼에 세 번이나 실패한 변호사가 있었습니다.

변호사는 청렴결백하고 실력이 뛰어나 미국 전역에 이름을 떨쳤습니다. 그러나 불우한 어린 시절의 가정환경 탓에 가끔 감정을 제어하지 못하고 폭발하는 문제가 있었습니다.

세 번째 이혼을 한 뒤 변호사는 자신이 결혼이라는 제도에 어울리지 않는 사람이거나, 사랑에 빠져서는 안 되는 사람이라고 생각했습니다.

그러나 다시 운명의 상대를 만나 네 번째 결혼을 했고, 아내가 먼저 세상을 떠나기까지 40년 넘게 행복한 결혼생활을 했습니다. 세 번이나 결혼에 실패했던 것은 자신과 맞는 상대를 만나지 못했기 때문이었습니다.

유능한 변호사로 이름을 알리고 미국의 2대 대통령이 된 존 애덤스(*John Adams*)는 자신의 결혼생활 실패 이유를 다음과 같이 회고했습니다.

"불우한 가정환경 때문인지 저는 저를 불안하게 하는 여자에게 끌리는 성향이 있었습니다. 세 번 다 그런 감정을 느끼게 해주는 여자를 만났고 실패한 뒤에야 어떤 성향의 사람이 저에게 필요한 사람인지를 깨달았습니다."

진정한 사랑은 향하는 대상이 중요합니다.

그릇된 대상을 사랑하는 사람은, 엄밀히 말하면 진정한 사랑이 무엇인지도 모르고, 제대로 해보지도 못한 사람입니다.

우리를 세상 누구보다 사랑해 주시는 주님을, 우리도 최선을 다해 사랑합시다. 복되고 형통합니다. 아멘!!!

♡ 주님, 마음을 다해 먼저 주님을 사랑하고, 이웃을 사랑하게 하소서.

하나님보다 더 사랑하고 있는 것이 있다면 자백하고 돌이킵시다.

7월

“나의 평생에
선하심과 인자하심이
정녕 나를 따르리니
내가 여호와의 집에 영원히 거하리로다”
– 시편 23:6 –

7월 1일

하나님께서 일하십니다

읽을 말씀 : 요한복음 1:9–18

● 요 1:12 영접하는 자 곧 그 이름을 믿는 자들에게는 하나님의 자녀가 되는 권세를 주셨으니

『1973년 빌리 그래함 전도대회 때 통역으로 섬겼던 저는 당시에 예수님을 영접했던 분들을 가끔 만납니다. 그중 한 분이 현재 목포의 양동제일교회를 담임하고 있는 곽군용 목사님입니다. 그는 우상을 숭배하는 가정에서 자라 예수 그리스도가 누구인지 몰랐고, 교회에 가본 적도, 또 관심도 없었다고 합니다. 그런데 전도대회를 앞두고 매일 같이 라디오와 *TV*에서 광고가 나오더랍니다. 대회가 진행되던 어느 날 친구들 대여섯 명과 함께 여의도광장으로 갔고, 끝 쪽에 앉아 술판을 벌였다고 합니다. 그런데 그때 갑자기 카랑카랑한 목소리가 들려왔다고 합니다.

"예수 그리스도를 여러분의 인생의 구주로 모시기 원하는 분들은 그 자리에서 일어나시기 바랍니다."

자신도 모르게 벌떡 일어난 그를 친구들은 비웃었지만, 그는 영접기도를 한마디 한 마디 따라 했다고 합니다. 그 사건 후에 그는 신학대학교에 입학해 목회자가 되었고, 아프리카 콩고 선교사로 16년을 사역하면서 세계 복음화의 꿈을 실천하게 됐다고 합니다. 이 이야기를 전하며 저에게 큰 은혜가 되었던 그의 고백을 소개합니다.

"아무것도 몰라도 영접하기만 하면 하나님께서 일하신다는 사실을 그때 알게 됐고, 저도 설교 후 구원 초청을 실천하고 있는 중입니다."』

–「김장환 목사의 인생 메모」 중에서

하나님께서는 지금도 한 영혼을 찾고 계십니다. 그리고 영접할 때 하나님의자녀로 삼아주신다는 사실을 기억하십시오.

복되고 형통합니다. 아멘!!!

주님, 때를 얻든지 못 얻든지 복음을 전하게 하소서.

아직 주님을 영접하지 않았다면 이 시간 영접 기도를 드립시다.

모든 것이 합당하다

7월 2일

읽을 말씀 : 다니엘 3:8–18

● 단 3:17,18 …우리 하나님이 우리를 극렬히 타는 풀무 가운데서 능히 건져내시겠고 왕의 손에서도 건져내시리이다 그리 아니하실지라도 왕이여 우리가 왕의 신들을 섬기지도 아니하고 왕의 세우신 금 신상에게 절하지도 아니할 줄을 아옵소서

베스트셀러 작가이자 문서선교 전략가인 레이먼드 오틀런드(*Raymond C. Ortlund*) 목사님에게 한 성도가 다음과 같은 편지를 보냈습니다.

「어느 날 남편의 몸이 안 좋아 병원에 갔습니다.
암 말기라는 진단을 받았습니다.
처음에는 이 사실을 어떻게 받아들여야 할지 몰랐습니다.
'하나님, 저희는 지금까지 신앙생활을 잘해왔다고 생각했는데요….'
저희 부부는 함께 기도하며 묵상하는 가운데 한 가지 결론에 도달했습니다.
'하나님은 우리가 이 일을 받아들이기를 원하신다.
하나님은 우리 삶에 언제나 최선의 일을 행하고 계신다.'
놀랍게도 이 사실이 믿어지는 은혜가 임했습니다.
어쩌면 마지막이 될 수도 있다는 생각 때문인지 남편 빌은
수술실로 들어가기 직전에 저에게 다음과 같이 말했습니다.
"여보, 결과가 어떻게 나오든지 그것이
하나님의 합당한 뜻이라는 사실을 기억해요."」
우리 삶의 주권은 누구에게 있습니까?

정말로 하나님이 내 삶에 행하시는 모든 일들을 "아멘"으로 화답하며 받아들일 준비가 되어 있습니까? 우리가 바라는 삶과 기준에 하나님을 끌어다 맞추지 말고, 하나님의 크신 계획 가운데 오직 순종함으로 그 가운데 주시는 은혜를 누리십시오. 복되고 형통합니다. 아멘!!!

주님, 주님이 매일 주시는 은혜로, 매일 제 영을 새롭게 하소서.

주 예수님 안에서만 언제나 평안할 수 있다는 사실을 잊지 맙시다.

7월 3일

흘려보내야 산다

읽을 말씀 : 요한계시록 22:1–5

● 계 22:1,2 또 저가 수정 같이 맑은 생명수의 강을 내게 보이니 하나님과 및 어린 양의 보좌로부터 나서 길 가운데로 흐르더라 강 좌우에 생명 나무가 있어 열두 가지 실과를 맺히되 달마다 그 실과를 맺히고…

이스라엘 동북부에는 '거룩한 산'이라고 불리는 헬몬산(*Mount Hermon*)이 있습니다. 해발 2,815*m*인 헬몬산 정상에는 만년설이 쌓여 있고 밤과 낮 사이의 극심한 온도 차로 매일 엄청난 이슬이 맺힙니다.

이 산 정상에서 맺힌 이슬은 아침이면 녹아서 작은 시내로 흘러내리는데 이 작은 시내가 이스라엘에서 가장 큰 '갈릴리 호수'와 '사해'의 시작점입니다.

같은 근원으로 이루어진 두 거대한 호수에는 큰 차이점이 있습니다.

헬몬산의 이슬을 받아들인 갈릴리 호수는 다시 물을 요단강으로 흘려보냅니다. 물이 도는 갈릴리 호수는 풍부한 어족이 자라나며 지역 주민들을 먹여 살리는 삶의 터전이 되었습니다.

반면 갈릴리 호수보다 5배나 더 큰 사해는 어떤 물고기도, 식물도 살지 못합니다. 요단강의 물을 받기만 하고 내보내지 못해서 물이 썩기 때문입니다.

거룩한 산에서 받은 생명의 물을 똑같이 받은 두 호수지만, 흘려보내는 호수는 사람을 살리는 생명의 호수가 되고, 고이기만 하는 호수는 생명이 살 수 없는 죽음의 바다가 됩니다.

우리가 매주 받은 은혜의 말씀을 우리는 어떻게 간직하고 있습니까? 주님이 주신 재물의 복을 어떻게 흘려보내고 있습니까?

주님이 주신 은혜와 복을 다시 세상으로 흘려보내는, 생명을 구하는 삶을 살아가십시오. 복되고 형통합니다. 아멘!!!

♡ 주님, 거룩한 은혜를 흘려보낼 수 있도록 마음의 욕심을 제하여 주소서.

받은 것을 가두는 사해가 아니라 흘려보내는 갈릴리 호수가 됩시다.

보화가 있는 곳

7월 4일

읽을 말씀 : 마태복음 13:44–50

● 마 13:44 천국은 마치 밭에 감추인 보화와 같으니 사람이 이를 발견한 후 숨겨 두고 기뻐하여 돌아가서 자기의 소유를 다 팔아 그 밭을 샀느니라

미국 동부의 펜실베니아주에서 큰 목장을 운영하는 농부가 있었습니다. 그런데 외국에 나가 사는 조카에게서 편지가 날아왔습니다.

"삼촌, 여기 캐나다에서는 지금 석유가 나오는 유전이 발견되고 있어요. 석유 때문에 저도 돈을 엄청 벌고 있답니다."

농부는 조카의 편지를 받고는 석유 시추에 관한 흥미가 생겼습니다.

조카와 석유 시추에 관한 질문을 몇 차례 주고받던 농부는 캐나다로 떠나기로 하고 목장을 헐값에 팔았습니다.

그런데 농부가 캐나다로 떠난 지 얼마 안 되어 펜실베니아주 전역에서 유전이 터졌습니다. 농부가 헐값에 넘겨 판 목장에서도 석유가 나왔습니다.

1859년 펜실베니아주의 도시 필라델피아에서 처음으로 유전이 터진 타이터스빌(*Titusville*)에서 있었던 일입니다. 필라델피아는 미국 내륙에서 석유 매장량이 가장 많은 지역으로 소문이 나서 오히려 1860년대부터는 미국과 중남미 전역에서 필라델피아로 일을 하러 왔습니다.

자기가 가지고 있는 보화가 얼마나 값진 것인지 모르는 사람처럼 어리석은 사람은 없습니다. 크리스천인 우리는 세상 무엇과도 바꿀 수 없는 가장 귀한 보물을 이미 가진 사람들입니다.

구원이라는 값진 보화를 잊고서 세상의 껍데기를 찾아 떠나는 어리석은 사람이 되지 마십시오. 복되고 형통합니다. 아멘!!!

주님, 가장 귀한 보물이 이미 우리 안에 있음을 잊지 않게 하소서.

참된 보물을 이미 마음에 둔 것을 잊고서 방황하지 맙시다.

7월 5일

특별함이 있다면

읽을 말씀 : 요한복음 1:43-51

● 요 1:46 나다나엘이 가로되 나사렛에서 무슨 선한 것이 날 수 있느냐 빌립이 가로되 와 보라 하니라

집에서 편하게 영화를 무제한으로 볼 수 있는 *OTT*(인터넷 플랫폼을 통해 원할 때 방송을 볼 수 있는 서비스) 발달로 전 세계 영화관들의 수입이 급격하게 줄고 있습니다.

그런데 2,3년 전부터 몇몇 영화들이 개봉할 때는 사람들이 줄을 설 정도로 영화관이 붐비는 현상이 일어났습니다. 어떨 때는 어린아이들이 몰려왔고, 어떨 때는 어른들이 몰려왔습니다.

사람들이 굳이 영화관까지 몰려와서 영화를 보려는 이유는 단 하나 '팝콘 통' 때문이었습니다. *AMC*라는 회사는 각 영화에 어울리는 모형의 팝콘 통을 만들어 마케팅을 펼쳤습니다.

「스타워즈」가 개봉했을 때는 작은 로봇 모양의 팝콘 통이 나왔고, 「바비」가 개봉했을 때는 핑크색 클래식 카 모양의 팝콘 통이 나왔습니다. 기존의 팝콘 가격에 3만 원 정도를 더 내야 했지만 그래도 사람들은 이 팝콘 통을 사기 위해 영화관을 찾았습니다.

단순히 모양만 예쁜 팝콘 통이 아니라 영화를 개봉하는 동안에만, 그것도 영화관에서만 살 수 있는 특별한 팝콘 통이었기 때문입니다.

조금 더 다른 특별함을 위해서 사람들은 돈을 쓰는 것도 마다하지 않고, 먼 길을 나서는 것도 마다하지 않습니다.

그런데 사람을 살리는 생명의 복음을 전하는 교회보다 더 특별한 곳은 없습니다. 우리 모두를 위한 가장 특별한 선물이 있는 교회로, 아직 이 사실을 모르는 사람을 초청해 함께 즐거움과 천국 소망을 누리십시오. 복되고 형통합니다. 아멘!!!

주님, 매주 특별한 마음과 특별한 헌신으로 주님을 예배하게 하소서.

우리가 믿는 복음이, 교회가 얼마나 특별한 곳인지 세상에 알립시다.

한 분을 섬기는 기쁨

7월 6일

읽을 말씀 : 시편 62:1–7

● 시 62:6 오직 저만 나의 반석이시요 나의 구원이시요 나의 산성이시니 내가 요동치 아니하리로다

일본의 기독교 인구는 아주 적다고 합니다.

일본은 전 세계에서 무신론자 비율이 가장 높은 편에 속합니다. 전 국민의 15%만이 자신이 '종교적인 사람'이라고 응답했습니다. 그러나 이런 결과와는 사뭇 다르게 미신과 관련된 미풍양속을 따르는 사람들은 매우 많습니다. 사실상 생활이라고 봐도 무방할 정도입니다.

일본 전역에는 12만 개의 신사가 있고, 존재하는 신이 800만 개나 있으며 각 신마다 한두 가지씩 싫어하는 음식이나 행동이 있습니다. 사당 근처에 사는 사람들은 미신을 따르며 이 계율을 지키곤 합니다.

일본의 신학자인 우치무라 간조(*Uchimura Kanjo*)는 어린 시절부터 종교에 관심이 많아 일본에 존재하는 모든 신을 믿으려고 노력했습니다. 그런데 800만 개나 되는 신의 계율을 다 맞출 수가 없었습니다. 800만 개의 계율을 어기면 800만 개의 저주를 받기 때문에 우치무라는 청소년 시절 항상 근심과 걱정 속에서 살았습니다. 훗날 주님을 만난 우치무라는 하나님 한 분만을 섬기고, 하나님이 주신 계명만을 따르는 것이 얼마나 큰 기쁨인지 다음과 같이 고백했습니다.

"수많은 신을 믿어도 얻지 못했던 평안과 행복이
주님을 믿고 나니 내 마음에 찾아왔습니다.
오직 하나님 한 분만이 전인적인 구원과 자유를 주실 수 있습니다."

하나만 가지고 있어도 모든 문을 열 수 있는 열쇠를 마스터키라고 부릅니다. 우리 삶의 모든 문제를 해결해 주실 수 있는 마스터키인 예수님을 만나고, 오직 예수님만 섬기십시오. 복되고 형통합니다. 아멘!!!

주님, 다른 어떤 신이 아닌 살아계신 유일하신 하나님만 섬기게 하소서.

주님이 주시는 기쁨과 은혜가 우리 안에 늘 임하도록 예배합시다.

7월 7일

환대의 자세

읽을 말씀 : 마태복음 18:6–14

● 마 18:12 너희 생각에는 어떻겠느뇨 만일 어떤 사람이 양 일백 마리가 있는데 그 중에 하나가 길을 잃었으면 그 아흔 아홉 마리를 산에 두고 가서 길 잃은 양을 찾지 않겠느냐

미국에서 성경 교재를 출판하는 단체 「스몰그룹스(SmallGroups)」는 교회에 등록했지만 따로 소모임에 참여하지 않는 성도들을 대상으로 이유를 물었습니다. 원인은 크게 두 가지였습니다.

"소외당하는 느낌이 듭니다."

"이미 친한 사람들의 사이를 뚫고 들어가기가 힘이 듭니다."

전도가 크리스천의 목표이지만, 정작 새신자들이 교회에 찾아왔을 때 환대하는 교회는 많지 않다고 합니다. 오히려 새신자가 용기를 내어 뚫고 들어가야 한다고 합니다.

다음은 이 조사를 진행한 스몰그룹스에서 만든 「우리 교회가 환대하는 교회인지 점검할 수 있는 체크리스트」입니다.

❶ 공동체원들이 서로를 위해 얼마나 자주 기도합니까?

❷ 새신자와 교제하는 기존 공동체원의 비율은 어느 정도입니까?

❸ 모든 구성원이 새신자 환대의 중요성을 이해하고 있습니까?

❹ 모임이 끝나고 새신자의 연락처를 받아서 함께 공유합니까?

❺ 첫 모임 이후 감사 인사나 선물 증정 등으로 적절한 조치를 취하고 있습니까?

한 영혼이 주님의 품으로 돌아올 때 하늘에서는 잔치가 열린다고 했습니다.

한 생명이 주님께 돌아왔다는 기쁨을 우리의 온몸으로 표현하며 적극적으로 환대하십시오. 복되고 형통합니다. 아멘!!!

주님, 용기를 내어 교회에 온 새신자들에게 저도 용기를 내게 하소서.

교회에 새신자가 있다면 체크리스트를 활용해 환대합시다.

예수님이라면, 제자라면

7월 8일

읽을 말씀 : 고린도전서 7:6-10

● 고전 7:7 나는 모든 사람이 나와 같기를 원하노라 그러나 각각 하나님께 받은 자기의 은사가 있으니 하나는 이러하고 하나는 저러하니라

모태신앙으로 태어나 어려서부터 열심히 신앙생활을 하고 명문 신학대까지 졸업해 좋은 교회의 담임이 된 목사님이 있었습니다.

항상 크리스천이 많은 환경에서만 평생을 지내온 목사님은 우연히 시한부 판정을 받은 인쇄공을 만났는데, 그 인쇄공은 임종 직전에 크리스천을 신랄하게 비판했습니다.

"내가 지금까지 살면서 만난 기독교인들은 모두 이기적이었어요. 믿는 사람이 아니면 사람 대접도 해주지 않고 눈빛부터 달라졌습니다.

솔직히 말해서 예수님이 나 같은 사람을 만나러 오셨다면 당신들 같이 대했겠습니까? 예수님이라면 어떻게 하셨을 것 같습니까?"

「예수님이라면 어떻게 하셨을 것 같습니까?」라는 이 질문은 목사님에게 큰 충격을 줬습니다. 목사님은 설교 시간 중 앞으로 1년간 자신과 같이 「예수님이라면 어떻게 하실까?」라는 질문을 품고 세상을 살아갈 사람들을 모집했습니다. 이 질문 하나로 크리스천들의 삶은 놀랍게 변했고, 그 변화로 이 지역의 많은 믿지 않는 사람들이 주님을 영접했습니다. 세계적으로 5천만 부 이상이 팔린 「예수님이라면 어떻게 하실까?」라는 소설을 간추린 내용입니다.

예수님의 말씀대로 살아가고자 조금이라도 노력하는 성도들이 많아질 때, 복음이 전파되고 세상이 변화됩니다. 예수님이 나에게 해주신 것처럼, 성경 속의 예수님이 행하신 것처럼 살아가고자 노력하는 크리스천이 되십시오. 복되고 형통합니다. 아멘!!!

주님, 복음과 사랑이 교회 밖으로 흘러나가야 함을 깨닫게 하소서.

「예수님이라면 어떻게 하실까?」라고 질문하며 하루를 살아봅시다.

7월 9일

하나뿐인 발자국

읽을 말씀 : 마태복음 28:16-20

● 마 28:20 내가 너희에게 분부한 모든 것을 가르쳐 지키게 하라 볼지어다 내가 세상 끝날까지 너희와 항상 함께 있으리라 하시니라

한 사람이 꿈에서 예수님과 해변을 걷고 있었습니다.
해변을 걷는 동안 지나온 인생이 스쳐 지나갔습니다.
그런데 인생의 가장 힘든 순간에는 모래사장에 발자국이
하나밖에 없었습니다.
이 사람이 예수님께 물었습니다.
"주님, 제 인생의 가장 힘든 순간에는 어디에 계셨습니까?
계속 두 개였던 발자국이 제가 힘들었을 때는 왜 하나밖에 없습니까?"
예수님이 대답하셨습니다.
『○○아, 나는 너를 내 목숨처럼 사랑한단다.
나는 한 번도 너를 떠난 적이 없단다.
저 발자국은 네 것이 아니라 내 것이다.
네가 가장 힘들어했던 그 순간에 내가 너를 업고 갔단다.
쓰러져서 다시 일어날 힘이 없던 너를 그냥 두고 갈 수 없었단다.』

시인 메어리 스티븐슨(*Mary Stevenson*)이 쓴 「모래 위의 발자국(*Footprints in the sand*)」이라는 시의 내용입니다.

주변에 아무도 남지 않은 것 같던 그 순간에도 주님은 우리를 떠나지 않으십니다. 여전히 우리와 함께하시며 우리를 위로하고 계십니다.

힘들고 외로울 때, 주님은 우리와 더욱 가까이 계십니다. 변함없는 사랑의 하나님이 나를 떠나지 않으심을 믿으십시오.
복되고 형통합니다. 아멘!!!

주님, 변하지 않는 주님의 사랑을 의심 없이 신뢰하게 하소서.

주님은 나를 결코 떠나지 않으신다는 사실을 잊지 맙시다.

찬양의 기쁨

7월 10일

읽을 말씀 : 시편 71:19–24

● 시 71:23 내가 주를 찬양할 때에 내 입술이 기뻐 외치며 주께서 구속하신 내 영혼이 즐거워하리이다

영국 켄트(*Kent*)에는 「에드워드 왕자의 터널」이라는 지하보도가 있습니다. 이곳은 흉악범죄가 빈번하게 발생해 지역 주민들은 얼씬도 하지 않는 우범지대입니다. 그런데 클래식이 범죄 예방에 효과가 있다는 말을 듣고 시에서 24시간 내내 클래식을 틀어놨는데, 그 이후로 단 한 건의 범죄도 발생하지 않았다고 합니다. 믿을 수 없는 결과였습니다.

런던시 역시 40여 군데의 우범지대에 클래식 음악을 틀었는데 1년 6개월 동안 강도와 기물 파손 등의 범죄가 30% 이상 감소했습니다.

미국 플로리다주에서도 살인사건이 자주 일어나는 지역에 베토벤 교향곡을 틀었더니 범죄율이 30% 이상 줄었습니다. 클래식에는 파괴적 충동을 완화하는 효과가 있기 때문입니다. 반면에 반사회적 행동을 일삼는 사람들은 클래식과는 동떨어진 장르의 음악을 듣는 경우가 많다고 합니다. 사람을 흥분시키고 아드레날린과 도파민 분출을 유도하기 때문입니다.

음악이 왜 이런 현상을 일으키는지는 학자들도 설명하지 못하고 있습니다. 그러나 음악에 따라 우리의 감정과 행동이 변하는 것은 분명히 관측할 수 있는 과학적 사실입니다.

찬양은 단순히 우리의 기분을 좋게 만드는 것이 아니라 영혼을 즐겁게 합니다. 다윗의 찬양을 듣고 심신이 안정되었던 사울 왕처럼, 찬양에는 우리가 설명할 수 없는 놀라운 힘이 있습니다. 매일 찬양을 부르며, 찬양을 통해 주 하나님을 높여드리십시오. 복되고 형통합니다. 아멘!!!

주님, 주님이 기뻐하시는 아름다운 찬양을 올리는 자녀가 되게 하소서.

다른 어떤 음악보다 주님을 높이는 찬양을 가까이하며 즐겨 부릅시다.

7월 11일

참된 평화의 조건

읽을 말씀 : 요한복음 16:25-33

● 요 16:33 이것을 너희에게 이름은 너희로 내 안에서 평안을 누리게 하려함이라 세상에서는 너희가 환난을 당하나 담대하라 내가 세상을 이기었노라 하시니라

많은 부와 명예를 거머쥔 부자가 있었습니다.

더는 바랄 것이 없을 정도로 모든 것이 풍족했지만 다 이루었다고 생각한 그날부터 마음이 불안하고 진정이 되지 않았습니다. 마음에 평안을 주는 그림을 걸어놓고 보면 좀 나을 것 같다는 생각에 부자는 여러 화가를 불러 '평안'에 관련된 그림을 그려달라고 부탁했습니다.

약속한 날이 되자 화가들이 저마다 평안에 관련된 그림을 들고 왔습니다. 그림들은 하나같이 예술적이었습니다. 고즈넉한 산속에 비추이는 한 줄기의 빛, 한가한 해변에서 거니는 가족, 시골 마을에서 즐겁게 뛰노는 아이들… 등 보기만 해도 마음이 평안해지는 걸작들이었습니다.

그런데 부자가 고른 그림은 아주 의외였습니다. 보기만 해도 굉음이 느껴질 것 같은 엄청난 폭포수 바로 옆 살짝 삐져나온 바위 기슭에 둥지를 틀고 알을 품고 있는 작은 새가 있는 그림이었습니다.

부자는 그 그림을 선택한 뒤 다음과 같이 말했습니다.

"내가 느낀 평안은 외부가 아닌 내부에서 오는 것입니다. 나는 세상의 모든 걸 가졌지만 이처럼 마음이 불안한데, 저 새는 저런 위험한 환경에서도 얼마나 평안합니까? 이 그림이 진정한 평안이 무엇인지를 나타내는 그림입니다."

세상에서 그 어떤 환란과 고난을 겪더라도 주님이 우리 안에 계시다면 그것이 바로 평안입니다. 세상이 줄 수 없는, 주님이 주시는 평안이 우리 마음에 있습니까? 주님만이 주실 수 있는 참된 평안을 어떤 상황에서도 누리며 믿음을 잃지 마십시오. 복되고 형통합니다. 아멘!!!

♡ 주님, 세상이 두렵지 않도록 참된 평안으로 우리 마음을 채워주소서.

두려움과 불안이 아닌 믿음과 평안으로 하루를 살아갑시다.

가장 높은 분이 누구냐

7월 12일

읽을 말씀 : 야고보서 1:2–11

● 약 1:5 너희 중에 누구든지 지혜가 부족하거든 모든 사람에게 후히 주시고 꾸짖지 아니하시는 하나님께 구하라 그리하면 주시리라

독일 이민자 가정으로 미국에 무일푼으로 건너와 10대부터 일을 하던 남자가 있었습니다. 말도 더듬고 학력도 모자라 단순히 외판원을 구하는 면접에서 도 58번이나 떨어졌지만, 하나님이 주신 용기로 매번 극복해 59번째 면접을 통해 일자리를 얻었습니다.

남자는 같은 물건도 성공한 사람에게 팔면 더 많이 팔 수 있다는 생각에 어떻게든 성공한 사람을 찾아가 물건을 판매했습니다. 그런데 가장 구매력이 높아 보이는 한 사장님은 남자를 문전박대했습니다.

지혜를 달라고 기도하는 남자에게 하나님은 야고보서 1장 5절 말씀으로 응답을 주셨습니다. 남자는 곧장 사장님에게 다음과 같은 편지를 썼습니다.

"세상에서 가장 높으신 하나님도 저를 매일 만나주십니다.
사장님이 하나님보다 더 높으신 분이 아니라면,
저를 한 번만 만나주시길 부탁드립니다."

이 편지에 감명을 받은 사장님은 남자를 만나주었고, 남자가 생각지도 못한 만큼의 엄청난 물량을 구매했습니다.

외판원으로 시작해 27살에 백만장자가 되고, 평생 모은 전 재산의 절반을 기부한 폴 마이어(*Paul J. Meyer*)의 이야기입니다.

세상에서, 아니 온 우주에서 가장 높으신 분이 누구입니까?

그분이 나를 위해 죽기까지 사랑하시고, 나를 구원하시고, 나의 모든 기도를 들어주십니다. 가장 높으신 주님이 나의 공급자라는 사실을 잊지 마십시오. 복되고 형통합니다. 아멘!!!

주님, 주 예수님이 모든 좋은 것을 아낌없이 주심을 믿게 하소서.

선한 일을 위해 필요한 모든 일들을 믿음으로 주님께 간구합시다.

7월 13일

하나님이 보내신 사람

읽을 말씀 : 마가복음 16:14-18

● 막 16:15 또 가라사대 너희는 온 천하에 다니며 만민에게 복음을 전파하라

하나님의 부름을 받고 단신으로 중국 선교를 떠난 여인이 있었습니다. 복음을 전하던 중 중일전쟁이 일어나 한 시골 마을에 몸을 숨기고 있었는데, 옆방에서 매일같이 기도하는 듯한 소리가 들려 가보니 주님을 믿는 15명의 학생들이 숨어서 지도를 놓고 티베트에 복음이 전해지게 해달라고 기도 중이었습니다.

그 순간 여인의 마음에 감동이 생겼습니다.

'아, 하나님이 내가 저곳으로 가기를 원하시는구나.'

여인은 동역자들과 함께 티베트로 향했고 성령님이 인도하시는 곳을 따라 열흘을 산속으로 들어갔는데 라마교의 한 승려가 마중을 나와 있었습니다. 승려는 여인을 보자마자 다음과 같이 말했습니다.

"기다리고 있었습니다. 당신이 바로 하나님이 보내신 분이군요."

도대체 무슨 소리냐고 묻자 승려가 말했습니다.

"몇 달 전 이 절의 승려들은 우연히 요한복음 3장 16절 말씀을 듣게 되었습니다. 시장에서 성경도 샀지만 뜻을 알 수가 없었어요. 하지만 성경 곳곳에 복음을 전하러 다니는 사람들의 이야기가 나와 있는 것을 보고 '곧 우리에게도 누군가 오겠구나'라고 믿고 있었습니다."

「중국을 품은 작은 거인」으로 불리는 글래디스 아일워드(*Gladys Aylward*)가 간증한 내용입니다.

주님은 지금도 우리를 복음 전파의 도구로 사용하길 원하십니다.

주님의 부름에는 무조건 "아멘"으로 순종하며 하나님이 보내주시는 사람이 되십시오. 복되고 형통합니다. 아멘!!!

주님, 주님을 위해 쓰임 받을 수 있도록 몸과 마음을 준비하게 하소서.

주님은 지금 내가 어떻게 살기를 원하시는지 생각해 봅시다.

스스로 죽으셨다

7월 14일

읽을 말씀 : 요한복음 19:23–30

● 요 19:30 예수께서 신 포도주를 받으신 후 가라사대 다 이루었다 하시고 머리를 숙이시고 영혼이 돌아가시니라

전쟁 통에 급하게 피란을 준비하던 선교사 부부가 있었습니다.

중요한 물건들만 챙겨 차를 타고 떠나려는데 갑자기 아내가 이상한 소리를 했습니다.

"방금 아기 울음소리가 들린 것 같아요."

『사람들은 전부 떠나고 우리만 남았는데
갑자기 무슨 아기 울음소리가 난단 말이오?』

남편은 빨리 떠나려고 했으나 아내는 정말로 아기 울음소리가 난다며 차를 세우게 했습니다. 어쩔 수 없이 차를 세운 남편은 잠시 주변을 둘러보았는데, 정말로 어디선가 아기 울음소리가 들렸습니다. 가만히 따라가 보니 얼어 죽은 여인 시체가 있었는데 그 품 안에서 나는 소리였습니다. 아마도 아기가 얼어 죽을까 봐 걱정되었던 엄마가 자기의 모든 옷으로 아기를 감싸고 피란을 떠나다 얼어 죽은 것 같았습니다.

이 모습을 본 선교사 부부는 눈물을 흘리며 울고 있는 아기를 품에 안았습니다.

『자기가 죽을 것을 알면서도 모든 것을 아기를 위해 내어주다니….
마치 예수님의 사랑 같구려.』

한국전쟁 1.4후퇴 당시 강원도의 한 다리에서 일어났던 일입니다.

주 예수님께서 우리를 살리고자 하는 한 가지 이유, 그 한없는 사랑 때문에 죄 없는 예수님은 십자가에 달려 돌아가셨습니다. 자신의 모든 것을 내어주면서까지 우리를 사랑하신 예수님의 사랑을 본받아 이웃을 사랑하며 복음을 전하십시오. 복되고 형통합니다. 아멘!!!

주님, 이해할 수도, 믿을 수도 없는 주님의 사랑을 믿게 하소서.

나를 위해 모든 것을 희생하신 예수님의 놀라운 사랑을 묵상합시다.

7월 15일

나를 대신해 살아라

읽을 말씀 : 사도행전 9:8-19

● 행 9:15 주께서 가라사대 가라 이 사람은 내 이름을 이방인과 임금들과 이스라엘 자손들 앞에 전하기 위하여 택한 나의 그릇이라

중학교 때 친구를 따라간 교회에서 주님을 만난 사람이 있었습니다. 가난하고 병든 사람을 찾아가 위로하고 고쳐주셨던 예수님의 이야기가 마치 가난한 집안에서 태어난 자신을 위한 이야기인 것 같았습니다.

예수님을 위해 평생을 살아야겠다고 결심한 이 사람은 신학을 공부한 뒤 한센병 환자들을 찾아가 간호하며 복음을 전하다가 미국으로 이민을 갔고 미국에서도 사회적 약자들을 만나는 일을 하고 있었는데 어느 날 청천벽력 같은 소식이 들려왔습니다.

하나뿐인 아들이 총기 사고에 휘말려 죽었다는 것이었습니다.

어린 시절 주님을 만나고 평생 주님을 위해 살아온 자신에게 왜 이런 시련이 찾아왔는지 이해할 수가 없었습니다. 3년 동안 모든 일을 그만두고 날마다 아들의 무덤에서 통곡을 했는데, 하루는 주님이 "너를 위해 내 아들을 준 나를 부인하지 말아라. 죽으려고 살지 말고, 살아 있으면서도 불쌍한 사람들을 나 대신 찾아가라"라는 감동을 주셨습니다.

인생의 진짜 목적을 깨달은 이 사람은 그날부터 미국의 가장 어려운 처지의 사람들인 노숙자들을 찾아가 하루도 쉬지 않고 봉사하며 살았습니다. 45년간 노숙자들을 섬기며 「노숙자들의 천사」로 불린 김진숙 목사님의 이야기입니다.

주님이 우리에게 주신 사명은 평생 우리가 품고, 따르고 살아야 할 우리의 푯대입니다. 죄로 죽었던 우리를 살려주신 주님의 은혜를 기억하며 주님의 손과 발이 되어, 주님이 원하시는 일을 행하십시오.

복되고 형통합니다. 아멘!!!

주님, 주님의 손과 발이 되어 주님의 사랑과 은혜를 전하게 하소서.

힘들고 어려워도 주님이 우리에게 주신 인생의 목적을 놓치지 맙시다.

복음 통일을 대비하는 길

7월 16일

읽을 말씀 : 잠언 21:30-31

● 잠 21:31 싸울 날을 위하여 마병을 예비하거니와 이김은 여호와께 있느니라

『"지금까지 수많은 아카데미를 수강했지만 이렇게 가슴 뛰는 아카데미는 없었습니다. (중략) 우리에게는 주님이 북한의 문을 여셨을 때 곧바로 달려가 방송 송신탑을 세우고, 복음방송을 진행한다는 구체적인 목표가 있습니다."

극동아카데미 1기를 수료한 한 탈북 청년이 직원 경건회에서 고백한 말인데 들으면서 적지 않은 감동을 받았고, 극동아카데미를 시작하길 잘했다는 생각이 들었습니다.

극동아카데미는 북한의 문이 열렸을 때 북한에 들어가 평양을 비롯한 주요 도시에 극동방송을 설립할 사람들을 준비시키기 위해 마련한 극동방송 교육과정입니다.

하나님께서 제게 북한의 문이 열릴 때를 대비해 사람을 준비시켜야겠다는 마음을 주셔서 시작하게 된 일입니다.

1기 모집에 탈북 청년 7명, 남한 청년 5명 등 모두 12명이 최종 선정돼 1년 동안 주요 목회자들과 북한 사역자, *PD*들로부터 하나님의 말씀 훈련과 북한 선교, 방송 실무 등 다양한 교육을 받았습니다. 앞으로 다가올 통일을 대비하기 위해 극동방송에서는 2기, 3기 계속해서 과정을 이어나가며 사람들을 준비시킬 예정입니다.』

–「김장환 목사의 인생 메모」 중에서

통일은 생각지 않은 때에 올 수 있습니다. 그렇다면 평소에 준비가 되어 있어야 합니다. 그때 가서 준비하려고 하면 이미 늦다는 것을 깨닫고 미리 준비하십시오. 복되고 형통합니다. 아멘!!!

주님, 복음으로 통일이 이루어질 것을 기대하며 준비하게 하소서.

복음과 하나님의 말씀과 훈련을 통해 구체적으로 통일을 준비합시다.

7월 17일

어떤 것과도 바꿀 수 없다

읽을 말씀 : 요한1서 2:7–17

● 요일 2:16 이는 세상에 있는 모든 것이 육신의 정욕과 안목의 정욕과 이생의 자랑이니 다 아버지께로 좇아 온 것이 아니요 세상으로 좇아 온 것이라

미국의 인기 프로 스포츠인 나스카(NASCAR) 레이싱 명예의 전당에 헌액된 대럴 월트립(Darrell Waltrip)은 한 유명 술 제조회사와 광고 계약을 체결했는데 며칠 뒤 돌연 계약을 파기하겠다고 선언했습니다. 엄청난 위약금을 물어야 했지만 그래도 광고를 파기하겠다는 결심을 굽히지 않았습니다.

이유는 바로 예수님에 대한 믿음 때문이었습니다.

"최고의 자리에 있었지만, 방탕한 삶으로 구렁텅이에 떨어진 저를 주 예수님은 만나주셨습니다. 주님을 만나고 모든 것이 변했습니다. 평생 아기를 가질 수 없다던 아내는 쌍둥이를 가졌고, 큰 사고가 두 번이나 나서 죽을 뻔했던 저도 완전히 회복되었습니다. 많은 돈을 벌 수 있다는 생각에 술 광고를 찍겠다고 했지만, 이후 기도를 할 때마다 마음이 편치 않았습니다. 앞으로 태어날 두 자녀에게도 믿음의 롤 모델이 될 수 없다는 생각에 위약금을 물더라도 계약을 파기하기로 했습니다."

은퇴 후 간증을 하며 사람들에게 복음을 전하고 있는 월트립은 2015년 초청받은 미국 국가 조찬 기도회에서 다음과 같이 고백했습니다.

"여러분의 죄를 주님께 솔직히 고백하고 주님께 용서를 구하십시오. 나를 받아주신 것처럼 여러분도 받아주실 것입니다."

하나님이 독생자 예수님을 아끼지 않고 우리 죄를 용서하기 위해 우리 죄 대신 십자가에서 죽게까지 하시면서 우리를 구원하셨던 것처럼, 우리의 모든 것이 사라진다 해도 끝까지 하나님을 향한 믿음을 포기하지 마십시오. 복되고 형통합니다. 아멘!!!

주님, 주님을 섬기는 것이 인생의 최우선 목표가 되게 하소서.

주 예수님의 이름을 가장 귀히 여기는 인생의 보배로 삼읍시다.

말씀 읽기의 유익

7월 18일

읽을 말씀 : 시편 1:1–6

● 시 1:1,2 복 있는 사람은 악인의 꾀를 좇지 아니하며 죄인의 길에 서지 아니하며 오만한 자의 자리에 앉지 아니하고 오직 여호와의 율법을 즐거워하여 그 율법을 주야로 묵상하는 자로다

처음 운동을 하면 하루만 해도 몸이 아플 정도로 체력이 떨어집니다. 그러나 꾸준히 하면 몸이 적응하면서 어느새 운동하기 전과는 비교할 수 없을 정도로 체력이 향상됩니다.

운동을 안 하고 넘어가면 오히려 몸이 뻐근할 정도입니다.

우리의 몸은 점진적 과부하 원칙에 의해서 발달하기 때문입니다.

처음 운동을 시작하는 일은 매우 힘들고 괴롭지만 이내 적응되면서 조금씩 강도가 올라가도 지치지 않고 체력이 늘어납니다.

미국국립과학원회보 「*PNAS*」의 연구에 따르면 '독서'가 바로 이와 같은 원리로 우리의 뇌를 운동시킨다고 합니다.

책을 읽는 건 실제로 뇌가 매우 어려워하는 일이라고 합니다. 짧고 자극적인 동영상을 매우 쉽게 접할 수 있는 요즘에는 더욱 그렇습니다.

그런데 이토록 힘든 독서를 억지로라도 하면 평소에 사용하지 않는 측두엽과 전두엽이 활성화되면서 뇌가 활성화됩니다.

독서가 뇌를 발달시키며, 똑똑하게 만들어준다는 그간의 속설이 사실이었던 것입니다.

독서는 중요한 일이지만, 어떤 책을 읽느냐가 더 중요합니다.

좋은 책을 읽음으로 얻는 유익도 좋지만, 성경을 읽으므로 얻는 유익과는 비교할 수가 없습니다.

진리의 말씀을 더 자주 묵상함으로 우리의 마음을 넘어 영혼까지 단련하십시오. 복되고 형통합니다. 아멘!!!

주님, 성경을 통해 매일 주님이 주시는 지혜를 얻게 하소서.

좋은 책, 특히 성경을 자주 읽으며 정신과 영혼의 힘을 기릅시다.

7월 19일

하나님의 가능성

읽을 말씀 : 마가복음 4:26–32

● 막 4:31,32 겨자씨 한 알과 같으니 땅에 심길 때에는 땅위의 모든 씨보다 작은 것이로되 심긴 후에는 자라서 모든 나물보다 커지며 큰 가지를 내니 공중의 새들이 그 그늘에 깃들일 만큼 되느니라

겨자씨는 입김으로도 날아갈 정도의 작은 씨앗입니다.

그러나 이 씨앗을 땅에 심으면 새들이 머물 수 있는 훌륭한 나무로 자라납니다. 만약 작은 겨자씨를 보고 "이렇게 작은 씨앗을 땅에 심는다고 뭐가 되겠어?"라고 생각하면 겨자씨는 바람에 날아다니다가 작은 짐승들의 먹이가 되고 말 것입니다.

예수님은 마태복음 13장에서 예수님을 믿고 구원받은 사람에게 이러한 가능성이 생긴다는 사실을 겨자씨의 비유로 가르치셨습니다.

또한 어딘가 조금씩 부족한 사람들을 제자로 삼아 말씀하신 겨자씨의 비유가 우리의 삶에 정말로 이루어질 수 있음을 증명하셨습니다.

중세의 신학자 토마스 아퀴나스(*Thomas Aquinas*)는 모든 사물에는 이 겨자씨와 같이 「현실태(*actuality*)」와 「가능태(*potentiality*)」가 있다고 말했습니다.

현실태는 말 그대로 지금 눈으로 보는 작은 겨자씨입니다.

가능태는 이 겨자씨가 땅에 심겨질 때 자라나는 나무입니다.

같은 비유로 예수님을 믿기 전의 우리 모습이 바로 겨자씨와 같은 현실태라면, 예수님을 믿고 구원받은 우리의 모습이 열매를 맺고 새가 깃들 수 있는 심겨진 겨자씨와 같은 가능태입니다.

주님을 믿는 사람은 또한 주님이 주시는 능력을 믿어야 합니다.

그 능력을 믿는 사람의 미래가 바로 비전입니다.

주님을 나의 구주로 믿었다면, 또한 주님이 나를 사용하실 것이라는 그 가능성 또한 믿으십시오. 복되고 형통합니다. 아멘!!!

주님, 겨자씨 같은 제 삶을 통해 백배의 열매를 맺게 하소서.

주님의 가능성으로 나를 바라봅시다.

중요한 것을 챙겨라

7월 20일

읽을 말씀 : 마태복음 6:25–34

● 마 6:31,32 그러므로 염려하여 이르기를 무엇을 먹을까 무엇을 마실까 무엇을 입을까 하지 말라 이는 다 이방인들이 구하는 것이라 너희 천부께서 이 모든 것이 너희에게 있어야 할 줄을 아시느니라

비가 오는 날마다 어딘가에 우산을 놓고 오는 장사꾼이 있었습니다.

어느 비가 오는 날, 우산을 챙기는 장사꾼에게 아내가 "오늘은 절대로 우산을 잃어버리면 안 돼요!"라고 단단히 주의를 주었습니다.

장사꾼은 우산을 꼭 들고 오겠다고 약속했습니다.

가게에 나가서도, 일을 하면서도 장사꾼의 머리에는 온종일 우산으로 가득 차 있었습니다.

그렇게 하루 장사를 끝내고 집으로 가는 버스를 타며 다시 한번 우산을 꽉 쥐었습니다.

집으로 가는 내내 우산을 놓지 않으려고 안간힘을 썼습니다.

장사꾼은 마침내 몇 년 만에 처음으로 비 오는 날 우산을 들고 집으로 돌아왔습니다. 집에 오자마자 아내를 불러 우산을 보여주려던 장사꾼은 갑자기 주머니를 뒤지더니 표정이 일그러졌습니다.

우산에만 신경을 쓰다가 그날 번 돈이 전부 들어 있는 지갑을 어딘가에 놓고 왔기 때문입니다.

지혜로운 사람은 가장 중요한 것이 무엇인지 알고, 놓치지 않기 위해 올바른 우선순위를 세웁니다.

우리 인생에서 절대로 놓쳐서는 안 되는 가장 중요한 가치를 무엇이라고 생각하십니까?

주님과 주님이 주신 비전을 그 무엇보다 우선으로 놓으십시오.

복되고 형통합니다. 아멘!!!

♡ 주님, 무엇보다도 믿음 생활이 최우선인 삶을 살게 하소서.

주님을 최우선으로 놓는 삶을 살고 있는지 돌아봅시다.

7월 21일

믿음은 결심이다

읽을 말씀 : 요한복음 1:9–18

● 요 1:12 영접하는 자 곧 그 이름을 믿는 자들에게는 하나님의 자녀가 되는 권세를 주셨으니

5살 때 부모님이 이혼해 아버지와 단둘이 살던 남자가 있었습니다.

아버지는 땡전 한 푼 없는 거지였기에 남자는 아버지를 따라 떠돌며 밥을 얻어먹고 살았습니다. 12살이 되던 해 아버지와 재혼한 믿음 좋은 새어머니 덕분에 남자도 교회에 나가기 시작했고 습관적으로 나가다 보니 무려 14년 동안이나 구원의 확신 없이 교회생활을 했습니다.

그러던 중 아버지가 고혈압으로 세상을 떠났습니다. 장례를 치르며 남자는 깊은 고민에 빠졌습니다. 정말로 영혼이 있는지, 사후세계가 있는지… 계속되는 고민 끝에 남자는 결단을 내렸습니다.

'하나님이 계신지 안 계신지는 모르겠다. 그러나 인간은 무조건 죽는다. 어차피 죽을 거라면 하나님이 있다고 생각하고 한번 제대로 믿어 보자!'

이런 결심 가운데 신앙생활을 하던 중 길에서 전도지를 받았습니다.

전도지에 적힌 요한복음 3장 16절을 본 순간 하나님의 살아계심이 정말로 믿어지는 역사가 일어났습니다. 그리고 이 믿음은 무려 40년 동안이나 한 번도 흔들리지 않았습니다. 인천 부평교회에서 주님을 섬기며 열심히 전도하는 한 성도의 간증입니다.

하나님을 믿기로 마음을 정한 사람은, 누구나 하나님의 살아계심을 느낄 수 있습니다. 이 길이 아니고서는 누구도 구원받을 수 없습니다. 유일한 구원의 길인 구주 예수님을 정말로 믿고자 결심하십시오.

복되고 형통합니다. 아멘!!!

★ **이메일 nabook24@naver.com**으로 「**전도지**」라고 써서 보내주시면 …
A4용지에 인쇄해 사용할 수 있는 「전도지 파일 ❹」를 이메일로 보내겠습니다.

주님, 저의 연약한 믿음이 흔들리지 않도록 주님께서 도와주소서.

바람과 같은 의심에 흔들리지 말고, 마음의 방향을 주님께로 정합시다.

방아쇠를 당기지 않은 이유

7월 22일

읽을 말씀 : 요한복음 12:20-25

● 요 12:24 내가 진실로 진실로 너희에게 이르노니 한 알의 밀이 땅에 떨어져 죽지 아니하면 한 알 그대로 있고 죽으면 많은 열매를 맺느니라

아프리카 중심부로 복음을 전하러 떠난 한 청년이 있었습니다.

험난한 아프리카의 중심부를 가로질러, 청년은 기후와 풍토병, 언어와 음식을 하나씩 극복하며 내려갔습니다. 만나는 원주민들마다 복음을 전하며 그토록 바라던 아프리카의 중심에 마침내 도착했습니다.

청년은 아직 만나지 못한 부족을 찾아보려고 거점에서 멀리 떨어진 곳까지 탐사를 나섰습니다. 그런데 어디선가 호전적인 원주민들이 나타나 창을 들고 청년을 포위했습니다. 청년의 손에는 맹수를 쫓기 위한 목적의 장총이 들려있었습니다. 그러나 차마 방아쇠를 당길 수 없었습니다. 총을 발사하는 순간 복음을 전하려고 여기까지 온 노력이 물거품이 된다는 사실을 알았기 때문입니다. 결국 청년은 총을 내려놓고 원주민에게 죽임을 당했습니다.

나중에 청년의 물건을 조사하던 부족의 추장이 총의 위력을 확인하고는 놀라 "이 사람은 우리를 위해 총을 쏘지 않고 죽음을 맞았다. 우리를 위해 대신 죽은 것이다"라고 말했습니다.

이 청년의 희생으로 예수님의 사랑을 경험한 이 부족은 전부 주 예수님을 구주로 영접했습니다.

중앙아프리카로 선교를 떠났던 조지 애틀리(*George Atley*)의 이야기입니다.

예수님은 우리를 구원하기 위해 목숨까지 아끼지 않으셨습니다.

그 놀라운 사랑을 경험했다면 복음 전파를 위해 아끼지 말고 이웃을 위해 헌신하십시오. 복되고 형통합니다. 아멘!!!

주님, 목숨까지도 아끼지 않으신 놀라운 사랑을 본받아 따르게 하소서.

주님이 베풀어 주신 은혜를 주님이 주신 사명을 위해 사용합시다.

7월 23일

염려를 이기는 지혜

읽을 말씀 : 베드로전서 5:1–11

● 벧전 5:7 너희 염려를 다 주께 맡겨 버리라 이는 저가 너희를 권고하심이니라

'전도자의 하버드 대학'으로 불리는 휘튼 칼리지(*Wheaton College*)의 허드슨 아머딩(*Hudson T. Armerding*) 교수는 크리스천은 자신의 염려를 하나님께 맡길 줄 아는 사람이기에 주님을 믿는 순간 걱정할 일이 하나도 없다고 말했습니다.

다음은 아머딩 교수가 말한 「염려를 이기는 5가지 지혜」입니다.

❶ 하나님은 우리의 모든 상황을 알고 계심을 믿으십시오.
하나님은 우리의 머리털까지 세시는, 나를 잘 아시는 분입니다.

❷ 염려한다고 상황이 바뀌지 않는다는 사실을 깨달으십시오.
들에 핀 백합화처럼 하나님을 믿고 의지해야 합니다.

❸ 걱정이 문제를 더 크게 만든다는 사실을 기억하십시오.
부정적인 생각은 보통 최악의 결과를 상상하게 만듭니다.

❹ 성도의 삶에 고난도 있을 수 있음을 받아들이십시오.
죄의 결과가 아닌 고난은 바로 받아들이며
하나님을 의지해야 합니다.

❺ 걱정 대신 순종하십시오.
아브라함은 하루아침에 고향을 떠나라는 하나님의 명령에
걱정하지 않고 즉각 순종했습니다.

성경에서 고난을 많이 경험한 사람일수록 염려하지 않고 주님께 기도하며 순종했습니다. 요셉, 에스더, 다니엘과 같이 태산 같은 문제가 우리 앞에 나타나더라도 염려하지 말고 주님을 향한 믿음으로 주님의 뜻을 따르십시오. 복되고 형통합니다. 아멘!!!

주님, 제 마음의 모든 근심과 걱정의 싹을 거두어 주소서.

우리 삶에 찾아오는 여러 문제들을 모두 하나님께 맡깁시다.

예수님의 얼굴

7월 24일

읽을 말씀 : 요한복음 13:31-35

●요 13:35 너희가 서로 사랑하면 이로써 모든 사람이 너희가 내 제자인줄 알리라

미국에서 열린 한 국제회의에 참석한 두 청년이 있었습니다.

두 청년은 같은 미국 사람이었지만 한 사람은 인디언이었고, 한 사람은 백인이었습니다.

같은 방을 쓰게 된 두 청년은 서로가 매우 마음에 들었습니다.

그런데 대화 중 결정적인 차이가 있다는 사실을 알게 되었습니다.

백인 청년은 독실한 크리스천이었던 반면 인디언 청년은 무신론자였고 심지어 기독교를 매우 부정적으로 생각하며 쉽게 독설을 내뱉었습니다. 백인 청년은 인디언 청년의 비난에 맞서지 않으면서 복음을 전하기 위해 마지막 날 다음과 같은 질문을 했습니다.

"그런데 자네는 기독교를 싫어하는 것 치고는 기독교에 대해서 매우 잘 아는데…? 성경의 어떤 가르침이 자네를 그렇게 실망하게 만들었나?"

이 말에 인디언 청년은 고개를 가로저었습니다.

『나는 예수님의 가르침에 실망한 것이 아닐세. 예수님의 가르침을 조금도 실천하지 않는 기독교인 때문에 실망한 것이네.』

「아주 특별한 우표 한 장」이라는 책에 나온 내용입니다.

예수님을 믿는 우리들의 말과 행동이 바로 세상 사람들이 바라보는 예수님의 얼굴입니다. 주 예수님의 이름에 먹칠을 하지 않도록 되도록 모든 사람에게 사랑과 배려가 담긴 말과 행동으로 다가가십시오.
복되고 형통합니다. 아멘!!!

♡ 주님, 올바른 성품과 올바른 관계를 통해 복음을 전파하게 하소서.

지혜의 말씀을 통해 올바른 인품과 성품을 기릅시다.

7월 25일

그리스도인이라는 라벨

읽을 말씀 : 골로새서 3:9–17

● 골 3:12 그러므로 너희는 하나님의 택하신 거룩하고 사랑하신 자처럼 긍휼과 자비와 겸손과 온유와 오래 참음을 옷입고

유대 왕인 아그립바(*Agrippa*)는 바울을 심문하다 복음을 들었을 때 깜짝 놀라 다음과 같이 반응했습니다.

"네가 적은 말로 나를 권하여 그리스도인이 되게 하려 하는도다."

당시 「그리스도인」이라는 단어는 오늘날로 치면 「예수쟁이」와 비슷한 조롱이 섞인 의미였습니다. 아그립바의 반응에는 '나를 너희들 같은 「예수쟁이」처럼 만들 속셈이냐'라는 속뜻이 있었습니다. 자신에게 「그리스도인」이라는 라벨이 붙는 것을 부끄러워한 것입니다.

그러나 맨 처음 그리스도인이라는 호칭을 들었던 안디옥 교인들은 오히려 이 라벨을 자랑스러워했습니다. 그래서 세상의 시선에 굴하지 않고 더더욱 하나님의 말씀을 실천하며 살았습니다.

성경에는 「그리스도인」이라는 단어가 총 세 번 등장하는데 모두 하나님을 위해 고난을 당하고, 전도를 하는 말씀에 사용되었습니다. 주후 313년에 콘스탄틴 대제(*Constantinus the Great*)가 국교를 「그리스도교」로 세운 것은 이런 그리스도인의 노력의 결실이었습니다. 조롱의 이름이 빛나는 이름으로 다시 태어난 것입니다.

우리가 스스로를 그리스도인이라고 부를 수 있으려면 사도 바울의 고백처럼 고난을 받으면서도 부끄러워 아니하고 하나님께 영광을 돌려야 합니다. 안디옥교회 성도들처럼 세상 사람들이 손가락질한다 해도 믿음을 버리지 말고 더욱 열심히 전도해야 합니다. 세상에서 그리스도인으로 살아가는 것을 두려워하지 마십시오.

복되고 형통합니다. 아멘!!!

주님, 주님의 이름을 부끄럽게 하지 않는 그리스도인이 되게 하소서.

신앙을 부끄러워 말고 당당히 드러냅시다.

하나님의 방법, 교회

7월 26일

읽을 말씀 : 로마서 12:1-13

●롬 12:5 이와 같이 우리 많은 사람이 그리스도 안에 서 한 몸이 되어 서로 지체가 되었느니라

처음 신앙생활을 하는 사람들이 가장 많이 갖는 의문 중 하나는 "하나님은 어디에나 계시는데 왜 굳이 교회에 모여서 예배해야 하는가?" 입니다.

세계적인 선교 신학자 하워드 스나이더(*Howard A. Snyder*)는 이 질문에 「기독교 공동체에 몸담아야 하는 7가지 이유」로 대답했습니다.

❶ 구원받은 사람들은 그리스도 안에서 서로 지체가 됐기 때문

❷ 예배는 크리스천을 바른 방향으로 인도해 주는 나침반 역할을 하기 때문

❸ 지체들과 어울리는 것은 영적 성장의 수단이며 성공적인 사역의 비결이기 때문

❹ 하나님이 공동체의 일부가 되라고 명령하셨기 때문

❺ 예배를 통해 우리 자신을 하나님께 드리며 서로 사랑하라는 계명을 지킬 수 있기 때문

❻ 교회 출석을 통해 이기적인 개인 중심주의 사고를 극복할 수 있기 때문

❼ 공동체 생활을 통해 주님을 높이고, 말씀을 배우고 죄를 회개할 수 있기 때문

모든 크리스천은 주인이신 예수 그리스도와 관계를 맺은 형제이자 자매, 한 지체입니다. 교회란 단순한 종교 활동 공간이 아니라 주님이 세우신 곳에서 주님을 믿는 지체들이 서로 연합하여 하나님의 일을 하는 곳임을 기억하십시오. 복되고 형통합니다. 아멘!!!

주님, 교회를 중심으로 주님의 귀한 사역에 더 많이 동참하게 하소서.

교회 안에서의 신앙생활을 소홀히 여기지 맙시다.

7월 27일

완벽이란 욕심

읽을 말씀 : 에베소서 4:1-8

● 엡 4:2 모든 겸손과 온유로 하고 오래 참음으로 사랑 가운데서 서로 용납하고

자신을 결혼정보회사의 매니저라고 밝힌 사람이 한 게시판에 익명으로 다음과 같은 글을 올렸습니다.

"커플들을 매칭해 주면서 가장 많이 듣는 말은 「딱 하나만 빼고 다 좋은데 그게 걸려요」입니다. 그 한 가지를 극복하지 못해서 좋은 인연을 포기하는 사람들이 정말 많습니다.

그런데 문득 이런 생각이 들었습니다.

하나부터 열까지 전부 다 맞는 사람이 세상에 존재할까요?

한 가지 빼고 다 맞으면 천생연분이 아닌가요?"

한 문학평론가는 현대인이 타인을 보는 시선에 대해 "타인은 단순하게 나쁜 사람으로 보고, 자신은 복잡하게 좋은 사람으로 본다"라고 말했습니다.

신앙생활을 하면서도 가장 힘들어하는 것이 바로 사람과의 관계입니다.

하나님께 실망하는 사람보다 사람에게 실망하는 사람이 아주 많습니다. 그러나 우리 역시 흠이 많은 사람인 것처럼 다른 사람 역시 완벽할 수 없습니다.

「세상에 완벽한 사람은 단 한 사람도 없다」라는 명제를 잊지 않을 때 사람과의 관계 때문에 신앙생활에 어려움을 겪지 않을 수 있습니다.

완벽할 수도, 완전히 믿을 수도 없는 사람을 의지하지 말고 오직 주님만을 바라보며 의지하십시오. 복되고 형통합니다. 아멘!!!

주님, 주님 한 분만을 바라며 의지하는 굳건한 믿음을 주소서.

다른 사람의 흠을 이해하고 묻어주는 넓은 마음을 달라고 기도합시다.

은혜의 물살을 탑시다

7월 28일

읽을 말씀 : 갈라디아서 5:16–18

● 갈 5:17 육체의 소욕은 성령을 거스리고 성령의 소욕은 육체를 거스리나니 이 둘이 서로 대적함으로 너희의 원하는 것을 하지 못하게 하려 함이니라

필리핀 마닐라에는 팍상한 폭포(*Pagsanjan Falls*)라는 유명한 관광지가 있습니다.

마닐라에서 남동쪽으로 차를 타고 100*km*나 가야 하지만 이 폭포 하나를 보기 위해 많은 관광객이 하루 종일 시간을 들여 찾아갑니다.

팍상한 폭포를 보려면 강 하류에서 보트를 타고 올라가야 합니다.

사람의 때가 묻지 않은 원시림을 지나야 팍상한 폭포를 만날 수 있는데 길도 제대로 나 있지 않아 강을 거슬러 올라가야 합니다.

일반인이 노를 저어서는 도저히 나아갈 수 없기 때문에 보트 하나당 숙련된 사공 2명이 올라타 노를 젓습니다. 사람 한 명을 옮기기 위해 2명의 사공이 필요한 것입니다.

목적지에 도착하기 위해 사공은 땀을 뻘뻘 흘리며 한시도 쉬지 않고 노를 젓습니다. 관광객들의 말을 들어보면 가만히 앉아서 보기가 미안할 정도라고 합니다.

그러나 폭포를 감상하고 다시 마을로 내려갈 때는 거의 노를 젓지 않아도 된다고 합니다. 물살을 그대로 따라 내려가기 때문에 노를 젓지 않아도 올라갈 때 걸리는 시간보다 훨씬 더 빨리 도착하기 때문입니다.

신앙생활이 힘들게 느껴진다면 혹시 은혜의 물살을 거슬러 살고 있지 않은지 돌이켜보십시오. 최고의 선장이신 주님께 우리 인생의 방향을 맡기고 은혜의 물살을 거스르지 말고 가만히 따라가십시오.
복되고 형통합니다. 아멘!!!

주님, 성령님의 인도하심을 거스르지 않고 경건한 삶을 살게 하소서.

주님께 우리의 삶을 맡기고, 진리를 거슬러 살아가지 맙시다.

7월 29일

과학을 넘어선 신앙

읽을 말씀 : 시편 19:1–10

● 시 19:1 하늘이 하나님의 영광을 선포하고 궁창이 그 손으로 하신 일을 나타내는도다

대부분의 사람들은 과학과 신앙은 양립할 수 없다고 생각합니다.

실제로 미국에서도 하나님을 믿는다고 응답한 과학자들의 숫자가 매우 적습니다. 심지어 해마다 급격하게 줄어들고 있습니다.

그러나 역사적으로 위대한 과학자는 위대한 신앙인인 경우가 많습니다. *UN*이 조사한 통계에 따르면 지난 3세기 동안 세기의 발견을 한 300명의 과학자 중에서 무신론자는 20명밖에 없었습니다.

노벨화학상 후보에 5번이나 올랐던 헨리 셰페(*Henry F. Scheffé*) 교수는 「과학자가 기독교인이 될 수 있습니까?」라는 질문에 다음과 같이 대답했습니다.

"과학자일수록 기독교인이 될 수밖에 없다고 생각합니다.
정교하게 움직이고 있는 우주를 알면 알수록
하나님의 존재를 인정하게 되기 때문입니다."

천문학자 요하네스 케플러(*Johannes Kepler*)는 시편 19편의 말씀을 신조로 삼고 과학을 통해 하나님이 우주에 하신 일을 밝혀내고자 하는 과학자였습니다.

갈릴레오(*Galileo Galilei*)는 「우주는 하나님이 수학으로 쓰신 제2의 성경」이라고 말할 정도로 과학을 연구하는 것이 하나님의 창조를 드러내는 일이라고 생각했습니다. 세상의 모든 것이 하나님의 살아계심을 증거하고 있음을 믿으십니까?

믿음의 눈으로 세상을 바라보며 거부할 수 없는 하나님의 살아계심을 느껴 보십시오. 복되고 형통합니다. 아멘!!!

주님, 믿음을 전제로 세상의 모든 것을 받아들이게 하소서.

우주에 있는 유일한, 확고하고 불변한 진리가 성경임을 인정합시다.

숨겨진 교만

7월 30일

읽을 말씀 : 신명기 8:11–20

● 신 8:14 두렵건대 네 마음이 교만하여 네 하나님 여호와를 잊어버릴까 하노라 여호와는 너를 애굽 땅 종 되었던 집에서 이끌어 내시고

베스트셀러 작가인 샤 바인즈(*Shae Bynes*)는 "교만은 대부분 민낯이 드러나지 않고 가면을 쓰고 있다"라고 말했습니다.

다음은 바인즈가 말한 「교만의 5가지 가면(*The 5 Masks of Pride*)」입니다.

❶ 두려움(*Timidity*)이라는 가면
강하고 담대하게 하나님의 일을 진행하지 못하고
두려워 피하는 것이 교만입니다.

❷ 게으름(*Procrastination*)이라는 가면
마땅히 해야 할 주님의 일을 미루고 있다면
이것 또한 교만입니다.

❸ 가식(*Faking It*)이라는 가면
하나님 앞에서조차 진짜 나의 모습을 드러내지 못하는
것은 교만입니다.

❹ 독립(*Independence*)이라는 가면
하나님의 도움 없이 나 혼자 할 수 있다는 생각도 교만입니다.

❺ 빗나간 집착(*Preoccupation*)이라는 가면
철저히 예수님 중심으로 살아가지 못하는 삶은 교만입니다.

'나는 교만하지 않다'라는 생각이 바로 교만의 시작일 수 있습니다.

우리에게 있을 수 있는 우월의식도, 열등의식도 교만입니다.

끝까지 겸손하셨던 주님처럼 매일 나를 낮추며 주님을 진정한 주님으로 섬기십시오. 복되고 형통합니다. 아멘!!!

주님, 오늘도, 내일도, 교만하지 않도록 겸손한 마음을 주소서.

교만의 죄를 짓지 않도록 매일 경건생활로 마음을 점검합시다.

7월 31일

돈이라는 언덕

읽을 말씀 : 디모데전서 6:3-10

● 딤전 6:10 돈을 사랑함이 일만 악의 뿌리가 되나니 이것을 사모하는 자들이 미혹을 받아 믿음에서 떠나 많은 근심으로써 자기를 찔렀도다

가난하지만 사랑하는 아내와 열 명의 자녀를 낳고 오순도순 사는 남자가 있었습니다. 겨우겨우 끼니를 해결하며 좁은 집에서 살았지만 그래도 온 가족이 행복했습니다. 다 쓰러져 가는 집에서 매일 흥겨운 노랫소리가 흘러나오는 모습을 본 같은 마을의 한 부자는 그 비결이 궁금했습니다.

'저렇게 가난하게 사는데 어떻게 행복할 수 있는 걸까?

반면에 부족한 것이 없는 나의 삶은 왜 이렇게 불행할까?'

가난한 집안을 테스트해 보고 싶었던 부자는 다음날 가난한 집의 가장에게 큰돈을 빌려줬습니다.

"이 돈으로 자네가 하고 싶은 일을 해보게.

장사가 잘되면 그때 가서 갚으면 되고, 설령 망해도 돈은 갚지 않아도 되네."

그런데 남자는 열흘 뒤에 돈을 그대로 들고 와서 돌려주었습니다.

『지난 열흘간 이 돈을 어떻게 쓸지 고민하느라 밤에 잠을 자지 못했습니다. 아내와의 사이도 나빠졌고, 아이들과 놀아줄 시간도 없었습니다. 불행의 근원이 이 돈이라는 사실을 오늘 깨달았습니다.』

그리스 지역에서 전해 내려오는 민담입니다.

많은 돈이 인생을 더 불행하게 만든다면 그 돈은 행복이 아닌 불행의 씨앗입니다. 우리에게 필요한 모든 것을 넘치도록 부어주시는 주님이, 이미 필요한 모든 것을 주셨음을 믿으며 참된 행복을 누리십시오. 복되고 형통합니다. 아멘!!!

주님, 주신 은혜를 잊지 않고 감사하는 성도가 되게 하소서.

베풀어 주신 주님의 은혜에 진실로 감사하며 하루를 시작합시다.

8월

"여호와께서 사람의 걸음을 정하시고
그 길을 기뻐하시나니
저는 넘어지나 아주 엎드러지지 아니함은
여호와께서 손으로 붙드심이로다"
– 시편 37:23,24 –

8월 1일

극동방송 어린이합창단

읽을 말씀 : 잠언 22:1–6

● 잠 22:6 마땅히 행할 길을 아이에게 가르치라 그리하면 늙어도 그것을 떠나지 아니하리라

『해마다 8월이면 지역을 순회하면서 열리는 「나라사랑축제」는 700여 명의 극동방송 연합어린이합창단이 하나님을 찬양하고, 나라사랑의 의미를 되새기는 뜻깊은 행사입니다. 평균 만여 명이 모이는데, 각 지역의 단일 기독 행사로는 참석자가 가장 많은 것으로 알려졌습니다.

행사에 참석한 한 목회자는 "나라사랑축제를 통해 잠시 천국을 맛본 것 같다. 기독 행사가 전무한 때에 새로운 패러다임을 선사한 멋진 기독 행사였다"라고 극찬했고, 어떤 성도는 "나라사랑의 의미가 퇴색되는 시점에서, 나라를 생각하고, 초기 선교사님들의 헌신을 되새기는 생애 최고의 행사였다"라고 했습니다. 또 다른 성도는 "가족과 함께 잊지 못할 여름휴가 이벤트를 선물한 극동방송에 감사드린다"라고 말했습니다.

극동방송 연합어린이합창단은 지난 2016년 미국 뉴욕 카네기홀에서 성황리에 공연을 마친데 이어, 작년 8월에는 미국 워싱턴 케네디센터에서 하나님을 찬양하며 국위를 선양한 바 있습니다.

저와 함께 국내는 물론 미국, 유럽 등 전 세계를 다니며 하나님을 찬양하고 있는 전국 13개 극동방송 어린이합창단은 각 지사에서 정해진 시간에 함께 모여 찬양, 발성, 말씀, 기도, 신앙 교육 등을 진행하고 있습니다. 어릴 때부터 하나님을 찬양하고, 나라를 사랑하는 마음을 갖는 것은 그 어떤 교육보다도 소중하다는 것을 믿으시기 바랍니다.』

–「김장환 목사의 인생 메모」 중에서

나의 자녀에게 무엇보다 믿음의 유산을 물려줄 수 있는 부모가 되십시오. 복되고 형통합니다. 아멘!!!

주님, 전국 13개 극동방송 어린이합창단에게 큰 복을 주옵소서.

어린아이와 같이 주님을 찬양하는 매일의 삶을 보냅시다.

행복이 있는 곳

8월 2일

읽을 말씀 : 시편 43:1-5

● 시 43:3 주의 빛과 주의 진리를 보내어 나를 인도하사 주의 성산과 장막에 이르게 하소서

유럽을 정복한 프랑스의 황제 나폴레옹(*Napoléon Bonaparte*)은 노년에 "내 생애에서 행복한 날은 단 6일 밖에 없었다"라고 말했습니다.

반면 시력과 청력을 잃은 채로 태어나 보지도, 듣지도, 말하지도 못했던 헬렌 켈러(*Helen A. Keller*)는 노년에 자신의 인생을 다음과 같이 회고 했습니다.

"내 생애에서 행복하지 않은 날은 단 하루도 없었습니다."

황제의 자리에 올라 누구보다 호화로운 삶을 살며 넓은 땅을 정복했던 나폴레옹의 삶은 누구보다 불행한 삶이었고, 장애를 갖고 태어나 단 한 번도 눈으로 세상을 볼 수 없었던 헬렌 켈러의 삶은 누구보다 행복한 삶이었습니다.

헬렌 켈러는 하나님을 만났지만,

나폴레옹은 하나님을 만나지 못했기 때문입니다.

주님을 만나고 구주로 믿는 우리의 지금 삶은 어떻습니까?

좋은 학교에 들어가면, 좋은 직장에 들어가면, 더 많은 돈을 벌면, 행복해질 것이라는 생각은 착각입니다.

세상의 모든 것을 다 가진다 하더라도 주님을 만나지 못한다면, 그 삶이 어떤 의미가 있겠습니까?

진정으로 행복할 수 있겠습니까?

주님을 만나고, 주님을 믿는 사람만이 참된 행복의 조건을 갖춘 사람입니다. 주님을 만난 그날부터 매일 하루, 바로 지금이 가장 행복한 순간이라는 사실을 깨달으십시오. 복되고 형통합니다. 아멘!!!

주님, 믿음을 통해 참된 행복을 느끼는 삶이 되게 하소서.

나를 구원해 주신 주님의 사랑을 떠올리며 매일 행복을 누립시다.

8월 3일

누룩과도 같은 죄

읽을 말씀 : 마태복음 16:5–12

● 마 16:11 어찌 내 말한 것이 떡에 관함이 아닌 줄을 깨닫지 못하느냐 오직 바리새인과 사두개인들의 누룩을 주의하라 하시니

암에 걸린 사람이 있었습니다.

의사가 서둘러 암세포를 제거하자고 하자 이 사람이 이런 말을 했다고 생각해 보십시오.

"갑자기 암세포를 전부 없애면 몸에 좀 무리가 가지 않을까요?

일단 반만 제거를 해보고, 그다음에 또 조금씩 제거를 해보시죠."

이 사람을 제정신이라고 생각할 사람은 한 명도 없을 것입니다.

그러나 이 암이 죄라고 생각해 보십시오.

이 정신 나간 사람의 모습이 종종 우리의 모습이 아닙니까?

당장 끊어내야 할 죄인 걸 알면서도 주님께 조금만 더 기다려 달라고 미루고 있지는 않습니까?

경건 서적의 고전 「죄 죽이기」의 공동 저자 중 한 명인 니들러(*Benjamin Needler*)는 죄에 대해 다음과 같이 말했습니다.

"다음 약속을 기약하는 친구들과 헤어지듯이 죄와 작별해서는 안 됩니다. 죄에 대해 친근함을 느껴서도 안 됩니다.

바울이 손에 붙은 독사를 불 가운데 떨어버리듯이 우리도 죄를 떨어내야 합니다."

죄인 줄 알면서도 그만두지 못한 행동들이 있습니까?

주님 앞에 지키기로 서원해 놓고 미루는 것들이 있습니까?

방안에 핀 작은 곰팡이가 온 집 안에 퍼지듯이 죄가 우리의 삶을 점철시키지 않도록 속히 마음에서 전부 떨어내십시오.

복되고 형통합니다. 아멘!!!

주님, 주님이 싫어하시는 모든 죄를 제 삶 속에서 몰아내게 도와주소서.

주님의 공로를 힘입어 죄의 유혹을 매일매일 이겨냅시다.

화평케 하는 사람

읽을 말씀 : 시편 34:12-22

● 시 34:14 악을 버리고 선을 행하며 화평을 찾아 따를지어다

도시샤대학교(*Doshisha University*)는 기독교 정신으로 세운 일본의 명문 대학입니다. 학교가 세워질 당시 여러 가지 문제들이 일어났는데, 그것이 갈등의 원인이 되어 직원들과 학생들이 파벌을 이뤄 다투었습니다.

하루는 총장인 니지마 조(*Joseph H. Neesima*)가 대학의 모든 사람을 불러 모아 다음과 같이 엄포를 놨습니다.

"이렇게 분열되어서는 결코 명문대가 될 수 없습니다.

이번 사태의 주모자를 아주 엄벌에 처하겠습니다."

말을 마친 니지마 총장은 교정에서 꺾어온 굵은 벚꽃 나뭇가지를 들고 앞으로 나왔습니다.

"모든 책임은 총장인 제게 있습니다.

제가 부족해 여러분을 하나로 만들지 못했습니다."

니지마 총장은 피가 철철 날 때까지 자기 종아리를 후려쳤습니다.

이 모습을 본 교직원과 학생들은 눈물을 흘리며 다시는 다투지 않겠다며 용서를 빌었습니다. 학생 8명, 직원 2명으로 시작된 작은 학교를 명문 종합대학으로 성장시킨 동력은 니지마 초대 총장의 희생으로 이룬 화합이었습니다.

희생할 줄 아는 사람, 겸손한 자세로 사는 사람이 사람과 사람의 관계를 회복시키고, 주 예수님을 다른 사람에게 소개할 수 있는 사람입니다. 원활한 관계를 위해, 복음의 전파를 위해 내 것을 조금 손해 보더라도 기꺼이 희생할 줄 아는, 예수님을 본받아 사는 성도가 되십시오.

복되고 형통합니다. 아멘!!!

♡ 주님, 복음을 위해 기꺼이 희생하는, 화평케 하는 자가 되게 하소서.

▣ 주님이 보내신 곳을 화평케 하는 평화의 사자가 됩시다.

8월 5일

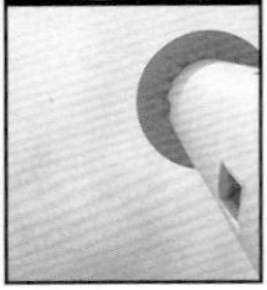

거듭나야 합니다

읽을 말씀 : 요한복음 3:1-8

● 요 3:3 예수께서 대답하여 가라사대 진실로 진실로 네게 이르노니 사람이 거듭나지 아니하면 하나님 나라를 볼수 없느니라

영국의 명설교가 조지 휫필드(*George Whitefield*)는 22세에 하나님을 만나고 55세에 세상을 떠날 때까지 하루도 빠짐없이 매일 두 번 이상 복음을 전했습니다. 매일 새벽 4시에 일어나 먼저 기도로 하루를 시작한 휫필드는 오전 5시부터 거리로 나가 사람들을 찾아다녔습니다.

처음 휫필드는 주일날 예배를 드리기 힘든 탄광의 광부들을 찾아다니며 복음을 전했습니다. 휫필드의 설교를 들은 광부들은 석탄재로 물든 검은 눈물을 떨어트리며 방탕한 삶을 회개했습니다. 나중에는 휫필드가 탄광을 찾아올 때마다 천 명이 넘는 광부들이 모였다고 합니다. 당시는 마이크도 없던 시대였지만 휫필드는 이들을 위해 목이 터져라 복음을 외쳤습니다.

미국 건국의 아버지 벤자민 프랭클린(*Benjamin Franklin*)도 휫필드의 설교를 듣고 큰 감명을 받았습니다. 복음을 전하러 필라델피아를 찾은 휫필드의 설교를 들은 프랭클린은 "이곳 필라델피아가 복음에 물들고 있는 것 같습니다"라며 감탄했습니다.

그런데 휫필드가 평생 설교한 주제는 다음의 한 가지였다고 합니다.

"당신은 거듭나야 합니다."

밤중에 예수님을 찾아온 니고데모에게 예수님 역시 구원받기 위해서 거듭나야 한다고 말씀하셨습니다. 정말로 우리가 주님을 만났다면, 구원을 확증하려 한다면 우리의 삶 역시 거듭나야 합니다.

복되고 형통합니다. 아멘!!!

주님, 주님을 구주와 주님으로 믿어 진실로 거듭나게 하소서.

성경에 나오는 참된 성도들처럼 우리도 거듭난 삶을 살아갑시다.

살아있는 신앙인

8월 6일

읽을 말씀 : 마태복음 7:15–27

● 마 7:21 나더러 주여 주여 하는 자마다 천국에 다 들어갈 것이 아니요 다만 하늘에 계신 내 아버지의 뜻대로 행하는 자라야 들어가리라

독일의 신학자이자 하버드 대학교의 교수인 폴 틸리히(*Paul J. Tillich*)는 "크리스천 중에 10%만이 살아있는 진짜 그리스도인이다"라고 말했습니다.

"기성교회의 교인 중 10%는 껍데기만 남아 있는 죽은 신앙인입니다. 80%는 잠들어 있고, 오직 10%만이 살아서 교회를 이끌어가고 있습니다."

신학자 알렌 토렌스(*Alan Torrance*)가 조사한 미국 크리스천의 실태는 다음과 같았습니다.

- 20%의 크리스천은 주일 성수를 지키지 않음
- 25%는 일주일에 한 번도 기도를 드리지 않음
- 35%는 집에서 성경을 읽지 않음
- 40%는 십일조를 내지 않음
- 60%는 경건 서적을 읽어본 적이 없음
- 75%는 교회에서 일을 맡고 싶어 하지 않음
- 85%는 전도를 한 번도 해본 적이 없음

그러나 응답에 응한 100%는 자신은 예수님을 믿고 있기에 천국에 갈 것이라고 대답했습니다. 열매가 맺히지 않는 나무는 죽은 나무이듯이, 경건한 삶이 없는 성도의 믿음은 쭉정이뿐인 믿음입니다.

주님과의 교제를 소홀히 여기지 않고, 말씀을 삶 가운데 한 절이라도 지켜 행하는 참된 크리스천이 되십시오. 복되고 형통합니다. 아멘!!!

주님, 말씀으로 깨어 있어 부지런히 주님의 길을 예비하게 하소서.

예배와 경건생활, 전도와 사역 등 성도의 본분을 철저히 지킵시다.

8월 7일

승리를 믿어라

읽을 말씀 : 골로새서 2:6–19

● 골 2:15 정사와 권세를 벗어버려 밝히 드러내시고 십자가로 승리하셨느니라

1940년대 사이판은 일본의 식민 지배를 받고 있었습니다.

제2차 세계대전 동안 많은 일본 군인이 사이판의 산속에 숨어서 저항을 하고 있었는데 이 사람들은 일본의 패전으로 전쟁이 끝난 것도 모르고 오랜 세월 산속에서 게릴라전을 펼쳤습니다.

나중에 일본 정부가 나서서 이들을 산 아래 마을로 데려왔지만 이들은 전쟁이 끝났다는 사실을 끝까지 믿지 못했습니다.

전쟁이 끝났기에 고향으로 돌아가 사랑하는 가족과 함께 일상으로 돌아갈 수 있었고 그것은 그들이 너무도 바라던 일이었습니다.

그러나 산속의 군인들은 다 떨어진 군복을 입고, 녹슨 총을 들고 끝까지 저항하기를 원했습니다.

결국 일본 정부는 이들을 강제로 본국으로 송환시켰습니다.

병사들은 일본으로 돌아와 다시 일반인으로 살아갔지만, 놀랍게도 30~40년 동안 사회생활을 하면서도 일본이 전쟁에서 패했다는 사실을 믿지 않았고 오히려 적군의 계략이나 모종의 이유로 자신들을 단체로 속이고 있다고 생각했습니다.

예수님과 사탄의 싸움은 이미 예수님의 완벽한 승리로 끝난 싸움입니다.

우리가 할 일은 2,000여 년 전 십자가에서 완벽히 승리하신 예수님을 믿는 것뿐입니다. 끝까지 몸부림치며 우리를 괴롭히는 사탄에게 현혹되지 말고 주님이 약속하신 그날이 오기를 믿으며 기다리십시오.

복되고 형통합니다. 아멘!!!

주님, 이미 승리하신 주님을 믿으며 담대히 사탄을 대적하게 하소서.

십자가에서 승리하신 주님만을 믿고 의지합시다.

그래서 나를 보내셨다

8월 8일

읽을 말씀 : 신명기 15:1-11

● 신 15:10 너는 반드시 그에게 구제할 것이요, 구제할 때에는 아끼는 마음을 품지 말 것이니라 이로 인하여 네 하나님 여호와께서 네 범사와 네 손으로 하는바에 네게 복을 주시리라

한 성도가 아주 추운 겨울날 예배를 드리러 교회에 가는 중이었습니다. 골목을 돌아서자 거리에서 추위에 떠는 한 소녀가 눈에 들어왔습니다.

끼니도 챙겨 먹지 못했는지 제대로 서 있지도 못했습니다.

교회에 도착했지만, 아까 지나친 소녀의 모습이 계속 떠오르자 마음이 답답했던 성도는 기도 중에 하나님께 울분을 터트렸습니다.

"하나님, 도대체 이런 일을 왜 그냥 보고만 계십니까?

저 소녀에게 무슨 죄가 있습니까?

따뜻하게 머물 집과 맛있는 음식을 왜 주시지 않으십니까?"

하나님은 기도를 마친 성도의 마음에 다음과 같은 음성을 들려주셨습니다.

『그래서 너를 보낸 것 아니냐?

주리고 지친 소녀를 위한 나의 대책은 바로 너였다.』

세상의 부조리한 일을 보며 하나님을 원망한 적이 있습니까?

어려움을 당하는 사람들을 하나님이 왜 그냥 두시는지 궁금한 적이 있습니까?

우리가 가슴 아파하는 바로 그 일을 위해서 하나님이 우리를 구원해 주셨고, 우리를 보내셨습니다.

하나님이 우리에게 베풀어 주신 은혜를 가지고 세상에 하나님의 사랑을 전하십시오. 복되고 형통합니다. 아멘!!!

주님, 주님의 마음과 선하신 뜻을 분별하는 지혜를 주소서.

주님의 손발이 되어 어려운 사람을 찾아가 주님의 마음으로 도웁시다.

8월 9일

하나님의 응답

읽을 말씀 : 잠언 16:1–7

● 잠 16:1 마음의 경영은 사람에게 있어도 말의 응답은 여호와께로서 나느니라

뉴욕대학교 부속병원(*NYU Langone Hospitals*) 재활센터의 한 벽에는 다음과 같은 기도문이 있다고 합니다.

「큰일을 이룰 힘을 달라고 하나님께 기도했는데
겸손을 배우라고 연약함을 주셨다.
많은 일을 해낼 건강을 기도했는데
보다 가치 있는 일을 하라고 병을 주셨다.
행복해질 수 있는 돈을 달라고 기도했는데
지혜로워지라고 가난을 주셨다.
칭찬을 받고 싶어 성공을 기도했는데
교만하지 말라고 실패를 주셨다.
삶을 누릴 수 있게 모든 것을 달라고 기도했는데,
가장 중요한 삶 그 자체를 선물로 주셨다.
구한 것은 하나도 받지 못했지만,
필요한 모든 것을 받았다.
나는 가장 많은 복을 받은 사람이다.」

우리는 무엇을 기도하며, 무엇을 바라고 있습니까?

내가 기도한 대로 이루어지지 않았다고 실망하지 마십시오.

내가 바라는 것보다 좋은 것을 주님께서 주십니다.

가장 필요한 것으로 나에게 응답하실 주님이심을 믿으십시오 복되고 형통합니다. 아멘!!!

주님, 믿음으로 구하는 모든 것을 주시는 주님이심을 믿게 하소서.

나의 정욕을 위해 기도하지 말고, 주님이 주신 사명을 위해 기도합시다.

두려울 때 순종하라

8월 10일

읽을 말씀 : 사무엘상 15:20–25

● 삼상 15:22 사무엘이 가로되 여호와께서 번제와 다른 제사를 그 목소리 순종하는 것을 좋아하심 같이 좋아하시겠나이까 순종이 제사보다 낫고 듣는 것이 수양의 기름보다 나으니

마가복음 10장 32절을 보면 예수님이 예루살렘으로 향하시자 따르는 사람들이 "놀랍고 두려워했다"라고 기록되어 있습니다.

예수님을 좇으면서 놀라운 기적을 목격하고, 진리의 말씀을 들었던 이들은 갑자기 왜 놀라고 두려워했을까요?

자신의 생각과 다른 방향으로 예수님이 인도하셨거나, 앞으로 있을 일을 예상하고 겁을 먹었기 때문일 것입니다.

「주님은 나의 최고봉」의 저자 오스왈드 챔버스(*Oswald J. Chambers*)는 그리스도인에게는 마가복음 10장 32절과 같은 「당황의 훈련」이 찾아온다고 말했습니다.

"예수님의 제자가 된 초기에, 우리는 예수님의 모든 것을 안다고 착각합니다. 예수님을 위해 모든 것을 바칠 수 있을 것 같지만 세월이 흐르면서 확신은 약해지고 의심이 생겨납니다. 이런 상황에서 예수님이 주시는 말씀이 낯설게 느껴지고, 순종하기 어려워지는 것입니다."

본회퍼(*Dietrich Bonhoeffer*)는 이런 상황에 처한 크리스천을 위해 다음과 같은 조언을 했습니다.

"예수님의 제자에게 필요한 것은 신앙고백이 아니라 순종입니다."

예수님을 따르는 제자에게 필요한 것은 오직 하나, 순종입니다.

의심이 생기고 두렵고 떨리더라도 주님의 말씀이라는 확신이 생기는 일에는 무조건 순종하는 참된 주님의 제자가 되십시오.

복되고 형통합니다. 아멘!!!

주님, 주님을 향한 사랑의 고백에 합당한 삶을 살아가게 하소서.

입으로만 고백하는 순종이 아닌, "아멘"으로 행하는 진짜 순종을 합시다.

8월 11일

속사람의 중요성

읽을 말씀 : 누가복음 12:22-34

●눅 12:27 백합화를 생각하여 보아라 실도 만들지 않고 짜지도 아니하느니라 그러나 내가 너희에게 말하노니 솔로몬의 모든 영광으로도 입은 것이 이 꽃 하나만 같지 못하였느니라

유대인 격언에 「더러운 옷을 입은 학자는 사형에 처해도 마땅하다」라는 말이 있습니다. 유대인들은 사람을 가르치는 일을 가장 중요하게 여기기 때문에 이 일을 감당해야 하는 학자들은 항상 품격에 맞는 옷을 입어야 한다고 생각합니다.

우리나라에도 「옷이 날개다」라는 말이 있는데, 전 세계 어디나 이와 비슷한 격언이나 속담이 있습니다. 그만큼 눈에 보이는 옷차림은 사람을 달라 보이게 만들고, 또 때로는 욕심이 나게 만듭니다.

심리학자들의 연구에 따르면 사람들은 같은 키라 하더라도 평상복을 입었을 때보다 양복을 입었을 때 키를 더 크게 본다고 합니다. 이처럼 사람에게 옷이 중요하기에 때로는 욕망의 대상이 되기도 합니다.

아간은 가나안 땅의 고귀한 옷 한 벌을 훔치려고 모두를 속였습니다.

나아만 장군이 병을 낫게 해달라고 엘리사를 찾아왔을 때도 귀한 옷 열 벌을 들고 갔습니다. 엘리사는 하나님의 은혜가 값없는 것임을 가르쳐주기 위해 아무것도 받지 않았지만 사환인 게하시가 욕심을 이기지 못하고 몰래 나아만 장군을 찾아가 두 달란트와 옷을 받아왔습니다.

"솔로몬의 모든 영광으로 입은 옷이 들에 핀 백합화 하나만도 못하다"라는 예수님의 가르침은 바로 보이는 것에만 집착하는 우리들을 깨우치기 위한 가르침이셨습니다. 옷을 비롯한 겉치장에 과도한 신경을 쓰지 말고 우리의 내면을 정결하고 거룩하게 만들고자 노력하십시오. 복되고 형통합니다. 아멘!!!

주님, 거룩한 내실을 다지고자 노력하는 지혜로운 사람이 되게 하소서.

의식주에 필요 이상의 돈을 쓰지 말고, 선한 일에 흘려보냅시다.

어디에 쓸 것인가

8월 12일

읽을 말씀 : 마가복음 1:14–20

● 막 1:17 예수께서 가라사대 나를 따라 오너라 내가 너희로 사람을 낚는 어부가 되게 하리라 하시니

칼은 그저 날카롭게 무언가를 자르는 도구일 뿐입니다.

그런데 이 칼이 요리사에게 들리면 훌륭한 음식을 만듭니다.

의사에게 들리면 사람을 살릴 중요한 수술 도구가 됩니다.

그러나 이 칼이 강도에게 들리면 사람을 해치는 위험한 무기가 됩니다.

차도 마찬가지입니다.

교통법을 준수하며 안전하게 운전하면 더없이 편한 탈것이 되지만, 술에 취한 사람이나 미치광이가 운전하면 수많은 사람을 죽게 만드는 사고를 냅니다.

사도 바울은 누구보다 율법을 잘 알고 지키며 살아가던 열정 있는 사람이었습니다. 그러나 사도 바울은 율법이 누구를 증거하는 것인지, 뜨거운 열정이 어디를 향해야 하는지를 몰랐습니다.

다메섹 도상에서 주님을 만난 사도 바울은 마침내 깨우침을 얻었습니다. 그리스도인을 잡아서 죽이려던 무서운 열정이, 죽기를 두려워하지 않고 어디든 복음을 찾아가는 거룩한 열정이 되었습니다.

주님을 만나기 전 우리는 어떤 사람이었습니까?

주님을 만난 우리는 이제 어떤 사람입니까?

나를 만나주시고 변화시켜 주신 살아계신 주님이, 또한 다른 사람들을 만나 주시고 변화시켜 주시리란 사실을 믿으십시오.

주님이 주신 나의 모든 것을 주님을 위해 바른 방향으로 사용하십시오. 복되고 형통합니다. 아멘!!!

주님, 주님을 향한 바른 방향으로 모든 열정과 노력이 향하게 하소서.

불가능함이 없는 주님의 가능성을 믿음으로 사람들을 바라봅시다.

8월 13일

하나님을 기쁘시게 하는 삶

읽을 말씀 : 유다서 1:17-25

● 유 1:20 사랑하는 자들아 너희는 너희의 지극히 거룩한 믿음 위에 자기를 건축하며 성령으로 기도하며

영국의 시인이자 신학자인 리차드 백스터(*Richard Baxter*)는 하나님이 기뻐하시는 삶을 사는 사람에게는 특정한 특징이 있다고 말했습니다.

다음은 백스터가 말한 「하나님이 기쁘게 받으시는 삶의 7가지 표징(*Signs of Living to Please God*)」입니다.

❶ 하나님의 마음을 알기 위해 성경을 주의 깊게 읽는다.

❷ 사람의 기쁨이 아닌, 하나님을 기쁘시게 하는 방법이 무엇인지 고민한다.

❸ 내가 하는 행동의 목적, 생각, 내면의 의도까지 성찰하며 점검한다.

❹ 사람들이 크게 신경 쓰지 않는 일,
눈에 보이지 않는 일까지도 주의를 기울인다.

❺ 양심의 소리를 무시하지 않고 귀를 기울인다.

❻ 교만하거나 오만한 태도를 버리고,
경건하지 않은 일을 하지 않도록 주의한다.

❼ 사람들의 판단에 신경을 쓰지 않고,
오직 하나님이 나를 어떻게 생각하실지만 주목한다.

돈이 인생의 목적인 사람은 돈 버는 일에만 관심이 있고, 일이 인생의 목적인 사람은 일에만 관심이 있습니다.

크리스천을 자처하는 우리는 어떤 일에 미쳐 있는 사람입니까?

사람이 아닌, 나의 만족이 아닌, 주 하나님을 기쁘시게 하는 삶을 위해 고심하고 노력하십시오. 복되고 형통합니다. 아멘!!!

주님, 주님의 일을 위해 고심하고 노력하는 삶이 되게 하소서.

주님이 기뻐 받으실 산 제사로 오늘 하루를 드립시다.

할 수 있는 한

8월 14일

읽을 말씀 : 시편 111:1–10

● 시 111:10 여호와를 경외함이 곧 지혜의 근본이라 그 계명을 지키는 자는 다 좋은 지각이 있나니 여호와를 찬송함이 영원히 있으리로다

팔미라 야자나무(*Palmyra palm*)는 세상에서 가장 쓸모 있는 나무입니다. 높이 30*m*까지 자라나는 이 나무는 열매부터 시작해서 잎과 껍질, 씨앗까지 다양한 용도로 사용할 수 있습니다. 학자들에 따르면 팔미라 야자나무를 사용할 수 있는 용도는 800가지가 넘는다고 합니다.

그러나 이토록 유용한 나무에 단점이 하나 있는데, 바로 발아입니다. 씨앗에 싹을 틔우기가 쉽지 않아 전문가가 아무리 노력해도 1년이 넘게 걸릴 때도 있다고 합니다. 어떻게 보면 크리스천의 삶과 매우 닮아 있습니다. 어떤 사람은 복음을 듣고 주님을 믿기까지 한평생이 걸리기도 합니다. 그러나 한 번 주님을 믿게 되면 세상에서 빛과 소금처럼 적재적소에 쓰임 받는 놀라운 사람으로 변합니다.

미국의 어떤 무명 크리스천의 묘비에 적혀 있는 다음의 비문과 같이 크리스천들은 하나님의 사랑을 실천하며 살아야 합니다.

- 할 수 있는 한 최대한 많은 사람에게
- 할 수 있는 한 모든 방법으로
- 할 수 있는 한 오랫동안
- 할 수 있는 한 모든 선을 행하라

주님의 사랑을 전하고, 복음의 기쁜 소식을 전하는 삶은 또한 이웃을 돌보고, 선행을 실천하고, 말과 행동으로 사랑을 전하는 삶입니다. 주님이 주신 사랑과 은사와 재능으로 세상 속에서 다양한 방법으로 복음을 전하는 다양한 쓸모가 있는 능력 있는 크리스천이 되십시오.
복되고 형통합니다. 아멘!!!

주님, 다섯 달란트 받은 종처럼, 좋은 밭의 씨앗처럼, 열매 맺게 하소서.

주님이 맡겨주신 사명을 위해 필요한 능력을 계발합시다.

8월 15일

하나님이 허락하신 광복

읽을 말씀 : 갈라디아서 5:1-9

● 갈 5:1 그리스도께서 우리로 자유케 하려고 자유를 주셨으니 그러므로 굳세게 서서 다시는 종의 멍에를 메지 말라

일제치하 시절을 직접 겪었던 독립운동가 함석헌 선생은 「뜻으로 본 한국 역사」에서 광복의 순간을 다음과 같이 묘사했습니다.

「연대표 위에는 36년이건만 느낌으로는 360년도 더 되는 것 같았다. 아무도 그 종살이에 끝이 오리라고는 예측을 하지 못하였다… 그러던 것이 1945년 8월 15일 갑자기 해방이 되었다. 이 나라가 해방될 줄을 미리 안 사람은 하나도 없다. 아무도 모르는 것은 아무도 꾸민 사람이 없기 때문이다. 사람이 꾸미지 않고 온 것은 하늘의 선물이다. 이것은 하늘에서 직접 준 해방이다. 아무도 여기에 대하여 공로를 주장할 자가 없다.」

함석헌 선생은 본래 이 책의 제목을 「성서적 입장에서 본 한국 역사」로 정하려고 했습니다. 우리나라의 독립은 그만큼 하나님의 은혜와 역사라는 말로밖에는 설명이 안 되는 놀라운 기적이었습니다.

배가 고픈 사람은 후각이 극도로 예민해지지만, 배가 부른 즉시 후각이 둔감해진다고 합니다. 자유가 일상이 되고, 무엇이든지 풍족하게 넘치는 선진국이 된 우리나라입니다.

하나님의 복을 이토록 크게 누리고 살아가는 우리들은 지금, 하나님을 향한 감사와 찬양을 오히려 잊고 살아가는 것이 아닐까요?

하나님만 의지하며 누구보다 우리나라의 자유를 위해 피와 땀을 쏟았던 선조들처럼 간절히 하나님만 바라며 나라와 민족을 위해 쉬지 말고 기도하십시오. 복되고 형통합니다. 아멘!!!

주님, 자유를 허락하시고 진리를 전해주신 은혜에 감사하게 하소서.

광복을 위해 헌신한 독립유공자들과 후손들을 위해 기도합시다.

전화위복

8월 16일

읽을 말씀 : 로마서 8:18–30

● 롬 8:28 우리가 알거니와 하나님을 사랑하는 자 곧 그 뜻대로 부르심을 입은 자들에게는 모든 것이 합력하여 선을 이루느니라

『지난 2023년 8월의 일입니다.

태풍 「카눈」이 강원 영동 지역을 관통하며 많은 비를 뿌렸을 때, 영동극동방송 사옥 뒤편 야산이 갑자기 무너지며 산사태가 발생해 방송사 울타리가 무너지고 건물 지하에 엄청난 토사와 빗물이 유입돼 큰 피해를 입었습니다.

이미 2019년에 강원도 고성군에서 발생한 초대형 산불로 방송사가 전소되는 어려움을 겪었던 경험이 있었기에 처음 상황을 보고 받았을 때는 "하나님께서 왜 우리에게 갑자기 이런 어려움을 또 주시는가" 하는 짧은 생각도 했습니다.

그렇지만 근무 시간에 이런 큰 사고가 났기에 평소라면 건물 외부에 방송사 직원이나 출연자들이 있어서 인명 사고가 날 수도 있었는데 그 때는 외부에 아무도 없었기에 한 사람도 다치지 않았다는 보고를 받고서는 피할 길을 열어주신 주님께 그저 감사의 고백을 올렸습니다.

오히려 그 사건을 계기로 영동극동방송에는 더 큰 산사태도 막아낼 수 있는 크고 단단한 옹벽이 굳게 세워지게 되었고, 이제는 '영동극동방송은 물불을 가리지 않고 복음을 전하는 방송'이라는 멋진 별칭도 교회와 성도들로부터 얻게 되었습니다. 영동극동방송은 지금 강원도 지역만이 아니라, 북한 동해안 해안 지역의 도시와 농어촌, 동해를 항해하는 선박에도 복음을 전하고 있습니다.』 –「김장환 목사의 인생 메모」 중에서

우리가 처해 있는 삶의 현실이 아무리 암담하다 할지라도 은혜와 복을 더하시는 하나님을 굳게 신뢰하십시오. 복되고 형통합니다. 아멘!!!

주님, 어떠한 고난이라도 복으로 바꾸시는 주님을 찬양하게 하소서.

요즘 내 입술에서 찬양과 감사의 고백이 흘러나오는지 돌아봅시다.

8월 17일

하나님이 주시는 달란트

읽을 말씀 : 출애굽기 31:1-11

● 출 31:6 내가 또 단 지파 아히사막의 아들 오홀리압을 세워 그와 함께 하게 하며 무릇 지혜로운 마음이 있는 자에게 내가 지혜를 주어 그들로 내가 네게 명한 것을 다 만들게 할지니

모세를 따라 이집트를 탈출한 이스라엘 백성들은 하나님의 명을 따라 예배 처소인 성막을 지었습니다. 그런데 이 성막에는 많은 보석과 인력, 그리고 기술이 필요했습니다. 보석은 하나님의 예비하심으로 이집트를 탈출하며 마련할 수 있었고, 수십만의 이스라엘 백성들이 있기에 인력도 해결되었으나 기술을 갖춘 사람은 찾기가 쉽지 않았습니다.

하나님은 브살렐과 오홀리압이라는 사람에게 복을 주셨는데, 성경은 하나님이 이들에게 성령님을 통해 지혜와 총명과 지식과 온갖 기술을 주셨다고 말씀하고 있습니다.

이런 이유로 어떤 신학자들은 브살렐과 오홀리압이 성경에서 가장 처음 나온 '예술가와 디자이너'라고 말하기도 합니다.

하나님이 주시는 복은 여러 재능, 여러 방면에서 꽃을 피우는 놀라운 복입니다. 반대로 사울왕의 시대에는 이런 복을 받은 사람이 없었습니다.

사무엘상 13장에는 이스라엘 군사들은 칼과 창이 없었고, 제대로 된 농기구도 없어 원수 같은 블레셋 사람들을 찾아가 빌려와야 했다고 나와 있습니다. 철을 올바로 다룰 기술을 가진 사람이 없었기 때문입니다.

하나님이 우리에게 주시는 복은 이처럼 다양한 방면에서 꽃을 피웁니다. 하나님을 만나고 복을 받았다고 모두가 신학을 전공하고, 선교사가 되어야 하는 것은 아닙니다. 하나님이 주신 은사와 재능을 통해 하나님의 영광을 드러내는, 자신의 진짜 사명을 찾은 성도가 되십시오.
복되고 형통합니다. 아멘!!!

주님, 주신 모든 복을 사명을 위해 올바로 사용할 수 있도록 도와주소서.

주님이 주신 달란트가 무엇이며 어떻게 사용해야 할지 고민해 봅시다.

소명이 만든 영국의 양심

8월 18일

읽을 말씀 : 디모데후서 4:1–8

● 딤후 4:7 내가 선한 싸움을 싸우고 나의 달려갈 길을 마치고 믿음을 지켰으니

왜소해 보이는 남자가 영국 의회에서 연설을 하고 있었습니다.
"정말 위대한 나라가 되려면 하나님의 방법을 따라야 합니다.
황금에 눈이 어두워 노예제도를 찬성하다가는
하나님의 심판을 받게 될 것입니다. 모두 깨어나십시오!"

당시 영국은 노예무역으로 막대한 이득을 취하고 식민지를 건설하던 해가 지지 않는 나라였습니다. 이런 이득을 단지 신앙과 양심 때문에 포기하라는 한 남자의 외침은 무시로 일관됐지만, 그래도 남자는 의회가 열릴 때마다 소신 있게 하나님이 주신 자신의 신념을 외쳤습니다.

의회에서 150번이 넘는 연설과 토론으로 마침내 영국의 노예제도 폐지 법안을 이끌어 낸 윌리엄 윌버포스(*William Wilberforce*)의 이야기입니다.

죽을 때까지 자신과 아무런 상관없는 노예들을 위해 싸웠던 윌버포스를 지금 시대의 사람들은 「부패한 시대와 싸웠던 영국의 양심」이라고 부릅니다. 그러나 더욱 놀라운 것은 조금도 타협하지 않고 하나님이 주신 양심에 따라 사는 윌버포스의 삶을 보고 많은 사람이 크리스천이 됐다는 사실입니다.

당시 기록에 따르면 영국 의회 신임 의원 중 3분의 1이 윌버포스의 삶을 보고 크리스천이 되기로 결심했다고 나와 있습니다.

소명을 따라 사는 사람은 그 삶의 족적만으로도 주변 사람들에게 하나님을 전하며 살게 됩니다. 지금 하나님이 나에게 주신 소명은 무엇입니까? 그 소명에 순종하며 매일을 살아갈 뿐 아니라 모든 삶의 행적으로 복음을 전하는 사명자가 되십시오. 복되고 형통합니다. 아멘!!!

주님, 시대가 변해도 정결하고 경건한 마음으로 살아가게 하소서.

지금 내가 있는 곳에서 선한 영향력을 발휘하며 복음을 전합시다.

8월 19일

둥지를 부수는 이유

읽을 말씀 : 고린도전서 10:1–13

● 고전 10:13 사람이 감당할 시험 밖에는 너희에게 당한 것이 없나니 오직 하나님은 미쁘사 너희가 감당치 못할 시험 당함을 허락지 아니하시고 시험 당할 즈음에 또한 피할 길을 내사 …

새들은 알을 안전하게 보관하고 새끼들을 지키려고 다양한 방법으로 둥지를 만듭니다.

까치는 가장 높은 나무 꼭대기에 가는 나뭇가지로 촘촘히 층을 짜고 진흙을 물어와 다져 튼튼한 둥지를 만듭니다. 딱따구리는 부리로 직접 나무를 파서 새끼를 숨길 수 있는 둥지를 만듭니다. 부리로 나무를 팔 수 없는 올빼미는 깊은 나무 구멍을 찾아 거기에 둥지를 틉니다.

그런데 새들은 이렇게 정성 들여 만든 둥지를 다시 부숩니다.

사랑하는 자녀가 하늘을 훨훨 날아가 다른 곳에 자립할 수 있게 만들어야 하기 때문입니다. 언제까지나 편안한 둥지 안에만 머무를 수는 없으므로 어미 새는 자녀들을 내쫓기 위해 부리로 둥지를 쪼아서 없애거나, 독수리처럼 새끼를 절벽 위에서 떨어트리기도 합니다.

새들이 자녀를 싫어하거나 미워해서가 아니라, 그렇게 해야만 하늘을 날아다니며 자유롭게 살아갈 수 있기 때문입니다.

우리의 고난도, 우리의 행복도, 모두 주 하나님의 완벽하신 계획 가운데 일어난 일입니다. 어떤 순간에도 우리는 하나님을 우리의 구주로 인정하고 신뢰해야 합니다.

하나님이 누구보다 사랑하는 자녀인 우리에게 때로는 고난을 주시는 이유가, 우리의 성장과 하나님의 영광을 위해서라는 사실을 믿으십시오. 복되고 형통합니다. 아멘!!!

주님, 선하신 주님의 모든 계획이 완전함을 고백하며 살게 하소서.

모든 삶의 순간순간마다 주님을 절대적으로 신뢰합시다.

설교를 듣는 마음

8월 20일

읽을 말씀 : 요한복음 4:19-26

● 요 4:24 하나님은 영이시니 예배하는 자가 신령과 진정으로 예배할지니라

영국 역사상 가장 위대한 총리로 손꼽히는 윌리엄 글래드스턴(*William E. Gladstone*)은 주일마다 가까운 교회를 찾아가 예배를 드렸습니다.

하루는 외진 곳의 한 교회를 방문했는데 그날따라 목사님의 설교가 제대로 준비되지 않은 듯 어설펐습니다. 예배가 끝나고 글래드스턴을 알아본 한 남자가 다가와 인사를 하며 다음과 같이 말했습니다.

"총리님 아니십니까?
그런데 왜 이런 외진 곳에 있는 교회에 오셨습니까?
나라에서 학식이 가장 뛰어나신 분이 이런 어눌한 설교를 들으러 오시다니요. 저는 이해가 잘되지 않습니다."

글래드스턴은 특유의 근엄한 표정을 지으며 대답했습니다.

『저는 유창한 설교를 들으러 교회에 온 것이 아닙니다.
저는 영국을 사랑하기 때문에 교회에 온 것입니다.』

글래드스턴의 대답에는 많은 뜻이 내포되어 있습니다.

국정을 운영하기 위한 지혜를 배우려고 온 것일 수도 있고, 겸손함을 잃지 않으려고 예배하는 자리에 온 것일 수도 있습니다.

그러나 가장 중요한 사실은 우리는 예배를 평가하는 사람이 아니라, 하나님이 기뻐하시는 예배를 드리려고 온 사람이라는 점입니다. 곁에서서 예배를 평가하는 사람이 아니라, 안으로 들어가 전심으로 주 하나님을 구하는 예배자가 되십시오. 복되고 형통합니다. 아멘!!!

주님, 신령과 진정으로 드리는 예배를 통해 큰 은혜를 체험하게 하소서.

영광과 존귀를 받으시기에 합당하신 주님께 마음을 다해 예배합시다.

8월 21일

명확하고 간절하게

읽을 말씀 : 야고보서 4:1-10

● 약 4:2 너희가 욕심을 내어도 얻지 못하고 살인하며 시기하여도 능히 취하지 못하나니 너희가 다투고 싸우는도다 너희가 얻지 못함은 구하지 아니함이요

한 선교사가 제2차 세계대전 중 태평양의 외딴섬에서 복음을 전하고 있었습니다. 적군이 곧 쳐들어온다는 소식을 들은 선교사는 서둘러 화물선을 얻어 타고 본국으로 돌아가고 있었습니다. 그런데 출발한지 얼마 안 되어 한 선원이 "저기 잠망경이 나타났다!"라고 소리쳤습니다.

정말로 눈으로 확인 가능한 거리에 잠수함의 잠망경이 올라와 있었지만 화물선인 이 배에서 할 수 있는 것은 기도밖에 없었습니다.

선교사는 선원들을 불러 모아 함께 기도를 시작했습니다.

그런데 선교사가 급하게 한 가지를 요청했습니다.

"적의 잠수함으로부터 공격받지 않게 해달라고
최대한 구체적으로 기도합시다."

어떤 사람은 잠망경이 고장 나게 해달라고 기도하고, 어떤 사람은 엔진이 멈추게 해달라고 기도하고, 또 어떤 사람은 남은 어뢰가 없기를 기도했습니다.

주님이 어떤 사람의 기도를 들어주셨는지는 모릅니다.

그러나 중요한 것은 선교사와 선원들의 기도 덕분에 잠수함은 어떤 공격도 하지 않고 그냥 돌아갔다는 사실입니다.

구세군의 창립자 윌리엄 부스(*William Booth*)는 "모든 일이 당신에게 달려 있는 것처럼 간절하게 기도하라"라고 말했습니다. 우리의 기도는 얼마나 간절하고, 얼마나 구체적입니까? 정말로 목숨이 걸려 있는 것처럼 간절하고 소상하게 우리의 모든 간구를 주님께 아뢰십시오.
복되고 형통합니다. 아멘!!!

주님, 정말로 기도를 들어주시는 주님이심을 믿으며 기도하게 하소서.

우리의 모든 필요를 주님께 소상히, 구체적으로 아뢰십시다.

시련이 만드는 인내

8월 22일

읽을 말씀 : 누가복음 21:5–19

●눅 21:19 너희의 인내로 너희 영혼을 얻으리라

「성령의 열매 9가지 이야기」의 저자 보비 리드(*Bobbie Reed*)는 「인내심은 고난에도 포기하지 않는 사람이 갖게 되는 능력」이라고 말했습니다.

"어려운 일을 이겨낼 때 인내심이 생겨납니다.

하나님을 포기하지 않고 끝까지 믿는 사람은 더욱 큰 인내심을 가진 사람들입니다.

- 월트 디즈니(*Walter E. Disney*)는 아이디어가 부족하다는 이유로 해고를 당했습니다.
- 파스퇴르(*Louis Pasteur*)는 대학교 시절 화학 낮았습니다.
- 톨스토이(*Leo Tolstoy*)는 낙제생이었습니다.
- 베토벤(*Ludwig V. Beethoven*)은 음악을 가르치는 개인교사에게 작곡가가 될 수 없는 재능이라는 평가를 받았습니다.
- 링컨(*Abraham Lincoln*)은 부족한 리더십으로 장교로 참전한 전쟁에서 사병으로 강등되어 강제로 전역을 당했습니다."

결국에 성공한 사람들은 어려움에 굴하지 않고 이겨낸 인내할 줄 아는 사람들이었습니다. 우리가 주님 앞에 바로 서있다면, 주님을 위해 온전히 헌신하고 있다면 역경이 찾아와도 근심하지 말고 오히려 기뻐하십시오.

시련의 순간을 통해서만 인내심을 기를 수 있습니다.

시련은 전적으로 하나님을 의지하게 만드는 신실하신 하나님의 훈련 방식임을 믿으십시오. 복되고 형통합니다. 아멘!!!

주님, 신실하신 주님을 전적으로 의지하며 인내심을 갖게 하소서.

주님이 맡겨주신 일을 붙잡으며 주님의 곁을 떠나지 말고 인내합시다.

8월 23일

성경이 채워준 영혼

읽을 말씀 : 디모데후서 3:10–17

● 딤후 3:16 모든 성경은 하나님의 감동으로 된 것으로 교훈과 책망과 바르게 함과 의로 교육하기에 유익하니

유럽을 뒤덮은 흉년을 피해 가족과 함께 러시아로 이주한 남자가 있었습니다. 그러나 소문과는 달리 러시아의 환경은 매우 척박했습니다.

수확은 이전보다 줄었고, 남자의 부모님은 풍토병에 걸려 돌아가셨습니다. 도저히 먹고 살 방법이 보이지 않자 남자는 갱단에 들어가 사람들을 해치며 돈을 벌었습니다. 그런데 하루는 훔친 물건 중에 이상한 책이 있었습니다.

'성경'이라고 적힌 책의 첫 면에는 다음과 같이 적혀 있었습니다.

「1898년 5월 15일, 주님께 회개함으로 구원받았다.

주님은 내 죄를 용서하시고 거룩한 보혈로 나를 씻겨주셨다.」

이 문장에 호기심이 생긴 남자는 매일 밤마다 성경을 읽었고 결국 권능의 말씀 앞에 무릎을 꿇고 회개했습니다.

남자는 자신이 훔친 성경 앞장에 다음과 같은 글을 추가했습니다.

「내가 죄에 빠져 살 때 당신을 죽게 했소. 그리스도를 위해 나를 용서해 주시오. 내 목마른 영혼을 채워준 이 말씀을 전하기 위해 앞으로 살아가겠소.

그대가 찬양한 주 하나님을 이제 나도 찬양하오.」

수차례 시베리아 수용소에 보내지면서까지 포기하지 않고 복음을 전했다고 알려진 티코미로프(*N. Tikhomiroff*) 목사님의 이야기입니다.

공허한 인간의 마음을 채울 수 있는 것은 오직 생명의 복음, 능력의 말씀뿐입니다. 나를 살렸고, 이제 다른 이를 살릴 생명의 말씀을 속히 전하십시오. 복되고 형통합니다. 아멘!!!

주님, 영혼을 살리는 놀라운 힘이 생명의 말씀에 있음을 알게 하소서.

말씀이 필요한 사람들에게 생명의 복음인 성경을 전달합시다.

하나님이 하신 일

8월 24일

읽을 말씀 : 사도행전 7:54-60

● 행 7:60 무릎을 꿇고 크게 불러 가로되 주여 이 죄를 저들에게 돌리지 마옵소서 이 말을 하고 자니라

스펄전(*Charles H. Spurgeon*)에 비견되는 명설교가 조셉 파커(*Joseph Parker*) 목사님이 하루는 길거리에서 전도를 하고 있었습니다.

이때 파커 목사님을 알아본 한 무신론자가 "당신 말대로 하나님이 그토록 전능하신 분이라면 왜 스데반은 죽게 놔두셨습니까? 스데반이 돌로 맞고 있을 때 하나님은 도대체 뭘 하고 있었습니까?"라며 시비를 걸었습니다.

파커 목사님은 곧바로 다음과 같이 대답했습니다.

『하나님은 스데반에게 은혜를 주셨습니다. 자기에게 돌을 던지는 사람을 위해서 기도할 수 있는 놀라운 은혜 말입니다.』

신학자 어거스틴(*Aurelius Augustinus*)과 마틴 루터(*Martin Luther*)는 스데반이 돌을 맞으며 드렸던 기도에 대해서 다음과 같은 공통된 견해를 가지고 있었습니다.

"스데반이 돌을 맞으며 드렸던 기도는 아마도 바울의 귀에 들렸을 것입니다. 하나님은 스데반의 기도를 바울을 회심시키는데 사용하셨을 것입니다."

하나님의 방식은 세상의 방식으로는 도저히 이해할 수도 없고, 용납할 수도 없는 놀라운 사랑과 은혜입니다. 나를 변화시킨 주님의 사랑과 은혜를 매일 붙들고 살아가야 합니다. 그 크신 사랑과 은혜를 경험한 우리만이 세상에 동일한 사랑과 은혜를 알릴 수 있기 때문입니다.

나의 삶을 통해 주님이 하실 일을 기대하며, 성령님이 인도하시는 감동을 따라 순종함으로 쓰임 받으십시오. 복되고 형통합니다. 아멘!!!

주님, 한 차원 더 높은 사랑과 은혜의 삶으로 저를 이끌어 주소서.

세상의 방식이 아닌, 나의 생각과 감정이 아닌, 말씀대로 행합시다.

8월 25일

언행일치의 중요성

읽을 말씀 : 야고보서 1:19–27

● 약 1:22 너희는 도를 행하는 자가 되고 듣기만 하여 자신을 속이는 자가 되지 말라

러시아의 대문호 레프 톨스토이(*Lev N. Tolstoy*)는 백과사전에 작가이자 사상가로 기록되어 있습니다.

톨스토이는 생전에 노동자들의 처우 개선을 주장하는 사설을 많이 썼기 때문입니다.

당시 러시아의 한 시골에 살던 젊은이가 톨스토이가 쓴 글을 보고 큰 감명을 톨스토이를 만나고 싶었던 청년은 열심히 돈을 모아 톨스토이를 찾아갔습니다.

그런데 집 앞에 서자마자 실망감을 감출 수가 없었습니다.

톨스토이의 집은 수많은 하인들을 거느린 대저택이었기 때문입니다.

'이런 곳에서 호의호식하는 사람이 매일 뼈 빠지게 고생하는 노동자의 마음을 어떻게 안단 말인가?'

화가 난 청년은 마침 정원에 있던 톨스토이를 만나 자신의 생각을 쏘아붙였습니다. 톨스토이는 훗날 이 청년의 말을 듣고 너무나 부끄러워서 한 마디도 대꾸를 하지 못했다고 회고했습니다.

옳은 말은 누구나 할 수 있습니다.

그러나 옳은 행동은 누구나 할 수 없습니다. 주님을 아는 지식만큼 주님을 사랑하며 말씀을 지키고 살고 있는지 돌아보십시오.

복되고 형통합니다. 아멘!!!

주님, 진리를 아는 것에서 그치지 않고 곧 행동하게 하소서.

매일 한 구절이라도 주님의 말씀을 실천하며 살아갑시다.

누가 다스리시는가

8월 26일

읽을 말씀 : 다니엘 4:19–27

● 단 4:26 또 그들이 그 나무 뿌리의 그루터기를 남겨 두라 하였은즉 하나님이 다스리시는 줄을 왕이 깨달은 후에야 왕의 나라가 견고하리이다

17세기 영국의 외교관이었던 존 휘트록(*John Whitlock*)은 지금도 시대를 대표하는 청교도인으로 기록되어 있을 만큼 독실한 신앙인이었습니다.

휘트록이 스웨덴에 공무로 파견되었을 때 양국은 중요한 여러 현안을 놓고 심각하게 대치 중이었습니다.

휘트록은 적절한 협의점을 찾지 못해 매일 잠을 설치며 고민하고 있었습니다. 이 모습을 본 그의 비서가 어느 날 물었습니다.

"공사님은 태초부터 하나님이 이 세상을 통치하고 계신다고 믿으십니까?"

『당연히 그렇다네.』

"그럼 지금도 그 하나님이 이 세상을 통치하고 계십니까?"

휘트록은 비서의 의중을 알아채고는 미소를 지었습니다.

『그렇다네.』

대답을 마친 휘트록은 모든 것을 주님께 맡기고 편안히 잠을 청했습니다.

태초에 천지를 창조하시고 다스리신 분이 바로 하나님이십니다.

예수님을 보내사 죄로 인해 죽을 우리를 구원하신 분이 바로 하나님이십니다.

그 하나님이 바로 우리 삶의 모든 문제를 아시고, 해결해 주실 줄을 믿으십시오. 복되고 형통합니다. 아멘!!!

주님, 세상의 모든 주권이 이미 주님의 손에 있음을 기억하게 하소서.

마음이 불안할 때마다 전능하신 주님이 우리 곁에 계심을 기억합시다.

8월 27일

말씀 한 구절의 위력

읽을 말씀 : 누가복음 24:17-35

● 눅 24:32 저희가 서로 말하되 길에서 우리에게 말씀 하시고 우리에게 성경을 풀어 주실 때에 우리 속에서 마음이 뜨겁지 아니하더냐 하고

수많은 찬송시를 작곡한 윌리엄 쿠퍼(*William Cowper*)는 심각한 우울증을 앓고 있었습니다. 자살 직전까지 갔던 쿠퍼를 구한 것은 요한복음 6장 37절 말씀이었습니다.

"아버지께서 내게 주시는 자는 다 내게로 올 것이요
내게 오는 자는 내가 결코 내어 쫓지 아니하리라."

기나긴 전도 여행을 떠나며 종종 번민에 빠졌던 존 웨슬리(*John Wesley*)는 마가복음 12장 34절을 반복해서 읽고 힘을 얻었습니다.

"예수께서 그 지혜 있게 대답함을 보시고 이르시되
네가 하나님의 나라에 멀지 않도다 하시니
그 후에 감히 묻는 자가 없더라."

데이비드 리빙스턴(*David Livingstone*)은 마태복음 28장 19절 말씀을 읽고 선교사가 되기로 결심했습니다.

"그러므로 너희는 가서 모든 족속으로 제자를 삼아
아버지와 아들과 성령의 이름으로 세례(침례)를 주고."

진리의 말씀인 성경은 한 구절만으로 사람을 변화시킵니다.

하나님의 영광을 세상에 보이게 만들 능력이 있습니다.

놀라운 능력과 지혜가 있는 성경 말씀을 나에게 주신 말씀으로 받고 매일 깊이 묵상하십시오. 복되고 형통합니다. 아멘!!!

주님, 시시때때로 저에게 필요한 말씀을 성경을 통해 알려주소서.

오늘 나에게 주신 말씀이 무엇인지 성경을 통해 묵상합시다.

성도가 져야 할 책임

8월 28일

읽을 말씀 : 로마서 12:16-21

● 롬 12:19,20 내 사랑하는 자들아 너희가 친히 원수를 갚지 말고 진노하심에 맡기라 기록되었으되 원수 갚는 것이 내게 있으니 내가 갚으리라고 주께서 말씀하시니라 네 원수가 주리거든 먹이고 목마르거든 마시우라 …

미국의 초대 대통령인 조지 워싱턴(*George Washington*)이 정부의 요직에 앉힐 후보군을 추리고 있었습니다. 최종 후보로는 두 사람이 선정됐는데, 한 사람은 워싱턴과 매우 가까운 사이이기도한 심복이었고, 다른 한 사람은 워싱턴을 수도 없이 비난했던 정적이었습니다.

당시 두 후보 중 누가 그 요직에 앉을 것인가가 정치인들 사이에서는 화제였습니다. 대부분의 사람들은 당연히 워싱턴이 심복을 선택할 것이라고 생각했습니다. 그러나 워싱턴은 정적을 요직에 앉혔습니다.

이 소식을 들은 심복은 워싱턴을 찾아와 매우 화를 내며 따졌습니다.

한참 동안 화를 내던 심복에게 워싱턴은 다음과 같이 말했습니다.

"당신은 언제나 같이 있고 싶은 나의 신실한 친구입니다.
그러나 나의 적이 된 사람이 그 일에는 더 적임자입니다.
인간 조지 워싱턴은 당신을 그 자리에 앉히고 싶었지만,
미국의 대통령으로서는 정적을 그 자리에 앉힐 수밖에 없었습니다."

교회에서도, 세상에서도 수많은 사람을 만나며 우리는 나름대로 상대를 평가합니다. 그러나 내가 좋아하는 사람도, 싫어하는 사람도 모두 우리가 복음을 전해야 할 사람이며 훗날 천국에서 함께 영원히 지낼 형제, 자매라는 사실을 잊지 마십시오. 복되고 형통합니다. 아멘!!!

주님, 저의 편견과 식견을 넘어설 수 있는 사랑의 마음을 주소서.

복음에 초점을 맞춰 모든 인간관계를 바라봅시다.

8월 29일

바흐의 작곡법

읽을 말씀 : 사무엘하 22:7-20

● 삼하 22:20 나를 또 넓은 곳으로 인도하시고 나를 기뻐하시므로 구원하셨도다

1977년 미국은 우주탐사선 보이저 1,2호를 발사했습니다.

두 탐사선의 임무는 우주의 망망대해를 계속해서 뻗어나가는, 말 그대로 우주 탐사가 목적이었습니다.

5년이 지나면 아무런 교신도 되지 않고 연료도 떨어집니다. 어딘가 있을지도 모르는 문명을 만날 수도 있다는 기대감 하나로 관성을 따라 계속해서 떠나보내는 목적의 우주선이었습니다.

여기에는 지구 문명을 대표하는 여러 가지 이미지와 음악들이 실려 있었습니다. 노래는 총 7곡이 실렸는데 그중 4곡이 바흐(Johann S. Bach)의 곡이었습니다. 바흐를 대표하는 곡을 한두 개로 꼽을 수가 없어서 무려 4곡이나 실은 것입니다.

바흐는 생전에 자신의 작곡 비결에 대해 '사보'라고 말했습니다.

유명한 작곡가의 음악을 베끼고 조금씩 변형하다 보면 어느새 원곡보다 더 훌륭한 자기만의 작품이 나온다고 생각한 바흐는 제자들에게도 자기 작품 외에 훌륭한 많은 작곡가들의 작품을 따라 쓰라고 가르쳤습니다.

어떤 일을 잘하기 위해서는 이미 잘하는 사람을 따라 하는 것이 가장 빠르고 쉬운 길입니다.

크리스천으로 제대로 살아가기 위해서도 똑같은 경건의 훈련이 필요합니다. 완벽한 본을 보여주신 주님의 삶을 매일 말씀을 묵상하는 가운데 배워가며, 또 따라가십시오. 복되고 형통합니다. 아멘!!!

주님, 주님의 본을 따라 살면서 경건의 삶을 연단하게 하소서.

하루에 한 절이라도 주님의 말씀을 순종하는 삶으로 살아냅시다.

율법이 아닌 사랑으로

8월 30일

읽을 말씀 : 고린도전서 8:1–13

●고전 8:1 우상의 제물에 대하여는 우리가 다 지식이 있는 줄을 아나 지식은 교만하게 하며 사랑은 덕을 세우나니

고등학생 때 주님을 만나고 평생 주님을 위해서 살아야겠다고 다짐한 학생이 있었습니다. 학생은 다시는 죄를 짓고 싶지 않았습니다.

그래서 죄를 짓지 않기 위한 자신만의 법칙을 만들었습니다.

- 술과 담배 하지 않기
- 댄스파티 가지 않기
- 영화 보지 않기
- 대중음악 듣지 않기
- 커피, 콜라 마시지 않고 그 돈으로 후원하기… 등

무려 수십 가지가 넘는 긴 목록이었고, 선교에 대한 열망을 품고 많은 헌금을 했고, 시간이 되는 대로 비전 트립도 떠났습니다. 그런데 이런 목록들을 지키며 살아가고 있는데도 마음에 기쁨이 없었습니다.

율법을 넘어서는 사랑의 하나님을 만나고 나서야 이 학생의 마음에는 기쁨이 넘쳐났습니다. 삶의 모습은 이전과 거의 비슷했지만 이 학생의 삶을 통해 하나님이 드러나기 시작했고, 더 많은 사람이 하나님을 믿는 일이 일어났습니다.

「복음 본색」의 저자 그리어(*J. D. Greear*) 목사님의 학창 시절 이야기입니다.

율법만으로는 거룩한 삶을 살 수도 없고 주님의 사랑을 경험할 수도 없습니다. 예수님을 향한 믿음만으로 구원의 조건이 충분하다는 사실을 믿으십시오. 그 믿음이 저절로 우리의 삶을 거룩하게 이끌 것임을 믿으십시오. 복되고 형통합니다. 아멘!!!

주님, 참된 사랑이 무엇인지 주님과 말씀을 통해 가르쳐 주소서.

율법에 얽매이지 말고, 먼저 사랑으로 주님께, 이웃에게 나아갑시다.

8월 31일

공사 중입니다

읽을 말씀 : 에베소서 2:11-22

● 엡 2:22 너희도 성령 안에서 하나님의 거하실 처소가 되기 위하여 예수 안에서 함께 지어져 가느니라

교회 내의 갈등으로 고민하던 목사님이 있었습니다.

'주님을 믿는 사람들이 모인 교회에서

도대체 왜 이런 일이 일어나는 것일까?'

답답한 마음에 동네를 산책 중이었는데 길 중간에 커다란 공사 중 표지판이 있었습니다.

「공사 중입니다.

통행에 불편을 드려 죄송합니다.

더 나은 모습으로 찾아뵙겠습니다.」

그 순간 목사님은 중요한 사실을 깨달았습니다.

'맞다. 나도, 우리 성도도 모두 공사 중이다. 지금은 서로가 어렵고 힘들지만 이 공사가 끝나면 서로 더 나은 모습으로 변화될 것이다.

우리가 천국에 갈 때까지 이런 일이 계속 반복되겠지만 그래도 어쩔 수 없다. 우리는 공사 중이니까.'

병원에 왜 이렇게 아픈 사람이 많냐고 화내는 의사는 한 명도 없을 것입니다.

아픈 사람이 병을 고치러 오는 곳이 병원이기 때문입니다.

마찬가지로 불완전한 사람들이 교회에 모인다고 화내는 크리스천이 있어선 안 됩니다. 우리 모두가 하나님의 은혜 가운데 세워지고 있는 공사 중인 거룩한 성전임을 기억하십시오. 복되고 형통합니다. 아멘!!!

주님, 완벽하지 못한 죄인들이 더 모여야 할 곳이 교회임을 알게 하소서.

자비와 은혜의 주님이 우리 모두를 변화시켜 주고 계심을 믿읍시다.

9월

"좋은 것으로 네 소원을 만족케 하사
네 청춘으로 독수리 같이 새롭게 하시는도다"
– 시편 103:5 –

9월 1일

곤고한 자를 살리는 복음

읽을 말씀 : 시편 22:24-25

● 시 22:24 그는 곤고한 자의 곤고를 멸시하거나 싫어하지 아니하시며 그 얼굴을 저에게서 숨기지 아니하시고 부르짖을 때에 들으셨도다

『"여러분께 이 말씀을 꼭 드리고 싶습니다. 저는 「하나님, 언젠가 저를 극동방송 직원 예배에 보내주신다면, 자살을 결심했던 제가 극동방송을 듣고 다시 살기로 결단했음을 말하고 싶어요」라고 기도했습니다."

극동방송 직원 채플에 말씀을 전하러 온 어느 목사님의 고백입니다.

목사님은 스무 살 때 고칠 수 없는 질병을 얻어 심각한 시력장애가 왔고, 더 이상 학업을 이어갈 수 없는 지경에 이르러 깊은 좌절 속에 자살을 결심하고 실행에 옮기려던 차에 라디오 방송을 듣게 됐습니다.

당시 목사님이 살던 순천은 날씨에 따라 아세아방송(현 제주극동방송)이 들리기도, 들리지 않기도 했는데 그날 라디오에서는 「절망하고 좌절해 고통받는 이들은 예수님을 믿으라」라는 멘트가 흘러나왔습니다.

당시 목사님은 불신자로 불교에 심취해 있었는데, 방송을 듣고 죽기로 작정했던 마음을 바꿔 살기로 작정했습니다. 그날 이후 집에서 15리 떨어진 시골교회로 새벽 기도를 나가기 시작했고, 후에 주님의 종이 되기로 서원하여 지금 건강하게 목회를 하고 있습니다.

자신을 하나님 아버지께 천문학적인 빚을 진 '복음에 빚진 자'라고 생각하는 목사님은 매일 전도를 하며 이 빚을 갚고 있다고 합니다. 곤고하여 죽을 처지에 있던 자신을 살려주신 하나님께서 자신에게 복음을 전하지 않고는 견딜 수 없는 마음을 부어주셨기 때문입니다.』

-「김장환 목사의 인생 메모」 중에서

복음은 상한 영혼을 살립니다. 주변에 낙심하고 쓰러져있는 영혼들에게 나를 살린 복음을 전하십시오. 복되고 형통합니다. 아멘!!!

주님, 복음에 빚진 자임을 기억하며, 전도의 사명을 잘 감당케 하소서.

낙심한 영혼들을 돌아보고 생명을 전하는 극동방송을 소개합시다.

수용소에서의 고백

9월 2일

읽을 말씀 : 사도행전 16:29-34

● 행 16:31 가로되 주 예수를 믿으라 그리하면 너와 네 집이 구원을 얻으리라 하고

누명을 쓰고 러시아 수용소에 갇힌 의사가 있었습니다.

의사는 환자와 간수를 돌보는 대신 조금 편안한 수감생활을 했는데 하루는 아주 이상한 환자를 만났습니다. 시도 때도 없이 기도문을 읊던 환자는 어떤 상황에서도 평온해 보였는데, "평안의 비결이 뭐냐?"라는 의사의 질문에 환자는 주기도문을 알려주며 복음을 전했습니다.

의사는 예수님이 누구인지도 몰랐고 믿고 싶은 마음도 없었는데 힘들고 어려울 때마다 기도문을 외우면 마음이 평안해지고 예수님을 믿고 싶어졌습니다. 자기도 모르게 예수님을 영접하게 된 의사는 어느덧 불의에 양심을 굽히지 않는 크리스천이 되었습니다.

수술 중 실수를 가장해 자신을 괴롭힌 간수에게 복수할 수 있었지만 무사히 치료를 끝냈고 정치적인 이유로 멀쩡한 환자를 치료를 가장해 고문실로 보내야 한다고 사인을 해야 할 때도 매를 맞아 가며 거부했습니다. 결국 의사는 수용소에서 또 다른 누명을 쓰고 처형을 당했습니다.

그러나 이 의사가 전한 복음으로 수많은 환자와 수감자가 예수님을 믿었습니다. 러시아의 양심 솔제니친(*Aleksandr Solzhenitsyn*) 역시 수용소에서 이 의사에게 복음을 듣고 크리스천이 되었습니다.

솔제니친을 전도한 의사, 헤노흐 코른펠트(*Henoch Kornfeld*)의 이야기입니다.

교회에서도, 세상에서도, 심지어 수용소에서도 믿음을 잃지 않고 순종하는 사람을 주님은 사용하십니다. 어디서든 주님이 사용하실 수 있는 순종의 사람이 되십시오. 복되고 형통합니다. 아멘!!!

주님, 어디서나 불평과 불만이 아닌 사랑과 복음을 전하게 하소서.

성령님이 주시는 모든 감동에 "아멘"으로 순종하며 쓰임 받읍시다.

9월 3일

교회는 어떤 곳인가

읽을 말씀 : 마태복음 16:13-20

● 마 16:18 또 내가 네게 이르노니 너는 베드로라 내가 이 반석 위에 내 교회를 세우리니 음부의 권세가 이기지 못하리라

저명한 기독교 작가 필립 얀시(*Philip Yancey*)는 젊은 시절에 지루하게 반복되는 예배 순서, 양복을 차려입고 거짓된 미소를 짓는 사람들의 모습에 염증이 날 정도로 회의를 느껴 교회를 떠나 있었습니다. 그러나 얀시는 교회를 떠나 방황하던 중에 더더욱 교회의 소중함을 깨닫고 「교회가 필요한 4가지 이유」를 고백했습니다.

❶ 하나님을 바라보는 예배의 중요성을 생각하게 한다.
극장에서 배우를 바라보는 예배가 돼서는 안 되고, 극장에서 연기하는 배우가 돼서는 안 됩니다. 예배의 대상은 오직 하나님이십니다.

❷ 서로를 돌볼 수 있다.
유대인과 이방인, 남자와 여자, 노예와 자유인이 예수님이라는 울타리에서 자유롭게 교제하던 최초의 모임이 교회입니다.

❸ 지역 사회를 돌볼 수 있다.
교회는 자신의 일원이 아닌 사람들을 위해 헌신할 수 있는 유일한 공동체라는 말이 있듯이, 성도들은 서로를 돌보고 주님이 주시는 힘으로 세상으로 나아가 사랑을 전해야 합니다.

❹ 세상에 은혜와 자비를 알릴 수 있다.
경쟁과 비난, 서열화가 판치는 세상에서 교회는 주님의 자비와 은혜를 알릴 수 있습니다.

주님을 향한 바른 믿음으로, 교회에 충성된 일꾼으로 쓰임 받으십시오. 복되고 형통합니다. 아멘!!!

주님, 교회를 통해 하나님의 사랑과 은혜를 더 깊이 배우게 하소서.

주님이 세워주신 사랑하는 우리 교회를 위해 열심히 헌신합시다.

즐거워 할 사명

9월 4일

읽을 말씀 : 잠언 17:20-28

● 잠 17:22 마음의 즐거움은 양약이라도 심령의 근심은 뼈로 마르게 하느니라

「웃음이 환자의 치료에 도움을 줄 수 있다」라는 노먼 커즌스(*Norman Cousins*)의 주장이 사실인지 알아보기 위해 일본 교토에 있는 우니티카 중앙병원에서 실험을 했습니다.

비슷한 조건의 알레르기 환자를 두 그룹으로 나누어 한 그룹에는 코미디 영화를 보여줬고, 다른 한 그룹에는 평범한 일반 영상을 보여줬습니다.

영화를 보고 난 뒤 두 그룹의 피부 수치를 검사했는데 코미디 영화를 본 그룹의 피부가 알레르기로 인한 태흔이 훨씬 적었습니다.

일반 영상을 본 그룹은 아무런 변화가 없었습니다.

긍정심리학의 최고 권위자인 마틴 셀리그만(*Martin E. P. Seligman*) 교수는 심장마비를 한 번 이상 겪은 32명의 사람들의 삶을 추적 조사했습니다. 16명은 사고를 겪은 뒤에도 인생을 긍정적으로 바라봤고, 16명은 사고를 겪은 뒤 인생을 부정적으로 바라보는 사람들이었습니다.

연구 기간 중 인생을 비관적으로 바라보는 사람 16명 중 15명은 다시 심장마비가 재발해 사망했습니다. 반면 인생을 긍정적으로 바라보는 사람은 16명 중 5명만 재발했습니다.

마음의 즐거움은 육체의 건강과 큰 연관이 있습니다.

주님이 주시는 큰 기쁨이 있기에 우리의 삶에도 행복과 웃음이 넘쳐야 합니다. 누구도 빼앗아 갈 수 없는 놀라운 기쁨을 주신 주님을 찬양하며 매일 웃음이 넘치는 밝은 삶을 살아가십시오.

복되고 형통합니다. 아멘!!!

주님, 주님을 위해 사는 삶 자체가 놀라운 기쁨임을 알게 하소서.

슬플 때도, 기쁠 때도, 주님이 주신 영원한 기쁨을 잃지 맙시다.

9월 5일

봉사의 자격

읽을 말씀 : 데살로니가후서 3:6-15

●살후 3:13 형제들아 너희는 선을 행하다가 낙심치 말라

장애인들의 재활을 돕는 학과에서 공부 중인 학생이 있었습니다.

평범한 대학을 나와 직장 생활을 하던 그는 어느 날 라디오에서 장애인들이 당하는 차별에 대한 이야기를 듣고 도와야겠다는 생각에 관련학과로 재입학을 했습니다. 특히 청각 장애인에게 관심이 많았던 학생은 따로 수화를 배워 열심히 봉사활동을 다녔습니다. 필요한 곳이면 주말도, 평일도, 이른 아침도, 늦은 저녁도 상관없이 봉사를 다녔습니다.

그런데 하루는 오랜 기간 봉사를 하던 선교단체에서 더 이상 나오지 않아도 된다는 연락이 왔습니다. 수화 통역을 더 잘하는 봉사자를 찾았다는 것이 이유였고, 그동안 수고했다는 말 한 마디 없었습니다.

마음의 상처를 크게 받은 학생은 다시는 봉사하지 않겠다고 다짐했는데, 이 사정을 알게 된 한 목사님이 다음과 같이 조언했습니다.

"상처를 준 사람을 이해할 수 있을 만큼 성숙한 사람이 진정한 봉사를 할 자격이 있답니다."

목사님의 조언을 들은 학생은 참된 봉사의 조건이 무엇인지를 깨달았습니다. 다시 정신을 차리고 이전보다 더 열심히 봉사하며 수화도 따로 공부하던 학생은 어느덧 수준급의 통역사가 되었고, 수많은 청각 장애인이 이 학생의 도움을 받아 무사히 대학을 졸업하게 되었습니다.

받을 것을 생각하지 않고 주려고만 하는 사람이 진정한 봉사를 할 수 있습니다. 참된 사랑과 용서를 보여주신 주님을 본받아, 낙심하지 말고 계속해서 선한 손으로 이웃을 도우십시오.

복되고 형통합니다. 아멘!!!

주님, 다른 이를 도울 수 있는 재능과 은사가 무엇인지 깨닫게 하소서.

선한 일을 행하며 고난을 당할 때 오히려 감사합시다.

시간을 아끼십시오

9월 6일

읽을 말씀 : 에베소서 5:15–21

● 엡 5:16 세월을 아끼라 때가 악하니라

황금을 캐어 부자가 되겠다는 꿈을 가진 청년이 있었습니다.

청년은 금이 있을 만한 곳을 찾아가 열심히 땅을 팠지만, 금을 찾지 못했습니다. 어디에 있는지도 모를 금을 찾기 위해 여기저기 떠돌던 청년은 시간이 되는대로 허드렛일을 하며 버텼습니다. 어디선가는 굴 양식을 하다 그만뒀고, 어디선가는 사냥꾼이었습니다.

허황된 일확천금의 꿈을 좇느라 청년은 고등학교도 졸업하지 못했습니다. 그러다 머물던 지역에 내린 폭설로 꼼짝없이 몇 달을 갇혀 지냈는데, 방 안에서 자신의 삶을 돌아봤습니다.

'나는 지금까지 내 인생을 너무나 낭비하고 살았다.

이대로 살다가는 내 미래는 점점 더 어두워질 것이다.'

자신이 진정으로 무엇을 하고 싶은지 고민하던 청년은 다음과 같은 다짐을 하며 새 삶을 시작했습니다.

'나는 더 이상 나의 삶을 낭비하지 않을 것이다.

나에게 주어진 시간을 최대한 활용할 것이다.

내가 빛을 낼 수 있는 일이 무엇인지 찾아 그 일에 매진할 것이다.'

청년이 진심으로 하고 싶었던 것은 글쓰기였습니다. 결심 이후로 쉬지 않고 계속 글을 쓴 청년은 20여 년 가까이 400편 이상의 작품을 써서 백만장자가 되었습니다. 미국의 유명한 소설가 잭 런던(*Jack London*)의 이야기입니다.

주님이 주신 시간을, 주님이 주신 비전을 위해 사용하는 지혜로운 성도가 되십시오. 복되고 형통합니다. 아멘!!!

주님, 세상 끝 날까지 함께하실 주님을 믿고 담대히 나아가게 하소서.

지나온 삶을 돌아보며 앞으로 남은 시간을 지혜롭게 사용합시다.

9월 7일

성령님의 두 가지 역사

읽을 말씀 : 요한복음 15:17-27

● 요 15:26 내가 아버지께로서 너희에게 보낼 보혜사 곧 아버지께로서 나오시는 진리의 성령이 오실 때에 그가 나를 증거하실 것이요

런던의 웨스트민스터 사원에서 오랜 세월 사역한 로이드 존스(*David M. Lloyd Jones*) 목사님은 성령님의 활동에는 두 가지 분야가 있다고 말했습니다.

● 첫째는 일반 사역으로 하시는 일입니다.
사람의 죄를 입증하고, 회심시키고, 거듭나게 함으로써 그리스도인이 되어 성화의 과정을 밟게 만드는 것이 성령님이 항상 하시는 일입니다.

● 둘째는 특별 사역으로 하시는 일입니다.
교회의 역사, 시대의 역사마다 성령님께서 일으키신 예외적인 흔적이 남아 있습니다. 사도행전의 오순절 성령강림 사건이 그중 하나이고, 영국의 대각성 운동과, 1907년에 우리나라에서 있었던 평양 대부흥도 그중 하나입니다.

시대와 방법은 다르지만 여전히 성령님은 한 사람, 한 사람, 개인을 주님의 자녀로 거듭나게 하시고, 복음이 들불처럼 세계만방으로 퍼져 나가도록 역사하고 계십니다.

성령님을 믿는다면, 성령의 충만함을 계속 구한다면, 우리들의 삶에도 그리고 지금의 시대에도 이와 같은 역사가 계속해서 일어나게 됩니다.

예수님이 보내주신 성령님을 받은 사람은 예수님의 이름을 증거하는 삶을 살아가게 됩니다. 오직 성령의 충만함을 구하며 주님의 능력을 힘입어 복음을 위해 살아가십시오. 복되고 형통합니다. 아멘!!!

주님, 성령님의 인도하심대로 살아계신 주님의 은혜를 증거하게 하소서.
그 무엇보다 성령의 충만함을 구하는 신앙생활을 합시다.

진정한 개혁정신

9월 8일

읽을 말씀 : 시편 51:10-19

●시 51:10 하나님이여 내 속에 정한 마음을 창조하시고 내 안에 정직한 영을 새롭게 하소서

1517년 10월 31일, 한 무명의 젊은 수도사가 겁도 없이 비텐베르크 성당에 가톨릭을 비판하는 「95개조 반박문」이라는 글을 붙였습니다.

계란으로 바위 치기나 다름없는 이 반박문으로 인해 종교개혁의 뜨거운 불길이 일어났습니다.

그로부터 500여 년이 지난 지금 다시 한번 종교계에 개혁이 일어나야 한다는 의견이 생겨나고 있습니다.

새로운 95개조 반박문을 다시 써서 퍼트리는 사람들도 있습니다.

그러나 개혁의 참된 의미가 무엇인지 우리는 다시 생각해 봐야 합니다.

종교개혁은 다음의 5가지 정신을 통해 이루어졌습니다.

❶ 오직 믿음(*Sola Fide*) ❷ 오직 은혜(*Sola Gratia*) ❸ 오직 성경(*Sola Scriptura*)
❹ 오직 그리스도(*Sola Christus*) ❺ 오직 하나님의 영광(*Sola Soli Deo Gloria*)

이 중에서도 더욱 핵심이 되는 것은 다음의 3가지 정신입니다.

❶ 오직 믿음(*Sola Fide*) ❷ 오직 은혜(*Sola Gratia*) ❸ 오직 성경(*Sola Scriptura*)

진정한 개혁은 성경을 중심으로 바른 믿음으로 살아가며 하나님의 은혜를 누리는 한 명, 한 명의 크리스천을 통해 이루어지는 것입니다.

개혁은 이미 시작되었고, 지금도 이루어지고 있으며, 앞으로도 계속 돼야 할 크리스천의 숙명입니다.

나도 지금 이 개혁의 대열에 서있는지 살펴보십시오.

오직 믿음, 오직 성경, 오직 은혜로, 날로 새로워지는 참된 크리스천으로 살아가십시오. 복되고 형통합니다. 아멘!!!

주님, 바른 믿음, 바른 지식으로 올바른 신앙생활을 세워나가게 하소서.

하나님 앞에 바로 서는 한 사람이 되고자 계속 스스로를 개혁합시다.

9월 9일

영혼의 내실을 다지자

읽을 말씀 : 전도서 7:1-12

● 전 7:12 지혜도 보호하는 것이 되고 돈도 보호하는 것이 되나 지식이 더욱 아름다움은 지혜는 지혜 얻은 자의 생명을 보존함이니라

겉모습이 가장 중요하다고 생각하는 바보 같은 부자가 있었습니다.

부자는 자신이 가입한 요트 클럽에서 가장 주목받고 싶어서 새로운 요트를 만들기 시작했습니다. 그래서 가장 먼저 화려한 돛을 달고 선실에 온갖 편의시설을 갖추었습니다. 그다음으로는 외관을 황금색으로 칠했습니다. 어디서나 요트의 이름이 보일 수 있도록 대문짝만하게 「페르소나」라고 적었습니다.

그러나 부자는 정작 가장 중요한 배의 밑판에 대해서는 신경을 쓰지 않았습니다. 아무도 보지 않고, 아무도 들어가지 않고, 아무도 언급하지 않는 곳이기 때문입니다.

마침내 부자의 요트가 완성되던 날 요트 클럽의 회원들은 눈이 휘둥그레져 하루 종일 칭찬했습니다. "이런 요트는 지금껏 본 적이 없다"라는 칭찬에 부자의 마음은 마침내 흡족해졌습니다.

그렇게 성대한 축하를 끝내고 이제는 바다로 나갈 차례였습니다. 겉치레만 신경 쓴 부자의 요트는 항구 근처에서는 아무런 문제가 없었지만 해안을 조금 벗어나자 거친 파도에 배 밑바닥이 뚫려 물이 차오르기 시작했습니다.

겉치레만 신경 쓰는 크리스천을 풍자하기 위해 작가 고든 맥도날드(*Gordon MacDonald*)가 쓴 「페르소나호」라는 예화입니다.

겉으로 보이는 생활보다 중요한 것은 우리의 마음, 우리의 영혼입니다. 신령과 진정으로 주님을 사랑하고 예배하며 말씀을 실천하는 내실 있는 크리스천이 되십시오. 복되고 형통합니다. 아멘!!!

주님, 외실보다 내실을 더 중요하게 여기며 다져나가게 하소서.

영혼과 정신이 건강할 수 있도록 말씀의 양식을 매일 섭취합시다.

살아 있어도 죽은 사람

9월 10일

읽을 말씀 : 히브리서 9:23-28

● 히 9:27 한번 죽는 것은 사람에게 정하신 것이요 그 후에는 심판이 있으리니

옛 몽골에는 '증살형'이라는 처벌 제도가 있었습니다.

증살형은 부패한 관리가 받을 수 있는 최고로 높은 형벌이었습니다.

먼저 사람들이 많이 다니는 길에 큰 솥을 걸어놓고 물을 담습니다.

그리고 증살형을 받을 사람을 벌거벗겨 그 안에 넣습니다.

몸을 담글 수 있을 정도의 미지근한 물이지만 이 사람은 솥에 들어간 순간 사회적으로는 이미 죽은 것이나 다름없는 대우를 받습니다.

솥에서 죄인이 나오면 가족들은 곡을 하면서 장례를 치르고 뻔히 살아있는 사람을 마치 눈에 보이지 않는 것처럼 그냥 지나칩니다.

가족들과도 편히 살 수가 없습니다.

아내는 남편이 있어도 과부 취급을 받고, 아내가 임신해 아이를 낳으면 과부가 아이를 낳았다며 간통녀 취급을 합니다. 멀쩡히 살다가 훗날 진짜로 죽어도 이미 죽은 사람 취급을 받았기 때문에 장례를 치를 수도 없습니다.

그래서 옛 몽골 사람들은 증살형을 사형보다도 더 심한 처벌로 여기고 두려워했고 실제로도 사형보다 더 심한 처벌을 받아야 할 부패한 관리들한테 주어지는 형벌이었다고 합니다.

이 세상에서의 삶이 전부라고 생각하는 사람은 살아있지만 이미 죽어있는 사람과 다름이 없습니다. 세상에서의 삶이 끝이 아니며, 분명한 하나님의 심판이 있으며, 값없이 주어진 구원의 은혜를 믿는 사람은 영원한 생명을 얻는다는 사실을 믿고, 또 전하십시오.

복되고 형통합니다. 아멘!!!

주님, 유일한 구원의 방법인 주님을 믿음으로 영생을 얻게 하소서.

복음을 모른 체 죽어가는 사람들에게 생명의 복음을 전합시다.

9월 11일

일만 번 감사

읽을 말씀 : 역대상 16:23–36

● 대상 16:34 여호와께 감사하라 그는 선하시며 그 인자하심이 영원함이로다

일본의 해군 장교 가와가미 기이치(*Kawakami Kiichi*)는 전역 후 고국에서 극심한 스트레스를 받았습니다. 사람들은 그에게 "당신 부대의 군인들이 무능해 전쟁에서 진 거 아닙니까?"라고 손가락질을 했습니다.

가는 곳마다 당하는 멸시와 천대로 얻은 마음의 병은 어느새 육체의 병이 되었는데 어느 날 자고 일어나니 온몸이 마비되어 목 아래로는 움직일 수가 없었고 어떤 검사를 해봐도 이상을 찾을 수가 없었습니다.

그때 정신과 의사인 후치다가 가와가미를 찾아와 물었습니다.

"장교님, 정말 병이 낫고 싶으십니까?"

『이 병만 나을 수 있다면 무엇이든 하겠습니다.』

가와가미의 대답을 들은 후치다는 "하루에 일만 번씩 감사하십시오"라고 말했습니다.

가와가미는 처음에는 살기 위해 "감사합니다"를 매일 반복했는데 어느새 감사하는 마음이 샘물처럼 솟았고 매일 감사를 말하는 가와가미 덕분에 가정도 화목해졌고, 몸도 조금씩 풀리는 것 같았습니다.

매일 감사를 일만 번씩 반복하던 어느 날 가와가미는 아들이 건네주는 과일을 받으려다가 온몸의 마비가 풀리는 기적을 경험했습니다.

감사는 우리 마음에 심는 꽃의 씨앗입니다. 주님은 우리가 감사하는 사람이 되기를 원하십니다. 그리고 감사하는 사람에게 베푸실 수 있는 최고의 큰 복을 베풀어 주십니다. 셀 수 없는 은혜를 우리 삶에 베풀어 주신 전능하신 주 하나님 아버지께 매일 최고의 감사를 올려드리십시오. 복되고 형통합니다. 아멘!!!

주님, 범사에 감사하는 것이 주님의 큰 뜻임을 잊지 않게 하소서.

어떤 상황에서도 감사의 이유를 찾아 주님께 감사의 기도를 드립시다.

성도의 에티켓

9월 12일

읽을 말씀 : 고린도전서 8:1-13

● 고전 8:13 그러므로 만일 식물이 내 형제로 실족케 하면 나는 영원히 고기를 먹지 아니하여 내 형제를 실족치 않게 하리라

프랑스의 베르사유 궁전에 솜씨가 좋기로 유명한 정원사가 한 명 있었습니다. 정원사는 어떻게 하면 정원을 더 아름답게 가꿀 수 있을지 매일 고심했습니다. 형형색색의 꽃을 심고, 아침저녁으로 잔디를 관리하며 정원에 어울리는 묘목을 심었지만 아무리 아름답게 정원을 꾸며도 일주일도 유지되지 않았습니다.

왕궁을 오가는 귀족들이 조금이라도 빨리 가려고 정원을 가로지르며 기껏 가꾼 조경수들을 마구잡이로 밟았기 때문입니다.

평민인 정원사는 감히 귀족들에게 뭐라고 말할 수가 없었습니다.

그래서 다년간 온갖 방법으로 정원을 꾸미려고 노력했지만 모든 노력이 결국 허사였습니다. 정원사는 최후의 방법으로 직접 왕을 찾아가 자신의 심정을 털어놓았습니다.

당시 왕인 루이 14세(*Louis XIV*)는 정원사의 진심 어린 탄원을 들은 후 신하들을 시켜 정원 곳곳에 다음과 같은 팻말을 걸라고 명령했습니다.

「잔디를 훼손하지 말고 꽃을 밟지 않도록 조심하시오.」

프랑스어로 '붙이다'라는 뜻의 동사는 '*Estiquier*'인데 곳곳에 팻말을 붙인 이 일화를 통해서 「에티켓(*Etiquette*)」이라는 단어가 생겼습니다.

에티켓은 반드시 지켜야 할 필요는 없지만 지킬 때 더 아름다워지는 모든 행동을 뜻합니다.

다른 성도가 상처받지 않게 하려고 어떤 희생이라도 감수하겠다는 사도 바울의 고백처럼 성도 간의 에티켓을 지키며 주님이 기뻐 받으시는 예배를 준비하십시오. 복되고 형통합니다. 아멘!!!

주님, 서로를 향한 사랑과 관용이 에티켓의 시작임을 알게 하소서.

작은 배려와 선의로 먼저 호의를 베푸는 성도가 됩시다.

9월 13일

순금과 합금

읽을 말씀 : 욥기 23:10-17

● 욥 23:10 나의 가는 길을 오직 그가 아시나니 그가 나를 단련하신 후에는 내가 정금 같이 나오리라

금은 앞에 붙는 숫자로 순도를 나타냅니다.

24k는 99.9%의 순금이고 18k는 75%의 금이 함유되어 있으며 그보다 낮은 14k는 58.5%의 금이 함유되어 있습니다.

금을 제외한 나머지는 납이나 구리, 혹은 은이 포함되어 있을 수도 있습니다. 그러나 다른 금속은 금보다 가치가 떨어지기 때문에 오직 금의 함량으로만 등급이 결정됩니다. 설령 14k에 금을 제외한 51.5%가 은이라고 하더라도 25%가 납인 18k보다 가격이 높을 수는 없습니다.

당연하게도 어떤 상황에서도 24k가 다른 어떤 순도의 금보다 가격이 월등히 높습니다. 그런데 18k, 혹은 14k가 24k의 순금보다 더 높은 가치를 지닐 때가 있습니다. 바로 장인이 액세서리로 가공했을 때입니다. 장인이 가공한 아름다운 14k의 장신구는 같은 무게의 순금보다 귀한 가치를 지닐 수 있습니다.

국내에서도 솜씨 좋은 세공사가 만든 가짜 금목걸이를 진짜와 구별하지 못해 실수로 구입한 전문가들이 뉴스에 나온 적도 있습니다. 금의 가치는 순도에 의해 결정되지만, 금의 가치를 결정하는 더 중요한 조건은 그 금을 가공하는 손이 누구의 손인지입니다.

하나님의 일을 하기에 우리의 능력이 턱없이 부족한 것 같아도 아무런 걱정을 할 필요가 없습니다. 세계 최고의 전문가인 누구와도 비교가 안 되는 전능하신 하나님의 손에 우리의 삶이 붙들려 있기 때문입니다. 하나님께서 세상에서 가장 귀한 보석으로 우리의 삶을 가꾸며 사용하여 주실 것을 믿으십시오. 복되고 형통합니다. 아멘!!!

주님, 주님 손에 들려 쓰임 받을 수 있는 거룩한 재료가 되게 하소서.

주님께 쓰임 받는 사람은 정금과 같은 가치있는 사람임을 기억합시다.

우리가 돌아갈 곳

9월 14일

읽을 말씀 : 고린도전서 15:12-20

● 고전 15:19 만일 그리스도 안에서 우리의 바라는 것이 다만 이생 뿐이면 모든 사람 가운데 우리가 더욱 불쌍한 자리라

사람을 비롯한 모든 동물에는 「회귀본능(*Homing instinct*)」이 있습니다.

코끼리, 벌, 비둘기 등 많은 동물은 나이가 들어 죽을 때가 되면 자신이 태어난 곳으로 돌아가 죽을 자리를 찾습니다.

사람도 마찬가지입니다. 젊어서는 성공과 꿈을 위해 기회가 있는 대도시에 가려고 고향을 떠나지만, 나이가 들면 아무리 허름하더라도 고향으로 돌아가고 싶어 하는 사람이 많습니다. 왜 이런 본능이 있는지 아직 밝혀지지 않았지만 모든 사람에게 회귀본능이 존재한다는 것은 분명히 밝혀진 사실입니다.

나이가 들어서 미각과 후각이 퇴화되어도 사람은 어린 시절부터 즐겨 먹던 고향의 음식에 대해서는 뚜렷하게 맛을 느낀다고 합니다. 어려서부터 먹던 음식, 지내던 곳, 어쩌면 고향보다도 중요한 것은 내가 돌아갈 곳이 있다는 사실 그 자체일지도 모릅니다. 그러나 이 땅에서의 고향보다 더욱 중요한 것은 우리가 죽고 나서 들어갈 천국의 본향입니다.

프랑스의 대표적인 무신론적 실존주의자였던 사르트르(*Jean-Paul Sartre*)는 임종의 순간 매우 두려워 떨며 비참한 최후를 맞았는데, 당시 함께 있던 기자는 다음날 다음과 같은 제목의 기사를 냈습니다.

「사르트르의 죽음이 비참했던 이유는,
그에게는 돌아갈 고향이 없었기 때문이다.」

누구에게나 육신의 고향이 있는 것처럼 우리의 영혼의 고향은 바로 주님과 영원히 함께할 천국입니다. 주님이 예비해 주신 처소가 진정한 우리의 고향임을 잊지 마십시오. 복되고 형통합니다. 아멘!!!

주님, 주님을 뵈올 날을 고대하며 이 땅에서의 소임을 다하게 하소서.

주님이 허락하신 고향을 기억하며 삶을 더욱 가치 있게 보냅시다.

9월 15일

하나님의 부르심

읽을 말씀 : 요한복음 13:31–35

● 요 13:34 새 계명을 너희에게 주노니 서로 사랑하라 내가 너희를 사랑한 것같이 너희도 서로 사랑하라

A.D. 1세기 이스라엘에는 열심당원이라는 사람들이 있었습니다.

'가나안, 셀롯'이라고 성경에 기록되어 있는 이 사람들은 유대인들의 독립을 위해 과격하게 로마에 맞섰습니다. 하나님의 땅에서 내는 세금을 로마 황제에게 바치는 것은 신성 모독이라고 생각했기 때문입니다.

열심당원들은 때로는 직접 로마군과 전투를 할 정도로 독립을 위해 싸웠습니다. 게다가 로마를 위해 동포들의 세금을 걷는 세리들을 때려잡는 일에도 열심이었습니다.

세리는 말 그대로 세금을 거두는 관리입니다. 로마는 유대인들을 세리로 삼아 동포들에게 세금을 거두도록 시켰는데 세리들은 과한 세금을 거두어 로마에 바치고 남은 돈을 착복했습니다.

때문에 유대인이라면 누구나 로마인보다 세리를 더 싫어할 정도로 미움의 대상이었습니다. 시대적으로 보나 상황적으로 보나 열심당원과 세리는 물과 기름처럼 도저히 섞일 수가 없는 사람들이었습니다. 그러나 놀랍게도 예수님의 제자 중에는 세리도 있었고 열심당원도 있었습니다. 서로 사랑하고 용납하고 용서하라는 주님의 가르침은 예수님이 세우신 공동체 안에서 말 그대로 이루어지고 있었습니다.

예수님의 제자를 자처하며 복음을 땅 끝까지 전해야 하는 우리에게도 이런 자세가 필요합니다. 이해할 수 없다고 생각한 사람, 섞일 수 없다고 생각한 사람에게도 복음을 전하고, 주님 안에서 아름다운 교제를 이루어 가는, 말씀대로 살아가는 제자가 되십시오.

복되고 형통합니다. 아멘!!!

주님, 사랑하고 이해하며 타인을 받아들이는 넓은 마음을 주소서.

사적인 감정을 뒤로하고 믿음으로 하나 되는 공동체를 추구합시다.

주님만 드러나는 삶

9월 16일

읽을 말씀 : 고린도전서 2:1–5

● 고전 2:2 내가 너희 중에서 예수 그리스도와 그의 십자가에 못 박히신 것 외에는 아무 것도 알지 아니하기로 작정하였음이라

『사랑하는 빌리 그래함(*Billy Graham*) 목사님의 동상이 미국 워싱턴 *D.C.* 국회의사당에 세워졌습니다. 동상 제막식에 저 역시 기쁜 마음으로 감격적인 순간을 함께 했는데, 현장에는 마이크 존슨(*Mike Johnson*) 하원의장과 로이 쿠퍼(*Roy Cooper*) 노스캐롤라이나 주지사, 프랭클린 그래함(*Franklin Graham*) 목사님 가족 등 300명이 넘는 많은 사람들이 참석했습니다.

세계적인 복음 전도자 빌리 그래함 목사님은 존경받는 목회자였을 뿐 아니라 갤럽에서 실시한 「세계에서 가장 존경받는 10인」에 50회 이상 선정될 만큼 세계인에게 사랑받는 지도자였습니다. 상하원 의원들은 국회의사당 국립조각상홀에 빌리 그래함 목사님의 동상이 세워지는데 만장일치로 동의했습니다.

빌리 그래함 목사님의 아들이자 빌리 그래함 전도협회장인 프랭클린 그래함 목사님은 행사에 참석한 사람들에게 이렇게 말했습니다.

"저희 아버지는 여기에 계신 것을 조금 불편해하실 것 같습니다.
아버지께서는 늘 설교에 초점이 맞춰지길 원하셨기 때문입니다.
하나님의 아들이신 예수님께 늘 집중하길 원하셨습니다."

오랜 세월 가까이에서 지켜본 빌리 그래함 목사님은 늘 행동과 언어가 겸손했고, 자신의 설교를 통해 예수 그리스도만 증거 되길 바랐고, 한 영혼이라도 더 주님을 만나길 갈망했던 훌륭한 복음 전도자였습니다.』 – 「김장환 목사의 인생 메모」 중에서

예수님만 자랑하고, 복음을 증거하는 인생은 참 아름답습니다.
인생의 초점을 주님께로 맞추십시오. 복되고 형통합니다. 아멘!!!

♡ 주님, 저의 의를 드러내기보다 주님의 보혈 공로를 잊지 않게 하소서.

어디서 누구를 만나든 겸손한 말과 성품으로 복음을 전합시다.

9월 17일

루터의 기도

읽을 말씀 : 누가복음 6:27-38

●눅 6:36 너희 아버지의 자비하심 같이 너희도 자비하라

종교 개혁의 선봉에 섰던 마틴 루터(*Martin Luther*)는 누구보다 투쟁적으로 개혁 현장의 일선에 섰던 사람입니다. 그러나 루터는 열정과 투쟁보다도 사람을 사랑하는 자비의 마음이 더욱 필요하다는 사실을 깨닫고 매일 기도로 하나님께 구했던 사람입니다.

루터가 매일 주님께 드린 「하나님께 자비를 구하는 기도」입니다.

「사랑의 하나님, 주님께 순복하기 원합니다.
세상의 것, 영원할 것이라 생각한 것,
모든 것을 온전히 포기하게 하소서.
중상과 모략, 판단과 정죄 같은 악을 멀리하게 하소서.
혀로 행하는 불행과 악을 저희로부터 멀리 떨어트려 주소서!
타인을 무고하게 헐뜯는 소리를 들을 때
감추고 침묵하는 법을 가르치소서.
모든 고민을 오직 아버지께만 털어놓게 하시고
아버지 뜻에 맡기게 하소서.
저희에게 잘못한 사람들을 기꺼이 용서하고
사랑할 수 있게 하소서.」

우리의 기도는 누구를 위하며, 무엇을 구하기 위한 기도입니까?

주님의 뜻을 알고, 주님이 주신 사명을 마땅히 맡아서 행할 수 있도록 필요한 능력을 달라고 주님께 간구하십시오.
복되고 형통합니다. 아멘!!!

주님, 주님이 기뻐 응답하실 기도 제목이 무엇인지 알게 하소서.

우리에게 부족한 능력과 지혜를 기도로 주님께 구합시다.

감사를 잊지 말자

9월 18일

읽을 말씀 : 누가복음 17:11–19

● 눅 17:17,18 예수께서 대답하여 가라사대 열 사람이 다 깨끗함을 받지 아니하였느냐 그 아홉은 어디 있느냐 이 이방인 외에는 하나님께 영광을 돌리러 돌아온 자가 없느냐 하시고

할리우드의 한 유명 배우가 14명의 친한 친구들을 집으로 초대했습니다.

식사를 하며 즐거운 시간을 보내던 중 갑자기 배우가 어디선가 14개의 가방을 들고나와 친구들에게 하나씩 나누어주었습니다.

가방에는 100만 달러의 현금이 들어 있었습니다.

갑작스러운 선물에 친구들은 어안이 벙벙했습니다. 배우는 자신이 무명 때 친구들이 얼마나 큰 힘이 되어주었는지를 고백했습니다.

"내가 무명 배우였던 시절 *LA*에 왔을 때, 집도 못 구할 정도로 형편이 안 좋았지. 그때 너희들이 소파를 내주고 주방을 내주지 않았다면 나는 지금처럼 배우로 성공할 수 없었을 거야. 내 인생에서 너희들이 얼마나 소중하고 중요한 사람들인지 오늘 꼭 알아줬으면 해서 준비한 선물이야."

배우는 변호사를 통해 친구들이 낼 세금까지 미리 대납을 한 상태였습니다. 어려운 시절 자신을 도와준 친구들에게 잊지 않고 감사를 전한 이 배우는 할리우드의 간판스타 조지 클루니(*George Clooney*)입니다.

간디(*Mahatma Gandhi*)는 "사람은 감사할 수 있는 만큼만 행복할 수 있다"라고 말했습니다.

주님이 주신 은혜 하나하나에 감사할 수 있는 사람만이 주님의 뜻대로 범사에 감사하며 살아갈 수 있습니다. 받은 복을 세어보고 그 귀한 은혜에 감사하십시오. 복되고 형통합니다. 아멘!!!

주님, 모든 것이 주님의 은혜로 이루어진 큰 복임을 고백하게 하소서.

내 삶에 도움을 주신 귀한 분들에게 잊지 말고 감사를 표현합시다.

9월 19일

이미 오신 메시아

읽을 말씀 : 누가복음 2:8-21

● 눅 2:11 오늘날 다윗의 동네에 너희를 위하여 구주가 나셨으니 곧 그리스도 주시니라

아들과 고기를 잡으며 단둘이 사는 나이 많은 어부가 있었습니다.

하루는 아들이 다른 어부들과 고기를 잡으러 나갔다가 폭풍우에 휩쓸렸습니다. 몇몇 어부들은 며칠 뒤 돌아왔지만, 나이 많은 어부의 아들만은 돌아오지 않았습니다. 그러나 노인은 아들이 반드시 살아있을 것이라 믿었습니다.

마을 사람들이 딱한 노인에게 위로의 말을 건넬 때마다 노인은 "내 아들은 내일이면 반드시 돌아올 겁니다"라고 한결같이 대답했습니다.

그렇게 십 년이 지나고 기적처럼 노인의 아들이 돌아왔습니다.

아들은 아버지를 찾아가 기쁨의 눈물을 흘렸습니다.

"아버지, 제가 드디어 돌아왔습니다.

그동안 얼마나 많은 일이 있었는지 모릅니다."

그러나 나이 많은 어부는 아들을 냉담하게 대하며 "너는 내 아들이 아니다. 내 아들은 내일 돌아올 것이다"라고 말했습니다.

어부가 붙잡고 있었던 것은 아들이 살아 돌아올 것이라는 믿음이 아닌 헛된 희망이었습니다. 영국 소설가 토마스 하디(*Thomas Hardy*)가 쓴 「내일」이라는 단편의 줄거리입니다.

이미 오셔서, 우릴 구원하신 주님을 계속해서 기다리는 어리석은 사람처럼 살아가고 있지 않습니까? 우리를 구원할 유일한 구주 예수님은 이미 오셨고, 우리를 기다리고 계십니다. 성경이 전하는 주님이 바로 유일한 진리의 길인 그리스도임을 선포하십시오.
복되고 형통합니다. 아멘!!!

주님, 구주 예수님이 구세주이자 주님으로 믿어지는 은혜를 주소서.

구세주 예수님이 오셨음을 모르는 사람이 없도록 널리 전합시다.

믿음의 사고방식

9월 20일

읽을 말씀 : 마태복음 14:22-33

● 마 14:31 예수께서 즉시 손을 내밀어 저를 붙잡으시며 가라사대 믿음이 적은 자여 왜 의심하였느냐 하시고

1950년대 말 한국을 찾은 선교사님이 있었습니다.

선교사님은 주님이 주신 한국 부흥의 꿈을 품고 전국을 돌아다니며 복음을 전하고, 또 장차 부흥의 기틀을 다질 신학생들을 가르쳤습니다.

그런데 수업 중 어떤 학생이 당시 우리나라가 처한 처참한 현실을 떠올리며 다음과 같이 물었습니다.

"선교사님, 이곳은 마치 하나님이 버리신 땅 같습니다.

그렇지 않으면 이렇게 비참한 상황이 펼쳐질 수는 없습니다."

그러자 선교사님이 대답했습니다.

『그렇지 않습니다. 저는 오히려 여러분이 하나님의 선택을 받은 특별한 사람이라고 생각합니다.

'조선 사람'을 영어로 쓰면 '*Chosen People*'이 되는데 이는「선택받은 사람들」이라는 뜻입니다.

저는 하나님이 여러분을 특별하게 사용하기 위해 선택하셨다고 믿습니다.』

미국 남장로회의 파송을 받아 삼남매가 모두 한국에 선교를 온 자네트 크레인(*Janet Crane*) 선교사의 일화입니다. 크레인 선교사는 위의 일화를 평소 강의와 설교시간에도 종종 들려주곤 했습니다.

믿음의 사고방식은 전적인 순종, 전적인 긍정입니다. 우리 삶에 일어나는 모든 일이 완전하신 하나님의 계획 아래 일어나고 있음을 믿고, 어떤 어려움에도 꺾이지 말고 믿음으로 순종하십시오.

복되고 형통합니다. 아멘!!!

주님, 연단을 통해 믿음이 더 굳건해지고, 주님만 의지하게 하소서.

삶에 찾아오는 어려움에도 주님을 의심하지 말고 더 의지합시다.

9월 21일

향기가 나는 진흙

읽을 말씀 : 고린도후서 2:12–17

● 고후 2:15 우리는 구원 얻는 자들에게나 망하는 자들에게나 하나님 앞에서 그리스도의 향기니

페르시아에서 고대로부터 전해져 내려오는 이야기입니다.
한 나그네가 시장에서 비싼 돈을 주고 진흙을 샀습니다.
초라한 진흙더미였지만 아주 좋은 향기가 났기 때문입니다.
진흙을 들고 돌아온 나그네가 진흙에게 물었습니다.
"진흙에서 이런 향이 날 리가 없다.
네 본 모습은 바그다드의 귀한 진주가 아니냐?"
『저는 진주가 아닙니다.』
나그네가 다시 물었습니다.
"인도의 사향은 아주 귀한 향이 난다고 들었다.
너는 틀림없이 사향이렸다?"
『저는 사향도 아닙니다.』
"그러면 어떻게 진흙에서 이런 좋은 향이 날 수 있단 말이냐?"
이 말에 진흙이 대답했습니다.
『저는 진흙이 맞습니다.
다만 저는 백합을 아주 오랜 시간 품고 있던 진흙입니다.
나리가 맡은 것은 바로 백합 향입니다.』
크리스천은 자신을 죽이고 주님을 힘입어 사는 사람들입니다.

나를 비우고 그 안에 주님이 주신 선한 것으로 채우는 사람이, 세상에서 그리스도의 향기를 풍기는 사람들입니다. 주님 외에는 아무것도 자랑하지 말고, 가지려고 하지도 마십시오. 복되고 형통합니다. 아멘!!!

주님, 삶의 한 부분이라도 주님을 닮아가며 주님의 향기를 품게 하소서.

나의 인격이 남들에게 좋은 향기가 되도록 합시다.

창문이냐, 거울이냐

9월 22일

읽을 말씀 : 누가복음 12:22-34

●눅 12:33 너희 소유를 팔아 구제하여 낡아지지 아니하는 주머니를 만들라 곧 하늘에 둔바 다함이 없는 보물이니 거기는 도적도 가까이 하는 일이 없고 좀도 먹는 일이 없느니라

힘이 닿는 대로 어려운 사람을 도왔던 마음씨 착한 유대 청년이 랍비를 찾아가 물었습니다.

"선생님, 제가 어려운 사람들을 열심히 돕다 보니 한 가지 이상한 사실을 발견했습니다. 가난한 사람이 더 가난한 사람을 돕는 모습은 많이 봤습니다.

그런데 가진 것이 많은 부자들은 오히려 가난한 사람들을 돕지 않는 것 같습니다. 그 이유가 무엇일까요?"

랍비는 청년을 창가로 데려가 무엇이 보이느냐고 물었습니다.

"거리를 지나가는 사람들이 보입니다."

랍비는 청년을 거울로 데려가 똑같이 물었습니다.

"제 얼굴이 보입니다. 이게 무슨 상관이 있습니까?"

『같은 유리지만 창문과 거울은 쓰임새가 다르다네.

마음이 창문으로 된 사람은 다른 사람이 보여 도울 수 있지만, 마음이 거울로 된 사람은 자기 자신밖에 보이지 않기 때문에 재산이 아무리 많아도 남을 도울 수 없다네.』

「탈무드」에 나오는 예화입니다.

우리 마음은 유리로 되어 있습니까?

거울로 되어 있습니까?

어려운 이웃을 볼 수 있는 맑은 마음을 가진 성도가 되게 해달라고 주님께 기도하십시오. 복되고 형통합니다. 아멘!!!

주님, 말씀을 거울삼아 마음의 창을 매일 맑게 가꾸게 하소서.

'나'에만 갇혀 있는 일차원적인 신앙을 넘어섭시다.

9월 23일

불을 켜지 않기 때문에

읽을 말씀 : 요한복음 3:16–21

● 요 3:21 진리를 좇는 자는 빛으로 오나니 이는 그 행위가 하나님 안에서 행한 것임을 나타내려 함이라 하시니라

목회자가 되고자 노력하는 청년이 자주 죄를 지어 마음이 힘들어지자 자신이 존경하는 목회자를 찾아가 물었습니다.

"도대체 왜 하나님보다 사탄과 더 가까이 있는 것일까요?

하나님은 제게서 너무 먼 곳에 계신 것처럼 느껴집니다.

반면에 사탄은 항상 가까이 있는 것 같습니다.

그래서 매일 찾아오는 죄의 유혹을 이겨내기가 너무나 힘듭니다."

목회자는 방안의 촛불을 껐다가 다시 켠 후 『방금 제가 촛불을 켠 뒤 빛이 방안에 퍼지기까지 얼마나 걸렸습니까?』라고 물었습니다.

"시간이요? 불을 붙이자마자 환해졌는데요?"

목회자가 다시 말했습니다.

『맞습니다. 예수님도 이 빛처럼 우리가 의지하는 순간 곧바로 도와주십니다. 예수님은 멀리 있어서 형제님을 도와주지 못하시는 것이 아닙니다. 형제님이 예수님을 마음속에 모시고 있지 않기 때문입니다.』

마음속에 항상 예수님을 모시는 사람, 성령님의 인도하심을 따라 살고자 노력하는 사람만이 죄의 유혹을 이겨내고 경건한 삶을 살아갈 수 있습니다.

성령님의 능력이 우리 삶을 떠나지 않도록 말씀과 기도로 주님을 우리 마음속에 모시고 붙들며 살아가십시오. 복되고 형통합니다. 아멘!!!

주님, 마음속에 주님이 비추시는 거룩한 진리의 빛이 가득하게 하소서.

진리의 말씀으로 승리하며 거룩한 삶을 살아갑시다.

어떤 얼굴이 보이는가

9월 24일

읽을 말씀 : 여호수아 24:6–15

● 수 24:15 만일 여호와를 섬기는 것이 너희에게 좋지 않게 보이거든 너희 열조가 강 저편에서 섬기던 신이든지 혹 너희의 거하는 땅 아모리 사람의 신이든지 너희 섬길 자를 오늘날 택하라 오직 나와 내 집은 여호와를 섬기겠노라

미국 아이비리그 중 하나인 펜실베니아대학교(*University of Pennsylvania*)의 심리학과에서 한 가지 실험을 했습니다.

연구팀은 참가자들에게 구멍이 뚫린 상자를 들여다본 뒤 어떤 그림이 보이는지 물었습니다.

어떤 사람은 슬픈 사람의 얼굴이 보인다고 말했고, 어떤 사람은 기쁜 사람의 얼굴이 보인다고 말했습니다.

두 대답 다 정답이었습니다.

연구팀은 박스를 나눠서 양쪽 눈이 각각 다른 그림을 볼 수 있게 장치를 설치해 놨습니다. 그런데 이상한 점은 분명 두 눈에 양쪽 그림이 다 보여야 했지만, 슬픈 표정이 보이는 사람은 기쁜 그림이 안 보인다고 답했고, 반대도 마찬가지였습니다.

어떤 그림이 보이는지에 따라 심층 연구를 진행한 연구팀의 길슨(*M. Gilson*) 교수는 연구 결과를 종합해 다음과 같은 결과를 얻었습니다.

"인간의 행복과 불행은 습관의 문제입니다. 심리적으로 행복한 삶을 살아가는 사람은 상자 안에서 기쁜 얼굴을 봤고, 불행한 삶을 살아가는 사람은 대체적으로 슬픈 얼굴을 봤기 때문입니다."

같은 삶을 살면서도 어떤 사람은 하나님의 은혜에 감사를 드리고, 어떤 사람은 부족한 것이 많다며 불평합니다. 하나님이 주신 놀라운 사랑을 잊지 말고, 습관적으로 감사를 드리며 행복한 삶을 일구십시오. 복되고 형통합니다. 아멘!!!

주님, 무엇이든지 믿음으로 긍정적으로 바라보는 시각을 주소서.

오늘 하루 일어나는 일들의 좋은 면만 생각하고 감사를 기록합시다.

9월 25일

하나님을 만나는 법

읽을 말씀 : 마태복음 10:34-42

● 마 10:42 또 누구든지 제자의 이름으로 이 소자 중 하나에게 냉수 한 그릇이라도 주는 자는 내가 진실로 너희에게 이르노니 그 사람이 결단코 상을 잃지 아니하리라 하시니라

중세시대에 독실한 크리스천으로 유명한 성주 론팔 경(*Sir Launfal*)이 있었는데 그의 인생 목적은 하나님의 인정을 받는 것이었습니다.

론팔 경은 예수님의 마지막 만찬에 사용된 식기를 찾는 것이 하나님이 가장 기뻐하시는 일이라 생각해 모든 재산을 팔아 방방곡곡을 돌며 거룩한 식기(성배)를 찾아다녔습니다.

길을 가다 어려운 사람을 숱하게 만났지만 론팔 경은 조금의 눈길도 주지 않았고, 도움을 요청할 경우에는 오히려 크게 화를 냈습니다.

"내 앞길을 막지 말아라! 난 주님의 거룩한 일을 수행 중이다!"

수십 년이 지나도 성배를 찾지 못한 론팔 경의 손엔 마른 빵 한 덩이와 냉수만 남아 있었습니다. 어느 날 론팔 경은 길에 쓰러져 있는 나이 많은 거지에게 빵과 물을 주었습니다. 그러자 거지가 갑자기 예수님의 형상으로 변했습니다.

『내가 원하는 것은 성배가 아니다. 가난한 자에게 나누어줄 빵을 담을 그릇, 물을 나누어줄 통이 나를 영광스럽게 하는 거룩한 식기다.』

잠에서 깨어난 론팔 경은 모든 것이 꿈인 것을 알고, 예수님의 가르침대로 가진 것을 어려운 이웃을 위해 나누며 살았습니다.

노예제를 강력하게 반대했던 시인 제임스 로웰(*James R. Lowell*)이 쓴 「론팔 경의 비전(*Vision of Sir Launfal*)」이라는 작품의 내용입니다.

성경을 통해 가르쳐 주신 주님의 말씀을 따라 살면, 일상에서 얼마든지 주님을 만나며 살아가게 됩니다. 주님이 가르쳐 주신 말씀을 따라 오늘 하루를 경건하게 살아내십시오. 복되고 형통합니다. 아멘!!!

주님, 성령님의 이끄심으로 제가 도와야 할 사람을 만나게 역사하소서.

경건한 삶으로 하루하루를 인도해달라고 주님께 매일 기도합시다.

보이는 것이 비전이다

9월 26일

읽을 말씀 : 히브리서 11:1–10

● 히 11:1 믿음은 바라는 것들의 실상이요 보지 못하는 것들의 증거니

지역신문의 기자가 유명한 보디빌더를 인터뷰하러 찾아갔습니다.

보디빌더로서 많은 업적을 이룬 선수는 "은퇴 후 세계적인 영화배우가 될 겁니다"라고 자신의 다음 목표를 이야기했습니다.

이 말을 들은 기자는 말도 안 된다고 생각했습니다.

'배우가 된다고? 사투리가 심한 데다가 연기에 재능이 있어 보이지도 않는 걸? 게다가 저렇게 크고 우락부락한 몸으로 주연급 역할을 맡을 수 있을까?'

기사 작성을 위해 마지못해 어떻게 그 꿈을 이룰 것인지를 묻는 기자에게 선수가 말했습니다.

"제가 할 수 있는 최선의 방법을 찾아야지요. 그러려면 이미 배우가 되었다고 상상해야 합니다. 그래야 꿈을 위해 필요한 일이 무엇인지 알 수 있고, 그 일을 이루기 위해 필요한 방법을 찾을 수 있으니까요."

인터뷰를 마친 기자는 몇 년 뒤 자신이 인터뷰했던 보디빌더가 영화계에서 슈퍼스타가 되었다는 깜짝 놀랄 소식을 들었습니다.

무명 시절의 아놀드 슈워제네거(*Arnold Schwarzenegger*)를 인터뷰한 기자 스티브 챈들러(*Steve Chandler*)의 회고입니다.

"믿음은 바라는 것들의 실상"이라는 성경 말씀처럼 하나님이 주신 비전이 있는 사람은 하나님이 우리 삶을 통해 이루실 것이 무엇인지를 분명히 보고 있는 사람입니다.

하나님의 능력 아래 어떤 불가능한 일도 없음을 믿고, 내게 주신 비전을 바라보며 마음에 붙드십시오. 복되고 형통합니다. 아멘!!!

주님, 주님이 주신 사명과 비전을 위해 살아가게 하소서.

주님이 우리 마음에 주신 소원을 적어두고 날마다 간절히 기도합시다.

9월 27일

4D의 법칙

읽을 말씀 : 신명기 32:1–12

● 신 32:12 여호와께서 홀로 그들을 인도하셨고 함께 한 다른 신이 없었도다

우리는 삶이 하나님의 인도하심을 따라 살아가고 있는지에 관심이 많습니다. 어떻게 알 수 있을까요?

「베들레헴 신학교(*Bethlehem College and Seminary*)」의 명예 총장 존 파이퍼(*John S. Piper*) 목사님의 「하나님이 우리를 인도하시는 *4*가지 *D*」입니다.

❶ 섭리(*Decree*)

하나님의 주권이 우리의 삶에 임하는 것이 섭리입니다. 우리의 생각, 뜻, 의도와 상관없이 우리는 하나님이 원하시는 곳에 도착하게 됩니다.

❷ 명령(*Direction*)

하나님은 성경을 통해 우리가 마땅히 지켜 행할 명령을 드러내셨습니다. 성경의 구체적인 가르침에 순종할 때 우리는 하나님의 인도하심을 따라 살게 됩니다.

❸ 분별(*Discernment*)

성령님이 주시는 마음의 감동에 민감하게 반응할 때 우리는 수많은 세상의 선택지 가운데서 하나님을 영화롭게 하는 일을 정확하게 고를 수 있습니다.

❹ 선포(*Declaration*)

하나님의 약속, 하나님의 복 주심, 하나님의 말씀이 내 삶에 이루어지리라 믿는 마음으로 선포해야 합니다.

우리 삶의 모든 발걸음을 주님께 맡기는 참된 제자, 참된 자녀, 참된 크리스천의 삶을 살아가십시오. 복되고 형통합니다. 아멘!!!

주님, 주님의 인도하심을 즐거운 마음으로 따르는 성도가 되게 하소서.

「4D의 법칙」을 통해 주님의 인도하심을 따라 하루하루 살아갑시다.

하나님(God)과 황금(Gold)

9월 28일

읽을 말씀 : 이사야 58:1–12

● 사 58:11 나 여호와가 너를 항상 인도하여 마른 곳에 서도 네 영혼을 만족케 하며 네 뼈를 견고케 하리니 너는 물 댄 동산 같겠고 물이 끊어지지 아니하는 샘 같을 것이라

미국의 역사학자 로저 밥슨(*Roger W. Babson*)이 아르헨티나의 한 정당 대표와 인터뷰를 했습니다.

정당 대표는 밥슨에게 다음과 같이 질문했습니다.

"유럽의 백인들은 미국보다 남미에 먼저 정착했습니다.

남미는 황금의 땅이라고 불릴 정도로 비옥했고 지하자원이 풍부했습니다. 그런데 왜 미국은 지금 세계 최고의 부자 나라가 됐고, 남미는 하나같이 가난한 나라가 됐는지를 아십니까?"

밥슨이 머뭇거리자 정당 대표가 스스로 답을 말했습니다.

"당신들의 조상은 하나님(God)을 찾으려고 왔습니다.

그런데 우리들의 조상은 황금(Gold)을 찾으러 왔기 때문입니다."

로저 밥슨은 자신의 저서 「번영의 기초(*Fundamentals of Prosperity*)」에서 이 일화가 자신이 진행한 인터뷰 중 가장 흥미로웠다고 언급했습니다.

신앙의 자유를 찾아 대양을 건너 미지의 대륙에 처음 정착했던 청교도들이 가장 먼저 드린 것은 감사의 예배였습니다.

하나님이 주시는 복된 삶을 원한다면 우리는 황금(Gold)을 찾기보다 하나님(God)을 찾아야 합니다.

신령과 진정으로 예배하고 감사하는 사람들에게 하나님은 아낌없이 큰 복을 베푸십니다.

이미 넘치는 은혜를 베풀어 주신 하나님께 오직 감사, 매일 감사만을 드리십시오. 복되고 형통합니다. 아멘!!!

주님, 주님이 아닌 다른 어떤 헛된 것도 구하지 않게 하소서.

구원의 은혜를 기억하며 어떤 상황에서도 주님께 감사합시다.

9월 29일

세 가지 눈

읽을 말씀 : 잠언 28:1-8

●잠 28:5 악인은 공의를 깨닫지 못하나 여호와를 찾는 자는 모든 것을 깨닫느니라

미국 휴스턴의 한 시골 교회를 세계에서 제일 큰 감리교회로 성장시킨 찰스 알렌(*Charles L. Allen*) 목사님은 자신의 저서인 「하나님의 정신의학(*God's psychiatry*)」에서 사람에게는 3가지 시력이 필요하다고 말했습니다.

❶ 육체의 시력입니다.

몸이 천냥이면 눈이 구백냥이라는 말이 있듯이 눈이 잘 보여야 일상이 안전하고 행복합니다. 뇌가 받아들이는 정보의 83%가 눈을 통해 들어오기 때문에 이 정보를 처리하는데 뇌는 대부분의 에너지를 사용합니다.

❷ 정신의 눈, 바로 이성입니다.

날카롭게 비판하고 추론하는 심안이 없으면 무엇이 옳고 그른지 제대로 판단할 수가 없습니다. 눈으로 들어오는 정보를 제대로 파악하기 위해서는 옳고 그름을 판단할 수 있는 총명한 정신의 눈이 있어야 합니다.

❸ 제3의 시력인 영성의 눈입니다.

육체의 눈이 건강하고 정신의 눈이 총명해도, 영성의 눈이 없으면 진리를 알 수 없습니다. 지혜롭고 건강하다고 모두가 하나님을 믿을 수는 없습니다. 자신의 한계를 인정하고 구주 예수 그리스도를 알아볼 수 있는 마음의 눈이 있어야 합니다.

육체의 눈, 정신의 눈 모두 중요하지만 무엇보다도 진리가 무엇인지 알게 하고, 구주 예수 그리스도를 알아보게 하는 영성의 눈을 놓치지 마십시오. 복되고 형통합니다. 아멘!!!

주님, 전도 대상자들의 영성이 열려 주님을 구주로 영접하게 하소서.

깊은 경건생활로 주님의 살아계심을 삶 가운데 체험합시다.

핑계 댈 수 없다

9월 30일

읽을 말씀 : 출애굽기 4:1–12

● 출 4:11 여호와께서 그에게 이르시되 누가 사람의 입을 지었느냐 누가 벙어리나 귀머거리나 눈 밝은 자나 소경이 되게 하였느냐 나 여호와가 아니냐

미국의 여러 커뮤니티에서 큰 호응을 받았던 「하나님은 모든 사람을 사용하십니다(*God Can Use Anyone!*)」라는 글입니다.

「하나님께서 나를 사용하실 수 없다고 느껴질 때는
다음의 사람들을 떠올리세요.
노아는 술 취한 사람이었고, 아브라함은 너무 늙었습니다.
이삭은 망상가였고, 야곱은 거짓말쟁이였습니다.
레아는 외모가 못났고, 요셉은 학대받았습니다.
모세는 말을 잘 못했고, 기드온은 겁쟁이였습니다.
삼손은 여자에 관심이 많았고, 라합은 기생이었습니다.
예레미야와 디모데는 나이가 어렸고, 다윗은 사람을 죽였습니다.
엘리야는 심한 우울증이 있었고, 요나는 도망쳤습니다.
나오미는 과부였고, 욥은 모든 것을 잃은 파산 상태였습니다.
베드로는 예수님을 세 번이나 부인했고,
사마리아의 여인은 몇 번 이혼했습니다.
삭개오는 키가 너무 작았고, 바울은 율법주의자였습니다.
그리고 나사로는 죽어 있었습니다.
우리에게 더 이상 댈 핑계는 없습니다.」

우리의 약함과 불완전함을 통해 하나님의 강함과 완전하심이 드러납니다. 흠이 있고 연약하지만 깨끗하게 준비된 그릇으로 하나님이 사용하시도록 나의 삶을 드리십시오. 복되고 형통합니다. 아멘!!!

주님, 주님이 맡기신 일에 어떤 핑계도 대지 않고 순종하게 하소서.

주님의 일을 감당하기에 작다고 느껴질 때 위의 글을 읽읍시다.

10월

"내가 고통 중에 여호와께 부르짖었더니
여호와께서 응답하시고
나를 광활한 곳에 세우셨도다"
– 시편 118:5 –

10월 1일

지혜를 통한 전도

읽을 말씀 : 고린도전서 1:17-25

● 고전 1:21 하나님의 지혜에 있어서는 이 세상이 자기 지혜로 하나님을 알지 못하는 고로 하나님께서 전도의 미련한 것으로 믿는 자들을 구원하시기를 기뻐하셨도다

『극동방송은 「만나오」 라디오를 제작해 국내뿐만 아니라 북한까지도 보급하고 있습니다. 「만나오」라는 라디오의 명칭은 하늘에서 내리는 「만나」와 「라디오」의 합성어로, 명칭 공모를 통해 생겨났습니다.

하루는 만나오 라디오를 선물하고 싶다고 방송사를 찾아온 분이 있었습니다. 그분은 멀리 있는 지인들에게 어떻게 복음을 전할까 고민하던 중에 전도 대상자들에게 손 편지와 함께 만나오 라디오를 선물하는 것이 복음을 전하는 것이라고 생각했습니다. 그래서 한 친구에게 용기를 내어 손 편지로 '난 너의 가장 좋은 친구가 되고 싶어. 그래서 너에게 하나님을 전하고 싶어'라는 내용과 함께 만나오 라디오를 포장해서 보냈는데 그 후 친구는 자신은 타 종교를 믿기 때문에 라디오를 버리려 한다고 했다고 합니다. 하지만 책상에 넣어뒀다가 정말 힘들 때 꼭 한 번 들어보라고 말했다고 합니다.

지금도 그 만나오 라디오는 책상 안쪽 깊숙이 있을지도 모릅니다. 하지만 불신자 친구를 위해 정성을 다하는 그 방송 가족의 기도를 하나님께서 가장 알맞은 때에 응답하시리라 생각하며, 저도 동일한 마음으로 오늘도 이 땅의 모든 전도 대상자들을 위해 기도합니다.』

-「김장환 목사의 인생 메모」 중에서

복음을 거부하는 불신자들이 하나님의 자녀가 되도록 우리가 할 수 있는 최선으로 전도하며 기도하십시오. 복되고 형통합니다. 아멘!!!

주님, 모든 죽어가는 영혼들을 생각하며, 기도하며 전도하게 하소서.

나의 전도 생활을 돌아보고 때를 얻든지 못 얻든지 열심히 전도합시다.

생명이 걸려 있다면

10월 2일

읽을 말씀 : 마가복음 8:27–38

● 막 8:36 사람이 만일 온 천하를 얻고도 제 목숨을 잃으면 무엇이 유익하리요

미국이 지금의 땅보다 훨씬 작았던 시절의 일입니다.

미국의 3대 대통령 토머스 제퍼슨(*Thomas Jefferson*)은 당시 루이지애나라고 불리던 미국의 중부 지역 땅이 어떤 지형인지 알기 위해서 「루이스 클라크 탐험대(*Lewis and Clark Expedition*)」를 구성해 파견했습니다.

탐험대원 존 콜터(*Jhon Colter*)는 혼자서 강을 조사하다가 원주민들에게 붙잡혔습니다. 가진 것을 모두 빼앗기고 옷까지 벗겨져 나무에 매달렸는데, 한창 물을 끓이던 원주민들이 갑자기 콜터를 풀어줬습니다. 이 부족에는 전사와 달리기 시합을 시킨 후에 죽이는 풍습이 있었습니다.

풀려난 콜터는 죽을 힘을 다해 뛰었습니다. 바로 뒤에는 부족의 전사들이 무기를 들고 쫓아왔습니다. 제대로 먹지도 못하고, 물도 마시지 못한 상태였지만, 사력을 다해 달렸습니다. 전사들도 열심히 뛰어왔지만 조금씩 콜터와 거리가 멀어졌습니다. 발에서 피가 철철 났지만 콜터는 계속해서 달렸고, 전사들은 하나둘씩 쫓는 일을 포기했습니다.

나체로 계속 도망을 치던 콜터는 7일 뒤 다른 지역에서 발견됐는데, 원주민들로부터 살기 위해 도망친 거리는 무려 250*km*였습니다.

생명이 걸린 상황에서는 종종 기적이 일어납니다.

목숨을 건지기 위해 사력을 다해 도망쳤던 콜터처럼, 생명이 걸린 일에는 우리의 온 힘을 다 쏟아야 합니다. 우리의 믿음을 지키고, 다른 사람의 영혼을 구하기 위해 복음에 온 힘을 쏟으십시오.

복되고 형통합니다. 아멘!!!

주님, 복음을 전하는 것이 곧 생명을 구하는 것임을 깨닫게 하소서.

주님이 맡겨주신 거룩한 사명, 복음 전파에 온 힘을 쏟읍시다.

10월 3일

8마디의 간증

읽을 말씀 : 마태복음 22:23–40

● 마 22:37,38 예수께서 가라사대 네 마음을 다하고 목숨을 다하고 뜻을 다하여 주 너의 하나님을 사랑하라 하셨으니 이것이 크고 첫째 되는 계명이요

중학생을 대상으로 한 미국의 기독교 캠프에서 있었던 일입니다.

뇌성마비를 앓고 있는 빌리(*Billy*)는 말을 심하게 더듬었습니다. 주변 친구들은 빌리의 모습을 따라하며 놀렸고 이 모습을 본 강사 목사님은 매우 화가 났지만, 반별 묵상 시간에 주의를 주려고 기다렸습니다.

반별 묵상 시간이 되자, 각 조는 투표로 발표 대상자를 정했는데 빌리는 조원들의 만장일치로 발표자로 선정되었습니다. 아이들이 빌리를 공개적으로 웃음거리로 만들려고 투표한 것이 분명했기에 목사님은 화가 났습니다.

빌리가 연단에 서서 간증하기까지는 5분이나 걸렸습니다. 5분 동안 말한 내용은 8마디가 전부였습니다. 그런데 빌리의 8마디 간증을 들은 아이들은 펑펑 울음을 터트렸습니다.

"예예예 예수님이… 저저저 저를 사랑… 하하세요.

그…그 리고, 저도 예예예, 예수님을 사사… 사랑합니다."

목사님이 개입하지 않아도 아이들은 자기들의 죄를 깨닫고 뉘우쳤습니다. 빌리의 8마디 고백으로 그 자리에 있는 믿지 않는 학생들도 주님을 영접하는 놀라운 역사가 일어났습니다.

「내 인생을 바꾼 100가지 이야기」에 수록된 사연입니다.

하나님은 사람들을 변화시키기 위해서 유명한 사람, 뛰어난 사람을 사용하지 않으십니다. 하나님을 순전히 사랑하며, 그 사실만을 전하려는 빌리 같은 사람을 사용하십니다. 어린아이 같이 순수한 마음으로 하나님을 사랑하십시오. 복되고 형통합니다. 아멘!!!

주님, 저를 구원하신 놀라운 주님의 사랑을 널리 널리 전하게 하소서.

나를 변화시킨 주님의 사랑을 전할 짧은 간증을 준비합시다.

만주로 찾아온 선교사

10월 4일

읽을 말씀 : 로마서 10:11-15

● 롬 10:15 보내심을 받지 아니하였으면 어찌 전파하리요 기록된바 아름답도다 좋은 소식을 전하는 자들의 발이여 함과 같으니라

아펜젤러(*Henry G. Apenzeller*)와 언더우드(*Horace G. Underwood*)는 한국으로 파송된 최초의 선교사들입니다.

최초로 한글 신약 성경을 번역한 선교사는 존 로스(*John Ross*)입니다.

로스 선교사는 중국 선교의 비전을 품고 만주 벌판을 밟았습니다.

중국어를 공부하며 성경과 교재 번역을 위해 온 힘을 쏟던 로스 선교사는 이곳에서 한국 사람들을 만나 또 다른 비전을 품었습니다.

로스 선교사는 만주가 중국과 한국의 복음 전파를 위해 선교적 전략 요충지가 될 것이라고 생각했습니다. 그리고 아마도 한국이 아시아에서 가장 빨리 부흥될 수 있는 나라가 될 것으로 예상했습니다.

중국 선교 준비만 해도 몸이 열 개라도 모자라는 상황이었지만, 그런 중에도 로스 선교사는 한국에 복음을 전하기 위해 노력했습니다.

안식년에도 한글로 성경을 번역했고, 지금의 띄어쓰기를 제안해 도입한 것도 로스 선교사였습니다.

지금 우리가 사용하는 '하나님, 성령님, 천사'와 같은 신학적 용어들도 로스 선교사가 최초로 정립한 단어들입니다.

로스 선교사는 중국 선교를 위해 파송되었지만, 만주에서 만난 한국인을 통해 또 다른 비전을 품고 죽을 때까지 헌신했습니다.

하나님의 부르심에 즉각 순종하는 사람들이 있었기에 지금의 우리나라가 존재하는 것입니다. 전도는 구원받은 크리스천이 평생 순종해야 할 가장 중요한 임무라는 사실을 기억하고 복음을 전하십시오.
복되고 형통합니다. 아멘!!!

주님, 개인의 삶에서 그치지 않는 고차원적인 신앙생활을 하게 하소서.

직간접적으로 복음을 전하는 다양한 방법을 강구합시다.

10월 5일

상복을 입은 이유

읽을 말씀 : 시편 30:1–12

● 시 30:11 주께서 나의 슬픔을 변하여 춤이 되게 하시며 나의 베옷을 벗기고 기쁨으로 띠 띠우셨나이다

큰 고민이 생겨 밤잠을 못 이루는 신학자가 있었습니다.

자기 앞에 놓인 큰 벽을 도저히 부술 수가 없을 것 같았던 신학자는 누가 봐도 근심과 걱정으로 하루하루를 보내고 있었습니다.

그런데 어느 날 보니 아내가 머리부터 발끝까지 검은색 옷을 입고 있었습니다.

"왜 온통 검은색 옷을 입고 있소. 누가 죽기라도 했소?"

아내는 누가 죽었다고 대답했습니다.

신학자가 "누가 죽었소?"라고 묻자 아내는 다음과 같이 대답했습니다.

『당신이 믿는 하나님이 죽은 것 같아서요.』

어떻게 그런 말을 할 수 있냐고 불같이 화를 내는 신학자의 말에 아내가 대답했습니다.

『당신의 요즘 모습을 보고 하는 말이에요. 늘 우리를 돌보아 주시는 하나님이 살아계시다면 지금 당신처럼 걱정하며 살 수 있겠어요?』

이 말을 들은 신학자는 크게 깨우치고 주님 앞에 회개했습니다.

종교개혁을 앞에 두고 고민하던 마틴 루터(*Martin Luther*)의 일화입니다.

하나님이 살아계시기에 우리는 걱정할 이유가 없고, 낙담할 이유가 없습니다.

다윗의 고백처럼 슬픈 상황에서도 춤을 출 수 있고, 불운한 환경에서도 감사할 수 있습니다. 어떤 상황에서도 주님을 바라보며 기쁨과 감사를 놓치지 마십시오. 복되고 형통합니다. 아멘!!!

주님, 주님의 능력과 사랑을 의심하지 않게 하소서.

우리의 삶으로 살아계신 주님을 나타냅시다.

화자가 중요하다

10월 6일

읽을 말씀 : 디도서 2:11–15

● 딛 2:15 너는 이것을 말하고 권면하며 모든 권위로 책망하여 누구에게든지 업신여김을 받지 말라

청나라의 한 가난한 집에 똑똑한 아들을 둔 부모가 있었습니다.

아들은 과거시험을 보러 떠나기 전 부모님에게 인사를 드리며 다음과 같이 말했습니다.

"제가 떠나면 꼭 집 앞의 울타리를 수리하십시오.

무너진 울타리를 보고 도둑이 들까 염려됩니다."

『너에게는 선견지명이 있으니 알겠다.』

그러나 게으른 부모는 대답만 하고 울타리를 수리하지 않았습니다.

며칠 뒤 무너진 울타리를 본 사람이 아들과 똑같은 말을 했습니다.

"울타리가 이렇게 무너져 있으면 도둑이 들고 말겁니다.

어서 수리하세요."

부부는 이 말을 듣고도 울타리를 고치지 않았는데 며칠 뒤 도둑이 들었습니다. 재산이 다 털린 부부는 이런 생각을 했습니다.

'남의 집 울타리를 보고 도둑이 든다고 말한 사람이 도둑이 분명해. 그렇지 않고서야 남의 집 울타리를 두고 왈가왈부할 리 없잖아?'

같은 말을 해도 화자가 누구냐에 따라서 다르게 받아들인다는 교훈을 주려고 한비자가 쓴 「설림(說林)」 편에 실린 이야기입니다.

맞는 말을 해도 사기꾼이 하는 말과 교수가 하는 말은 가치가 다릅니다. 우리가 전하는 복음이 믿지 않는 사람들에게 효과적으로 전달되기 위해선 크리스천이 경건한 삶을 살아야 합니다. 주님 앞에 정직하며, 사람들에게도 신뢰를 줄 수 있는 정결하고 경건한 크리스천이 되십시오. 복되고 형통합니다. 아멘!!!

주님, 경건한 삶으로 아름답게 울리는 복음의 악기가 되게 하소서.

되도록 모든 사람에게 신뢰를 줄 수 있는 정직한 사람이 됩시다.

10월 7일

친절이라는 포장

읽을 말씀 : 에베소서 4:25-32

● 엡 4:32 서로 인자하게 하며 불쌍히 여기며 서로 용서하기를 하나님이 그리스도 안에서 너희를 용서하심과 같이 하라

유명한 레스토랑의 지배인이 영업을 앞두고 아침 시간에 다급하게 전 직원을 불러 모았습니다.

"지금부터 아주 중요한 공지를 하겠습니다.

오늘은 여러분의 최고의 모습을 보여야 합니다.

각자 화장실에 가서 용모를 단정하게 가꿔주십시오.

또한 누구를 만나든지 최고로 환한 미소로 응대하고,

어떤 상황에서도 친절하게 응대하십시오.

작은 실수도 하지 않도록 서빙하는 중에도 각별히 조심하십시오."

평소와 달리 유난히 긴장한 지배인의 모습을 보고 한 직원이 물었습니다.

『오늘 중요한 손님이라도 오십니까?』

지배인이 잔뜩 굳은 표정으로 대답했습니다.

"그것보다 더 큰 문제가 있습니다.

오늘 들어온 고기가 다른 때보다 훨씬 질깁니다."

친절과 미소는 최고의 포장입니다.

미국에서 의료소송이 가장 적게 일어나는 병원은 가장 실력이 좋은 병원이 아닌 가장 친절한 병원이라는 조사 결과가 있습니다.

하나님의 귀한 복음을 만나는 모든 사람에게 전해야 할 의무가 있는 우리 크리스천도 어떤 상황에서도 친절과 미소를 잃지 말아야 합니다. 우리의 삶이 곧 복음을 전하는 도구라는 사실을 기억하십시오.

복되고 형통합니다. 아멘!!!

주님, 성령님의 열매로 좋은 성품을 기르며, 좋은 이미지를 갖게 하소서.

주님을 믿지 않는 사람들에게 더욱 친절하고 밝은 미소로 다가갑시다.

아버지가 계신 곳

10월 8일

읽을 말씀 : 시편 119:44–50

● 시 119:50 이 말씀은 나의 곤란 중에 위로라 주의 말씀이 나를 살리셨음이니이다

스웨덴의 시인 리나 베르그(*Lina S. Berg*)가 목사님인 아버지와 함께 호수로 피크닉을 떠났습니다. 아름다운 호수를 건너던 중 아버지만 탄 쪽배가 갑자기 뒤집어졌습니다.

호수 깊은 곳에서 배가 뒤집어졌기에 베르그는 아무런 도움도 줄 수 없었고, 눈앞에서 아버지가 익사하는 모습을 지켜봐야 했습니다. 큰 슬픔에 빠진 베르그는 매일 하나님을 원망했습니다.

"하나님이 살아계시다면 이런 일이 일어날 수 있습니까?"

매일 울며 쓰러지길 반복하던 어느 날…

주님께서 다음과 같은 감동을 주셨습니다.

『너희 아버지는 눈물도 슬픔도 근심도 없는 천국에서
나와 함께 있으니 아무 걱정 말고 나만 의지하고 바라보아라.』

하나님이 주신 놀라운 깨달음으로 베르그는 찬송을 작사했습니다.

「날마다 숨 쉬는 순간마다 내 앞에 어려운 일 보네.
주님 앞에 이 몸을 맡길 때 슬픔 없네 두려움 없네.
주님의 그 자비로운 손길 항상 좋은 것 주시도다.
사랑스레 아픔과 기쁨을 수고와 평화와 안식을」

「날마다 숨 쉬는 순간마다(*Day by Day*)」라는 복음성가는 이런 아픔 가운데 쓰인 고백입니다.

크리스천인 우리가 결국 가야 할 곳은 하나님의 나라라는 사실을 잊지 말고 세상에서의 모든 어려움과 근심을 이겨내십시오.

복되고 형통합니다. 아멘!!!

주님, 지치고 슬픈 우리의 영혼을 따스한 음성으로 위로하여 주소서.

어떤 고난 가운데서도 주님만 바라보는 믿음을 달라고 간구합시다.

10월 9일

가장 어려운 악기

읽을 말씀 : 마태복음 23:1-13

● 마 23:11 너희 중에 큰 자는 너희를 섬기는 자가 되어야 하리라

미국인으로는 최초로 세계적인 지휘자의 명성을 얻은 레너드 번스타인(*Leonard Bernstein*)에게 한 기자가 물었습니다.

"오케스트라 구성 악기 중 가장 다루기 힘든 악기는 무엇입니까?"

『제2 바이올린입니다. 제1 바이올린을 맡으려는 연주자는 많지만 같은 열정으로 제2 바이올린을 맡으려는 사람은 찾기가 힘듭니다.』

클래식 장르 중 가장 안정적인 구성은 현악 4중주라고 합니다.

현악 4중주는 서로 다른 악기로 구성되어 있지 않고, 바이올린 2대와 첼로 2대로 구성되어 있습니다. 제1 연주자는 메인 멜로디를 연주하고 제2 연주자는 다른 악기와 어울릴 수 있는 보조 역할을 합니다.

세계적인 오케스트라는 제1 연주자와 제2 연주자 모두 비슷한 실력의 단원으로 구성합니다. 같은 악기들이 서로 다른 역할을 감당할 때 음악이 더 풍성해지기 때문에 대편성 곡에는 같은 악기가 4개까지 들어가는 경우도 있습니다.

그럼에도 1과 2, 보조와 메인이라는 역할 때문에 요즘 연주자들은 실력이 있을수록 제1 연주자만을 선호한다고 합니다. 그 결과 수준 높은 현악 4중주 음악을 듣기가 과거보다 힘들어졌다고 합니다.

믿음의 공동체는 드러나지 않는 일을 더욱 중요하게 여겨야 합니다. 교회 안에서 지체들이 맡는 모든 역할은 높고 낮음이 없고, 더 중요하거나 덜 중요한 일도 없습니다. 하나님 앞에 올리는 아름다운 예배를 위해 우리가 맡은 일을 세상에서 가장 귀한 일로 여기며 감당하십시오.

복되고 형통합니다. 아멘!!!

주님, 작은 일, 큰일을 따지지 않고 오로지 순종하며 감사하게 하소서.

남들이 보기에는 작은 일이라도 주님이 맡기신 일임을 기억합시다.

마음의 도형

10월 10일

읽을 말씀 : 시편 26:1-12

● 시 26:2 여호와여 나를 살피시고 시험하사 내 뜻과 내 마음을 단련하소서

아메리칸 인디언들은 사람의 마음을 도형으로 표현했습니다.

인디언들은 어린이의 마음을 세모로 그렸습니다.

세모는 모서리가 뾰족합니다. 아이들의 마음은 양심이 살아있어서 어떤 죄를 지을 때마다 이 모서리가 돌아가며 마음을 긁습니다.

처음 거짓말을 할 때, 처음 나쁜 짓을 할 때를 생각해 보십시오.

온몸에 식은땀이 나고 두려워했던 기억이 누구나 있을 것입니다. 인디언들은 어린이의 마음이 세모이기 때문에 이런 두려움이 생긴다고 생각했습니다.

그리고 어른의 마음은 동그라미로 그렸습니다.

세모난 마음이 우리를 힘들게 하지만, 그럼에도 사람은 계속해서 죄를 짓습니다. 죄를 지을 때마다 세모가 조금씩 깎여서 나중에는 아무리 돌아가도 조금도 두렵거나, 죄의식을 느끼지 않는 상태가 바로 마음이 동그란 상태입니다.

인디언들은 나이가 들어서도 죄를 멀리하는 순수한 사람을 세모난 마음을 가진 사람이라고 표현했습니다.

나쁜 짓을 할수록 양심이 무뎌지는 것처럼 신앙생활을 오래 할수록 감격도 무뎌집니다. 우리를 향한 하나님의 사랑이 세월이 지나도 변하지 않고 동일한 것처럼 하나님을 향한 우리의 사랑과 열정도 한결같아야 합니다. 아니, 더욱 뜨거워져야 합니다.

하나님을 처음 만난 그 뜨거웠던 순간보다 더 순수하고, 열정 있는 모습으로 주님을 예배하십시오. 복되고 형통합니다. 아멘!!!

♡ 주님, 매일 부어주시는 귀한 사랑과 은혜에 익숙해지지 않게 하소서.

신앙생활의 매너리즘을 타파하고 새 노래, 새 마음을 주님께 드립시다.

10월 11일

믿어보면 안다

읽을 말씀 : 요한복음 4:28–42

● 요 4:42 그 여자에게 말하되 이제 우리가 믿는 것은 네 말을 인함이 아니니 이는 우리가 친히 듣고 그가 참으로 세상의 구주신 줄 앎이니라 하였더라

여성 최초로 산소통과 셰르파 없이 단독으로 에베레스트 등정에 성공한 앨리슨 하그리브스(*Alison J. Hargreaves*)는 평소에도 어린 두 자녀와 함께 온 가족이 종종 산에 올랐습니다.

에베레스트의 베이스캠프까지도 두 아들과 동반한 적이 있었지만, 위험 지역은 주로 남편과 함께 하거나 혼자서 등반했습니다. 하그리브스는 여성 최초로 에베레스트 등반이라는 대기록을 세운지 3개월 만에 다시 험난하기로 이름 높은 *K*2 등반에 올랐습니다. 이번에도 등반은 성공했지만 하산하는 길에 폭풍을 만나 사망하고 말았습니다.

엄마가 위험한 산을 오르다 죽었다는 사실을 아이들이 어떻게 받아들일지가 큰 문제였지만, 엄마의 이야기를 들은 아이들은 "엄마가 올랐던 마지막 산을 저희도 가볼 수 있을까요?"라는 생각지도 못한 부탁을 했습니다.

아빠는 많은 단체의 도움을 얻어 아이들이 *K*2를 오를 수 있게 도왔고 영국의 국영방송에서도 다큐멘터리 제작을 위해 취재를 왔습니다.

오를 수 있는 데까지 오른 아이들은 "산이 너무 아름다워요. 엄마가 왜 산을 좋아하고 그토록 오르고 싶어했는지 조금은 알 것 같아요"라고 말했습니다. 경험해 보는 것보다 더 확실히 알 방법은 없습니다.

한편 믿어보지 않고서는 결코 경험할 수 없는 일이 있습니다.

왜 수많은 사람이 목숨까지 아까워하지 않고 복음을 전했는지, 주님을 만난 뒤 후회한 사람이 얼마나 있었는지, 더 깊이 생각하며, 더 열심히 주님을 믿으십시오. 복되고 형통합니다. 아멘!!!

주님, 주님을 경험한 간증을 많은 사람들에게 진실하게 전하게 하소서.

이해가 되지 않아도, 조금 망설여져도, 일단 믿어봅시다.

감사를 가로막는 벽

10월 12일

읽을 말씀 : 시편 37:1–9

● 시 37:8 분을 그치고 노를 버리라 불평하여 말라 행악에 치우칠 뿐이라

'긍정적 사고'라는 개념을 만든 노먼 빈센트 필(Norman Vincent Peale) 박사가 기차를 타고 이동 중이었습니다.

중간에 한 귀부인이 기차를 탔습니다. 언뜻 봐도 옷차림이나 액세서리가 범상치 않았습니다.

귀부인은 가장 높은 등급의 좌석에 앉아, 식사 시간 때는 열차 내 식당에서 제일 비싼 음식을 주문했습니다.

주변에서 흔히 보기 힘들 정도의 부자인 것이 분명했지만, 귀부인은 기차에 머무는 내내 불평과 불만을 쏟아냈습니다.

"비싸기만 하고 음식이 맛이 없군."

"직원은 왜 이렇게 불친절해."

"일등석에 사람이 왜 이렇게 많아."

잠시도 쉬지 않고 불만을 쏟아내는 귀부인 때문에 함께 기차를 탄 모든 사람의 기분이 나빠졌습니다.

필 박사는 이런 귀부인의 모습을 보고 마치 '불평을 생산하는 공장 같다'고 표현했습니다.

불평은 하나님을 향한 감사를 막게 만들려는 사탄의 책략입니다.

마음에 어려운 일이 생기고, 이해하기 힘든 일이 일어날 땐 기도로 주님께 지혜와 필요를 구하는 것이 성도의 바른 자세입니다.

불평 대신 감사하는, 원망 대신 기도하는, 사랑과 덕을 세우는, 주님이 기뻐하시는 성도가 되십시오. 복되고 형통합니다. 아멘!!!

주님, 감사를 가로막는 견고한 불평의 벽을 허물어 주소서.

교회, 가정, 직장, 어디든지 감사하는 생활로 감사의 씨앗을 심읍시다.

10월 13일

더 멀어지는 이유

읽을 말씀 : 누가복음 6:39-45

● 눅 6:39 또 비유로 말씀하시되 소경이 소경을 인도할 수 있느냐 둘이 다 구덩이에 빠지지 아니하겠느냐

중국 위나라에 지혜로운 사람이 살고 있었습니다.

하루는 길을 가다가 급하게 달려가는 수레를 보고 물었습니다.

"어디를 그리 바쁘게 가십니까?"

『급한 일이 있어 초나라를 가야 합니다.』

그러나 수레가 가는 방향은 초나라와 반대쪽이었습니다.

"지금 당신은 반대로 가고 있소. 말머리를 돌려서 남쪽으로 가시오."

『걱정하지 마십시오. 이 말은 이틀이나 쉬지 않고 달릴 수 있는 명마입니다. 저는 다른 건 몰라도 말을 모는 건 둘째가라면 서러운 실력 있는 마부입니다.

노잣돈도 든든하게 챙겼으니 초나라까지 충분히 가고도 남습니다.』

지혜로운 사람이 답답해 가슴을 치며 말했습니다.

"말이 아무리 빠르고, 마부가 아무리 말을 잘 몰고, 노자가 아무리 넉넉해도 소용이 없소. 오히려 더 빨리 멀어질 뿐이요. 초나라가 있는 곳은 남쪽이고 당신이 가는 곳은 북쪽이요."

위나라의 충신 계량이 마음이 급해 잘못된 명령을 내리려는 왕의 고집을 꺾기 위해 올린 진언의 예화입니다.

속도보다 중요한 건 방향입니다. 우리의 삶의 방향이 우리를 구원하신 주님을 향하고 있지 않다면, 아무리 부자가 되어도, 아무리 학식을 쌓아도, 아무리 장수를 해도 결국 구원을 받을 수 없습니다.

우리의 모든 힘과 열정이 쓸모없는 속 빈 강정이 되지 않도록 믿음의 나침반을 따라 삶의 방향을 정하십시오. 복되고 형통합니다. 아멘!!!

주님, 좁은 길, 좁은 문, 주님이 걸어가신 그 길을 따라 걷게 하소서.

조금 느려도 천천히 주님을 향해 생명의 길을 걸어갑시다.

구원이 없고, 믿지 못한다

10월 14일

읽을 말씀 : 누가복음 24:36–49

● 눅 24:38 예수께서 가라사대 어찌하여 두려워하며 어찌하여 마음에 의심이 일어나느냐

뜨겁게 사랑하다 결혼한 연인이 있었습니다.

행복한 삶을 살아가던 중 전쟁이 일어나 남편은 강제로 군대에 끌려갔습니다. 혼자서 외롭고 힘든 삶이었지만, 남아있는 아내는 곧 돌아올 남편을 기다리며 힘겹게 삶을 살았습니다.

그런데 어느 날 신문에 실린 전사자 명단에서 남편의 이름을 발견했습니다. 삶의 유일한 목적이 사라진 아내는 반쯤 실성해 아무 일도 하지 못하다가 먹고 살기 위해 거리에서 몸을 팔기 시작했습니다.

그런데 신문의 전사자 명단은 잘못 실린 것이었고, 그토록 사랑하던 남편이 무사히 돌아왔습니다.

남편은 아내의 모든 상황을 알고 있었지만 그래도 여전히 사랑했습니다. 아내가 자신을 믿고 돌아와 주기만 한다면 다시 행복한 연인이 될 수 있다고 생각했습니다. 그러나 아내는 몸을 더럽힌 자신이 남편의 사랑을 받을 자격이 없다고 생각해 스스로 목숨을 끊었고, 누구보다 사랑하는 아내를 잃은 남편은 남은 삶을 고통 속에서 보냈습니다.

「애수(*Waterloo Bridge*)」라는 고전의 내용이지만, 주님을 처음 만난 때의 우리의 모습과 내용이 많이 닮아있습니다. 예수님의 사랑을 알지 못하는 우리는 그저 헛된 쾌락을 좇아 살아갈 뿐입니다.

예수님의 사랑을 알게 됐지만, 믿지 못하는 삶 역시 영생을 선물로 얻지 못하고 고통 속에서 살아가게 됩니다. 예수님의 사랑은 우리의 모든 죄를 씻어주는 놀라운 은혜와 능력이 있음을 믿으십시오.

복되고 형통합니다. 아멘!!!

주님, 모든 사람을 구원할 놀라운 능력이 있는 그 사랑을 믿게 하소서.

나의 어떤 모습도 있는 모습 그대로 사랑하시는 주님 앞에 나아갑시다.

10월 15일

돈이 인생의 전부라면

읽을 말씀 : 디모데전서 6:3–10

● 딤전 6:10 돈을 사랑함이 일만 악의 뿌리가 되나니 이것을 사모하는 자들이 미혹을 받아 믿음에서 떠나 많은 근심으로써 자기를 찔렀도다

미국의 허름한 호텔 방에서 어떤 사람이 스스로 목숨을 끊었다는 신고가 들어왔습니다. 사망자는 20대에 백만장자가 된 컴퓨터 천재로 미국 내에서도 유명한 사람이었습니다.

백만장자의 죽음이라기에는 너무나 의문스러운 사항이 많았습니다.

방에는 우리 돈 5만 원 정도의 저가 위스키 병이 굴러다니고 있었고, 밀려 있는 호텔 숙박비 청구서와 운전 위반 과태료 고지서가 탁자 위에 놓여 있었습니다.

지갑에 들어 있는 카드는 300만 원의 대출금이 있는 상태였습니다.

부모님과의 연락으로 밝혀진 전말은 다음과 같았습니다.

갑작스럽게 많은 돈을 번 청년은 매일 술과 여자를 달고 살았고, 부릴 수 있는 온갖 사치를 쉬지 않고 부렸습니다. 그러나 쾌락에 탐닉할수록 마음의 공허함은 더욱 커져갔습니다.

가진 돈을 전부 탕진하고 그렇게 살면 안 된다는 사실을 깨달았지만 빠져나올 수가 없었습니다. 그가 마지막까지 가지고 있었던 유품은 온갖 성인용품들뿐이었다고 합니다.

컴퓨터 압축 알고리즘인 '집(*ZIP*)' 기술을 최초로 개발한 필립 카츠(*Phillip W. Katz*)의 이야기입니다.

불행한 백만장자를 어렵지 않게 찾을 수 있다는 사실은 돈이 행복의 조건이 아님을 여지없이 밝혀줍니다. 사람은 돈으로 만족할 수 있도록 창조되지 않았기 때문입니다. 우리를 창조하신 하나님의 품 안에서만 참된 행복을 누릴 수 있음을 깨달으십시오. 복되고 형통합니다. 아멘!!!

♡ 주님, 돈보다, 세상의 그 무엇보다 주님만을 사랑하게 하소서.

주님이 우리의 유일한 만족의 조건이 되심을 고백합시다.

예비 신자 전파선교사

10월 16일

읽을 말씀 : 마가복음 16:14-16

● 막 16:15 또 가라사대 너희는 온 천하에 다니며 만민에게 복음을 전파하라

『극동방송 전파선교를 위해 기도하며 매달 일정 금액을 후원하기로 작정하신 분들은 가입 신청서를 작성합니다. 요즘은 스마트폰을 통해 온라인으로 가입하시는 분들도 계십니다. 이 신청서에는 출석 교회와 직분을 쓰는 란이 있습니다. 그런데 전파선교사가 될 분이 아직 예수님을 믿지 않는 분이라면 여기에 뭐라고 써야 할까요?

경남사회복지협의회 회장으로 지역에서 큰 존경을 받고있는 박성욱 장로님은 불신자를 전파선교사로 만드는 전문가입니다.

박 장로님은 평소 좋은 관계의 지인들에게 이렇게 말합니다.

"극동방송은 북한의 동포들을 도울 수 있는 정말 중요한 방송입니다. 지금도 북녘에서 많은 사람들이 몰래 이 방송을 들으며 힘을 얻고 있어요.

이런 곳을 후원하지 않는다면 어딜 돕겠습니까?

한 달에 만 원 정도는 얼마든지 할 수 있잖아요?

자, 여기다가 지금 바로 적어요!"

아직 신자도 아닌데 직분 란에 뭐라고 쓰냐는 분들에게 박 장로님이 알려준 이름이 바로 「예비 신자」입니다. 박 장로님이 세운 100여 명의 전파선교사 중에는 예비 신자가 많습니다. 하나님께서 곧 이분들을 진짜 알곡 신자로 세워주시고 영광 받으시리라 믿습니다.』

-「김장환 목사의 인생 메모」 중에서

극동방송이 저 북녘땅뿐만 아니라 예비 신자들의 마음의 문도 열어, 그곳에도 복음이 심겨지길 기도하십시오. 복되고 형통합니다. 아멘!!!

♡ 주님, 힘을 다해 기도하며 주변 사람들에게도 복음을 전하게 하소서.

우리 주변에서 「예비 신자」 전파선교사를 찾아 복음을 전합시다.

10월 17일

성공을 결정하는 시간

읽을 말씀 : 마태복음 6:1-8

● 마 6:2 그러므로 구제할 때에 외식하는 자가 사람에게 영광을 얻으려고 회당과 거리에서 하는 것 같이 너희 앞에 나팔을 불지 말라 진실로 너희에게 이르노니 저희는 자기 상을 이미 받았느니라

국내의 유명한 성공학 강사가 한 강의에서 다음과 같이 말했습니다.

"회사가 여러분의 인생을 책임져준다고 생각하지 마십시오.

여러분 인생의 2막은 여러분이 준비해야 합니다.

지금 하는 일과 다른 분야의 공부를 지금부터 해야 합니다."

이 말을 들은 한 청중이 회사 일로 바쁜데 공부를 어떻게 할 수 있냐고 물었습니다. 강사는 다음과 같이 대답했습니다.

"퇴근하고 나서, 혹은 출근하기 전에, 시간은 얼마든지 만들 수 있습니다. 시간을 낭비하지 않는 사람은 없습니다.

낭비하는 시간을 1시간이라도 모아서 준비하십시오."

미국의 각계각층의 성공한 사람 500명을 만나 인터뷰를 했던 데일 카네기(*Dale B. Carnegie*)는 자신이 만난 성공한 사람들은 하나같이 시간 낭비를 하지 않는 사람들이었다고 말했습니다.

"제가 만난 사람들은 정말로 자기 일에 최선을 다했습니다. 쓸데없는 일에 시간을 낭비하지 않고 이루고자 하는 일에 매진했습니다. 전쟁, 정치, 과학, 예술… 그 밖에 모든 분야에서 만난 사람들이 모두 똑같은 모습이었습니다."

남는 시간, 일과 후의 시간이 삶의 성공을 결정하듯이 신앙생활의 성공은 주일이 지난 뒤 나머지 6일에 결정됩니다. 하나님께 받은 은혜와 주신 감동, 받은 말씀이 나의 삶을 어떻게 변화시키고 있습니까? 예배를 통해 누린 회복과 은혜를 교회에서만 끝내지 말고, 세상에서도 전하십시오. 복되고 형통합니다. 아멘!!!

♡ 주님, 세상에서의 삶과 교회에서의 삶이 분리되지 않게 하소서.

주일 하루가 아닌, 매일의 일상을 예배로 주님께 올려드립시다.

논쟁을 거부한 뉴턴

10월 18일

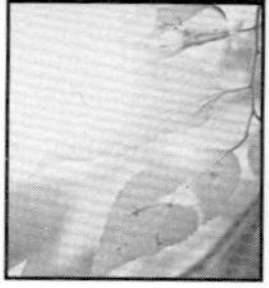

읽을 말씀 : 고린도전서 2:1–5

● 고전 2:5 너희 믿음이 사람의 지혜에 있지 아니하고 다만 하나님의 능력에 있게 하려 하였노라

인류 역사상 가장 위대한 과학자로 손꼽히는 아이작 뉴턴(*Isaac Newton*)이 에드먼드 핼리(*Edmond Halley*)라는 천문학자를 만난 적이 있습니다.

핼리는 아무도 풀지 못하고 있던 행성 공전 주기 문제를 뉴턴의 도움을 받아 해결했고, 또한 뉴턴이 여러 가지 이유로 발표를 미루고 있던 「만유인력의 법칙」을 책으로 출간할 수 있게 도왔습니다. 둘의 관계는 이처럼 매우 협력적이었으나 한 가지 결정적인 큰 차이가 있었습니다. 바로 신앙이었습니다.

철저한 무신론자인 핼리가 기독교의 모순과 오류에 대해서 일장 연설을 늘어놓자, 이 말을 듣던 뉴턴은 다음과 같이 반응했습니다.

"핼리 박사, 거룩한 진리에 대해서는 입을 열지 않았으면 좋겠습니다. 나 역시 무신론자였고, 당신과 같은 생각을 가졌었지만 지금 이렇게 크리스천이 되었습니다. 당신이 지금 하는 말들은 진리에 관한한 철저히 문외한이라는 것을 증명하는 것밖에는 되지 않습니다."

물리의 시작이라고 일컬어지는 뉴턴의 저서 「프린키피아(*Principia*)」에는 다음과 같은 글이 적혀 있습니다.

「우주에서 드러나는 여러 가지 신비들, 이 모든 것이 전지전능하신 하나님의 솜씨라고 우리는 인정하지 않을 수 없습니다.」

세상의 모든 지식과 학문을 통해 우리가 알 수 있는 유일한 사실은, 이 모든 것을 창조하신 하나님이 정말로 전지전능하신 분이라는 것입니다. 세상을 창조하신 하나님이, 또한 만물을 주관하신다는 사실을 믿음으로 주님만을 의지하십시오. 복되고 형통합니다. 아멘!!!

주님, 살아계신 주님이 우리를 구원하셨다는 사실을 전파하게 하소서.

믿지 않는 사람이 신앙에 대해 부정적인 말할 때의 답을 준비합시다.

10월 19일

믿음이 장수의 비결

읽을 말씀 : 잠언 3:1–5

● 잠 3:1,2 내 아들아 나의 법을 잊어버리지 말고 네 마음으로 나의 명령을 지키라 그리하면 그것이 너로 장수하여 많은 해를 누리게 하며 평강을 더하게 하리라

미국의 노인의학 연구소에서 10년간 장수의 비결을 연구했습니다. 그 결과 비결이라고 꼽을 수 있는 것은 다음의 3가지였습니다.

- 첫째, 긍정적인 사고방식
- 둘째, 정기적인 봉사활동
- 셋째. 독실한 신앙생활

기존의 통념과는 완전히 다른 내용이었기에 결과 발표 후 추가 연구가 이어졌지만, 앞선 결과를 증명하는 내용들만 계속해서 쏟아져 나왔습니다.

세계에서 가장 오래된 일간지인 영국의 「타임스(*The Times*)」에 따르면 장수의 비결은 '교회 출석'이라고 합니다. 교회에 매주 출석하는 사람의 수명은 다른 사람보다 평균 7년, 길게는 14년까지 차이가 났습니다.

미국의 성인남녀 2만 8천 명을 대상으로 그중 2천 명이 먼저 세상을 떠날 때까지 이루어진 역학조사의 결과였습니다.

하나님을 만나고, 하나님의 말씀대로 살면, 하나님이 약속하신 복을 받습니다. 영원한 생명을 보장받은 구원 받은 성도들은 세상의 일로 근심과 걱정을 할 필요가 없습니다. 영생의 큰 복을 주는 신앙생활은 이 땅에서 장수하는데도 커다란 도움을 주기 때문입니다.

우리의 모든 것을 아시고, 우리의 모든 것을 책임져 주시는 주님을 믿음으로 주님이 주시는 장수의 큰 복을 누리십시오.
복되고 형통합니다. 아멘!!!

주님, 주님을 더욱 깊이 믿음으로 주님이 주신 평안이 넘치게 하소서.
주님을 사랑하는 마음으로 신앙생활을 하며 놀라운 복을 누립시다.

게으름인가, 인내인가

10월 20일

읽을 말씀 : 데살로니가전서 1:2-10

● 살전 1:3 너희의 믿음의 역사와 사랑의 수고와 우리 주 예수 그리스도에 대한 소망의 인내를 우리 하나님 아버지 앞에서 쉬지 않고 기억함이니

해변가의 높은 바위 위에 바닷가재 한 마리가 있었습니다.

물에서 너무 오래 나와 있던 바닷가재는 뜨거운 태양 볕에 말라죽어 가고 있었습니다. 가재는 뜨거운 태양 볕을 견디며 바닷물이 언젠가 이 바위 위까지 덮쳐오기를 기다리고 있었습니다.

한 시간을 기다리고, 하루를 기다리고, 일주일을 기다렸지만, 여전히 바닷물은 올라오지 않았습니다.

결국, 바닷가재는 태양 볕에 말라죽었습니다. 그러나 바닷가재가 한 가지 몰랐던 사실이 있습니다. 가재가 있던 바위에서 바로 몇 발자국만 움직이면 그토록 바라던 바닷물에 들어갈 수 있다는 사실이었습니다.

바닷가재는 바닷물이 올 때까지 기다리며 태양 볕을 견딜 수 있는 인내심이 자신에게 있다고 생각했지만, 바다가 보기에는 몇 발자국도 움직이기 싫어 말라죽고 마는 게으름뱅이일 뿐이었습니다.

18세기 미국의 저명한 목회자 헨리 워드 비처(*Henry W. Beecher*) 목사님이 「게으름과 인내심의 차이」를 성도들에게 알려주고자 사용했던 예화입니다.

우리의 신앙생활의 모습은 인내심입니까? 게으름입니까?

주님의 응답을 기다리며 최선을 다해 나의 할 일을 다하는 사람이 인내심이 있는 성도입니다. 주님이 응답하실 때까지 부지런히 일하며 기도를 쉬지 않는 사명자가 되십시오. 복되고 형통합니다. 아멘!!!

주님, 움직여야 할 때와 기다려야 할 때를 구분할 지혜를 주소서.

주님께 맡길 일은 맡기고, 내가 할 수 있는 일을 하며 준비합시다.

10월 21일

시작의 중요성

읽을 말씀 : 야고보서 3:13-18

● 약 3:13 너희 중에 지혜와 총명이 있는 자가 누구뇨 그는 선행으로 말미암아 지혜의 온유함으로 그 행함을 보일지니라

20대에 자신이 바라는 삶의 모든 목표를 이루고 「성공의 비법」이라는 책을 쓴 위르겐 휠러(*Jurgen Holler*)는 세상 사람 중에 성공하는 사람은 5%밖에 되지 않는다고 말했습니다.

휠러는 5%의 사람이 성공하는 이유를 다음과 같이 정의했습니다.

- 20%는 성공을 위한 노력
- 30%는 성공을 확고하게 그릴 수 있는 꿈
- 50%는 자기 자신을 어필할 수 있는 능력

그러나 이 모든 능력에 앞서 성공한 사람 누구나가 가지고 있어야 할 필수 능력을 한 가지 더 꼽았습니다. 바로 '시작'입니다. 0.1%의 기적과도 같은 성공 확률이라도 일단 시작하는 사람에게만 일어날 수 있기 때문입니다.

심리학자들의 연구에 따르면 머릿속에 떠오른 생각은 72시간 내에 실행해야 한다고 합니다. 아무리 좋은 아이디어도 3일이 지나면 추후에 실행할 확률은 사실상 0%입니다.

이번 주 예배를 통해, 혹은 오늘 말씀을 묵상하는 중 주님이 우리에게 주신 은혜와 비전은 무엇입니까?

매주 주시는 풍성한 은혜를 나의 것으로 만들지 못하고 그저 흘려보내고만 있지 않습니까?

만나와 같이 매일 내려주시는 주님의 놀라운 은혜를 매일 실천하는 삶으로 성공하는 크리스천이 되십시오. 복되고 형통합니다. 아멘!!!

주님, 영적으로 나태하지 않도록 마음을 일깨워 주소서.

주님이 주시는 거룩한 생각들을 어떤 식으로든 일단 시작합시다.

진리의 실천

10월 22일

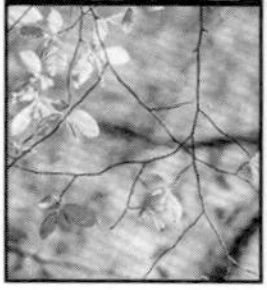

읽을 말씀 : 야고보서 2:14-26

● 약 2:14 내 형제들아 만일 사람이 믿음이 있노라 하고 행함이 없으면 무슨 이익이 있으리요 그 믿음이 능히 자기를 구원하겠느냐

성도의 올바른 삶이 무엇인지 깊이 고민하던 남자가 있었습니다.
도저히 답을 찾을 수 없던 남자는 목사님을 찾아가 물었습니다.
"목사님, 어떤 삶이 하나님의 진리를 따르는 삶입니까?"
목사님은 먼저 오늘 식사를 잘했는지 물었습니다.
"네, 때에 맞춰 잘 먹었습니다."
목사님은 다음으로는 직장에서 최선을 다했는지 물었습니다.
"오늘 만나는 고객들에게 최선을 다했다고 자신 있게 말할 수 있습니다."
목사님은 마지막으로 가정생활을 충실히 하고 있는지 물었습니다.
"제가 할 수 있는 최선을 다해 집안일을 돕고 있습니다.
방금도 아이들을 씻기고 성경까지 읽어주며 잠을 재우고
목사님을 찾아왔습니다."
이 말을 들은 목사님은 역으로 남자에게 질문했습니다.
『그것이면 충분합니다. 왜 저를 찾아왔습니까?
주어진 삶에 최선을 다하는 것이 하나님이 기뻐하시는 삶입니다.
계속 그렇게 살아가십시오.』

하나님이 허락하신 하루하루를 주어진 상황에서 최선을 다해 살아가는 삶, 그런 삶을 통해 하나님을 전하는 삶이 하나님이 기뻐하시는 삶입니다. 가정에서, 교회에서, 직장에서 항상 최선을 다하는 성실한 크리스천이 되십시오. 복되고 형통합니다. 아멘!!!

주님, 오늘 하루를 보내는 곳이 바로 사역의 장소임을 깨닫게 하소서.

주님을 섬기는 마음으로 오늘 주어진 일에 최선을 다합시다.

10월 23일

피해야 할 사람의 특징

읽을 말씀 : 시편 1:1–3

● 시 1:1,2 복 있는 사람은 악인의 꾀를 좇지 아니하며 죄인의 길에 서지 아니하며 오만한 자의 자리에 앉지 아니하고 오직 여호와의 율법을 즐거워하여 그 율법을 주야로 묵상하는 자로다

미국의 리더십 전문 칼럼니스트 조나단 롱(*Jonathan Long*)은 성공하기 위해서는 만나야 할 사람, 피해야 할 사람을 구분하는 지혜가 필요하다고 말했습니다.

다음은 조나단 롱이 말한「피해야 할 사람의 8가지 유형」입니다.

❶ 무조건적인 비판만 하는 사람
❷ 당신의 성공을 질투하는 사람
❸ 다른 사람의 의견이 필요 없다고 생각하는 똑똑한 사람
❹ 자신감이 아닌 자만심이 충만한 사람
❺ 피해의식이 심한 사람
❻ 매사에 부정적인 사람
❼ 거짓말을 자주 하는 사람
❽ 험담을 일삼는 사람

'근묵자흑(近墨者黑)'이란 먹을 가까이하는 사람은 똑같이 검어진다는 뜻입니다. 부정적인 에너지를 내뿜는 사람은 조직을 병들게 만듭니다. 반면에 긍정적인 에너지를 내뿜는 사람 주변에는 알아서 좋은 사람들이 모입니다.

우리가 먼저 좋은 사람이 될 때, 주변에 좋은 사람이 모이며 복음을 전하기 좋은 환경이 됩니다.

우리 교회도 마찬가지입니다. 교회 내에서 피해야 할 사람이 아닌, 가까이 두어야 할 긍정적인 사람이 되고자 노력하십시오.
복되고 형통합니다. 아멘!!!

주님, 악을 멀리하고 선을 더 가까이하게 하소서.
항상 믿음으로 긍정적인 에너지를 내뿜는 크리스천이 됩시다.

황제가 부러워한 어르신

10월 24일

읽을 말씀 : 시편 84:1-12

● 시 84:10 주의 궁정에서 한 날이 다른 곳에서 천날보다 나은즉 악인의 장막에 거함보다 내 하나님 문지기로 있는 것이 좋사오니

영국의 한 왕이 민정을 살피러 홀로 잠행 중이었습니다.

여러 마을을 둘러보다 한적한 길가를 걷고 있었는데, 외딴곳의 방앗간에서 아름다운 노랫소리가 흘러나왔습니다. 방앗간에 들어가 보니 어르신이 노래를 부르고 있었습니다.

'세상 사람이 날 부러워 아니한다 해도
나는 세상 사람들이 부럽지 않다네.
하나님의 은혜를 생각만 하면
할렐루야 찬송이 저절로 난다네.'

하나님을 찬양하는 아름다운 가사에 마음을 빼앗긴 왕은 혹시 2절이 있냐고 물었는데 어르신은 없다고 대답했습니다.

잠시 생각을 하던 왕은 어르신에게 다음과 같은 가사를 주었습니다.

'세상 사람이 날 부러워 아니한다 해도
영국 왕 조지가 날 부러워한다네.
십자가의 사랑을 생각할 때에
할렐루야 찬송이 저절로 난다네.'

영국 왕 조지 1세(*George I*) 당시에 있었던 일화입니다.

하나님의 사랑을 누리며 사는 사람은 세상의 그 무엇도 부럽지 않습니다.

결코 우리를 떠나지 않는 하나님의 사랑을 경험하며 오늘도 최고의 기쁨을 누리며 살아가십시오. 복되고 형통합니다. 아멘!!!

주님, 주님의 사랑으로 만족하며 매일 기쁘게 찬양하게 하소서.

항상 같은 사랑을 부어주시는 주님께 우리도 최고의 사랑을 드립시다.

10월 25일

비누를 아낀 이유

읽을 말씀 : 잠언 16:7–12

● 잠 16:8 적은 소득이 의를 겸하면 많은 소득이 불의를 겸한 것보다 나으니라

제2차 세계대전 때 연합군에게 포로로 잡힌 독일 병사가 있었습니다. 연합군은 일정한 주기마다 포로에게 위생용품을 배급했습니다.

규칙상 그때까지 사용하지 못한 용품들은 수거해서 버려야 했는데 유독 한 병사는 매번 많은 양의 위생용품을 남겼습니다.

이 모습을 이상하게 여긴 관리자가 그 병사를 찾아가 물었습니다.

"어차피 버릴 비누인데 그렇게까지 아끼는 이유가 뭔가?

남긴다고 가져갈 수 있는 것도 아니지 않나?"

병사는 다음과 같이 대답했습니다.

『나의 조국을 위해서입니다. 여기서 비누를 조금 남기는 것은 아무런 도움이 되지 않습니다. 그러나 이곳에서 만든 절약의 습관은 훗날 우리 조국에 훨씬 큰 이익이 될 것입니다.』

관리자는 이 말에 큰 감동을 받았습니다. 그리고 이런 한 사람 한 사람의 애국심 때문인지, 독일은 전후 막대한 배상금을 물고도 다시 빠르게 국력을 회복하여 선진국 대열에 합류했습니다.

그리스도인의 모든 삶의 목적과 이유는 주 하나님과 복음과 선교이어야 합니다.

돈을 아껴도 하나님을 위해, 돈을 써도 하나님을 위해서야 합니다.

하나님이 우리의 삶을 통해 놀라운 역사를 이루시도록 오로지 복음을 위해 우리의 삶을 사용하십시오. 복되고 형통합니다. 아멘!!!

주님, 바울의 고백처럼 저의 삶을 주님을 위해서만 사용하게 하소서.

복음을 위해 나의 삶에 필요한 습관이 무엇인지 생각해 봅시다.

은혜의 선반

10월 26일

읽을 말씀 : 시편 149:1-9

● 시 149:4 여호와께서는 자기 백성을 기뻐하시며 겸손한 자를 구원으로 아름답게 하심이로다

주 하나님을 강렬히 만난 경험을 한 뒤 오직 하나님의 영광이 되는 것이 인생의 목표가 된 목회자가 있었습니다. 목회자는 처음에는 자신이 유명해지고 높아지는 것이 하나님의 영광이 되고 은혜를 누리는 방법이라고 생각했습니다.

시간이 지날수록 목회자의 명성은 높아졌고, 사람들의 칭송을 받았습니다. 그런데 더 유명해질수록 자신의 영혼은 텅텅 비어가는 느낌이 들었습니다. 주님께 간절히 기도하는 목회자에게 주님은 목회자가 그토록 바라던 은혜가 위가 아닌 아래에 있다는 깨달음을 주셨습니다.

목회자는 이때의 깨달음을 다음과 같이 고백했습니다.

"저는 하나님이 주시는 은혜의 선물이 높은 선반에 있는 줄 알고 위로 올라가는 사다리를 탔습니다. 그러나 은혜의 선물은 오히려 땅보다도 낮은 아래 선반에 있다는 것을 깨달았습니다.

하나님이 주시는 은혜를 선물로 받으려면 더욱더 나를 굽히고 낮아지고, 또 낮아지도록 내려가야 합니다."

영국의 3대 명설교가로 불리는 프레드릭 마이어(*Frederick B. Meyer*) 목사님의 고백입니다.

누구보다 높이 계시는 주님은 우리를 위해 가장 낮은 곳으로 오셨습니다. 위에 계신 주님을 바라보며, 주님이 찾아가신 낮은 곳의 사람들을 도우며 풍성한 은혜를 누리십시오. 복되고 형통합니다. 아멘!!!

주님, 주님 앞에, 사람 앞에, 교만의 죄를 짓지 않게 도우소서.

정기적인 봉사와 후원으로 주님의 사랑을 실천합시다.

10월 27일

지경을 넓힐 포부

읽을 말씀 : 여호수아 14:6–15

● 수 14:12 … 당신도 그 날에 들으셨거니와 그 곳에는 아낙 사람이 있고 그 성읍들은 크고 견고할지라도 여호와께서 혹시 나와 함께 하시면 내가 필경 여호와의 말씀하신 대로 그들을 쫓아내리이다

미국 텍사스의 농장 지대에 유명한 잡화점이 있었습니다.

하루는 어떤 농장주가 이 잡화점을 찾아와 외상을 부탁했습니다.

"목장의 울타리를 다시 쳐야 하는데 돈이 좀 부족합니다.

미안하지만 외상으로 자재를 주실 수 없겠습니까?"

잡화점 사장은 한 가지 질문을 했습니다.

『울타리를 더 늘려나갈 겁니까? 줄여나갈 겁니까?』

농장주가 늘릴 것이라고 대답하자 사장은 흔쾌히 외상을 허락했습니다.

이 모습을 본 다른 농장주가 사장에게 따졌습니다.

『난 지금까지 당신이 한 번도 외상을 허락하는 걸 본 적이 없습니다.

왜 초면인 저 사람에게는 외상을 허락해 준 겁니까?』

잡화점 사장은 "나는 울타리를 늘리려고 외상을 요구하는 사람에게는 반드시 외상을 줍니다. 그러나 울타리를 줄이려고 외상을 요구하는 사람에게는 절대로 외상을 안 줍니다. 목장을 넓히려고 노력하는 사람만이 성공할 수 있다고 생각하기 때문입니다"라고 대답했습니다.

전지전능하신 하나님의 능력을 정말로 믿는다면 하나님의 약속대로 입을 크게 벌려야 합니다.

우리를 구원하신 능력의 하나님이 그 능력으로, 또한 우리를 사용하여 주실 것이라는 믿음으로 넓은 지경을 마음에 품으십시오.

복되고 형통합니다. 아멘!!!

주님, 주님이 주신 비전을 희망으로 품고 믿음으로 걸어나가게 하소서.

필요한 모든 것을 주신다는 주님의 말씀을 붙들며 비전을 이룹시다.

왕은 한 분이시다

10월 28일

읽을 말씀 : 레위기 26:1–13

● 레 26:1 너희는 자기를 위하여 우상을 만들지 말지니 목상이나 주상을 세우지 말며 너희 땅에 조각한 석상을 세우고 그에게 경배하지 말라 나는 너희 하나님 여호와임이니라

숲속 왕국에서 평화롭게 사는 개구리들이 있었습니다.

어느 날, 개구리들이 왕을 달라고 하나님께 기도하기 시작했습니다.

"너희는 충분히 평화롭게 살아가고 있는데 왜 왕을 달라고 하느냐?"

『우리에게는 눈에 보이는 멋진 왕이 필요합니다. 왕을 주십시오.』

하나님은 멋지게 생긴 개구리 조각상을 숲으로 보내셨습니다.

그러나 개구리들은 다른 왕을 요구했습니다.

『이 왕은 살아 있지 않습니다.

살아 움직이는 왕을 우리에게 주십시오.』

하나님은 크고 멋진 물고기를 보내주셨습니다.

그래도 개구리들은 불만이었습니다.

『이 왕은 물 안에서만 움직입니다. 크고 거대한 왕을 주십시오.』

하나님은 황새를 보내주셨습니다.

그러자 개구리들은 만족했습니다.

『저 긴 다리와 부리를 보세요. 드디어 우리의 왕이 오셨습니다.』

그런데 황새는 개구리들을 보자마자 마구 잡아먹기 시작했습니다.

황새가 보기에 개구리는 그저 맛있는 한 끼 식사일 뿐이었습니다.

「이솝우화」에 나오는 어리석은 개구리들의 이야기입니다.

우리가 섬기고 믿어야 할 분은 오직 하늘에 계신 주 하나님 한 분뿐입니다. 하나님보다 더 사랑하는 모든 것이 우리의 우상임을 잊지 말고, 그 어떤 것도 하나님보다 사랑하지 마십시오.

복되고 형통합니다. 아멘!!!

♡ 주님, 저도 모르는 사이에 우상을 섬기지 않도록 마음을 깨워 주소서.

은연중에 주님보다 더욱 사랑하고 있는 우상이 없는지 돌아봅시다.

10월 29일

구두약이 안 팔리는 이유

읽을 말씀 : 마태복음 5:13–16

● 마 5:16 이같이 너희 빛을 사람 앞에 비취게 하여 저희로 너희 착한 행실을 보고 하늘에 계신 너희 아버지께 영광을 돌리게 하라

어떤 직원이 백화점에서 열심히 구두약을 팔고 있었습니다.

직원은 구두약에 들어가는 모든 성분을 외우고 있었으며, 다른 브랜드에 비해 무엇이 더 나은지 줄줄이 꿸 정도로 지식도 해박하고 열정도 있었습니다.

"저희 구두약은 한 번만 사용해도 광이 며칠씩 유지됩니다.

저희 구두약을 사용하면 새 구두를 사실 필요가 없습니다."

그러나 사람들은 직원의 설명을 흥미롭게 듣다가도 구두약을 사가지는 않았습니다. 직원은 답답한 마음에 설명만 듣고 그냥 떠나는 손님을 붙잡고 이유를 물었습니다.

"혹시 구두약을 안 사고 그냥 가시는 이유가 무엇인지 여쭤봐도 될까요?

솔직히 말씀해 주시면 큰 도움이 되겠습니다."

손님은 직원의 구두를 가리키며 말했습니다.

『당신 구두가 너무 볼품없고 더럽습니다.

저는 제일 싸구려 구두약을 쓰는데

솔직히 당신 구두보다 더 깨끗해 보입니다.』

직원은 구두약에 대해서는 누구보다 잘 알았지만, 그 구두약의 성능을 보증할 수 있는 자신의 구두 관리를 소홀히 하고 있었습니다.

우리의 삶은 하나님의 진리를 담는 그릇이자 전하는 도구입니다.

거룩한 삶으로 하나님의 살아계심을 세상 가운데 전하며 살아가는 귀한 사명자가 되십시오. 복되고 형통합니다. 아멘!!!

주님, 일상을 통해 주 하나님을 전할 수 있는 삶을 살아가게 하소서.

말과 행동을 통해 주님의 영광을 나타내도록 신경 씁시다.

사람의 세 가지 유형

10월 30일

읽을 말씀 : 에베소서 2:11-22

● 엡 2:19 그러므로 이제부터 너희가 외인도 아니요 손도 아니요 오직 성도들과 동일한 시민이요 하나님의 권속이라

세기의 천재 아이작 뉴턴(*Isaac Newton*)은 과학자로 알려져 있습니다.

그러나 뉴턴은 가장 중요한 일을 신앙으로 생각했고, 그 다음으로는 자신의 직업이라고 생각했습니다. 그래서 과학적 난제를 편지로 보내는 다른 과학자들에게는 다음과 같은 답변을 보내곤 했습니다.

'나는 왕이신 주 하나님이 맡기신 일을 하기에도 바쁘니
소소한 일로 귀찮게 하지 마십시오.'

뉴턴은 말년에 「세상에는 다음의 3가지 사람이 존재한다」라고 말했습니다.

❶ 믿음이 없는 요나 같은 사람입니다.
뉴턴은 첫 번째 부류의 사람을 하나님을 피해 다니며 자신의 안위에만 관심이 있는 기회주의자라고 말했습니다.

❷ 달리는 말에 매달려 있는 하루살이 같은 사람입니다.
왜 사는지, 무엇 때문에 사는지 알지도 못하고 그저 남을 따라 살아가는 종속적인 사람입니다.

❸ 창조주 하나님을 만나, 믿고, 모든 것을 의탁하며 살아가는 사람입니다.
뉴턴은 새로운 역사는 오직 세 번째 사람들을 통해서만 이루어질 수 있다고 말했습니다.

하나님을 믿는 사람만이, 하나님께 쓰임 받을 수 있습니다. 하나님이 나의 삶을 사용해 주시기를 바라며 거룩한 의의 도구로 우리의 삶을 드리십시오. 복되고 형통합니다. 아멘!!!

주님, 강풍에도 흔들리지 않는 굳건한 반석 같은 믿음을 주소서.

주님을 온전히 믿고, 모든 것을 주님께 맡기며 살아갑시다.

10월 31일

겨울이 없는 벌

읽을 말씀 : 마태복음 4:12-17

● 마 4:17 이때부터 예수께서 비로소 전파하여 가라사대 회개하라 천국이 가까왔느니라 하시더라

카리브해 동쪽에 있는 서인도제도의 섬 바베이도스(*Barbados*)는 영국의 식민지였습니다. 영국 사람들은 바베이도스의 환경이 양봉에 적합하다고 생각해서 벌을 대량으로 가져와 꿀을 채취했습니다.

그런데 한참 꿀을 잘 만들어내던 벌들이 어느 순간부터 아예 일을 하지 않고 놀고 있었습니다.

곤충학자들이 조사를 해보니 원인은 기후에 있었습니다.

바베이도스는 중남미 기후로 1년 내내 여름 날씨였습니다.

그런데 가져온 벌들의 원래 지역에는 겨울이 있었습니다.

원래 살던 지역에서는 겨울을 대비하기 위해서 벌들이 꿀을 모았는데 어느 순간 벌들은 겨울이 오지 않는다는 사실을 깨달았습니다.

당연히 열심히 꿀을 모을 필요가 없다고 생각한 벌들은 그 순간부터 꿀을 만들지 않았고, 오히려 여기저기 창궐하면서 사람들을 공격했습니다.

주님을 믿는다고 고백은 하지만, 천국이 있다고 생각하지도 않고, 전도를 안 해도 괜찮다고 생각하고 있지 않습니까?

겨울이 없는 벌처럼 해야 할 일을 하지 않을 때, 쓸데없는 일에 신경을 쓰게 됩니다. 즉, 주님이 아닌 사람에 초점을 맞춘 신앙생활을 하게 됩니다. 주님을 믿는다는 우리 입술의 고백이 삶으로 이어지도록 말씀으로 살아내십시오. 복되고 형통합니다. 아멘!!!

주님, 주님만을 바라보며, 주님이 주신 사명에만 집중하게 하소서.

나 자신만을 위한 신앙생활에 갇히지 않도록 조심합시다.

11월

"여호와여 주는 나의 방패시요
나의 영광이시요
나의 머리를 드시는 자니이다
내가 나의 목소리로 여호와께 부르짖으니
그 성산에서 응답하시는도다"
– 시편 3:3,4 –

11월 1일

오병이어

읽을 말씀 : 요한복음 6:1–15

● 요 6:9 여기 한 아이가 있어 보리떡 다섯 개와 물고기 두 마리를 가졌나이다 그러나 그것이 이 많은 사람에게 얼마나 되겠삽나이까

『몇 년 전 영동극동방송에서 있었던 일입니다.

월요일 아침에 방송사로 제일 먼저 출근한 직원이 방송사 입구 출입문에 놓인 작은 편지 봉투를 발견했다고 합니다.

편지 봉투 겉면에는 「모든 영광을 주님께, 생명의 복음 전파 후원금」이라는 글씨가 적혀 있었고, 안에는 백 원짜리 동전들과 만원 권, 천원 권 지폐 몇 장이 들어 있었습니다.

편지 봉투에서는 인적 사항을 확인할 만한 어떤 단서도 발견할 수 없었습니다. 도대체 어떤 분이 이 편지 봉투를 놓고 갔는지 궁금했던 직원들은 방송사 *CCTV*에 녹화된 영상을 확인해 봤다고 합니다.

찾아낸 영상에는 직원들이 근무하지 않는 토요일 늦은 오후, 방송사를 찾아온 낯선 남자 한 분이 몰래 출입문 밑으로 편지 봉투를 넣고서는 방송사 출입문을 붙잡고 기도한 후 종종걸음으로 급히 떠나는 모습이 담겨 있었답니다.

비록 헌금 액수는 크지 않았지만 그날 방송사 직원들은 영상에 담겨 있는 무명의 전파선교사님의 모습을 통해서 오병이어의 기적을 깊이 느낄 수 있었고, 북한과 영동 지역 영혼 구원을 위해 더욱 최선을 다할 것을 다짐하게 됐습니다.』 – 「김장환 목사의 인생 메모」 중에서

하나님께서는 오늘도 작은 헌신을 통해서도 큰 역사를 이루신다는 사실을 굳게 믿고 맡겨진 일에 최선을 다하십시오.
복되고 형통합니다. 아멘!!!

주님, 아무리 어려운 상황이라도 복음을 전하는 일에 힘쓰게 하소서.

요즘 선교하는 일에 내 시간과 물질을 드리고 있는지 돌아봅시다.

인내함으로 품으라

11월 2일

읽을 말씀 : 야고보서 5:7–20

● 약 5:11 보라 인내하는 자를 우리가 복되다 하나니 너희가 욥의 인내를 들었고 주께서 주신 결말을 보았거니와 주는 가장 자비하시고 긍휼히 여기는 자시니라

한 곤충학자가 누에고치를 관찰하고 있었습니다.

나비가 되려고 몸부림치는 누에고치의 모습이 너무 힘들어 보인다 싶어서 칼을 가져와 고치를 조금 찢어주었습니다.

곤충학자의 생각에는 그러면 훨씬 쉽게 나비가 될 것 같았습니다.

그러나 결과는 예상과는 정반대였습니다.

고치를 찢으며 충분히 성장할 힘을 기르지 못한 누에는 나비가 되지 못하고 그대로 쏟아져 죽고 말았습니다.

큰 건물을 지을 때 보이지 않는 기초 공사를 오래 해야 하듯이, 모든 일에는 인내가 필요합니다.

미국의 작가 아놀드 글래소(*Arnold H. Glasow*)는 인내에 대해 다음과 같이 말했습니다.

"계란은 품어야만 병아리가 됩니다.

기다리지 못하고 알을 깨트리면 병아리는 태어날 수 없습니다."

알이 스스로 깨어날 때까지 기다리며 따스하게 품어주는 모습, 바로 예수님이 제자들을 거두고 기다리시던 모습입니다.

사랑의 주님이 우리가 마음을 열 때까지 기다리며 사랑으로 품어주셨듯이, 주변의 연약하고 힘들어하는 지체들의 믿음이 바르게 자리 잡을 때까지 인내하며 사랑으로 품어주십시오.

복되고 형통합니다. 아멘!!!

주님, 인내를 통해 주님의 때, 주님의 일하심을 기다리게 하소서.

주님께서 하셨듯이 책망보다는 사랑으로 다른 사람을 품어줍시다.

11월 3일

눈이 먼 사람

읽을 말씀 : 마태복음 6:19-29

● 마 6:23 눈이 나쁘면 온 몸이 어두울 것이니 그러므로 네게 있는 빛이 어두우면 그 어두움이 얼마나 하겠느뇨

옛날 중국 제나라에 돈이라면 미친 듯이 정신을 못 차리는 사람이 있었습니다.

하루는 이 사람이 시장을 둘러보다가 정말로 아름다운 금붙이를 보고 마음을 빼앗겨 훔쳐 달아났습니다.

그러나 대낮 시장통에 워낙 사람이 많아서 금방 잡혔습니다.

이 남자를 심문하던 관리는 엄하게 호통을 쳤습니다.

"밝은 대낮에, 보는 눈이 그렇게나 많은데…

도대체 무슨 정신으로 도둑질을 했느냐?"

붙잡힌 사람은 다음과 같이 변명했습니다.

『밝은 대낮인지도, 사람이 얼마나 많은지도 몰랐습니다.

제 눈에는 금붙이만 보이고 다른 것은

아무것도 보이지 않았습니다.』

유혹에 빠진 사람은 주변을 보지 못하고 어리석은 선택을 한다는 이야기로 중국 고서「열자」에 실린 내용입니다.

돈에 미친 사람의 눈에는 돈만 보이고, 권력에 미친 사람의 눈에는 권력만 보인다고 합니다.

세상의 헛된 것에 빠져 중요한 것을 놓치는 어리석은 사람이 되지 말고, 우리를 구원하신 생명의 주 예수님만 눈에 보이는, 복음에 미친 사람이 되십시오. 복되고 형통합니다. 아멘!!!

주님, 주님의 나라와 뜻을 위해서만 살아가게 하소서.

세상의 일을 멀리하고 주님의 일에만 집중합시다.

진짜가 아닌 것

11월 4일

읽을 말씀 : 골로새서 2:6–19

● 골 2:8 누가 철학과 헛된 속임수로 너희를 노략할까 주의하라 이것이 사람의 유전과 세상의 초등 학문을 좇음이요 그리스도를 좇음이 아니니라

어떤 사람이 두 가지 죄를 저질러 경찰서에 잡혀 왔습니다.

한 가지 죄는 위조지폐를 훔친 것이고, 다른 한 가지 죄는 훔친 위조지폐를 사용한 것이었습니다.

그런데 남자는 자신이 무죄라고 주장했습니다.

"저는 위조지폐를 알고 사용한 것이 아닙니다.

위조지폐인 줄 알았다면 제가 위험을 무릅 쓰고 썼겠습니까?"

듣고 보니 일리가 있었습니다. 도둑은 다시 말을 이었습니다.

"마찬가지로 도둑질도 무죄입니다.

위조지폐는 아무런 가치가 없는 돈입니다.

아무런 가치가 없는 물건을 훔친 것이 무슨 죄가 됩니까?"

이 말을 들은 경찰이 다음과 같이 대답했습니다.

『당신 말은 다 맞습니다. 하지만 당신은 유죄입니다. 다른 사람의 물건을 훔쳤고, 훔친 물건을 썼기 때문입니다. 당신은 아무런 가치도 없는 물건을 훔치기 위해 위험을 감수한 어리석은 사람입니다.』

진짜가 아닌 것을 진짜인 줄 알고 죄를 지은 사람이야말로 얼마나 어리석은 사람입니까? 그러나 이 세상이 전부인 줄 알고 주 하나님을 외면하며 살아가는 사람은 더욱 어리석은 사람입니다.

아무것도 아닌 삶을 위해 살아가지 말고, 주님이 허락하신 새로운 삶을 누리며 하늘의 성도로 이 땅에서 살아가십시오.

복되고 형통합니다. 아멘!!!

주님, 주님의 발자취를 따라가는 경건한 순례자로 살아가게 하소서.

이 땅에서의 삶을 진정 가치 있는 주님의 일을 위해 살아갑시다.

11월 5일

꽃씨를 뿌리는 이유

읽을 말씀 : 시편 126:1-6

● 시 126:5 눈물을 흘리며 씨를 뿌리는 자는 기쁨으로 거두리로다

러시아의 작가 헬레나 페트로브나 블라바츠키(*Helena Petrovna Blavatsky*)는 전 세계를 돌아다니며 작품에 대한 영감을 얻었습니다.

그녀는 어디를 가든 항상 큰 가방 2개를 메고 다녔습니다. 한 가방에는 여행에 필요한 짐이 가득 들었고, 다른 가방에는 꽃씨가 가득 들어 있었습니다.

블라바츠키는 여행 도중 꽃이 필만한 자리가 있으면 언제든 가방을 열어서 씨앗을 꺼내 심었습니다. 하루는 기차를 타고 가며 창문을 열고 꽃씨를 뿌리는 그녀를 보고 한 사람이 물었습니다.

"그렇게 씨앗을 뿌리는 이유가 뭡니까?

다시 이 길을 지나온다는 보장도 없는데요?

꽃이 아무리 잘 자라도 당신이 볼 수는 없잖아요?"

블라바츠키가 대답했습니다.

『그건 중요하지 않습니다.

우리가 죽어도 봄은 여전히 찾아오듯이, 제가 이곳을 다시 오지 않더라도 오늘 뿌린 씨앗은 아름다운 꽃으로 피어날 거고, 여기 사는 사람들은 그 꽃을 보고 조금이라도 행복을 누리겠죠. 전 그거면 됩니다.』

어디서 누구를 만나든 우리가 다만 복음을 전해야 할 이유도 바로 이와 같습니다. 주님이 반드시 꽃 피워주실 줄 믿고, 되도록 많은 사람에게 복음의 씨앗을 심는 주님의 제자가 되십시오.

복되고 형통합니다. 아멘!!!

주님, 포기하지 않고 선을 행하며 복음을 전파하게 하소서.

짧은 말씀, 좋은 찬양, 쪽 복음을 활용해 사람들에게 복음을 전합시다.

염려를 물리치는 방법

11월 6일

읽을 말씀 : 예레미야 17:1–11

● 렘 17:8 그는 물가에 심기운 나무가 그 뿌리를 강변에 뻗치고 더위가 올지라도 두려워 아니하며 그 잎이 청청하며 가무는 해에도 걱정이 없고 결실이 그치지 아니함 같으리라

스위스의 세계적인 정신병리학자이자 상담가인 폴 투르니에(*Paul Tournier*) 박사는 실제적인 행동으로 얼마든지 걱정과 근심을 물리칠 수 있다고 말했습니다.

다음은 투르니에 박사가 말한 「염려를 물리치는 7가지 방법」입니다.

❶ 주님께 영광을 돌리기 위해 살아간다.

❷ 매일 말씀을 묵상하고, 적용하려고 최대한 노력한다.

❸ 마음의 좋지 않은 감정들, 쓴 물을 빼낸다.

❹ 친밀한 관계의 사람들을 최대한 자주 만나고
감정을 솔직히 표현한다.

❺ 행복은 전염되므로 가족과 동역자들과 정기적으로 만난다.

❻ 일상의 작은 일, 작은 행복을 소중히 여기는 삶의 자세를 가꾼다.

❼ 일주일에 한 번이라도 다른 사람을 돕는다.

투르니에 박사는 우리가 의식적으로 주님을 위해 살아가고 주님이 주신 말씀을 실천하려고 할 때, 저절로 근심과 걱정이 사라진다고 생각했습니다. 정말로 맞는 말입니다. 주님을 믿고 의지하지 못하기에 불안이 우리 삶에 스며들어오는 것입니다.

우리가 의식적으로 삶 가운데 주님을 따르기를 선택하면 주님이 주시는 평안과 축복이 저절로 우리 삶으로 흘러들어옵니다.

마음이 힘들고 어려울 때마다 주님의 말씀대로 주님을 섬기고, 이웃을 사랑하십시오. 복되고 형통합니다. 아멘!!!

♡ 주님, 항상 주님을 신뢰하며 믿음으로 모든 어려움을 이겨내게 하소서.

걱정과 근심이 쌓일 때마다 위 7가지 항목을 적용해 이겨냅시다.

11월 7일

최고의 선물 구원, 전도

읽을 말씀 : 누가복음 4:16–30

● 눅 4:18 주의 성령이 내게 임하셨으니 이는 가난한 자에게 복음을 전하게 하시려고 내게 기름을 부으시고 나를 보내사 포로된 자에게 자유를, 눈먼 자에게 다시 보게 함을 전파하며 눌린 자를 자유케 하고

구세군을 설립한 초대 대장 윌리엄 부스(*William Booth*)는 "사람이 할 수 있는 최선의 사업은 영혼 구원이다"라고 말했습니다.

또한 "사람에게 줄 수 있는 최고의 선물도 영혼 구원이다"라고 말했습니다.

그 이유는 다음과 같습니다.

❶ 전도는 예수님의 지상명령이기 때문이다.

❷ 전도는 가장 큰 하나님의 복을 전할 방법이기 때문이다.

❸ 전도는 최선의 사회 공헌이기 때문이다.

❹ 전도는 국가에도 공헌하기 때문이다.

❺ 전도는 지상에 천국을 건설하기 때문이다.

❻ 전도는 사람의 영혼에 은총을 입히는 일이기 때문이다.

우리 삶의 가장 큰 행복이자 복은 무엇입니까?

바로 주님을 만난 것입니다.

이 놀라운 선물, 즉 누구에게나 값없이 계속해서 나눌 수 있는 은총을 주님은 우리에게 주셨습니다. 더 이상 망설일 시간이 없습니다.

더 이상 머뭇거릴 이유도 없습니다.

우리가 누리고 경험한 이 놀라운 큰 복을 다른 사람에게도 속히 전하십시오. 복되고 형통합니다. 아멘!!!

주님, 전도를 향한 열정과 열망이 뜨거워지게 성령님의 불을 주소서.

먼저 믿는 사람만이 누릴 수 있는 특권이 전도임을 잊지 맙시다.

전문가의 차이

11월 8일

읽을 말씀 : 빌립보서 1:3-11

● 빌 1:10 너희로 지극히 선한 것을 분별하며 또 진실하여 허물 없이 그리스도의 날까지 이르고

전문가와 일반인의 차이는 아주 작은 디테일에 있습니다.

예를 들어 수많은 커피의 종류는 대부분 에스프레소와 우유 두 가지로 이루어져 있습니다.

우유의 양에 따라 플랫 화이트(*Flat white*)가 라테가 되고, 우유 거품의 형태에 따라 라테가 카푸치노가 됩니다. 이런 작은 차이를 알아채고 구분하는 사람이 특정한 일에 정통한 전문가가 됩니다.

데일 카네기 연구소에서 발표한 「전문가의 7가지 특징」입니다.

❶ 미래지향적으로 생각한다(*forward thinking*)

❷ 관계를 중시한다(*relationship-oriented*)

❸ 서비스에 초점을 맞춘다(*service-focused*)

❹ 기술 발전에 민감하다(*technology-literate*)

❺ 가치 창출을 목표로 둔다(*value-driven*)

❻ 팀으로 일한다(*team-driven*)

❼ 성과를 창출하도록 이끈다(*leadership skill*)

신앙생활을 오래 하면 할수록 우리도 전문가가 되어야 합니다.

믿지 않는 사람들에게는 복음을 올바로 전하고, 새신자들이 잘 적응할 수 있도록 지혜롭게 돕는 신앙생활의 전문가가 되십시오.

복되고 형통합니다. 아멘!!!

주님, 풍성한 열매를 맺도록 전도와 양육에 필요한 지혜를 주소서.

조금씩이라도 매일 더 나아지는 신앙생활을 위해 노력합시다.

11월 9일

죄가 없는 사람

읽을 말씀 : 로마서 14:1–12

● 롬 14:10 네가 어찌하여 네 형제를 판단하느뇨 어찌하여 네 형제를 업신여기느뇨 우리가 다 하나님의 심판대 앞에 서리라

북아프리카의 어느 지역에서 있었던 일입니다.

한 목회자가 몰래 죄를 지었다는 소문이 돌았습니다.

이 소문을 들은 다른 목회자들은 그냥 넘어가서는 안 된다고 생각했지만 죄가 사실이라는 증거가 없었기 때문에 자기들보다 더 권위 있는 사람이 와서 판결해야 한다고 생각했습니다.

목회자들은 많은 사람으로부터 존경받는 한 목회자를 찾아가 상황을 설명했지만, 그는 단칼에 거절했습니다.

"하나님 말고 누구도 사람을 심판할 수 없습니다."

거절에도 불구하고 계속해서 사람들이 찾아오자 존경받는 목회자는 어쩔 수 없이 재판 날에 맞춰 가겠다고 말했습니다.

재판 당일 목회자는 거대한 모래주머니를 짊어지고 자리에 나타났습니다. 그런데 모래주머니에 구멍이 뚫려서 모래가 새고 있었습니다.

사람들이 깜짝 놀라 모래가 새고 있다고 말하자 목회자는 "나는 내 모래가 새고 있는지도 몰랐네. 그런데 여기까지 오면서 흘린 모래보다 지금껏 살면서 내가 지은 죄가 훨씬 더 많다네"라고 말했습니다.

이 말의 뜻을 깨달은 다른 목회자들은 부끄러워하며 자리를 피했습니다.

'사막의 구도자'로 불린 압바 모세(*Abba Moses*)의 일화입니다.

같은 죄인이기에 우리에게는 다른 사람을 심판할 자격이 없습니다.

모든 심판을 공의로우신 주 하나님께 맡기고, 믿음이 연약한 다른 이를 위해 오직 기도에 힘쓰십시오. 복되고 형통합니다. 아멘!!!

주님, 저 또한 죄인임을 깨닫고 교만의 죄를 짓지 않게 도와주소서.

다른 사람의 행실을 판단하기보다 기도와 사랑으로 덮어줍시다.

나 하나쯤이야

11월 10일

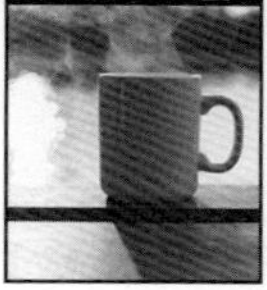

읽을 말씀 : 갈라디아서 6:6-10

● 갈 6:7 스스로 속이지 말라 하나님은 만홀히 여김을 받지 아니하시나니 사람이 무엇으로 심든지 그대로 거두리라

한 숲에서 사자가 왕이 되었습니다.

사자는 매우 기뻐하며 일주일 동안 잔치를 열겠다고 말했습니다.

"앞으로 일주일 동안 매일 성대한 잔치를 열겠노라. 모든 음식과 음료는 내가 준비할 것이니 너희는 빈손으로 와도 된다. 다만 구할 수 있는 가장 좋은 포도주를 한 통씩만 선물로 들고 오도록 해라."

왕의 명령을 들은 영리한 여우는 꾀를 내었습니다.

'동물들이 가져온 포도주를 한곳에 모으지 않겠어? 나는 포도주 대신 그냥 물을 담아가야겠어. 한 통 정도 물이 섞여도 알 수는 없겠지.'

잔치가 열리고 숲속의 모든 동물들이 모였습니다. 여우의 생각대로 사자는 가져온 포도주를 큰 통에 담으라고 명했습니다.

여우는 역시 자기 생각대로 됐다며 의기양양했습니다.

그런데 큰 통 안을 본 여우는 깜짝 놀랄 수밖에 없었습니다.

통에는 포도주가 아닌 물만 담겨 있었기 때문입니다.

모든 동물이 다 여우와 같은 생각을 하고 포도주 대신 물을 담아온 것입니다.

「이솝 우화」에 나오는 이야기입니다.

주님은 우리의 모든 생각과 마음의 중심을 알고 계십니다.

주님과의 서원을 지키지 않으려고, 혹은 세상의 즐거움을 포기하지 못해서 훤히 보이는 잔꾀를 부리고 있지는 않습니까?

정말로 우리의 모든 것을 알고 계시고, 모든 것을 보고 계시는 주님께 정결한 마음과 거룩한 삶을 드리십시오. 복되고 형통합니다. 아멘!!!

주님, 자기 꾀에 스스로 넘어지는 어리석은 사람이 되지 않게 하소서.

내가 주인이 아닌 주 하나님이 주인 되신 삶을 삽시다.

11월 11일

교회의 VIP

읽을 말씀 : 마태복음 18:1-14

● 마 18:14 이와 같이 이 소자 중에 하나라도 잃어지는 것은 하늘에 계신 너희 아버지의 뜻이 아니니라

어느 주일 한 교회의 예배시간에 말끔하게 차려입은 사람들이 자리에 앉아 있었습니다. 한눈에 봐도 중산층 이상의 부유한 사람들이었습니다.

예배당은 빈 좌석이 없을 정도로 사람들로 가득 차 있었는데 그렇게 사람들이 많아도 가장 좋은 가운데 앞자리 쪽은 비어 있었습니다. 마치 누가 예약이라도 한 듯이 보였습니다. 예배를 시작하기 10분 전쯤 갑자기 교회 입구가 소란스럽더니 한 무리의 사람들이 들어왔습니다.

그들은 누가 봐도 가난하고 삶이 어려워 보이는 사람들이었습니다.

허름한 옷을 입은 사람, 노숙자처럼 보이는 사람, 어딘가 불편해 보이는 사람들이 계속해서 들어왔습니다. 그러나 어떤 교인도 이들을 불편해하지 않았습니다. 오히려 따스한 미소와 박수로 이들을 맞아주었고, 미리 준비된 가장 좋은 자리로 안내해 주었습니다.

비어 있는 *VIP*석은 바로 이들을 위해 준비된 자리였습니다. 매주 이런 식으로 사람들을 전도한 이 교회는 지역에서 가장 빠르게 부흥하는 교회가 됐습니다.

지금은 「무디 교회(*MOODY CHURCH*)」라고 불리는 시카고의 한 교회에서 1856년에 일어난 일입니다.

예수님이 공생애 기간 만나주시고 복음을 전했던 그 사람들이 바로 지금 우리의 *VIP*입니다. 예수님이 찾으시는 사람들을 찾아다니고, 전도하고, 진심으로 환영하는 사랑이 넘치는 교회가 바로 우리 교회가 되도록 노력하십시오. 복되고 형통합니다. 아멘!!!

주님, 낮은 곳을 찾아가 진심으로 섬기는 그리스도인이 되게 하소서.

사회적 약자, 어려운 사람들이 교회를 찾을 때 더없이 환영합시다.

주님만이 아시는 때

11월 12일

읽을 말씀 : 요한복음 4:34-42

● 요 4:36 거두는 자가 이미 삯도 받고 영생에 이르는 열매를 모으나니 이는 뿌리는 자와 거두는 자가 함께 즐거워하게 하려 함이니라

평생 한 동네에서 목회를 한 목사님이 있었습니다.

목사님은 정말로 온 힘을 다해 지역 주민들을 섬기며 복음을 전했습니다. 그러나 좀처럼 성도가 늘지 않았습니다.

정년퇴임을 앞두고도 성도의 수는 초창기 부임 때와 비슷했습니다.

목사님은 실의에 빠져 가까운 친구에게 다음과 같이 고백했습니다.

"더 이상 사역을 계속할 용기가 사라진 것 같네.

그동안의 모든 시간과 노력이 물거품이 된 것 같단 말이야."

안타깝게도 이 고백을 한 뒤 목사님은 곧 하나님의 부름을 받아 세상을 떠났습니다.

그런데 놀라운 일이 일어났습니다.

목사님의 그동안의 삶을 통해 마음이 감화된 200명이 넘는 사람들이 교회를 찾아와 주님을 믿기로 결심한 것입니다.

목사님이 세상을 떠난 지 한 달도 되지 않아 일어난 일이었습니다.

미국 뉴저지주 서머빌(*Somerville*)의 작은 교회에서 일어난 이야기입니다.

주 하나님의 때가 언제인지 우리는 알 수 없습니다. 그러나 우리가 살아가며 주님의 말씀대로 실천한 모든 전도와 선한 행실은 하나도 땅에 떨어지지 않고 주님께서 거두실 것입니다.

모든 주권을 주님께 맡기며 다만 크리스천으로 해야 할 일을 더욱 열심히 주님 앞에서 행하십시오. 복되고 형통합니다. 아멘!!!

주님, 낙심하지 않고 계속해서 선을 행하며 복음을 전할 힘을 주소서.

모든 행사를 주님께 맡기며 다만 순종하며 삽시다.

11월 13일

한 사람의 변화

읽을 말씀 : 사도행전 9:26–31

● 행 9:27 바나바가 데리고 사도들에게 가서 그가 길에서 어떻게 주를 본 것과 주께서 그에게 말씀하신 일과 다메섹에서 그가 어떻게 예수의 이름으로 담대히 말하던 것을 말하니라

한국 서북지역 선교의 선구자 마포삼열(*Samuel A. Moffett*) 선교사의 집에 하루는 한 남자가 찾아와 무릎을 꿇었습니다.

"제가 예전에 선교사님의 얼굴을 돌로 쳤던 그 나쁜 놈입니다.

그 뒤로도 온갖 나쁜 짓을 일삼고 살았지만, 다행히 주님이 거두어 주셔서 이제 크리스천이 되어 회개하러 왔습니다. 어떤 벌을 주셔도 달게 받겠습니다."

마포삼열 선교사는 오히려 눈물을 흘리며 남자를 용서했습니다.

『이제 우리는 같은 하나님의 자녀이자 형제입니다.

내가 할 말은 하나님께 감사드린다는 말밖에 없습니다.』

자신의 죄를 뉘우치며 새로 태어난 이 남자는 마포삼열 선교사의 지원 아래 성경을 들고 다니며 방방곡곡에서 복음을 전했고, 신학을 공부해 목사님이 되어 제주도에 파송된 최초의 선교사가 되었습니다.

한국에서 최초로 목사 안수를 받은 7명 중 한 명인 이기풍 목사님의 이야기로, 선교사를 돌로 쳤다가 한국 최초의 목사가 된 이기풍 목사님의 이야기는 미국 장로교에서 발간한 「한국교회사」의 가장 첫 페이지에 소개되어 있습니다.

우리 크리스천이 세상을 살아가며 당하는 모든 어려움과 고초는 바로 복음을 전파해 영혼을 구원하기 위함입니다. 주님이 나를 위해 모든 물과 피를 쏟는 고통을 감내하신 것처럼, 복음을 전하다 당하는 고난을 오히려 기쁘게 여기며 복음이 어울리지 않는다고 생각되는 사람에게도 당당히 복음을 전하십시오. 복되고 형통합니다. 아멘!!!

주님, 모든 사람을 변화시킬 능력이 말씀에 있음을 믿게 하소서.

한 사람의 가능성을 믿고, 누구든지 피하지 말고 복음을 전합시다.

에펠탑 효과

11월 14일

읽을 말씀 : 잠언 27:1-13

● 잠 27:11 내 아들아 지혜를 얻고 내 마음을 기쁘게 하라 그리하면 나를 비방하는 자에게 내가 대답할 수 있겠노라

프랑스의 유명한 작가 모파상(*Guy de Maupassant*)은 항상 에펠탑 아래에 있는 레스토랑에서 식사를 했습니다.

한 사람이 그 이유를 묻자 모파상은 "흉물스러운 에펠탑이 보이지 않는 곳이 여기 밖에 없기 때문입니다"라고 답했습니다.

에펠탑이 처음 건축될 당시 파리 시민들은 극렬하게 반대 운동을 펼쳤습니다. 아름다운 도시 한가운데 철탑이 도저히 어울리지 않는다는 이유였습니다. 공사 장소에서 테러가 일어날 정도로 난항이 이어졌지만 막상 에펠탑이 완성되자 시민들은 오히려 에펠탑을 사랑했습니다. 파리 시민들에게도, 파리를 찾는 관광객에게도 지금의 에펠탑은 빼놓을 수 없는 랜드마크입니다.

이처럼 이미지가 안 좋았다가 좋아지는 현상을 심리학에서는 「에펠탑 효과」라고 부릅니다.

에펠탑 효과에는 크게 3가지 단계가 있습니다.

❶ 최대한 자주 볼 것

❷ 외관을 최대한 꾸밀 것

❸ 상대와 비슷하게 꾸미거나 칭찬을 해줄 것

하나님의 말씀대로 살아가는 성도들이 세상에 많아질수록 지금 하락하고 있는 크리스천의 평판이 회복되어 '믿는 사람'이 신뢰의 보증수표가 되는 날이 다시 올 것입니다. 주님이 우리에게 힘을 주실 것을 믿으며 당당히 세상 가운데 나아가 말씀을 전하고, 말씀을 살아내십시오. 복되고 형통합니다. 아멘!!!

주님, 세상에서도 존경받고 인정받을 수 있도록 지혜와 능력을 주소서.

어디서나 크리스천임을 당당히 드러낼 수 있는 사람이 됩시다.

11월 15일

참된 기독교인

읽을 말씀 : 히브리서 11:8-16

● 히 11:16 저희가 이제는 더 나은 본향을 사모하니 곧 하늘에 있는 것이라 그러므로 하나님이 저희 하나님이라 일컬음 받으심을 부끄러워 아니하시고 저희를 위하여 한 성을 예비하셨느니라

15세기 초 콘스탄티노플의 한 고서점에서 「디오그네투스에게 보내는 편지」라는 문서가 발견되었습니다.

저자는 미상이지만 오늘날의 신학자로 추정되는 성도가 기독교에 대한 오해를 풀기 위해 고위 관리로 추정되는 '디오그네투스'에게 보낸 편지로, 이 편지에는 그리스도인의 특징을 이렇게 설명하고 있습니다.

「디오그네투스께,

그리스도인은 나라, 언어, 혹은 의복으로 세상 사람과 구별되는 것이 아니라 주어진 삶에 따라, 각자 머무는 도시의 관습에 따라 옷을 입고, 음식을 먹으며, 삶을 영위합니다. 그들은 나그네처럼 시민으로서의 모든 의무를 수행하지만 외국인과 같이 모든 것을 참습니다.

육신을 입고 있지만, 육신을 따라 살지는 않습니다.

지상에서 시간을 보내고 있지만, 시민권은 하늘에 있습니다.

그들은 주어진 법에 순종하지만, 그들의 삶은 그 법을 초월합니다.

그들은 모든 사람을 사랑하지만, 사람들에 의해 박해를 받습니다.

그들은 가난하지만, 많은 사람들을 부유하게 합니다.

그들은 능욕을 받을 때 능욕하는 자를 축복하고, 멸시를 당할 때 멸시하는 자를 존중합니다. 그들은 착한 일을 하는데도 죄인들처럼 벌을 받고, 벌을 받을 때는 생명을 얻는 것 같이 기뻐합니다.」

말씀처럼 핍박을 받아도 복음을 전하고, 우리를 미워하는 사람도 사랑하는, 초대 교회 그리스도인의 모습으로 살아가십시오.

복되고 형통합니다. 아멘!!!

주님, 그리스도인답게 순결하고 경건한 삶을 살아가게 하소서.

다른 사람이 보기에 어떤 그리스도인인지 냉정하게 평가해 봅시다.

믿음은 들음에서 나며

11월 16일

읽을 말씀 : 로마서 10:16–18

● 롬 10:17 그러므로 믿음은 들음에서 나며 들음은 그리스도의 말씀으로 말미암았느니라

『광주에서 병원을 운영하는 김병곤 원장은 평소 클래식 음악방송을 즐겨듣는데 채널을 돌리다가 우연히 극동방송 주파수에 맞추게 됐고, 마침 흘러나오는 찬양 선율에 말로 표현할 수 없는 놀라운 은혜를 경험하고 예수님을 만나는 체험을 했습니다.

본인의 말에 따르면 정신을 차려보니 갓길에 차를 세우고 흐느껴 울고 있는 자신을 발견했다고 합니다. 이해할 수 없는 은혜를 체험한 김 원장은 그날 이후 찬양을 하고 싶은 마음이 뜨겁게 타올라서 스스로 교회에 출석하기 시작했고, 그때부터 지금까지 찬양대에서 뜨거운 눈물의 감사 찬양을 하며 믿음을 키워나가고 있으며, 영원히 하나님께 감사 찬양을 하고 싶다면서 활짝 웃었습니다.

처음 그 체험을 했을 때는 극동방송이 무엇인지, 본인이 들은 음악이 어떤 음악인지도 몰랐지만, 이제는 극동방송에서 나오는 찬양을 통해 성령님께서 자신을 깊이 만지셨다는 간증을 자주 하곤 합니다.

극동방송을 들으면 24시간 말씀과 찬양과 기도만 나옵니다.

"그리스도의 말씀을 들으면 믿음이 생긴다"라는 로마서 10장 17절 말씀대로, 극동방송을 통해 흘러나가는 복음 전파는 이 시간에도 죽어가는 전국의 수많은 영혼들을 깨우고 회복시키고 있습니다. 지금 극동방송을 듣게 하세요. 기적이 일어납니다.』

–「김장환 목사의 인생 메모」 중에서

전도 대상자들에게 성경 말씀을 들려주고 극동방송을 듣게 하십시오. 그리고 기적이 일어날 줄을 믿으십시오. 복되고 형통합니다. 아멘!!!

주님, 말씀을 수많은 사람들에게 들려주는 주님의 도구가 되게 하소서.

내 주변에 있는 전도 대상자들은 누구인지 살피고 복음을 전합시다.

11월 17일

감옥이라 할지라도

읽을 말씀 : 사도행전 16:25–40

● 행 16:25 밤중쯤 되어 바울과 실라가 기도하고 하나님을 찬미하매 죄수들이 듣더라

프랑스의 장교였던 장빅토르 퐁슬레(*Jean–Victor Poncelet*)는 적군의 포로로 잡혀 오랜 세월 감옥 생활을 했습니다.

독방에서 종일 창살로 비치는 햇볕만 바라보던 퐁슬레는 문득 빛에 비치는 감옥의 여러 물체를 보며 어떤 영감을 얻어 연구를 시작했습니다. 감옥에서의 연구를 바탕으로 퐁슬레는 「사영기하학」에 대한 책을 썼는데 이 책은 현대 기하학의 기초를 세운 매우 중요한 업적이 되었습니다.

비슷한 시기에 이집트 군에게 잡혀 감옥 생활을 했던 데오다 그라테 드 돌로미외(*Déodat Gratet de Dolomieu*)는 성경 여백에 자신의 연구를 정리해 지질학의 중요한 업적을 남겼습니다.

돌로미외는 오히려 감옥에서 홀로 있었기 때문에 그동안의 연구 자료를 정리할 시간이 있었다고 고백했습니다.

이처럼 큰 뜻을 가진 사람은 감옥에 있더라도 큰일을 이룹니다.

존 번연(*John Bunyan*)은 감옥에서 「천로역정」을 썼고, 바울과 실라는 감옥에서도 주님을 찬양하고 죄수들에게 복음을 전했습니다.

주님의 큰 은혜를 입은 우리를 세상은 절대로 막을 수가 없습니다.

시대를 막론하고 복음은 계속해서 퍼져나가 더 많은 사람들이 주님을 알도록 변화시킬 것입니다.

지금 서있는 곳이 어디든지 주님을 찬양하고, 복음을 소리 높여 전하십시오. 복되고 형통합니다. 아멘!!!

주님, 뜻이 있는 사람에게는 환경이 중요하지 않음을 알게 하소서.

우리가 서있는 곳 어디에서나 주님을 찬양하며 복음을 전합시다.

사람의 가치

11월 18일

읽을 말씀 : 누가복음 15:1-10

●눅 15:8 어느 여자가 열 드라크마가 있는데 하나를 잃으면 등불을 켜고 집을 쓸며 찾도록 부지런히 찾지 아니하겠느냐

독일의 세계적인 사회학자 울리히 벡(*Ulrich Beck*)은 현대 사회가 「위험 사회(*risk soceity*)」의 길을 가고 있다고 경고했습니다.

그 근거는 다음과 같습니다.

- 사회가 개인주의화되면서 폐쇄적으로 변함
- 미래를 예측할 수 없을 정도로 빠르게 발전하는 과학
- 국가 간 높아지고 있는 상호의존성

벡은 이런 사회적 흐름의 종착지는 결국 허무주의이기 때문에 끊임없는 낙관주의를 위해 도전하는 사람이 많아져야 한다고 경고했습니다. 벡은 1986년에 이와 같은 위험 사회를 경고했습니다.

최근 발전하는 인공지능 때문에 요즘에도 여러 *IT* 전문가들이 다시 한번 울리히 벡과 비슷한 경고를 하고 있습니다. 사람보다 월등히 많은 일을 빠르게 처리할 수 있는 인공지능 때문에 앞으로 인류의 직업 중 80%가 소멸할 것이라고 전문가들은 예상했습니다.

세상은 사람의 가치를 노동력으로만 평가합니다. 기술이 발전할수록 사람의 가치는 점점 떨어질 수밖에 없습니다. 세상이 매기는 가치를 따라 살다 보면 인생은 피폐해지고 마음은 공허해질 수밖에 없습니다.

그러나 하나님이 매기는 우리의 가치는 분명 다릅니다. 진정한 창조주이신 주님이 우리의 미래를 영원까지 보장해 주셨습니다. 누구나 믿음으로 받을 수 있는 이 놀라운 복음을 빼앗기지 말고, 세상 무엇보다 귀한 진정한 우리의 가치를 찾으십시오. 복되고 형통합니다. 아멘!!!

주님, 우리를 창조하신 주님이 우리를 가장 잘 아심을 고백하게 하소서.

혼란한 세상 속에서 말씀을 따라 진리를 지켜냅시다.

11월 19일

무종교인의 종교적 특징

읽을 말씀 : 이사야 45:9-19

● 사 45:18 여호와는 하늘을 창조하신 하나님이시며 땅도 조성하시고 견고케 하시되 헛되이 창조치 아니하시고 사람으로 거하게 지으신 자시니라 그 말씀에 나는 여호와라 나 외에 다른 이가 없느니라

우리는 종교가 없는 사람은 종교적인 특징이 전혀 없을거라고 생각합니다.

그러나 2023년 목회데이터연구소에서 진행한 「무종교인의 종교적 특징」에 대한 설문조사를 살펴보면 전혀 의외의 결과가 나왔습니다.

조사 중에 특징적인 부분만 따로 살펴보면 다음과 같습니다.

- 17%는 종교에 관심이 있음
- 25%는 자신이 영적인 사람이라고 생각함
- 60%는 모든 종교에 진리가 있다고 믿음
- 57%는 사회에 종교가 필요하다고 생각함
- 75%는 종교의 존재 목적은 소속감, 외로움 해소라고 생각함
- 37%는 영혼이 있다고 믿음
- 30%는 사후 세계가 있다고 믿음
- 30%는 종교는 없지만 무속행위를 경험해 본 적 있음

스스로 무신론을 선택한 사람이 아니고서는 대부분의 사람이 본능적으로 영적인 세계에 큰 관심을 가지고 있었습니다.

하나님이 창조하신 인간은 영적인 존재입니다.

하나님을 믿지 않는 사람들도 그 사실을 알고 있습니다.

아직 진리를 모르는 사람들을 바른길로 이끌어야 할 책임이 바로 우리 그리스도인에게 있다는 사실을 잊지 말고, 담대히 믿지 않는 사람들을 향해 나아가십시오. 복되고 형통합니다. 아멘!!!

주님, 사람들이 주님의 살아계심을 인정하고 돌아오게 역사하소서.

성령님을 의지함으로 믿지 않는 사람들에게 담대히 복음을 전합시다.

피로 전해진 성경

11월 20일

읽을 말씀 : 요한복음 5:39-47

● 요 5:39 너희가 성경에서 영생을 얻는 줄 생각하고 성경을 상고하거니와 이 성경이 곧 내게 대하여 증거하는 것이로다

1536년 10월 6일, 신실한 크리스천인 윌리엄 틴데일(*William Tyndale*)은 화형을 당했습니다. 죄목은 단 하나, 성경을 번역했기 때문입니다.

틴데일은 말씀을 직접 묵상하지 않고서는 온전한 은혜를 누릴 수 없다고 생각했습니다. 그래서 목숨을 걸고 성경을 번역했고, 화형을 당하면서도 두려워하지 않았습니다.

다음은 틴데일이 생전에 남긴 성경에 관련된 말들입니다.

"모국어로 된 성경 없이 평신도를 세운다는 것은 완전히 불가능한 일이다."

"주 예수님 앞에 서는 날, 내 양심을 거슬러 하나님의 말씀 한 자라도 바꾼 적이 없고 지금도 같은 심정임을 기억해 달라고 하나님께 부탁드릴 것이다."

"하나님을 기쁘시게 하는 것보다 더 나은 일은 없다. 접시를 닦는 일, 구두 수선공이 되는 일, 사도가 되는 일, 모두 매한가지이다. 접시를 닦는 것도, 설교를 하는 것도, 하나님을 위해 하는 같은 일이 되어야 한다."

"그리스도는 이 세상 끝 날까지 우리와 함께하신다.

그분의 어린 양인 우리도 담대하자."

지금 우리 손에 들려 있는, 어디서나 구할 수 있는 성경은 하나님이 세상에 주신 유일한 진리입니다. 수많은 신실한 성도들이 이 성경을 번역하기 위해, 또한 전하기 위해 얼마나 값진 피를 흘렸는지 잊지 말고, 성경을 더욱 귀히 여기며 가까이 두십시오. 복되고 형통합니다. 아멘!!

주님, 말씀의 소중함을 깨닫고 가볍게 여기는 죄를 짓지 않게 하소서.

성경 전파를 비롯한 문서 선교에도 큰 관심을 가지고 후원합시다.

11월 21일

따라할 수 없는 것

읽을 말씀 : 에베소서 1:15-23

● 엡 1:23 교회는 그의 몸이니 만물 안에서 만물을 충만케 하시는 자의 충만이니라

2000년대 초반, 유럽에서는 영국을 중심으로 '무신론자들을 위한 교회'가 여러 곳에서 생겨났습니다.

이들이 교회를 세운 이유는 다음과 같습니다.

"천사는 물론 없습니다. 성경도 물론 거짓입니다.

그러나 교회가 가지고 있는 활동은 현대 사회에 매우 유익한 것으로 이것들을 기독교인만 누리게 하는 것은 매우 비효율적입니다."

이들은 교회가 사람들을 서로 만나게 하며 좋은 지식을 공유할 수 있는 허브 역할을 할 수 있다고 주장했습니다. 이런 주장에 동조하는 무신론자들도 많이 생겨 처음에는 유럽 곳곳에 비슷한 교회들이 생겨났습니다.

설교 대신 명사들을 초청해 강의를 들었고, 모임이 끝나고 네트워크 파티 형식으로 소모임을 운영했습니다. 이 교회를 세운 사람들은 곧 무신론자들을 위한 교회가 일반 교회만큼 세계 곳곳에 세워질 것이라고 호언장담했습니다.

그러나 무신론자들을 위한 교회는 세워진지 10년도 되지 않아 전부 자취를 감추었습니다. 건물을 따라 할 수 있고, 형식을 따라 할 수 있고, 모임을 따라 할 수는 있었지만, 진리는 따라 할 수 없었기 때문입니다.

교회는 건물과 형식이 아니라, 성도들이 모여 주님을 찬양하고, 주님이 주신 힘으로 다시 복음을 전하는 진리의 요람입니다. 주님이 세우신 교회를 통해 주님이 주시는 영육의 회복과 놀라운 평강과 은혜를 경험하십시오. 복되고 형통합니다. 아멘!!!

주님, 하나님이 세우신 교회가 세상의 등불이 되도록 인도하여 주소서.

교회에서 진행하는 여러 행사와 모임에 적극 참여합시다.

나는 제자인가

11월 22일

읽을 말씀 : 요한복음 10:22–30

● 요 10:27 내 양은 내 음성을 들으며 나는 저희를 알며 저희는 나를 따르느니라

하나님의 뜻을 따라 인도로 떠난 선교사가 있었습니다.

선교사는 현지인들을 하나님이 보내신 사람이라고 믿고 열심히 섬겼습니다. 소외된 계층에게 도움을 주기 위해 누구보다 발 벗고 나섰습니다. 잘못된 관습을 바로잡으려다 목숨을 위협받아도 포기하지 않았습니다. 또한 한 명이라도 더 많은 인도인이 성경을 봤으면 하는 마음으로 지역마다 다른 언어를 공부하며 평생 성경을 번역했습니다.

그러나 이런 노력에도 40년 동안 개종한 현지인은 12명밖에 되지 않았습니다. 숫자로만 계산했을 때는 실패한 사역이라고 생각할 수 있지만, 이 선교사의 삶은 세계 선교에 큰 족적을 남겼습니다.

교회를 다니지 않는 현지인도 이 선교사의 사랑과 헌신이 진심이라는 것을 알았기 때문에 그의 이름 앞에 인도에서 붙일 수 있는 가장 큰 존경의 칭호인 '마하트마(*Mahatma*)'를 붙여서 불렀기 때문입니다.

'현대 선교의 시작', '제2의 종교개혁가'로 불리는 윌리엄 캐리(*William Carrey*)의 이야기로, 그의 삶을 이끈 질문은 두 가지였습니다.

- 첫째, 말씀을 따라 모든 민족을 제자로 삼고 있는가?
- 둘째, 나는 그리스도의 참된 제자인가?

우리는 그리스도의 제자입니까?

우리는 말씀을 따라 복음을 전하고 제자 삼고 있습니까?

이 두 질문에 부끄럽지 않은 대답을 할 수 있는 믿음의 성도로 성장하십시오. 복되고 형통합니다. 아멘!!!

주님, 모든 것을 버리고서라도 나의 전부이신 주님을 따르게 하소서.

윌리엄 캐리의 두 가지 질문을 우리도 스스로에게 물으며 살아갑시다.

11월 23일

결정적 만남

읽을 말씀 : 마태복음 16:21-28

● 마 16:25 누구든지 제 목숨을 구원코자 하면 잃을 것이요 누구든지 나를 위하여 제 목숨을 잃으면 찾으리라

30대에 운명의 사랑을 만났다고 느낀 남자가 있었습니다.

남자는 자신의 모든 열정을 쏟아 그녀를 사랑했고, 둘은 결혼을 약속했습니다. 그러나 그토록 사랑하던 두 사람은 한순간에 파국을 맞았습니다. 이유도 알려주지 않은 채 여자가 일방적으로 이별을 통보했기 때문입니다. 심지어 두 사람의 사랑의 결실로 여겼던 아이까지 독단적으로 낙태를 했습니다.

이별을 통보받고 집으로 돌아가던 남자의 눈에 고추 한 자루가 보였습니다. 이유를 알 수 없었지만 남자는 홧김에 고추를 훔쳤습니다.

경찰에 잡혀가 처벌을 받았지만, 그날 이후로 이상하게 길을 가다가 말린 고추만 보면 훔치고 싶은 마음을 참을 수 없었습니다.

남자는 무려 30년간 고추를 훔치다 전과 10범이 됐고, 법원에서도 더는 범죄가 아닌 정신이상으로 다루었습니다. 그러나 남자의 마음은 평생 치유받지 못했고, 환갑이 넘어서까지 길에서 고추를 보면 충동적으로 훔치고 말았습니다. 실제로 우리나라에서 일어난 실화입니다.

'사람의 인생은 세 번의 만남으로 결정된다'라는 말이 있습니다.

이처럼 누구를 만나, 어떤 일을 겪느냐가 사람의 인생을 좌우할 수도 있지만, 이 만남은 우리의 힘으로 정할 수 있는 것이 아닙니다.

그러나 세상의 모든 잘못된 만남을 한 번에 역전시킬 비책이 있습니다. 바로 주 예수님을 만나는 것입니다. 모든 문제를 해결할 능력이 있으신 치유의 주님 앞으로 마음이 상한 사람들을 인도하십시오.

복되고 형통합니다. 아멘!!!

주님, 창조주 하나님과의 만남이 가장 중요한 만남임을 알게 하소서.

나의 삶에 임하신 주님의 놀라운 사랑을 다른 사람에게도 전합시다.

브랜드의 중요성

11월 24일

읽을 말씀 : 고린도전서 7:17-24

● 고전 7:23 너희는 값으로 사신 것이니 사람들의 종이 되지 말라

한 공장에 가죽으로 만든 가방이 두 개 있습니다.

두 가방은 만든 사람, 생김새, 사용된 재료가 모두 똑같습니다.

그러나 한 가방은 천만 원이 넘는 가격이고 다른 가방은 잘 쳐줘도 10만 원 정도의 가격입니다.

두 가방의 차이는 딱 한 가지 '브랜드'입니다.

명품 마크가 찍혀 있느냐, 아니냐가 그 가방의 가치를 결정하는 가장 중요한 요인이기 때문입니다. 설령 똑같은 브랜드 로고를 가방에 찍어낸다 해도 가격은 여전히 절반 이하입니다.

모양도 똑같고, 브랜드도 똑같지만, 본사에서 판매하는 정품이 아닌 '짝퉁'이기 때문입니다. 세상에서는 같은 가방이라 하더라도 브랜드가 무엇이냐, 어디서 취급하느냐가 가격을 결정합니다.

그런데 이 브랜드(*Brand*)라는 단어의 어원 중 하나는 '낙인'이라는 뜻도 있습니다. 서부 개척시대 미국에서는 말이나 소가 누구의 소유인지를 나타내려고 낙인을 찍었고, 로마 시대에는 조각이나 작품을 만든 사람이 누구인지 알리기 위해서 보이지 않는 밑바닥에 예술가의 마크를 찍었습니다.

예수님을 믿는 그 순간부터, 우리는 '크리스천'이라는 브랜드를 달고 온 천하보다 귀한 가치를 지닌 명품 인생으로 살아가게 됩니다.

하나님의 자녀라는 브랜드에 어울리는 삶으로 세상 가운데서 살아가십시오. 복되고 형통합니다. 아멘!!!

주님, 주님으로 인해 저의 삶이 더욱 고귀해졌음을 잊지 않게 하소서.

하나님의 자녀에게 어울리고, 합당한 말과 행동을 합시다.

11월 25일

볼록렌즈 신앙

읽을 말씀 : 시편 84:1-12

● 시 84:5 주께 힘을 얻고 그 마음에 시온의 대로가 있는 자는 복이 있나이다

고등학교 졸업 후 꿈과 희망도 없이 작은 아파트에서 빈둥거리는 남자가 있었습니다. 하루는 거실에서 이런저런 소일을 하다가 '볼록 렌즈를 종이에 오래 비추면 불이 붙는다'라는 사실을 알게 되었습니다.

궁금했던 남자는 낮에 테라스에서 실험을 했는데 정말로 종이에 불이 붙었습니다. 남자는 바로 옆에 있던 오목렌즈로도 같은 실험을 했지만 아무리 오랫동안 종이를 비춰도 불이 붙지 않았습니다.

알아보니 볼록렌즈는 퍼져 있는 빛을 한 곳으로 모아주어 강력한 에너지가 생기는 것이었고, 오목렌즈는 들어오는 빛을 더 퍼트려서 오히려 에너지가 약해지기 때문에 불이 붙지 않는 것이었습니다. 이 사실을 인지한 순간 남자는 인생의 비밀을 깨달은 것 같았습니다.

'그래, 비록 지금 내 모습이 초라하고 아무 능력도 없지만, 이 볼록렌즈처럼 한 곳에 오래 집중하면 분명히 무언가를 이뤄낼 수 있을 거야!'

남자는 그날부터 자신이 할 수 있는 일, 하고 싶은 일이 무엇인지 찾아 볼록렌즈처럼 집중했고, 그 결과 미국에서 가장 유명한 동기부여 강사가 되었습니다.

「무한 능력」의 저자 토니 로빈스(*Tony Robbins*)의 이야기입니다.

세상일에 신경을 너무 많이 쓰는 사람은 신앙에 불을 붙일 수 없습니다. 우리의 모든 힘과 정성을 오직 주님께로 집중하며, 성령님의 불이 붙을 때까지 주님을 예배하며 기도하십시오.

복되고 형통합니다. 아멘!!!

주님, 세상 일이 아닌 주님의 은혜와 능력에 초점을 맞추게 하소서.

주님만 바라보며, 주님이 주시는 은혜로 살아갑시다.

무엇이 가장 소중한가

11월 26일

읽을 말씀 : 베드로전서 4:12-19

● 벧전 4:13 오직 너희가 그리스도의 고난에 참예하는 것으로 즐거워하라 이는 그의 영광을 나타내실 때에 너희로 즐거워하고 기뻐하게 하려 함이라

세계적인 베스트셀러 「가장 소중한 것(*What Matters Most*)」의 저자 하이럼 스미스(*Hyrum W. Smith*) 교수는 「인생에서 가장 중요한 일 4가지」를 꼽았습니다.

❶ 자신이 누구인지를 아는 일
많은 사람들이 자신이 누구인지 모른 채 살아갑니다. 하지만 자신의 정체성을 모른다면 제대로 된 인생을 살아갈 수 없습니다.

❷ 자신에게 가장 소중한 걸 발견하는 일
다른 사람에게 가장 소중한 것이 나에게도 소중한 것은 아닙니다. 정말로 내가 소중히 여기는 것이 무엇인지를 우리는 인생을 통해 알아야 합니다.

❸ 발견한 소중한 일에 인생을 집중하는 일
인생을 살아갈 중요한 목표를 발견했다면, 그 일을 위해 매진해야 합니다.

❹ 인생을 넓은 시야로 바라보는 일
가족이 가장 소중하다고 해서 하루 종일 가족과만 보낼 수는 없습니다. 소중한 것을 위해 때로는 더 넓은 시야를 가지고 인생을 길게 바라봐야 합니다.

그러나 아무리 지혜로운 사람도 인생이라는 질문에 옳은 답을 할 수는 없습니다. 사람이 누구이며, 무엇을 위해 살아야 하는지 규정할 수 있는 분은 오직 창조주 하나님뿐이기 때문입니다. 나를 가장 잘 아시는 주님을 통해 우리 인생의 해답을 찾으십시오. 복되고 형통합니다. 아멘!!!

주님, 주님의 인도하심을 따르는 길이 유일한 행복임을 깨닫게 하소서.

주님이 주시는 말씀과 지혜를 통해 인생의 모든 문제를 해결합시다.

11월 27일

목적을 벗어날 때

읽을 말씀 : 에베소서 1:3–14

● 엡 1:12 이는 그리스도 안에서 전부터 바라던 우리로 그의 영광의 찬송이 되게 하려 하심이라

사람은 평균적으로 죽을 때까지 10만 *km* 이상을 걷는다고 합니다. 이는 지구 두 바퀴에서 세 바퀴가량에 해당하는 엄청난 거리입니다. 사람의 발은 26개의 뼈와 19개의 근육, 107개의 인대로 이루어져 있는데 이 발이 사람의 걸음을 평생 책임지고 있는 것입니다. 해부학적 지식이 풍부했던 세기의 천재 레오나르도 다빈치(*Leonardo Da Vinci*)는 그래서 인간의 발을 공학의 결정체이자 예술작품이라고 평했습니다.

사람은 이처럼 소중한 발을 위해 신발을 만들었습니다. 신발의 목적은 발을 보호하고 편하게 만드는 것이고, 더 잘 걸을 수 있게 하는 것입니다.

그런데 중세 시대 귀족들은 이 신발을 권위의 상징으로 여겼습니다. 프랑스 귀족들은 지금의 하이힐과 같은 뾰족한 신발을 신었고, 화려한 색과 장식으로 치장했습니다. 이 신발을 신고서는 제대로 뛸 수도 없었습니다. 영국 왕은 신분에 따라서 신을 수 있는 굽의 높이를 법으로 제정하기도 했습니다. 또 고대 중국에서는 여자들에게 억지로 작은 신발을 신기는 풍습이 있었는데 그것을「전족」이라고 합니다. 그 결과 발이 기형적으로 무너져 평생 제대로 걷지 못하는 여자들도 많았습니다.

신발이 본래의 목적을 잃을 때, 하나님이 창조하신 아름다운 발이 제 기능을 못하게 됩니다. 마찬가지로 우리 삶의 목적을 잊고 사는 크리스천은 맛을 잃은 소금처럼 제 기능을 못하는 삶을 살아갑니다.

우리가 창조된 목적, 우리가 살아가는 이유가 무엇인지 한순간도 잊지 말고 사명에 합당한 삶을 살아가십시오. 복되고 형통합니다. 아멘!!!

주님, 복음 전파와 주님의 영광을 드러내기 위해 저를 사용하소서.

지금 나는 무엇을 위해 살아가고 있는지 점검합시다.

그 끝은 죽음이다

11월 28일

읽을 말씀 : 에베소서 4:25-32

● 엡 4:27 마귀로 틈을 타지 못하게 하라

세계 최초로 우표를 발명한 교육자이자 명 설교가였던 롤런드 힐(*Rowland Hill*) 목사님이 어느 날 거리에서 이상한 광경을 목격했습니다.

한 무리의 돼지 떼들이 마치 양이 목자를 따라가는 것 같이 한 사람을 질서정연하게 따라가고 있었습니다.

가만히 따라가 보니 도착한 곳은 도축장이었습니다.

'미련한 돼지가 저렇게 말을 잘 듣는단 말인가?'

너무나 신기한 광경을 본 힐 목사님은 돼지 떼를 끌고 온 남자에게 비결을 물었습니다.

"어떻게 이 많은 돼지를 도축장으로 끌고 올 수 있었습니까?"

『아 그거요? 정말 별거 아닙니다.

여기 돼지들이 좋아하는 콩을 계속 뿌려주십시오.

자기들이 알아서 잘 따라옵니다.』

힐 목사님은 이 대답을 듣고 영적인 깨달음을 얻었습니다.

'우리 크리스천도 똑같다. 마귀가 세상에서 던져주는 콩을 받아먹다가는 구원을 놓치고 지옥 형벌을 피하지 못하게 된다!'

세상의 소소한 죄, 소소한 유혹들을 아무런 죄책감 없이 즐기고 있지는 않습니까? 마귀는 우리의 영혼을 타락시키기 위해 시시때때로 틈을 노리며 유혹의 콩을 흩뿌리고 있습니다.

죄의 삯이 죽음이라는 사실을 기억하고 말씀과 기도로 경건한 삶을 지키며 일구십시오. 복되고 형통합니다. 아멘!!!

주님, 도처에 존재하는 마귀의 덫에 걸리지 않도록 영혼을 인도하소서.

당장 끊어내야 할 죄의 습관이 있다면 망설이지 말고 끊어냅시다.

11월 29일

근원을 해결하라

읽을 말씀 : 요한복음 6:32-40

● 요 6:35 예수께서 가라사대 내가 곧 생명의 떡이니 내게 오는 자는 결코 주리지 아니할 터이요 나를 믿는 자는 영원히 목마르지 아니하리라

농사는 뒷전으로 여기고 매일 집에서 글만 읽는 선비가 있었습니다.

하루는 아들이 황급히 달려와 아버지를 불렀습니다.

"아버지! 우리 논에서 물이 새고 있습니다.

농사가 다 망하게 생겼어요."

놀란 선비가 아들과 함께 논에 가보니 논둑에 작은 구멍이 생겨 물이 새고 있었습니다. 급하게 흙을 퍼서 구멍을 막았는데, 이번엔 옆에서 물이 터져 나왔습니다.

아들과 함께 아무리 흙으로 구멍을 막아도 어디선가 물이 터져 나오자, 선비는 옆집의 지혜로운 농부를 찾아가 사정을 설명했습니다. 농부는 선비의 논둑을 보더니 흙을 들고 논 안쪽으로 들어갔습니다.

잠시 뒤 거짓말처럼 논둑에서 물이 새어 나오지 않았습니다.

놀란 선비가 도대체 어떻게 한 것인지 묻자 농부가 대답했습니다.

"논둑 안쪽이 터졌는데 밖을 막아서 무엇합니까?

안쪽을 막지 않으면 아무런 쓸모도 없습니다."

무슨 일이든 원인을 찾아 해결해야 한다는 중요한 깨달음을 얻은 선비는 이날의 일화를 뜻하는 '방기원(防其源)'이라는 성어를 만들었습니다.

죄와 죽음이라는 인간의 근본적인 문제를 해결하지 못하면 허무함이 전부인 공허한 삶을 살아갈 수밖에 없습니다. 우리가 해결할 수 없는 가장 중요한 문제, 근본적인 문제를, 구주 예수님을 믿음으로 누구나 해결 받게 됨을 믿으십시오. 복되고 형통합니다. 아멘!!!

주님, 우리의 중심을 주님께 내놓고 있는 모습 그대로 나아가게 하소서.

세상 즐거움은 임시방편임을 깨닫고 주 안에서 참된 행복을 누립시다.

주님을 사모하는 마음

11월 30일

읽을 말씀 : 이사야 7:10–25

● 사 7:14 그러므로 주께서 친히 징조로 너희에게 주실 것이라 보라 처녀가 잉태하여 아들을 낳을 것이요 그 이름을 임마누엘이라 하리라

이탈리아의 그레치오(*Greccio*) 지역은 '프란치스칸의 베들레헴'이라고 불립니다. 이 지역의 동굴에서 생활하던 한 목회자가 대강절을 맞아 예수님이 태어나신 베들레헴의 마구간을 재현해 예배를 드렸는데, 참석한 모든 사람이 큰 은혜를 받았습니다.

그때부터 마을 사람들은 매년 대강절이 되면 구유를 구해서 푹신한 자리를 까는 전통이 생겼는데, 지금도 이탈리아의 몇몇 지역에서는 계속해서 지켜지고 있습니다.

대강절은 성탄절을 앞둔 4주간의 기간을 경건하게 지키는 교회의 절기입니다. 대강절의 어원은 '사랑하는 사람이 도착하는 시간을 기다린다'는 라틴어 '*Adventus*'에서 나왔습니다.

오랫동안 못 본 연인을 만나게 되는 시간이 얼마나 기다려지겠습니까? 바로 그런 심정으로 우릴 위해 오신 주님을 사모하는 기간이 대강절입니다.

그러나 우리는 한 가지 약속을 더 기억해야 합니다.

약속대로 우릴 위해 2000여 년 전 세상에 오셨던 주님이, 언젠가 다시 세상에 오실 것이라고도 약속하셨다는 사실입니다.

우리를 구원하기 위해 세상에 오신 예수님을, 우리는 간절히 사모하는 마음으로 기념하고 또 기다려야 합니다. 주님을 간절히 사모하는 만큼 아직 구원의 기쁜 소식을 모르는 사람들에게 전하고자 노력하는, 주님이 기뻐하시는 제자가 되십시오. 복되고 형통합니다. 아멘!!!

주님, 다시 오실 날을 기대하며 더 열심히 복음을 전파하게 하소서.

나를 위해 이 땅에 오신 주님의 크신 사랑을 경건하게 묵상합시다.

12월

"나의 힘이 되신 여호와여 내가 주를 사랑하나이다
여호와는 나의 반석이시요 나의 요새시요 나를 건지시는 자시요
나의 하나님이시요 나의 피할 바위시요 나의 방패시요
나의 구원의 뿔이시요 나의 산성이시로다"

– 시편 18:1,2 –

12월 1일

예배가 우선입니다

읽을 말씀 : 시편 96:1–9

● 시 96:9 아름답고 거룩한 것으로 여호와께 경배할지어다 온 땅이여 그 앞에서 떨지어다

『극동방송 직원 채플(아침 예배)에 말씀을 전하러 오신 목사님들의 "매일 예배를 드리십니까?"라는 질문에 저는 이렇게 답합니다.

『네. 매일 예배를 드립니다. 서울을 비롯한 전 지사 어디서나 누구든지 예외가 없습니다. 아침 생방송 진행자는 녹음을 해놓고라도 예배를 드립니다. 우리는 사역자이기 때문입니다.』

기독교계의 여러 기관을 방문해 보신 분들이 극동방송에 와서 자주 하는 말이 있습니다. 극동방송 직원들의 표정이 매우 밝고 친절하며, 손님들을 세심하게 배려해 준다는 것입니다.

저는 그분들의 과분한 칭찬과 격려에 감사드리는 동시에 그렇게 될 수 있는 이유가 매일 빠짐없이 드리는 직원 채플, 곧 예배에 있다고 꼭 말씀드립니다.

하루의 첫 시간, 나의 몸과 마음을 집중하여 신령과 진정으로 하나님을 예배하는 자들과 그들이 속한 공동체에 하나님께서는 하늘의 신령한 만나를 내려주십니다. 우리 사역자들은 예배 중에 은혜와 평강과 기쁨을 누립니다. 그뿐 아니라 우리가 먼저 그의 나라와 그의 의를 구하며 기도로 엎드리면, 전능하신 하나님께서 방송 선교 사역에 필요한 모든 인적, 물적 자원을 가장 좋은 방법으로 공급해 주십니다. 극동방송의 사역 현장에는 이러한 간증이 수없이 많습니다.』

–「김장환 목사의 인생 메모」 중에서

예배는 우리의 삶을 바꿉니다. 진정으로 예배를 사모하는 성도가 되십시오. 복되고 형통합니다. 아멘!!!

주님, 주님께서 주신 하루를 예배로 시작하고, 예배로 마치게 하소서.

우리는 먼저 주님의 나라와 의를 구하고 있는지 생각해 봅시다.

누구나 도울 수 있다

12월 2일

읽을 말씀 : 잠언 3:26–35

● 잠 3:27 네 손이 선을 베풀 힘이 있거든 마땅히 받을 자에게 베풀기를 아끼지 말며

서울에서 옷 장사로 큰 성공을 거둔 부부가 있었습니다.

남대문에서 이름만 대면 누구나 알 정도로 부자가 됐으나 불의의 교통사고를 당해 크게 다쳐 가세가 기울었습니다. 그동안 모아둔 돈을 모두 잃었고, 아내는 두 눈을 다쳐 시각장애인이 됐습니다.

아내는 시아버지가 계시는 시골로 돌아가 온갖 고생을 하며 살아갔지만 그 와중에 자기보다 어려운 사람을 도와야겠다는 선한 마음을 품었습니다. 아내는 처음에는 시래기를 주워 홀로 사는 어르신들을 위해 음식을 만들었습니다.

남을 도울수록 더욱 힘이 나고 인생이 행복해지자 아내는 아예 사비까지 들여서 평소에 자신 있던 음식인 만두를 빚어 대접했습니다.

처음에는 한 명, 다음에는 열 명, 그렇게 조금씩 늘려가며 사람들을 돕다 보니, 어느새 6년 동안 50만 개의 만두를 불우한 이웃들에게 전달할 수 있었습니다.

눈이 보이지 않아도, 가진 것이 없어도 남을 돕고자 노력했던 아내의 삶을 하나님은 복지원을 세우는 길로 인도하셨습니다. 아내는 지금도 매일 불우한 이웃을 돕는다고 합니다.

선행을 베풀기에 합당한 때, 더 좋은 때는 없습니다. 지금 우리에게 주님이 주신 은혜만으로 얼마든지 이웃과 나누며 참된 행복을 누릴 수 있습니다.

주님이 주시는 선행의 마음이 무엇인지 기도로 청종하며, 주님이 원하시는 방식으로 선을 베푸십시오. 복되고 형통합니다. 아멘!!!

주님, 더 가지려고만 하는 욕심의 죄를 짓지 않도록 마음을 교훈하소서.

주님의 말씀대로 은밀하게 선을 행하며 주님께 영광을 돌립시다.

12월 3일

행복 방정식

읽을 말씀 : 신명기 33:21–29

● 신 33:29 이스라엘이여 너는 행복자로다 여호와의 구원을 너같이 얻은 백성이 누구뇨 그는 너를 돕는 방패시요 너의 영광의 칼이시로다 네 대적이 네게 복종하리니 네가 그들의 높은 곳을 밟으리로다

정복왕 알렉산더(*Alexander the Great*)가 고린도 지역을 정복한 뒤 지역에서 명성이 자자한 현자 디오게네스(*Diogenes*)를 찾아갔습니다.

디오게네스는 알렉산더에게 이 지역을 정복한 뒤 무엇을 할 거냐고 물었습니다. 알렉산더는 바다를 건넌 다음 대륙을 정복할 것이라고 대답했습니다.

"그럼 대륙을 정복한 뒤에는 무엇을 할 계획입니까?"

『더 동쪽으로 가서 동양을 정복할 것이다.』

"그럼 그다음은요? 세계를 정복하면 무엇을 하고 싶으십니까?"

『그럼 고향의 아름다운 내 왕궁으로 돌아와서 멋들어지게 휴식을 취해야지.』

디오게네스는 근처 나무 그늘에 걸터앉아 큰 한숨을 쉬며 말했습니다.

"그럼 그냥 여기 앉아서 쉬면 될 것을, 왜 사서 고생을 하십니까?"

현대 경제학의 아버지 폴 새뮤얼슨(*Paul A. Samuelson*)은 "가진 것을 욕심으로 나눌 때 행복지수를 측정할 수 있다"라고 말했습니다.

「행복 = 소유(소비, 성취) / 욕망(욕심, 기대)」

아무리 가진 것이 많아도 욕망이 큰 사람은 행복할 수 없고, 가진 것이 없어도 욕심이 적은 사람은 언제든지 행복할 수 있습니다.

우리가 행복하기 위해서 반드시 필요한 것은 무엇입니까?

나를 구원하신 주님의 은혜와 사랑을 인생의 유일한 행복 조건으로 삼으십시오. 복되고 형통합니다. 아멘!!!

주님, 주님을 예배하고 섬김으로 최고의 행복을 누리게 하소서.

조건이 아닌, 존재를 행복의 우선순위로 삼읍시다.

에디슨 면접법

12월 4일

읽을 말씀 : 고린도전서 4:15-21

● 고전 4:20 하나님의 나라는 말에 있지 아니하고 오직 능력에 있음이라

미국에는 애플 덤플링(*Apple dumpling*)이라는 전통 음식이 있습니다.

밀가루 반죽 안에 사과와 건포도, 계피와 설탕, 버터 등을 넣고 굽는 노동자들의 음식인데, 발명왕 토머스 에디슨(*Thomas A. Edison*)은 가난했던 어린 시절부터 주린 배를 채우기 위해 애플 덤플링을 즐겨 먹었다고 합니다.

또한, 누구보다 애플 덤플링을 좋아했던 에디슨은 직원을 채용할 때도 애플 덤플링을 도구로 사용했다고 합니다.

에디슨은 면접을 보러 온 사람에게 먼저 애플 덤플링을 권합니다. 그런데 만약 지원자가 맛도 보지 않고 같이 놓여 있는 조미료를 뿌린다면 그 즉시 탈락시켰습니다. 억울해 하는 구직자에게 에디슨은 다음과 같이 말했다고 합니다.

"자네는 애플 덤플링이 어떤 맛인지 보지도 않았네. 그런데 소금을 쳐야 할지, 후추를 쳐야 할지, 어떻게 알 수 있단 말인가?

나는 경험하기도 전에 판단하는 사람을 채용할 수 없네."

교회를 다녀보지 않았는데, 교회가 좋은 곳인지 아닌 곳인지 어떻게 알 수 있을까요? 말씀대로 실천해 보지 않았는데 말씀이 정말로 이루어지는지, 아닌지 어떻게 알 수 있을까요?

믿어보고, 다녀보고, 실천해 볼 때 비로소 주 예수님이 진리이며, 교회가 거룩한 곳이며, 주님의 말씀이 능력이라는 사실을 알게 됩니다.

전적으로 주님을 의지하며, 말씀을 온전히 믿는 마음으로 실천해 보십시오. 복되고 형통합니다. 아멘!!!

주님, 믿음으로 주님의 능력을 경험하는 삶을 살아가게 하소서.

나에게 주신 그 말씀을 삶에 실천하며 주님의 능력을 체험합시다.

12월 5일

약속의 힘

읽을 말씀 : 시편 71:1-6

● 시 71:5 주 여호와여 주는 나의 소망이시요 나의 어릴 때부터 의지시라

미국 할렘가에서도 학업 성취도가 가장 낮은 지역의 한 초등학교에 졸업식이 열리는 날이었습니다. 졸업생은 총 61명으로 전체 재학생에 비하면 턱없이 낮은 숫자였는데 축사를 맡은 한 백인 남자는 졸업생들에게 다음과 같은 약속을 했습니다.

"초등학교는 여러분의 첫 번째 졸업식입니다.
이제 여러분은 중학교, 고등학교, 그리고 대학교를 졸업하고
훌륭한 사회인이 되어야 합니다.
마음껏 꿈을 꾸십시오.
여러분이 원하기만 한다면 전부 다 대학을 졸업할 수 있습니다.
여러분이 평균 이상의 성적만 낸다면
제가 앞으로 모든 학비를 내겠습니다."

어린 나이의 초등학생들도 믿을 수 없는 약속이었지만 연단에 선 남자는 자신의 약속을 성실히 이행했습니다. 그 약속을 통해 그날의 졸업생들은 미래에 대한 희망을 품을 수 있었습니다. 6년이 지나고 1명을 제외한 60명의 학생들은 우수한 성적으로 대학을 졸업했습니다.

'꿈 전도사'라고 불린 백만장자 유진 랭(*Eugene Lang*)이 이스트할렘의 한 공립학교 졸업식에서 했던 약속입니다.

신뢰할 수 있는 사람의 약속만큼 의지할 수 있는 희망이 되는 것은 없습니다. 주 하나님이 우리에게 주신 희망의 약속들이 반드시 이루어질 것을 믿고 어떤 역경이 오더라도 주님을 신뢰하십시오.
복되고 형통합니다. 아멘!!!

주님, 주님의 약속을 마음에 품고 영원한 희망으로 삼게 하소서.

주님께서 나에게 주신 약속이 정말로 이루어질 것을 믿으며 삽시다.

참된 희망이신 주님

12월 6일

읽을 말씀 : 시편 39:1–13

● 시 39:7 주여 내가 무엇을 바라리요 나의 소망은 주께 있나이다

호시노 도미히로(*Hoshino Tomihiro*)는 일본의 체조 유망주였습니다.

대학을 졸업한 호시노는 고등학교 교사로 부임해 유망주들을 키웠습니다. 그런데 하루는 학생들 앞에서 기술을 시연하다가 목이 부러지는 중상을 입었습니다. 전신 마비가 되어 평생 목 아래로는 움직일 수가 없는 상태였습니다.

병실에 누워 멍하니 천장만 바라보던 호시노는 절망에 빠졌습니다.

'내 인생의 전부인 체조를 다시는 할 수 없다. 내 인생은 끝났다.'

설상가상으로 건강까지 악화돼 의사는 가족들에게 장례 준비를 하라고까지 말했습니다. 그런데 그때 호시노를 눈여겨보던 간호사가 한 권의 책을 건네주었습니다.

"이 책을 읽어보세요. 당신에게는 아직 희망이 있습니다."

그 책은 바로 성경이었습니다. 호시노는 성경을 통해 참된 희망을 얻었고, 구원을 얻었습니다. 성경을 건네준 간호사는 호시노와 결혼을 했고, 그가 여전히 할 수 있는 일이 있을 것이라고 희망을 불어넣어 주었습니다.

주님이 주신 힘으로, 아내의 격려로 호시노는 입으로 그림을 그리기 시작했고, 일본 전역을 돌아다니며 30번이 넘는 단독 전시회를 열며 복음을 전하는 유명한 화가가 되었습니다.

이 세상을 살아가며 우리가 붙들어야 할 유일한 희망은 바로 주 하나님이십니다. 어떤 고난도 극복할 힘을 주시는 주님께 항상 접붙어있는 가지가 되십시오. 복되고 형통합니다. 아멘!!!

주님, 주님이 함께하실 때 불가능한 일도 가능하게 됨을 믿게 하소서.

주님의 이름이 우리의 유일한 소망임을 기억합시다.

12월 7일

나에게 하신 말씀이다

읽을 말씀 : 로마서 3:21-25

● 롬 3:23,24 모든 사람이 죄를 범하였으매 하나님의 영광에 이르지 못하더니 그리스도 예수 안에 있는 구속으로 말미암아 하나님의 은혜로 값없이 의롭다 하심을 얻은 자 되었느니라

미국의 유명한 부흥사가 교도소에 가서 말씀을 전했습니다.

한 신실한 크리스천이 주님을 믿지 않는 아들과 함께 부흥사를 따라갔습니다. 부흥사는 수많은 죄수들 앞에서 담대하게 복음을 전했고, 그 자리에서 많은 죄수들이 주님을 영접하는 놀라운 역사가 일어났습니다.

믿지 않는 아들의 가슴도 뜨거워져 아들은 부흥사에게 물었습니다.

"정말 죄수들에게 딱 맞는 설교를 하실 수 있었나요?"

『그 설교가 너에게는 유익하지 않았니?』

"무슨 말씀이시죠? 방금 한 설교는 죄수들을 위한 것이었잖아요."

부흥사는 고개를 가로저으며 말했습니다.

『저 사람들도, 너도, 나도 모두 죄인이란다. 모든 죄인에게는 예수 그리스도가 필요하고, 나는 오늘 우리 죄를 대신해서 십자가에서 돌아가시고, 다시 살아나시어, 예수님을 믿는 사람의 모든 죄를 용서해 주시는 예수 그리스도에 대해서 전했을 뿐이란다.』

미국의 복음 주간 신문 「크리스천 어드보케이트(*Christian Advocate*)」에 실린 이야기입니다.

성경에 나오는 모든 말씀이 바로 예수님이 나에게 하시는 말씀임을 잊지 마십시오. 주님이 주시는 큰 복의 약속도 나에게 하시는 말씀이며, 위선자들을 질책하시는 말씀도 나에게 하시는 말씀입니다. 주님의 말씀을 바르게 믿으며, 올바른 신앙생활을 위한 동력으로 삼으십시오.

복되고 형통합니다. 아멘!!!

주님, 말씀이 주시는 단 약도, 쓴 약도 달게 받게 하소서.

모든 말씀을 나에게 주시는 매일의 양식으로 삼읍시다.

실패의 동력

12월 8일

읽을 말씀 : 이사야 40:25-31

● 사 40:31 오직 여호와를 앙망하는 자는 새 힘을 얻으리니 독수리의 날개치며 올라감 같을 것이요 달음박질하여도 곤비치 아니하겠고 걸어가도 피곤치 아니하리로다

열심히 공부했지만 목표로 정한 대학에 떨어진 남자가 있었습니다.

원하는 대학이 아닌 다른 대학에 입학한 남자는 최선을 다해 우수한 성적으로 졸업을 하고 꿈에 그리던 대기업에 면접을 봤습니다. 하지만 이번에도 떨어졌습니다. 이 남자의 성실성을 높게 평가했던 교수의 추천으로 겨우 중견기업의 연구직으로 일을 시작했습니다.

그러나 박사도, 석사도 아닌 평범한 학부생이 맡기에는 연구의 난이도가 높았습니다. 남자는 참가하는 연구마다 계속해서 실패를 거듭했습니다. 실패한 프로젝트는 바로 폐기가 됐지만, 그래도 남자는 포기하지 않고 계속해서 실패한 연구의 원인을 찾고, 또 찾았습니다.

그렇게 수십 년을 보낸 남자에게 어느 날 편지가 도착했습니다.

「올해 필즈상 수상자에 선정되었습니다.」

포기하지 않는 끈기가 평범한 회사원을 수학계의 노벨상이라고 불리는 필즈상 수상자로 만든 것입니다. 이 이야기의 주인공이자 「학문의 즐거움」의 저자인 히로나카 헤이스케(*Hironaka Heisuke*)는 훗날 다음과 같은 말을 남겼습니다.

"명문대에 불합격해서 다행이고, 대기업에 불합격해서 다행입니다. 실패했기에 이런 상을 받을 수 있었습니다."

먼 훗날 하늘에서의 영광이 우리에게 보장되어 있기에, 세상에서의 어떤 실패에도 주눅 들거나 위축될 필요가 없습니다. 능력의 펴신 팔로 항상 나를 안위하시는 주님을 믿고, 실패해도 포기하지 말고 주님이 주신 사명을 위해 달려 나가십시오. 복되고 형통합니다. 아멘!!!

주님, 반복되는 실패에도 꺾이지 않도록 마음에 힘을 주소서.

선한 일을 위해 당하는 수치와 실패를 두려워하지 맙시다.

12월 9일

전도의 전략

읽을 말씀 : 로마서 12:1–5

● 롬 12:3 내게 주신 은혜로 말미암아 너희 중 각 사람에게 말하노니 마땅히 생각할 그 이상의 생각을 품지 말고 오직 하나님께서 각 사람에게 나눠주신 믿음의 분량대로 지혜롭게 생각하라

수많은 사람을 수용할 수 있는 넓은 예배당에 단지 몇십 명의 성도만이 앉아 있었습니다. 강단에 선 설교자가 이들을 향해 다음과 같이 외쳤다고 합시다.

“여러분은 정말로 전도의 열정이 대단한 성도들입니다!”

빈민 보호소의 사람들을 돕기 위해 열린 한 자선 예배에서 강단에 선 목회자가 다음과 같이 선포했다고 생각해 보십시오.

“주님은 땅 위에서 보화를 쌓아두지 말라고 말씀하셨습니다!”

한 목사님이 재소자들을 위한 설교에 앞서 “참석해 주신 여러분께 정말로 감사드립니다”라고 인사했다면 끔찍한 실수일 것입니다.

위 내용들은 18세기 영국에서 실제로 일어났던 실수들입니다.

이런 모습을 수차례 목격한 ‘설교의 천재’ 왓킨슨(*W. L. Watkinson*) 목사님은 설교자들이 누구보다 장소와 상황에 민감해야 한다며 다음과 같이 말했습니다.

“도시 사람과 시골 사람은 다르고, 중산층과 노동자도 다릅니다.

훌륭한 설교자라면 이들에게 ‘같은 복음’이 더 잘 전달될 수 있는 ‘다른 방법’을 찾기 위해 사려 깊게 준비해야 합니다.”

각 사람에게 맞는 옷이 있듯이, 각 사람에게 맞는 복음의 전달 방법이 있습니다. 어른들에게 맞는 설교를 아이들에게 하면 난해하게 여길 것이고, 아이들을 위한 설교를 어른들에게 하면 유치하게 여길 것입니다. 각 사람에게 맞는 방식으로 전도할 지혜를 달라고 주님께 간구하십시오. 복되고 형통합니다. 아멘!!!

주님, 내 입장보다 상대방의 처지에서 생각하며 복음을 전하게 하소서.

전도를 위한 지혜를 달라고 주님께 꾸준히 기도합시다.

영의 눈을 뜨라

12월 10일

읽을 말씀 : 로마서 8:1-6

● 롬 8:5 육신을 좇는 자는 육신의 일을, 영을 좇는 자는 영의 일을 생각하나니

사진에 대한 개념이 아예 없는 아프리카의 부족이 있었습니다.

심리학자들은 이 부족을 찾아가 사진을 보여주었습니다.

사진이 무엇인지 모르는 부족 사람들은 작은 종이 안에 실제 물체가 담겨 있다고 생각했습니다. 사람이 찍힌 사진을 보면 두려워했고, 동물이나 음식이 찍힌 사진을 보면 신기해했습니다.

부족 사람들은 사진을 만져보고, 흔들어 보고, 또 맛을 봤습니다. 혹시 종이 밖으로 떨어지나 싶어 사진을 찢어보는 사람도 있었습니다.

작가 벤자민 젠더(*Benjamin Zander*)는 이 연구를 예로 들며 "어쩌면 우리도 이미 알고 있는 것만을 받아들이고 있을지 모른다"라고 주장하며 이렇게 말했습니다.

"개구리는 생존에 필요한 정보만 받아들입니다. 개구리는 엄마의 얼굴을 봐도 알아보지 못하고, 아름다운 석양, 밤과 낮을 구분하지 못합니다. 다양한 색의 차이도 모릅니다. 그러나 연구에 따르면 인간 역시 인지한 개념만 받아들인다고 합니다. 다만 그 범위가 개구리보다는 넓지만, 그렇다고 얼마나 더 넓은지는 아무도 모르는 일입니다."

다 안다고 생각하는 순간, 정말 중요한 것을 놓치게 됩니다.

세상은 눈에 보이는 것이 전부가 아닙니다. 이스라엘 백성을 위해 주 하나님이 보내주신 영의 사자들이 일한 것처럼, 지금도 하나님이 우리를 위해 영의 세계를 주장하며 다스리신다는 사실을 믿으십시오.

복되고 형통합니다. 아멘!!!

주님, 우리를 위해 일하시는 주님을 느끼도록 영의 눈을 열어주소서.

육의 세계보다 더욱 중요한 영의 세계를 위해서도 기도합시다.

12월 11일

분을 다스리라

읽을 말씀 : 잠언 12:12–17

● 잠 12:16 미련한 자는 분노를 당장에 나타내거니와 슬기로운 자는 수욕을 참느니라

한 교회의 목사님이 「분을 내지 말라」라는 내용의 설교를 했습니다.
이 말씀을 들은 한 집사님이 예배가 끝나고 목사님을 찾아왔습니다.
"목사님, 저도 화를 잘 참지 못해서 고민이에요.
그래도 다행인 건 저는 뒤끝이 없다는 거예요.
화를 아무리 내도 그 자리에서 툭툭 털고 금방 화해하니까
괜찮다고 생각해요."
목사님은 다음과 같이 지혜롭게 대답했습니다.
『벌이 횟김에 사람을 쏘고 사과한다고 생각해 보십시오.

사람이 그 사과를 받아줬다고 일이 끝나는 것이 아닙니다. 벌에게 쏘인 상처가 남습니다. 화가 나서 실수로 사람을 총으로 쐈다면 어떻겠습니까?

그 사람이 설령 넓은 마음으로 총을 쏜 사람을 용서했다고 해도, 그 상처는 평생 흉이 되어 그 사람을 힘들게 할 것입니다.

작은 분노는 작은 분노대로, 큰 분노는 큰 분노대로 지울 수 없는 상처를 반드시 남깁니다.』

사과를 자주, 잘하는 사람보다, 사과할 일을 만들지 않는 사람이 진정으로 지혜로운 사람입니다. 분을 이기지 못한 말 한마디의 실수가 누군가에게는 평생을 짊어질 상처가 될 수도 있습니다.

아무리 화가 나고 마음이 힘들어도, 혀를 지혜롭게 다스리며 사랑과 덕을 쌓는 말만 하려고 노력하십시오. 복되고 형통합니다. 아멘!!!

주님, 주님의 은혜와 사랑으로 마음을 유순하게 변화시켜 주소서.

성경 말씀대로 분노를 지혜롭게 다스리고 있는지 돌아봅시다.

위기가 기회다

12월 12일

읽을 말씀 : 고린도후서 12:1–10

● 고후 12:10 그러므로 내가 그리스도를 위하여 약한 것들과 능욕과 궁핍과 핍박과 곤란을 기뻐하노니 이는 내가 약할 그 때에 곧 강함이니라

「템플턴 상(*The Templeton prize*)」은 1972년 제정된 종교계의 노벨상이라고 불리는 권위 있는 상입니다.

성공한 투자자였던 존 템플턴(*John Templeton*)은 사람들이 물질에만 관심이 있고, 영혼에는 관심이 없다는 사실을 안타깝게 여겨, 노벨상의 권위에 필적하는 템플턴 상을 만들었습니다. 종교는 실의에 빠진 사람을 일으켜 세울 수 있는 희망이라고 생각했기 때문입니다.

실제로 템플턴은 가장 두려움이 극에 달했던 미국의 경제 대공황 시기에 공격적으로 투자를 해 성공했습니다.

당시 자본금이 없어 대출을 받았다가 망해가는 104개의 기업 주식을 샀는데, 주변에 이를 찬성하는 사람이 한 명도 없었습니다. 이들의 우려와는 달리 4년 뒤 망한 기업은 4개밖에 되지 않았고, 템플턴의 자본금은 빚을 모두 갚고도 4배 이상으로 불어났습니다. 그러나 템플턴은 돈을 많이 버는 것보다, 투자에 성공하는 것보다, 참된 행복을 발견하는 것이 더 중요하다고 생각했고, 자신의 전문 분야인 투자 법칙에 대한 책이 아닌, 삶의 규범과 행복에 대한 책을 썼습니다.

가장 큰 위기가 가장 큰 기회입니다. 밝은 대낮에는 세상을 밝히는 랜턴이 소용없습니다. 그러나 어두운 밤에는 작은 촛불 하나도 길을 밝힐 힘이 됩니다.

힘들고 어려운 세상일수록 세상을 밝힐 의무가 우리 크리스천에게 있습니다. 주님이 밝혀주신 진리의 빛을 들고 세상으로 나아가십시오. 복되고 형통합니다. 아멘!!!

주님, 어두워지는 세상 가운데 진리의 등불을 들고 나아가게 하소서.

주님을 향한 열정으로 복음의 위기인 지금을 기회의 시대로 변화시킵시다.

12월 13일

손가락 묵상법

읽을 말씀 : 시편 1:1–6

● 시 1:1,2 복 있는 사람은 악인의 꾀를 좇지 아니하며 죄인의 길에 서지 아니하며 오만한 자의 자리에 앉지 아니하고 오직 여호와의 율법을 즐거워하여 그 율법을 주야로 묵상하는 자로다

「손가락 묵상법」이라는 예화가 있습니다.

먼저 한쪽 손을 펴보십시오.

새끼손가락은 말씀을 듣는 역할입니다.

약손가락은 말씀을 읽는 역할입니다.

가운뎃손가락은 말씀을 공부하는 역할입니다.

집게손가락은 말씀을 외우는 역할입니다.

지금까지 소개된 네 손가락으로 성경책을 집어보십시오.

절대로 집을 수 없을 것입니다.

가장 중요한 엄지손가락이 없기 때문입니다.

손가락 묵상법에서 가장 중요한 엄지손가락은 묵상 역할입니다.

다섯 손가락 중 하나만 없어도 성경을 집기가 힘들 듯이, 우리는 다섯 손가락 묵상법을 이용해 말씀을 우리의 것으로 만들어야 합니다.

우리는 주 하나님의 말씀에 생명을 걸어야 합니다.

말씀을 들으십시오.

말씀을 공부하십시오. 말씀을 외우십시오.

그러나 가장 중요한 말씀 자체를 묵상하며 말씀 그 자체를 즐거워하는 마음을 잃지 마십시오. 말씀을 읽으십시오.

하나님이 주시는 달고 오묘한 성경 말씀을 매일 즐겁게 여기며 다윗처럼 묵상하십시오. 복되고 형통합니다. 아멘!!!

주님, 말씀을 깊이 묵상하는 가운데 깨달아지는 은혜를 부어주소서.

손가락 묵상법을 적용해 말씀을 내 삶에 더 가까이 둡시다.

열매를 맺기까지

12월 14일

읽을 말씀 : 잠언 6:1–11

● 잠 6:6 게으른 자여 개미에게로 가서 그 하는 것을 보고 지혜를 얻으라

꿀벌은 약간의 꿀을 모으기 위해 4,200번이나 꽃들 사이를 날아다닙니다. 꿀을 빨면서도 잠시도 일을 쉬지 않습니다. 입으로는 꿀을 빨면서도 다리로는 쉴 새 없이 꽃가루를 모읍니다. 학자들의 연구에 의하면 지구 한 바퀴 거리를 비행해야 꿀 1*kg*을 모을 수 있다고 합니다.

서양에는 「비버처럼 바쁘다(*Busy as a beaver*)」라는 속담이 있습니다.

비버는 매우 작은 체구의 동물이지만 사람이 들어갈 수 있을 정도의 크고 멋진 집을 짓습니다. 마치 건축가처럼 땅을 파고, 나무를 깎고, 진흙을 덧대고, 심지어 지은 지 오래된 집은 보수공사까지 합니다.

사람이 보기에는 이미 완성된 집처럼 보여도 비버는 계속해서 일하기 때문에 서양에서는 비버를 부지런함의 상징으로 여깁니다.

시로 사람들의 일상을 노래한 에드가 게스트(*Edgar Albert Guest*)는 부지런함과 성공의 관계를 다음과 같이 표현했습니다.

"아름다운 정원을 갖고 싶다면, 땅에 꽃이 필 때까지
계속해서 허리를 굽혀야 합니다."

꿀벌과 비버는 다만 자신에게 주어진 일을 열심히 수행할 뿐입니다. "4,000번을 날아다니면 꿀을 모을 수 있어"라고 생각하는 꿀벌은 없습니다.

꿀이 맺힐 때까지 4,000번이고 5,000번이고 부지런히 움직이는 꿀벌처럼, 영혼 구원을 위해 부지런히 복음의 수고를 감당하십시오.
복되고 형통합니다. 아멘!!!

주님, 복음의 결실이 맺힐 때까지 부지런히 순종하는 종이 되게 하소서.

전도를 포기했던 사람에게 다시 새로운 마음으로 전도합시다.

12월 15일

예수님의 생명수

읽을 말씀 : 요한계시록 7:5–17

● 계 7:17 이는 보좌 가운데 계신 어린 양이 저희의 목자가 되사 생명수 샘으로 인도하시고 하나님께서 저희 눈에서 모든 눈물을 씻어 주실 것임이러라

인간의 몸은 70% 이상이 물로 구성되어 있습니다.

혈액의 80%가 물이며, 뇌의 구성 물질도 75%가 물입니다.

단단한 골격에도 22%의 물이 포함되어 있습니다. 그래서 인간의 삶은 물이 필수입니다. 음식 없이는 한 달도 살 수 있지만, 물 없이는 3일도 살 수 없습니다.

미국 시애틀에 있는 「프레드 허친슨 암 연구센터(*Fred Hutchinson Cancer Center*)」의 연구에 따르면 물 섭취량은 건강에 절대적입니다.

하루에 4잔의 물을 섭취하는 사람은 2잔의 물을 섭취하는 사람보다 대장암 발병 가능성이 절반 이상으로 떨어졌습니다. 8잔까지는 물을 많이 마실수록 대장암의 위험성이 계속해서 내려갔습니다.

그러나 이처럼 중요한 물 중 마실 수 있는 물은 많지 않습니다.

지구의 물 중 97%는 바다이고 이 물에는 염분이 포함되어 있어서 마시면 오히려 건강에 해롭습니다.

지구에 많은 물이 있지만 마실 수 있는 물은 겨우 3%밖에 되지 않습니다.

그러나 진리의 문은 3% 보다도 더 좁습니다. 세상에 진리라고 주장하는 수많은 종교와 철학이 있지만, 정말로 구원받을 수 있는 진리는 기독교 단 하나뿐입니다.

유일한 구원의 이름 예수 그리스도를 믿음으로 영원히 목마르지 않게 하는 생명수를 마시십시오. 복되고 형통합니다. 아멘!!!

주님, 참된 진리를 알게 하시고, 참된 진리를 전하게 하소서.

자신이 진리라고 주장하는 수많은 거짓 진리에 미혹되지 맙시다.

나 된 것은 하나님의 은혜

12월 16일

읽을 말씀 : 고린도전서 15:1-11

● 고전 15:10 그러나 나의 나 된 것은 하나님의 은혜로 된 것이니 내게 주신 그의 은혜가 헛되지 아니하여 내가 모든 사도보다 더 많이 수고하였으나 내가 아니요 오직 나와 함께하신 하나님의 은혜로라

『매년 12월이 되면 저에게는 떠오르는 장면 몇 가지가 있습니다.

칼 파워스(*Carl L. Powers*) 상사의 도움으로 미국 유학길에 올라 샌프란시스코에 도착했을 때가 1951년 12월 23일이었는데, 화려하게 반짝이던 크리스마스 조명이 지금도 생생하게 기억납니다.

또 한 가지는 1978년 12월 25일 성탄절로, 요단강에서 칼 파워스 상사에게 침례(세례)를 준 것입니다. 둘째 아들 요한 목사도 같이 침례를 받았는데 그 어느 때보다도 감격스러웠던 날로 기억합니다.

그리고 2022년 12월 13일, 「빌리 그래함 도서관」을 리모델링하면서 다목적홀을 신축했는데 그곳을 제 영어 이름 「빌리 킴 홀(*Billy Kim Hall*)」로 명명하는 개관식에 참석하게 되었습니다. 프랭클린 목사님은 저의 복음에 대한 열정과 이를 통한 복음 전도자의 양성을 위해 「빌리 킴 홀」이라고 명명하게 됐다고 했지만 빌리 그래함(*Billy Graham*) 목사님과 같은 세계적인 목사님을 기념하는 도서관에 제 이름으로 된 홀이 들어선다는 것이 과연 합당한가라는 생각이 들었습니다. 다시 한번 고백하는 것은 하나님의 은혜로 여기까지 왔으니 앞으로도 더욱 열심히 복음을 전하는 삶을 살아야겠다는 것입니다. 그리고 바라는 것이 있다면 그곳을 방문하는 많은 분들에게 한국교회를 알리고, 저를 통해 역사하신 하나님이 전해지는 일입니다.』 – 「김장환 목사의 인생 메모」 중에서

하나님은 각 사람을 향한 놀라운 계획을 갖고 계시고, 그 걸음을 인도하시며, 이를 통해 영광 받으시는 분이심을 기억하십시오.

복되고 형통합니다. 아멘!!!

주님, 모든 것이 주님의 은혜가 아니면 불가능함을 알게 하소서.

내가 받은 은혜를 세어보고 감사하는 시간을 가집시다.

12월 17일

죄에 더 끌리는 이유

읽을 말씀 : 에베소서 5:1–14

● 엡 5:8 너희가 전에는 어두움이더니 이제는 주 안에서 빛이라 빛의 자녀들처럼 행하라

뉴욕 아이비리그에 속해 있는 컬럼비아 대학교(Columbia University)의 연구팀이 다음과 같은 실험을 했습니다.

연구팀은 뉴욕 맨해튼 곳곳에 지갑이 들어 있는 봉투를 떨어트려놓고 줍는 사람들을 관찰했습니다. 봉투 안에는 약간의 현금이 들어 있는 지갑과 주인에게 보내는 편지가 들어 있었습니다. 그냥 봉투인 줄 알고 주인에게 돌려주려다 돈이 들어있는 지갑이 있는 것을 알았을 때 사람들의 반응을 보기 위한 실험이었습니다. 이 봉투에는 영어뿐 아니라 다양한 언어로 적힌 편지가 들어 있었습니다.

연구팀의 조사 결과 사람들은 편지를 쓴 사람이 자신과 비슷한 인종이라고 느낄 때 지갑을 더 잘 돌려줬습니다.

봉투를 잃어버린 사람이 자신과 비슷한 사람이라고 생각될 경우 70%가 지갑을 돌려줬지만, 다른 사람이라고 생각될 경우 33%만이 지갑을 돌려줬습니다. 사회학자들의 연구에 따르면 사람은 자신과 비슷하거나 닮았다고 생각되는 사람 또는 물건에게 더욱 끌린다고 합니다.

우리의 삶이 거룩할 때 하나님의 형상에 더욱 가까워지고, 우리의 삶이 하나님과 떨어져 있을 때 죄에 더 끌리며 달콤하게 느껴집니다. 하나님보다 세상이 더 즐겁게 느껴진다면, 우리의 신앙에 심각한 문제가 있다는 뜻입니다.

하나님만을 바라고, 하나님만을 구하는 삶을 살아가게 해달라고 주님께 기도로 힘을 구하십시오. 복되고 형통합니다. 아멘!!!

주님, 주님을 더 가까이하며, 예배의 기쁨을 깨닫게 하소서.

주님을 사랑하는 것이 참된 기쁨임을 잊지 맙시다.

끝까지 기다리신다

12월 18일

읽을 말씀 : 이사야 11:10–16

● 사 11:10 그 날에 이새의 뿌리에서 한 싹이 나서 만민의 기호로 설 것이요 열방이 그에게로 돌아오리니 그 거한 곳이 영화로우리라

미국에서 교통사고로 식물인간이 된 월리스(*Wallis*)라는 청년이 있었습니다. 이제 갓 스무살이 된 나이에, 그것도 결혼을 하자마자 당한 끔찍한 사고였습니다. 의사는 다시 의식이 돌아올 확률이 희박하다고 진단했지만, 가족들은 사랑하는 월리스를 포기하지 않았습니다.

가족들은 돌아가며 병실을 찾아 월리스를 간호했습니다. 월리스가 살아있는 것처럼 말도 하고, 마사지도 해주며 무려 19년 동안 포기하지 않고 사랑으로 보살폈습니다.

그렇게 19년이 지난 어느 날, 침실을 정리하던 어머니의 귀에 믿을 수 없는 소리가 들렸습니다.

월리스가 눈을 뜨고 "엄마"라고 말하고 있었습니다.

온 가족의 지치지 않는 뜨거운 사랑으로 월리스는 다시 사랑하는 가족의 품으로 돌아왔고, 건강을 회복한 뒤에 기념으로 세계여행을 떠났습니다.

1984년에 식물인간이 되었다가 2003년 6월 13일에 깨어난 월리스의 기적 같은 실화입니다.

온전한 사랑은 모든 어려움을 이겨내고, 모든 허물을 덮어줍니다.

세상 모든 사람이 주님을 믿을 때까지, 끝까지 포기하지 않으시는 놀라운 사랑이 바로 하나님의 사랑입니다.

먼저 그 사랑을 만난 우리가 아직도 그 사랑을 모르는 사람들에게 포기하지 말고 끝까지 전달합시다. 복되고 형통합니다. 아멘!!!

주님, 온 열방이 주님을 믿는데 사용되는 거룩한 도구가 되게 하소서.

모든 영혼을 사랑하시는 주님의 뜻을 깨닫고 영혼 구원에 힘씁시다.

12월 19일

지금이 헌신의 때

읽을 말씀 : 로마서 12:1–13

● 롬 12:1 그러므로 형제들아 내가 하나님의 모든 자비하심으로 너희를 권하노니 너희 몸을 하나님이 기뻐하시는 거룩한 산 제사로 드리라 이는 너희의 드릴 영적 예배니라

세계적인 리더십 컨설턴트 마르코 폰 뮌히하우젠(*Marco von Munchhausen*)은 「직업, 건강, 관계, 마음의 조화」라는 4개의 기둥이 인생에서 잘 세워져야 한다고 말했습니다. 그러나 대부분의 사람들은 잘못된 편견으로 4개의 기둥을 오히려 무너트리고 있습니다.

뮌히하우젠이 말한 「삶의 균형을 무너트리는 7가지 편견」입니다.

❶ 직장에서 성공하면 인생이 성공한 거야.

❷ 바쁘고 힘들어야 제대로 된 인생이야.

❸ 돈이 많으면 행복은 따라오는 거야.

❹ 나만 이러고 사는 게 아니야. 다들 똑같이 살아.

❺ 먼저 성공하면 하고 싶은 대로 살 수 있어.

❻ 자기 마음대로 사는 사람이 얼마나 있겠어.

❼ 삶은 계획대로 흘러가는 것이 아니야.

뮌히하우젠은 또한 번외로 "내면의 성숙과 종교는 상관없어"도 사람들이 가지고 있는 잘못된 편견이라고 말했습니다.

하나님을 믿지 않고서는 제대로 된 인생을 살아갈 수 없습니다.

우리의 삶은 성공하기 위해서, 행복하기 위해서, 단순히 즐겁게 지내려고 주어진 것이 아닙니다.

주님의 말씀을 통해 우리 삶의 참된 목적을 깨닫고, 우리가 해야 할 일이 무엇인지 배우고, 지금 실천하며 살아가십시오.
복되고 형통합니다. 아멘!!!

주님, 나중이 아닌 지금이 바로 헌신하기 적합한 때임을 알게 하소서.

나의 삶의 목적이 무엇인지 바르게 배우고 잊지 맙시다.

끝까지 포기하지 말자

12월 20일

읽을 말씀 : 요한복음 13:1–11

● 요 13:1 유월절 전에 예수께서 자기가 세상을 떠나 아버지께로 돌아가실 때가 이른 줄 아시고 세상에 있는 자기 사람들을 사랑하시되 끝까지 사랑하시니라

최근 일본에는 「프리터(*Freeter*)족」이라는 청년들이 늘어나고 있습니다.

자유(*Free*)와 아르바이터(*Arbiter*)의 합성어로, 단기 혹은 중장기 아르바이트로 생계를 이어가는 사람들을 말합니다. 청년실업이 늘면서 적절한 일자리가 없으니 접근성이 높고 위험도가 낮은 아르바이트가 안정적인 일자리를 대신하면서 생겨났는데 현재는 일본 젊은이들 사이에서 점차 늘어나고 있다고 합니다.

세계보건기구(*WHO*)는 전 세계에서 40초당 1명이 자살로 생을 마감한다고 발표했습니다. 매년 자살로 생을 마감하는 사람이 살인이나 전쟁으로 죽는 사람보다 많습니다.

하나님이 허락하신 소중한 생명을 왜 스스로 끊는 것일까요?

인생에 더 이상 기대할 것이 없기 때문입니다.

한 번의 실패로 완전히 끝났다고 생각하기 때문입니다.

헝가리의 소설가 카프카(*Franz Kafka*)는 마치 오늘날의 이런 세태를 예측이라도 하듯이 다음과 같은 말을 남겼습니다.

"인간이 지을 수 있는 가장 큰 죄는 게으름과 조급함이다.

다른 모든 죄는 여기에서 나온다."

주 하나님이 주신 소중한 하루를 우리는 최선을 다해, 끝까지 포기하지 않아야 할 의무가 있습니다. 주어진 하루를 최선을 다해 열심히 사는 것도 주님이 기뻐 받으시는 아름다운 예배라는 사실을 믿으십시오. 한 번 넘어지더라도, 주님이 우리를 다시 일으키시고 더 높은 곳으로 올려주시리라는 사실 또한 믿으십시오. 복되고 형통합니다. 아멘!!!

주님, 주님을 위해 더 열심히 지혜롭게 살아가게 하소서.

세월을 아끼며 지혜롭고 부지런하게, 주님의 자녀다운 삶을 삽시다.

12월 21일

내면의 성소를 짓는 법

읽을 말씀 : 잠언 4:1–9

● 잠 4:4 아버지가 내게 가르쳐 이르기를 내 말을 네 마음에 두라 내 명령을 지키라 그리하면 살리라

사모님을 위한 웹사이트 「목회자 아내의 삶(*Pastor Wife Life*)」을 운영하는 코트니 피델(*Courtney Fidell*) 사모는 개척교회를 섬기며 감정적인 어려움을 겪는 가운데 하나님의 은혜를 충만하게 경험했습니다. 하나님의 은혜는 연약한 마음에 거룩한 지성소를 세우는 작업 같았다고 합니다.

피델 사모가 전한 「하나님의 은혜로 내면에 성소를 짓는 방법」입니다.

❶ 우리는 소외된 존재가 아님을 믿어라.
소외감을 느낄 때 우리는 약해집니다. "서로 연합하라"라는 바울의 권고처럼 우리는 교회 안에서 서로를 위하며 연합의 기쁨을 누리는 공동체를 만들어야 합니다.

❷ 우리는 반드시 필요한 존재임을 믿어라.
하나님을 믿을 자격이 없는 사람, 교회에 나가기 부끄러운 사람은 단 한 명도 없습니다. 누구나 교회에서 사랑과 환대를 느낄 수 있어야 합니다.

❸ 우리는 주님께 속해 있음을 믿어라.
하나님은 우리를 택하셨고 결코 버리지 않는다고 말씀하셨습니다. 다른 무엇보다 이 사실을 반드시 붙들며 잊지 말아야 합니다.

뿌리 깊은 나무는 태풍에도 흔들리지 않듯이, 주 하나님이 주시는 은혜가 마음 안에 있는 사람은 언제나 기쁨이 충만합니다. 우리 마음 안에 주님이 거하실 수 있는 성소를 지어 날마다 놀라운 은혜를 공급받고 살아가십시오. 복되고 형통합니다. 아멘!!!

주님, 시련에도 흔들리지 않도록 깊고 넓은 믿음의 뿌리를 내려주소서.

나를 향한 주님의 사랑과 약속을 매일 붙들며 살아갑시다.

불황을 넘어서는 실력

12월 22일

읽을 말씀 : 요한복음 12:44-50

● 요 12:46 나는 빛으로 세상에 왔나니 무릇 나를 믿는 자로 어두움에 거하지 않게 하려 함이로라

시장 심리학 분야에서 과학적 방식을 최초로 도입한 도널드 모인(Donald J. Moine) 박사는 물건을 팔아서 백만장자가 된 사람들을 수년 동안 조사했습니다.

모인 박사는 조사 초창기에는 호황기에 장사를 시작한 사람들이 시대를 잘 만나 부자가 됐다고 생각했습니다.

그런데 성공한 사람들은 극심한 불황에도 자신의 능력을 발휘해 뛰어난 성과를 올렸습니다.

모인 박사가 말한 「시대를 초월하는 사업가들의 7가지 기본 원칙」입니다.

❶ 언제든 팔 수 있다는 적극적인 마음가짐
❷ 거절도 건설적으로 받아들이는 도전 정신
❸ 상황에 따라 해야 할 말을 정해놓는 준비성
❹ 고객을 설득할 수 있는 자신만의 논리
❺ 홍보할 기회를 최대한 활용
❻ 상대하기 어려운 고객도 포기하지 않는 끈기
❼ 능력을 키워줄 수 있는 좋은 멘토 선정

복음은 시대를 막론하고 우리가 계속해서 전해야 할 사명입니다.

어두운 세상을 밝힐 빛이 세상에 왔음을 그 빛을 먼저 만난 우리가 세상에 알려야 합니다.

지금보다 더 복음을 전하기 힘든 시대가 온다 해도 개의치 않고 사명을 감당하는 믿음의 실력을 쌓으십시오. 복되고 형통합니다. 아멘!!!

주님, 사명의 성공이 인생의 성공이라는 사실을 잊지 않게 하소서.

초대교회 제자들처럼 복음을 전할 지혜와 능력을 주님께 구합시다.

12월 23일

사랑의 속성, 초월

읽을 말씀 : 요한1서 3:1–12

● 요일 3:1 보라 아버지께서 어떠한 사랑을 우리에게 주사 하나님의 자녀라 일컬음을 얻게 하셨는고, 우리가 그러하도다 그러므로 세상이 우리를 알지 못함은 그를 알지 못함이니라

미국의 한 요양원에 심한 지병으로 입원한 할머니가 있었습니다.

70대의 할머니는 심한 고혈압에 심장병까지 앓아 제대로 걸을 수가 없어 휠체어를 타고 다녔습니다.

통증이 극심해 약에 의지해 죽을 날만 기다리는 중이었습니다.

그런데 그때 80대의 할아버지가 갑자기 사랑을 고백했습니다.

할아버지도 다리가 불편해 휠체어를 타고 다녔지만, 힘든 할머니의 마음을 위로해 주고 용기를 북돋아 주려 노력했습니다.

할아버지의 정성에 할머니도 결국 마음을 열었습니다. 많이 늦은 나이지만 할아버지는 할머니에게 고백했고, 할머니는 받아들였습니다.

두 사람의 결혼 소식은 미국 전역으로 퍼져나갔습니다.

굳이 결혼식까지 해야 하냐는 질문에 두 사람은 “나이는 중요하지 않습니다. 서로를 만난 순간 삶은 이제부터라는 생각이 들었습니다. 소중한 기회를 떠나보내고 후회하기보다, 남은 삶을 함께 보내고 싶습니다”라고 대답했습니다.

「세기의 휠체어 사랑」으로 알려진 보드(*Mildred Board*) 할머니와 스퍼(*Herbert Spurr*) 할아버지의 이야기입니다.

주님의 사랑을 경험하지 못한 사람은 아직 참된 사랑이 무엇인지 모르는, 소중한 인생을 낭비하는 사람입니다. 우리의 진짜 인생은 주님의 사랑을 경험하면서부터 시작됩니다. 나에게 베풀어주신 주님의 사랑을 통해 조건, 어려움, 고난을 뛰어넘는 사랑의 참된 가치를 배우십시오. 복되고 형통합니다. 아멘!!!

주님, 날마다 주님의 사랑을 경험하며, 힘입어 살아가게 하소서.

나에게 베풀어주신 주님의 사랑을 통해 올바른 사랑을 배웁시다.

나를 지탱하는 힘

12월 24일

읽을 말씀 : 시편 23:1-6

● 시 23:3 내 영혼을 소생시키시고 자기 이름을 위하여 의의 길로 인도하시는도다

크리스마스를 맞아 할머니를 만나러 가던 소년이 있었습니다.

소년은 길 건너에 마중 나온 할머니를 보고 한걸음에 달려갔습니다.

그런데 주택가에서 과속으로 달리던 트럭이 소년을 치고 갔습니다.

명백한 트럭 운전사의 실수였습니다. 눈앞에서 사랑하는 아들, 손자가 트럭에 치이는 모습을 본 가족들은 큰 충격을 받았습니다.

다행히 목숨에는 지장이 없었지만 하반신이 완전 으스러져 재활이 불가능하다는 진단이 나왔습니다. 하루아침에 다리를 쓸 수 없게 됐지만 소년은 일반 학생처럼 어떤 일이든 포기하지 않고 도전했습니다. 농구도, 축구도, 야구도 친구들과 함께 어울렸습니다.

더 놀라운 것은 소년의 마음이었습니다. 소년은 자신을 치고 간 트럭 운전사를 완전히 용서했습니다. 트럭 운전사가 실의에 빠지지 않도록 생일잔치에도 초청했고, 그 앞에서도 밝은 모습을 보여주었습니다.

이 이야기는 미국 전역으로 퍼져나가 많은 사람에게 감동을 주었는데, 소년은 자신의 강인함의 비결에 대해 "하나님이 제 몸과 마음을 지탱해 주시기 때문에 불편할 것이 없습니다"라고 밝혔습니다.

전 미국인을 감동시킨 소년으로 알려진 케이시 맥컬리스터(*Kacey Mccallister*)의 이야기입니다.

우리 인생에 아무리 어렵고 힘든 순간이 찾아온다 해도 좌절하지 마십시오. 우리를 떠나지 않고 항상 돌봐주시는 주님의 전능하신 손을 의지하십시오. 복되고 형통합니다. 아멘!!!

주님, 모든 어려움을 극복할 수 있는 참된 기쁨을 마음에 허락하소서.

참을 수 없는 기쁨이 드러나는 삶을 살고 있는지 돌아봅시다.

12월 25일

고요하고 거룩한 밤

읽을 말씀 : 누가복음 2:8-21

● 눅 2:11 오늘날 다윗의 동네에 너희를 위하여 구주가 나셨으니 곧 그리스도 주시니라

크리스마스를 앞둔 어느 날, 한 교회의 목사님은 성도가 병이 났다는 소식을 듣고 급하게 심방을 떠났습니다. 성도를 곁에서 돌보던 목사님은 늦은 밤이 돼서야 돌아올 수 있었습니다.

아무도 없는 늦은 밤, 맑은 하늘을 수놓은 별빛이 유난히 아름다워 보이자 목사님은 '예수님도 이렇게 고요한 날 세상에 오셨겠구나'라고 생각했습니다. 한참을 묵상하다 교회로 돌아갔는데 늦은 시간까지 성가대장이 있었습니다.

"목사님, 갑자기 오르간이 고장 나서 소리가 나지 않습니다.
예배에 차질이 생길 것 같은데 어떡하죠?"

이 말을 들은 목사님은 조금 전 묵상했던 풍경이 떠올랐습니다.

'고요한 가운데 주님이 오셨듯이,
우리도 오르간 없이 주님을 예배할 수 있다.'

목사님은 음악 교사인 성도에게 자신의 묵상을 들려주며 반주가 없어도 찬양할 수 있는 노래를 만들어 달라고 부탁했고, 이렇게 탄생한 찬양이 세계에서 가장 유명한 성탄 찬송인「고요한 밤 거룩한 밤」입니다.

2011년 유네스코는 이 찬양을 무형문화유산으로 지정했습니다.

크리스마스는 우리를 구원하기 위해 하늘의 보좌를 버리고 이 세상에 오신 예수 그리스도를 기념하기 위한 날입니다. 고요하고 거룩한 밤, 주님은 바로 우리를 구원하기 위해 이 땅에 오셨습니다. 우리를 구원하실 구주 예수님이 세상에 오셨다는 이 기쁜 소식을 모르는 사람이 없도록 만방에 전하십시오. 복되고 형통합니다. 아멘!!!

주님, 나를 위해 이 땅에 오신 예수님의 사랑을 깊이 깨닫게 하소서.

성탄의 기쁜 소식을 주변의 사람들에게 전하며 주님을 소개합시다.

삶으로 증거하라

12월 26일

읽을 말씀 : 요한1서 3:13-24

● 요일 3:18 자녀들아 우리가 말과 혀로만 사랑하지 말고 오직 행함과 진실함으로 하자

보도에 의하면 홍콩 유명 영화배우 주윤발의 재산은 1조원 정도 된다고 합니다. 심지어 주윤발의 아내도 싱가포르의 백만장자 가문입니다.

그러나 주윤발은 여전히 10평짜리 단칸방에 살며, 버스와 지하철을 타고 다닌다고 합니다. 어디서나 사인이나 사진 요청을 받으면 흔쾌히 받아줍니다.

홍콩에 놀러 갔다가 길에서 주윤발을 발견하고 같이 사진을 찍은 한국 관광객들도 많습니다.

주윤발이 유일하게 돈을 많이 쓰는 취미는 카메라와 렌즈 소장이지만 그마저도 대부분 중고로 저렴하게 구매합니다. 많은 재산에도 누구보다 소탈하게 살아가는 주윤발은 최근 재산의 99%인 56억 홍콩달러(한화 약 9,600억 원)를 사회에 환원하겠다고 발표해 큰 화제가 되었습니다.

"누구나 빈손으로 와서 빈손으로 떠납니다.

매일 먹을 쌀밥 두 그릇만 있으면 저는 행복합니다."

너무 많은 돈을 기부한다는 발표에 "다른 꿍꿍이가 있지 않을까?"라는 루머들이 많이 생겨났지만, 모두 억측으로 밝혀졌습니다. 무엇보다 사람들이 주윤발의 선행을 의심하지 않는 것은 70평생 그 말을 지키며 살아왔기 때문입니다.

유일한 진리인 하나님의 말씀을 믿으며 살아가는 우리의 삶은 어떻습니까? 어떤 말씀을, 어떤 진리를 세상에 보여주며 살아가고 있습니까? 믿음의 고백에 부끄럽지 않도록, 삶으로도 복음을 살아내십시오. 복되고 형통합니다. 아멘!!!

주님, 매일 조금씩 삶이 변화할 수 있도록 만나와 같은 은혜를 주소서.

말씀에 삶을 비추며 주님이 보시기에 부끄럽지 않은 삶을 살아갑시다.

12월 27일

가장 많이 낭비한 것

읽을 말씀 : 베드로전서 4:1–11

● 벧전 4:7 만물의 마지막이 가까왔으니 그러므로 너희는 정신을 차리고 근신하여 기도하라

1920년대 미국 사교계에 아서 베리(*Arthur Barry*)라는 유명인이 있었습니다. 베리는 한 마디로 완벽한 사람이었습니다. 머리가 좋아서 모르는 분야가 없고, 외모도 뛰어났고, 언변도 훌륭했습니다. 운동은 물론 춤도 잘 추고 악기도 잘 다뤘습니다. 어떤 파티나 모임에서도 베리와 친분을 쌓고 싶은 사람들이 몰려들었고 수많은 여자들의 구애도 받았습니다.

그런데 베리의 또 다른 정체는 전설적인 보석 도둑이었습니다. 베리는 집도 잘 살았고 돈도 많았습니다. 다만 보석을 훔치며 느끼는 스릴 때문에 도둑질을 끊지 못했습니다. 도둑질하며 사람을 다치게 한 적도 없고, 보석을 팔아 이윤을 취하지도 않았습니다.

그래서 어떤 사람들은 베리가 도둑이라는 걸 알면서도 숨겼습니다. 그러나 베리는 결국 도둑질을 하다 잡혔고, 뛰어난 머리로 탈옥에 성공했지만, 다시 보석을 훔치다 잡혔습니다.

노인이 되어 자유의 몸이 된 베리를 한 지역 신문사 기자가 찾아가 "당신이 가장 많은 보석을 훔친 사람은 누구입니까?"라고 물었습니다.

베리는 눈물을 흘리며 『바로 나 자신입니다. 보석에 눈이 멀어 내 인생, 내 재능을 허비하고 말았습니다』라고 답했습니다.

지금 주 하나님이 주신 비전과 사명을 위해 살고 있지 않다면, 우리 또한 인생을 낭비하는 중입니다. 인생을 낭비하지 말고 하나님의 나라와 의를 구하는 삶으로 주 하나님을 섬기십시오.

복되고 형통합니다. 아멘!!!

주님, 주님을 위해 사는 것이 가장 귀하고 행복한 인생임을 알게 하소서.

인생의 참된 목적과 가치가 무엇인지를 잊지 맙시다.

진리는 변하지 않는다

12월 28일

읽을 말씀 : 마가복음 13:3-13

● 막 13:5 예수께서 이르시되 너희가 사람의 미혹을 받지 않도록 주의하라

인터넷 검색창에 '커피가 건강에 좋은 이유'를 쳐보십시오.

수백 개가 넘는 글과 근거가 되는 논문이 나올 것입니다.

그리고 '커피가 건강에 나쁜 이유'를 쳐보십시오.

마찬가지로 수백 개가 넘는 글과 근거가 되는 논문이 나올 것입니다.

모두 의사와 과학자들이 연구한 전문적인 자료입니다.

지금처럼 과학이 발달한 시대에도 음식 하나를 온전히 이해하는 것은 매우 어려운 일입니다.

1950년대 미국 신문에는 건강을 위해 담배를 피우라는 치과 의사들의 광고가 종종 실렸습니다.

베이컨도 건강에 나쁜 음식이지만 마케팅 회사의 공격적인 광고로 아침에 먹으면 든든하고 좋은 음식이란 이미지가 생겼습니다. 지금도 서양 사람들은 아침으로 베이컨을 자주 먹습니다.

정보의 홍수가 쏟아지는 세상이지만 하나의 진실이 무엇인지를 찾는 건 쉬운 일이 아닙니다.

하물며 진리를 찾기란 그야말로 불가능한 일입니다.

이런 우리를 위해 주님은 성경이란 꺼지지 않는 진리의 등불을 주셨습니다.

세상의 모든 진리, 유일한 진리인 성경 말씀을 인생의 등불로 삼으십시오. 복되고 형통합니다. 아멘!!!

주님, 참된 진리인 말씀만 붙들고 살아가게 하소서.

세상의 잘못된 정보, 지식에 현혹되지 맙시다.

12월 29일

산 증인의 힘

읽을 말씀 : 사도행전 1:1–11

● 행 1:8 오직 성령이 너희에게 임하시면 너희가 권능을 받고 예루살렘과 온 유대와 사마리아와 땅 끝까지 이르러 내 증인이 되리라 하시니라

「성공학의 아버지」로 불리는 데일 카네기(*Dale B. Carnegie*)는 살아생전에 미국 전역을 돌아다니며 강연을 한 인기 강사였습니다. 그런데 당시에는 카네기와 함께 다니며 강연을 하던 프랭크 베트거(*Frank Bettger*)라는 사람이 훨씬 더 큰 인기를 끌고, 많은 영향력을 주었다고 합니다.

베트거는 촉망 받는 프로야구 선수였지만 부상으로 모든 것을 잃고 하루아침에 나락으로 떨어져 비참한 인생을 살았습니다. 그러다가 우연히 카네기의 강연을 듣고 보험회사 외판원이 되어 20년 동안 전국에서 가장 많은 보험을 파는 세일즈맨이 되었습니다.

베트거는 다음과 같은 3가지 원칙을 세우고 일을 했습니다.

❶ 하루에 네 사람은 무조건 만날 것

❷ 만난 고객의 정보를 기록해둘 것

❸ 세 번 거절한 사람보다는 새로운 고객을 찾을 것

베트거는 '누구를, 얼마나, 자주 만나야 하는지를 빨리 깨닫는 것이 성공 비결'이라고 말했습니다. 그리고 데일 카네기의 강의를 듣고 성공한 베트거 덕분에 카네기는 더욱 유명해졌고, 강의는 더욱 설득력을 얻었습니다.

주님의 증인으로 우리 크리스천들이 세상 곳곳에서 바르게 살아갈 때, 세상 사람들은 우리를 통해 살아계신 주님을 경험하게 됩니다.

주님을 만나고 변화된 우리의 삶, 넘치는 평강과 기쁨이 얼마나 큰지를 세상 사람들에게 전하십시오. 복되고 형통합니다. 아멘!!!

주님, 주님의 살아계심을 전할 수 있는 능력 있는 성도가 되게 하소서.

주님의 제자로, 살아있는 증인으로, 십자가의 능력을 누리며 삽시다.

교만의 본모습

12월 30일

읽을 말씀 : 로마서 10:1-10

●롬 10:3 하나님의 의를 모르고 자기 의를 세우려고 힘써 하나님의 의를 복종치 아니하였느니라

다음과 같이 신앙생활을 하는 사람들이 있다고 생각해 보십시오.

- 십일조를 철저히 지킴
- 어려서부터 말씀을 공부하고 경건의 습관을 들임
- 많은 돈을 구제에 씀
- 시간을 정해놓고 철저하게 기도함
- 성경을 공부하며 더 많이 기도하고자 노력함

이 사람의 믿음을 어떻게 평가하시겠습니까?

우리보다 신앙생활을 열심히 하는 사람이라고 생각되지 않습니까?

그러나 이 사람들은 예수님께 누구보다 혹독하게 질책을 받았습니다. 이 사람들은 바로 바리새인들입니다.

바리새인들의 신앙의 모습은 오히려 본받을 만합니다. 그러나 그들의 동기는 하나님의 영광이 아닌 스스로를 높이는 데 있었습니다.

C.S. 루이스(*C. S. Lewis*)는 오늘날의 그리스도인들도 바로 이런 마음가짐을 조심해야 한다고 경고했습니다.

"내가 다른 사람보다 좀 더 선하다. 좀 더 낫다. 좀 더 거룩하다는 생각이 드는 사람은 하나님이 아닌, 사탄의 지배를 받는 사람입니다."

열심이 있는 신앙생활은 중요합니다.

그러나 열심이 향하고 있는 대상은 더욱 중요합니다. 내가 아닌, 철저히 하나님을 높이기 위한 마음으로 더 열심히 신앙생활을 하십시오. 복되고 형통합니다. 아멘!!!

주님, 그릇된 열정으로 교만의 죄를 짓지 않도록 인도하여 주소서.

경건을 중요하게 여기되, 주님이 받으시기에 합당한 중심을 지킵시다.

12월 31일

주님이 인도하신다

읽을 말씀 : 시편 23:1-6

● 시 23:4 내가 사망의 음침한 골짜기로 다닐지라도 해를 두려워하지 않을 것은 주께서 나와 함께 하심이라 주의 지팡이와 막대기가 나를 안위하시나이다

70여 개 나라에 600명 이상의 선교사들을 파송하고 평생 지원했던 독일의 진젠도르프(*Nikolaus Ludwig von Zinzendorf*) 백작이 쓴 「주님이 우리를 인도하신다(*He Leads Us On*)」라는 시입니다.

「● 갈 길을 몰라 헤맬 때에도
휘청이며 걸음이 느릴지라도
주님은 우리를 인도하십니다.
● 천둥과 비바람이 몰아치고
어둠이 가시지 않아도
구름이 물러가면 우리는 알게 될 것입니다.
주님이 우리를 인도하고 계심을.
● 희망과 의심과 두려움이 미로처럼 뒤섞이고
슬픔과, 패배와, 흐린 나날들이
삶에 찾아온다 하더라도
이 모든 일이 주님의 계획임을 우리는 알게 됩니다.
여전히 주님은 우리의 삶을 인도하고 계십니다.」

금년에도 여러 가지 예상치 못한 일들이 많았지만 그곳에 전지전능하신 주 하나님께서 알게 모르게 우리와 함께하시며 도우셨습니다.

사망의 음침한 골짜기로 다닐지라도 주님과 함께라면 두렵지 않다는 다윗의 고백처럼, 내년에도 승리의 삶으로 인도하여 주실 주님만을 의지하십시오. 복되고 형통합니다. 아멘!!!

주님, 다사다난한 한 해를 은혜로 지켜주셨듯이 내년에도 지켜주소서.

한 해를 돌아보면서 감사의 제목들을 기록하며 주님을 찬양합시다.

미군 하우스보이에서 세계적인 영적 지도자가 되기까지
굳은 믿음과 신념으로 신앙의 길을 걸어온

김장환 목사의 이야기

“ 사람이 사람을 만나면 **역사**가 일어나고,
사람이 하나님을 만나면 **기적**이 일어난다. ”

★★★★★
반기문
전 UN사무총장
추천

★★★★★
프랭클린 그래함
BGEA 대표
추천

★★★★★
교보문고
종합주간 베스트
종교부문 1위

BILLY KIM
김장환 목사 평전
| 신성욱 지음
값 39,000원

'한 사람의 힘'의 주인공

김장환 목사님의 파워풀하고 다양한 활동들을 좀 더 많은 사람이 알게 되길 바라는 마음이 간절했는데,
이번에 목사님의 평전이 나온다는 소식을 듣고 참으로 기뻤습니다. 아마도 많은 분이 이 책을 읽고 공감하리라 생각합니다.
이 책을 통해 제2, 제3의 김장환 목사님과 같은 리더들이 나오기를 간절히 소원합니다.
– 반기문 제8대 UN사무총장 –

KYOBO 교보문고 yes24 알라딘 *책은 전국 온·오프라인 서점에서 구매하실 수 있습니다. 미래사

암담한 어려움 중에 있는 분들에게
용기와 소망과 위로를 주는
김장환 목사의 **기적 인생 이야기**

김장환 목사(극동방송 이사장)와 결혼해
60여 년 동안 한국인으로 사는
트루디 사모의 **감동 인생 이야기**

자녀를 위한
무릎 기도문

가족을 위한
무릎 기도문

태아를 위한
무릎 기도문

아가를 위한
무릎 기도문

십대의
무릎 기도문

십대 자녀를 위한
무릎 기도문

재난재해안전
무릎 기도문〈자녀용〉

재난재해안전
무릎 기도문〈부모용〉

남편을 위한
무릎 기도문

아내를 위한
무릎 기도문

워킹맘의
무릎 기도문

손자/손녀를 위한
무릎 기도문

자녀의 대입합격을 위한
부모의 무릎 기도문

자녀의 대입합격을 위한
수험생 무릎 기도문

태신자를 위한
무릎 기도문

새신자
무릎 기도문

교회학교 교사
무릎 기도문

선포(명령) 기도문

보다 자세한 내용은
QR코드로 만나세요!

망망한 바다 한가운데서 배 한 척이 침몰하게 되었습니다.
모두들 구명보트에 옮겨 탔지만 한 사람이 보이지 않았습니다.
절박한 표정으로 안절부절 못하던 성난 무리 앞에 급히 달려 나온 그 선원이
꼭 쥐고 있던 손바닥을 펴 보이며 말했습니다.
"모두들 나침반을 잊고 나왔기에… "
분명, 나침반이 없었다면 그들은 끝없이 바다 위를 표류할 수밖에 없을 것입니다.

삶의 바다를 항해하는 모든 이들을 위하여
우리는 그 나침반의 역할을 하고 싶습니다.
우리를 구원하신 위대한 주 예수 그리스도를 널리 전하고 싶습니다.

"하나님은 모든 사람이 구원을 받으며
진리를 아는 데에 이르기를 원하시느니라"
(디모데전서 2장 4절)

여호와께 맡기라!

Commit thy way unto the LORD!

김장환 목사와 함께 / 경건생활 365일

발행처 | 나침반출판사
편집인 | 편집팀
발행인 | 김용호

발행일 | 2025년

등 록 | 1980년 3월 18일 / 제 2-32호
주 소 | 07547 서울 강서구 양천로 583
우림블루나인 비즈니스센터 B동 1607호
전 화 | 본 사(02)2279-6321 영업부(031)932-3205
팩 스 | 본 사(02)2275-6003 영업부(031)932-3207
홈페이지 | www.nabook.net
이 메 일 | nabook365@hanmail.net
일러스트 제공 | 게티이미지뱅크/iStock/아이클릭아트
흑백사진 일부 | 유수영 사진작가

ISBN 978-89-318-1667-9
책번호 마-1077

※이 책은 김장환 목사님의 설교 자료와
여러 자료를 정리해 만들었습니다.

값은 뒤표지에 있습니다.